求是书系 · 传播学
Communication

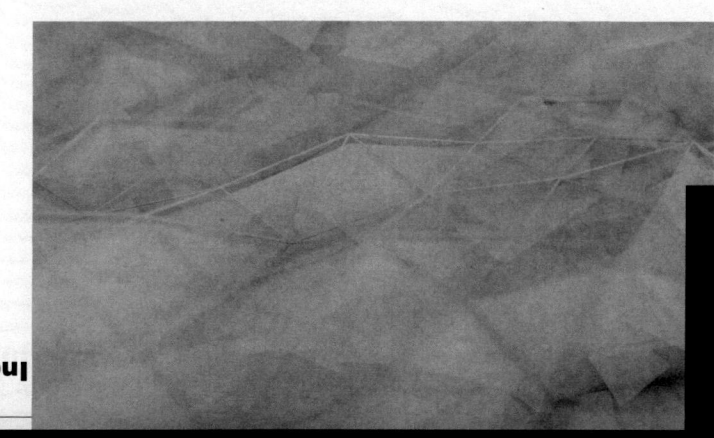

Indigenous Exploration
Communication Studies

传播学的本土化探索

邵 鹏 主编

ZHEJIANG UNIVERSITY PRESS
浙江大学出版社
· 杭州 ·

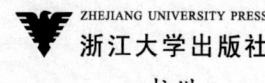

图书在版编目（CIP）数据

传播学的本土化探索 / 邵鹏主编. -- 杭州 : 浙江大学出版社，2025. 1. -- ISBN 978-7-308-25193-8

Ⅰ. G219.2

中国国家版本馆 CIP 数据核字第 2024GG7008 号

传播学的本土化探索

邵　鹏　主编

责任编辑　黄静芬
文字编辑　张闻嘉
责任校对　杨诗怡
封面设计　周　灵
出版发行　浙江大学出版社
（杭州市天目山路148号　邮政编码310007）
（网址：http://www.zjupress.com）
排　　版　杭州林智广告有限公司
印　　刷　广东虎彩云印刷有限公司绍兴分公司
开　　本　787mm×960mm　1/16
印　　张　20.75
字　　数　351千
版 印 次　2025年1月第1版　2025年1月第1次印刷
书　　号　ISBN 978-7-308-25193-8
定　　价　98.00元

前　言

“知识发生学就是指通过科学方法反映和揭示人类知识从幼稚到成熟的发生、发展、演化的经历及其历史的科学。知识发生学不仅要探究和展示知识生成、发展和演化的全部过程，而且还要研究知识如何发生、怎样发生和为何发生；不仅要探究概念知识、原理知识的生成与演变，而且要探析方法知识和应用知识的发展和变化。”①

分析和探究当代中国传播学发生、发展和扩散过程的起点和源头，是个体而非群体，因为“新的知识总是源自个体”。“知识只能由个体创造。换言之，没有个体，组织不能创造知识。组织的角色是支援和激励个体的创造活动，或者说，组织应该为个体提供适当的环境。”②因此，探索和揭示当代中国传播学历史真相及知识发生、发展、扩散的过程，也必定先从创造新知识的源头——个体开始，然后再依次分析和展示其逐级逐层、由此及彼、由近到远、由小到大的创新、扩散的全部过程。

邵培仁 1978 年 8 月进入高校从事教学科研工作，1983 年开始进行传播学研究。四十几年来，他坚守初心、持之以恒、辛勤耕耘、著作等身，“形成了富有特色的传播学研究理论，为中国传播学研究做出了巨大贡献”，“也见证了中国传播学从引进到发展的艰难曲折的全部过程，目睹、参与了中国传播研究中的热点事件、学术争辩和改革创新”。③一叶知秋，滴水现阳。《传播学的本土化探索》一书阐述了邵培仁教授的传播学知识产生与扩散的历程，不仅可以让读者更全面、系统地了解其独具特色的传播学理论，而且可以从某个方面和角度呈现当代中国传播学发展、演化的基本过程和学术生态，从而

---

① 邵培仁：《媒介生态学新论》，浙江大学出版社，2022，第 45 页。

② 竹内弘高、野中郁次郎：《知识创造的螺旋：知识管理理论与案例研究》，李萌译，上海人民出版社，1995，第 11、30 页。

③ 林凯：《滴水现阳：中国传播学研究的个人记忆——访浙江大学邵培仁教授》，载谢清果《华夏传播研究（第 5 辑）》，九州出版社，2020，第 213 页。

给中国传播学研究留下珍贵的媒介记忆，给后学以有益的启示和指导。

一、用一句话评价邵培仁教授

对于邵培仁教授，如果用一句话评价，人们站在不同的角度会有不同的结果，但有一个共同的指向，即他在当代中国传播学研究中具有不断开拓、创新的重要学术地位。有人说他“独领风骚传播学”①，“是居留在传播学这块处女地上的一位辛勤耕耘者”②。有人形容他是中国“传播学领域里的‘一匹黑马’”③。也有专家认为，邵培仁是具有“筚路蓝缕、以启山林的精神”和“开山炼铜的创新性”的学者④，是“中国传播学的开拓者”⑤。在外媒专家型记者的笔下，邵培仁是中国第一代从事传播学和媒介管理学研究的专家，是两块学术处女地的开拓者，也是年轻研究生口中的“邵老爸”。有刊物主编在访谈中对邵培仁说：“您是当代传播学领域的一位‘宝藏学者’和‘著名传播学家’……这不仅是指您学术研究范围之广、成果之多（如您在华夏传播、媒介管理学、媒介地理学、媒介生态学、新世界主义媒介理论、中国电影理论等领域取得的成就），（我）更钦佩您融通古今、中外历史文化的大手笔、大视野与大格局。”⑥还有学者在许多年前就指出：“作为一个有深度、有智慧、有创新、有良知的中国传播学大师……邵培仁在传播学、媒介管理学等方面取得的成就，使其在我国当代传播学史上具有重要的地位。”⑦

二、鸟瞰邵培仁教授的传播学术历程

“人是天地间最为神奇的造化，传播则是人类发展史上一种最富人性的独特现象。”“传播是人类关系赖以存在和发展的机制，是人类社会得以形成和

---

① 童国嘉：《邵培仁：独领风骚传播学》，《江苏教育报》1992 年 9 月 30 日第 3 版。
② 肖容：《整体互动论：独树一帜的传播模式——略论邵培仁的传播学研究》，《徐州师范学院学报》1992 年第 3 期，第 138 页。
③ 王怡红、胡翼青：《中国传播学 30 年（1978—2008）》，中国大百科全书出版社，2010，第 99 页。
④ 杜骏飞：《筚路蓝缕　以启山林——略论邵培仁同志的传播学研究实绩》，《淮阴师专学报（哲学社会科学版）》1992 年第 1 期，第 82 页。
⑤ Guo Xiaochun, “A Pathfinder in Communication Studies in China: A Glimpse of Professor Shao Peiren’s Academic Achievement,” *China Media Research* 11.1 (2015): 55-67.
⑥ 赵允芳：《“新文科背景下，新闻传播学应回归‘人’的本质维度！”——访著名传播学家邵培仁教授》，《传媒观察》2021 年第 9 期，第 17 页。
⑦ 陈兵：《邵培仁与中国当代传播学》，《徐州师范大学学报（哲学社会科学版）》2004 年第 6 期，第 131 页。

维系的工具，是推动人类由动物世界进入人类社会、由野蛮时代进入文明的‘核能’”，而“传播学则是人类进入信息社会的‘护照’和‘通行证’”，①值得学术研究者倾情付出。

“邵培仁作为中国第一代传播学学者，见证了传播学的引介、学科建制、学科大发展近四十年的中国传播发展史，在传播理论、媒介管理、媒介地理学、亚洲传播理论等众多领域取得了丰硕的成果，填补了国内传播学领域的众多空白”②，“构建出了一座座宏阔巍峨的本土传播学理论研究大厦，为中国传播学开拓了一个又一个全新的研究疆域……他是中国传播学界勤奋的垦荒人，中国传播学的先行者”③。在传播学研究中，他“创造性地构建起了一整套传播学边缘学科、传播学交叉学科”，形成了“独树一帜的具有中国特色的研究体系”。④

周颖对邵培仁传播思想进路做了四个阶段的划分：1988—1998 年为传播理论及学科交叉研究初探，1998—2008 年为媒介经营管理理论体系建构，2008—2015 年为传播学交叉研究的理论创新与学术寻根，2015 年至今从事面向未来、走向亚洲、放眼世界的传播理念探索。她认为：“作为国内第一代传播学家，邵培仁教授在近四十年的传播学理论研究中，其丰硕的理论成果以及极富启发性的传播思想不断丰富着中国的传播学研究体系及理论范式，从传播学的‘阳光模式’‘整体互动模式’到‘五次传播革命’‘五大传播生态观’‘五种传播生态规律’再到‘媒介地理学’和当下的‘华莱坞’概念、‘人类整体传播学’‘新世界主义’理念等，邵培仁教授的‘学术敏感’与‘学术创新’持续填补着传播学研究领域的学术空白，为传播学研究的本土化、交叉化、国际化开疆辟土，共创美好愿景。”⑤

林凯对邵培仁的传播学本土学术历程做了梳理，将其学术历程划分为四个阶段（1988—1998 年，传播学本土化研究；1998—2012 年，传播学交叉化研究和传播学本土化深度耕耘；2013—2017 年，华莱坞电影理论构建和华夏传播研究；2017 年至今，人类整体传播学和新世界主义媒介理论的创建），重

① 邵培仁：《传媒的魅力——邵培仁谈传播的未来》，首都经济贸易大学出版社，2014，第 30 页。
② 王学敏：《在历史与全球视野中开拓传播研究的本土路径——邵培仁的学术历程访谈录》，《传媒论坛》2022 年第 18 期，第 3 页。
③ 袁靖华：《邵培仁：躬耕中国传播学的先行者》，《中国社会科学报》2022 年 5 月 11 日第 12 版。
④ 王怡红、胡翼青：《中国传播学 30 年（1978—2008）》，中国大百科全书出版社，2010，第 639 页。
⑤ 周颖：《邵培仁学术理念国际化进路及传播思想》，《山东理工大学学报（社会科学版）》2018 年第 5 期，第 81 页。

点关注其在传播学本土化方面的研究，试图展示邵培仁传播学本土化或者华夏传播研究上取得的成就和贡献。他指出：“邵培仁教授在媒介生态学、媒介地理学、媒介管理学、华莱坞电影理论、新世界主义媒介理论五个研究领域都率先发表了国内第一篇学术论文、出版了第一本学术专著，具有开拓性和创新性，许多成果填补了传播学研究或传播交叉研究的学术空白。可以说，邵培仁‘开山炼铜’的著述工作为中国传播学研究的开展奠定了坚实基础。”同时，“我们看到，在三十多年的传播学研究中，邵培仁形成了自己的研究特色，也即立足本土、追寻民族文化底色，倡导学科交叉创新，着眼世界的具有高屋建瓴、视野开阔的整体研究格局，能够在时代发展中，将传播理论与中国本土传播经验紧密结合，形成独具一格的中国传播学研究”。“他的传播学研究成果丰富了中国传播学研究的学术体系，在传播学研究领域具有风向标的意义。”[①]

陈江柳则写道，邵培仁“历经四十多年的学术研究旅程，他将自己大半生的精力和心血都倾注于传播学中国化实践与创新之中。邵培仁教授对传播学中国化始终保持一种强烈的学术责任感、历史使命感和坚定的文化自信，总能以一种前瞻的眼光和深刻的洞见引领年轻学者勇往直前；他热爱中国优秀的传统文化，但对世界学术前沿信息又持续给予敏锐的关注和把握；他刻苦耐劳、筚路蓝缕，但他的学术姿态却是积极乐观、快乐从容，不断从胜利走向胜利。他的学术旅程不仅体现了老一辈专家学者在传播学本土化进程中耕耘和开拓的风采，更传递出中国传播学逐步走向自主、走向开放和积极同世界对话的豪迈姿态”[②]。

三、作为整体互动的传播学研究

“模式（model）是历史的产物，现实的抽象，原物的映现……也是一种解决问题的方法。”[③]“传播模式就是将传播活动的内在机制与外部联系进行直观简洁的归纳，也是一种将现实传播活动的结构属性象征化、逻辑化的描述。”优秀的传播模式通常具有“五种功能”和“五个标准”。“因而，传播模

① 林凯：《中国传播学领域的先行者和开拓者——邵培仁传播学研究成果述评》，《东南传播》2020 年第 3 期，第 1 页。

② 陈江柳：《立足本土　走向整体　走向世界——略论邵培仁及其传播学研究的中国化探索》，《东南传播》2021 年第 4 期，第 24 页。

③ 邵培仁：《政治传播学》，江苏人民出版社，1991，第 374 页。

式也就成了我们正确认识传播现象、解决传播问题的一把金钥匙。”[①]在传播模式问题上，邵培仁提出了一系列富有建设性的设想。例如，“整体互动论”就是一种“新型传播模式的展现”[②]，也是“建立在唯物论和辩证法的基础之上的哲学和心学的产儿”[③]。作为一种“整体世界观和互动世界观”[④]，整体互动论既强调整体研究，又重视互动研究。“整体是互动因素的聚合与归并，互动是整体形态的链条与部件。整体互动论作为一种范式，一种思路，它是我们对传播过程进行透视和分析的途径”[⑤]，具有“往复循环、生生不息的”和“双向交流、相互影响的”以及“非秩序化的”机理，体现了其“传播过程和传播研究的整体性和全面性、辩证性和互动性、动态性和发展性、多向性和复杂性”[⑥]。

张健康根据中国知网数据分析认为，整体互动模式最早见于1991年邵培仁教授在《新闻学》第4期发表的《关于传播模式的思考与构想》。随后，杜骏飞以《筚路蓝缕　以启山林——略论邵培仁同志的传播学研究实绩》、肖容以《整体互动论：独树一帜的传播模式——略论邵培仁的传播学研究》高度评价该模式的启示性、创新性、科学性。1995年，邵培仁在《新闻广场》发表了《整体的大象：新闻传播社会学的立体透视》，进一步对其整体互动论进行了详细阐述和补充完善，标志着该模式的成熟。在注重模式构建的传播学科里面，模式是传播学者的军功章。邵培仁的整体互动模式是中国媒介理论研究酝酿期的杰出成果之一，对中国后继的媒介理论研究，特别是媒介系统论的发展产生了积极影响。[⑦]

童兵认为，传播学本土化建设需要从传播模式和理论框架建构入手。他认为，与同类著作相比，邵培仁基于整体互动模式的“传播学的理论框架显得更科学、更高大、更有征服力和包容度。从实现传播学研究的本土化目标

① 邵培仁：《传播学导论》，浙江大学出版社，1997，第82页。
② 杜骏飞：《筚路蓝缕　以启山林——略论邵培仁同志的传播学研究实绩》，《淮阴师专学报（哲学社会科学版）》1992年第1期，第81页。
③ 于文杰：《体大精思，万象尽吞——〈艺术传播学〉与邵氏传播模式述评》，《淮阴师专学报（哲学社会科学版）》1993年第3期，第94页。
④ 邵培仁：《媒介生态学新论》，浙江大学出版社，2022，第279页。
⑤ 邵培仁：《政治传播学》，江苏人民出版社，1991，第374页。
⑥ 林凯：《中国传播学领域的先行者和开拓者——邵培仁传播学研究成果述评》，《东南传播》2020年第3期，第1页。
⑦ 张健康：《中国媒介理论研究的总结与展望》，《浙江传媒学院学报》2013年第5期。

而言，这很可能是一个合适的思路与突破口”[①]。

事实上，邵培仁不仅在传播学基础研究、传播学本土化和交叉化研究中成功地运用了整体互动论，得到许多专家学者的肯定和赞扬，而且在亚洲传播研究[②]和全球传播研究中继续拓展和升华了整体互动论，并在此基础上提出了“整体全球化”“人类整体传播学”和“新世界主义媒介理论”的概念和主张[③]，甚至还认为应该“建立一个整体互动的新闻传播学”[④]。他这样做的目的是“引导人们共同思考和探索在人类的联系性愈加紧密、世界的整体性日益加强的时代，在规划应对未来传播所带来的巨大挑战和机遇的面前，人类将如何建构和发挥作为整体传播学的作用，如何共同打造我们所希望的未来”[⑤]。

四、传播学本土化研究

“本土化是中国传播学创新原动力”，“传播学本土化是一种对根的探寻，对干的审视，是华人传播学者的一种文化自觉、文化自省和文化自信，意在明白中国传播学的渊源、发展过程及其文化特色和发展趋势”，“向世界显示某种学术存在，进而获得学术尊重、学术共享和进行平等对话的权利”。[⑥]

邵培仁早在 1995 年的《论传播学研究的中国特色》一文中就提出并回答了关于建设有中国特色（本土化、中国化）传播学的著名三问：对“为何要有中国特色”的问题给出了四条无可辩驳的理由；对“什么叫作有中国特色”的问题提出了五条比较严格的标准；对“怎样才有中国特色”的问题提出了四条非常符合中国实际的本土化路径。[⑦]后来，他又将传播学本土化划分为三个层面（原义——文法层面的本土化、格义——语义层面的本土化、创义——思想层面的本土化）[⑧]，将其总结为六条进路或策略（验证主义、寻根主义、融合

---

① 童兵：《知识量和理论性俱佳的传播学新作——〈传播学导论〉小序》，《新闻知识》1997 年第 11 期，第 30 页。
② 邵培仁等：《亚洲传播理论——国际传播研究中的亚洲主张》，浙江大学出版社，2017。
③ 邵鹏、邵培仁：《全球传播愿景：新世界主义媒介理论研究》，浙江大学出版社，2022。
④ 赵允芳：《“新文科背景下，新闻传播学应回归‘人’的本质维度！”——访著名传播学家邵培仁教授》，《传媒观察》2021 年第 9 期，第 18 页。
⑤ 林凯：《中国传播学领域的先行者和开拓者——邵培仁传播学研究成果述评》，《东南传播》2020 年第 6 期，第 2 页。
⑥ 邵培仁：《传媒的魅力——邵培仁谈传播的未来》，首都经济贸易大学出版社，2014，第 65 页。
⑦ 邵培仁：《论传播学研究的中国特色》，《徐州师范学院学报》1995 年第 3 期。
⑧ 邵培仁：《传媒的魅力——邵培仁谈传播的未来》，首都经济贸易大学出版社，2014，第 68 页。

主义、问题主义、改良主义、创新主义）[①]，揭示了本土传播中中华文化基因抽取与特征建模的路径和文化基因演变的四种模型[②]，在媒体上大声疾呼“传播学应进行本土化建设”[③]，先后发表了《论中国古代受众的信息接受特色》《寻根主义：华人本土传播理论的建构》《为历史辩护：华夏传播研究的知识逻辑》《从思想到理论：论本土传播理论建构的可能性路径》等60余篇传播学本土化方面的论文，出版了《华夏传播理论》《亚洲传播理论——国际传播研究中的亚洲主张》等传播学本土化著作，为传播学本土化研究创造性地打下了坚实的知识基础，“形成了真正根植于中国学术土壤的中国传播学理论话语体系，让中国传播学成为世界学术之林中独树一帜的力量”。同时，“他用一个又一个填补国内空白的创新成果，不断启迪后辈学人，不断扎根本土、放眼世界，推进传播学研究的中国范式，以具有中国特色的系列标识性理论概念，为传播学界点燃了一个个走进未来的新火把，丰富和完善了中国本土传播理论体系，为传播学研究贡献了中国学人独有的智慧”[④]。

邵培仁认为，传播学本土化研究尤其是“华夏传播研究既是立足中国本土、历史的学问，也是面向当下、未来和世界的研究”[⑤]。但是，长期以来，中国传播学界始终存在着比较严重的“西方中心主义”，常将历史并不悠久的西方学术奉为圭臬，对传播学本土化研究不仅疑虑重重，而且传播学本土化研究“在很长时间都被视为‘异端’，似乎与年轻的、现代化的传播学格格不入”[⑥]。其实，“如果一位中国学者不了解自己学术的立足之地，不知道中国传播学的祖源、历史和身份，不知道它的出发点和目的地，却在学术资源、学术思维、学术行为上‘他者化’，是缺乏文化自觉和文化自信的表现，极易造成学术主体性和学术方向性的偏离和丧失”[⑦]。

在直面和回应传播学“本土化焦虑”和“质疑”方面，邵培仁始终冲锋在前。“邵培仁出版的《传播学导论》于2001年获浙江省优秀教学成果奖

---

① 邵培仁：《华人本土传播学研究的进路与策略》，《当代传播》2013年第1期。
② 邵培仁、林群：《中华文化基因抽取与特征建模探索》，《徐州师范大学学报（哲学社会科学版）》，2012年第2期；邵培仁：《文化基因：中华文化历久弥新的根基与力量源泉》，《现代视听》2020年第3期。
③ 陈怡群、朱贤勇：《邵培仁：传播学应进行本土化建设》，《光明日报·教育周刊》2003年5月29日。
④ 袁靖华：《邵培仁：躬耕中国传播学的先行者》，《中国社会科学报》2022年5月11日第12版。
⑤ 邵培仁：《面向现在、未来和世界的华夏传播研究》，《现代视听》2020年第6期，第85页。
⑥ 赵允芳：《“新文科背景下，新闻传播学应回归‘人’的本质维度！”——访著名传播学家邵培仁教授》，《传媒观察》2021年第9期，第18页。
⑦ 邵培仁：《传媒的魅力——邵培仁谈传播的未来》，首都经济贸易大学出版社，2014，第3页。

（教材）一等奖”，此书“是其传播理论精华的集成，是其传播学研究的代表作。这本书中对建设有中国特色传播学目的、标准和途径进行了系统论述和示范”，“是中国传播学者开始有意进行传播本土化的尝试，代表了中国学者的一种研究思维和取向”。①

邵培仁撰写发表了一系列“传播学本土化研究的深度成果”，特别是“《华夏传播理论》一书则将这样一种理论建构的工作推向了新的高度”，“通过理论演绎确立了华夏传播研究的新范式”，②“从理论胚胎中建构起了‘传播的接受观’‘传播的交往观’‘传播的辩证观’，在为华夏传播正名的同时，回应了更大的时代命题，为学科发展注入了中国智慧”③，指明了一个充满希望和发人深省的研究方向，代表了中国传播学者在全球传播时代的觉醒。④

“邵培仁先生作为传播学本土化的倡导者与践行者”，“以宽宏的多学科研究视野，阐释华夏传播研究的知识论与方法论问题，进而提出华夏传播理论观与价值传播模式，为华夏传播理论建构做出了重要贡献”。而且，“以传播学本土化为中心，回应了目前学界关于学术理论本土化的焦虑与争议，即理论建构不必执拗于内外、古今之别，而应内外兼容、古今融通”“体现了一种具有文化间性的理性探索”。⑤

谢清果和潘祥辉认为，传播学本土化研究的集大成者——《华夏传播理论》不仅是一项有问题意识、方法启示和理论贡献的创新性成果，还是一部在传播学领域推进中华优秀传统文化创造性转化的著作；“不仅具有较大的学术价值和应用价值，而且必定对中国传播学史论研究和亚洲传播理论研究产生积极影响，对构建人类传播命运共同体也有一定的助益”⑥。

尽管传播学本土化研究已有极大改观，取得了丰硕成果，但是邵培仁又

---

① 张丹：《三十而立：中国传播学研究群体的发展历程和时代特征》，载中国社会科学院新闻与传播研究所编《知往鉴来：中国社会科学院新闻与传播研究所建所四十周年论文集》，社会科学文献出版社，2018，第241页。

② 王学敏、潘祥辉：《深入本土：近10年华夏传播研究和知识图谱及学术走向》，《传媒观察》2023年第1期，第46页。

③ 王学敏：《回应“本土化焦虑”：华夏传播研究的解释范式和中国智慧——评〈华夏传播理论〉》，《传媒论坛》2022年第11期，第52页。

④ Mei Zhaoyang, "*Huaxia Communication Theory*," *European Journal of Communication* 35.4 (2020): 417-419.

⑤ 吴秀峰：《传播学本土化的名与实——评〈华夏传播理论〉》，《东南传播》2021年第1期，第6页。

⑥ 谢清果、潘祥辉：《华夏传播理论的创新性研究与创造性转化——〈华夏传播理论〉评介》，《中国传媒报告》2020年第3期，第127—128页。

适时提醒学界，我们面临着新的“本土化挑战”，即“我们需要防范全球性学术主体将中国传播学‘他者化’的思维与行动，其实更要防范本土传播学队伍中的学术主体在丧失文化自信和崇洋媚外心理的驱使下自己将自己的学术‘他者化’，甚至干脆与对方狼狈为奸、同流合污”。[①]传播学本土研究必须坚守“无比珍贵的中华文化基因”，“确保中华文化基因成为中华民族自我认定的历史凭证，成为中华民族得以延续，并满怀自信面向世界、走向未来的根基与力量之源”。[②]

五、传播学交叉化研究

邵培仁认为：“交叉性研究与传播学研究是与生俱来、共生共荣的”。“如今仍然需要取长补短，兼容并包，继续以开放性的姿态进行多学科交叉和多元化共建。”“交叉化是学术创新的策略和方法。”“没有交叉化就没有今天的传播学。交叉、融合、多样、差异，既标志着传播学科的生机与活力，也反映了传播学科的丰富度和均匀度，预示着可持续的发展与繁荣。”“交叉化研究也是培养新的学科生长点，实现中国传播学‘短道超越’‘先声夺人’‘后发制人’的重要路径和基本策略。”[③]“但时至今日，新闻与传播学科一直以来高速发展所呈现的内卷化和精致化趋势，又的确造成了某种故步自封的风险。”甚至对交叉研究所形成的跨界创新还有“来自观念、制度、学科、竞争、组织等方面的阻力、干扰、嘲笑和批评”。[④]

邵培仁曾在《政治传播学》的后记中写道，科学研究是一项创造性的精神劳动，创造离不开探索，而探索则是一项智力活动的“马拉松”……探索需要勇气、毅力、信心和强壮的体魄，还需要作者忍受巨大的艰辛、苦痛和种种莫名的精神压力，没有探索，科学研究的创造过程就会蜕化为制造过程。然而，事实上并不是所有探索都是受欢迎的。探索常常与白眼、风险为伴。这是邵培仁当时进行传播学交叉研究时最真实的学术语境和心理感受。当时传播学被视为“洪水猛兽”“精神污染”，特别是在1989年到1991年，传

① 邵培仁：《传媒的魅力——邵培仁谈传播的未来》，首都经济贸易大学出版社，2014，第57页。
② 邵培仁：《文化基因：中华文化历久弥新的根基与力量源泉》，《现代视听》2020年第3期，第84—85页。
③ 徐峰：《邵培仁：本土化交叉化国际化是建设世界一流传播学科的三个维度》，《新闻评论》2016年第4期，第22—26页。
④ 邵培仁：《跨界创新：新闻与传播研究的新向度》，《现代视听》2020年第4期，第84—85页。

播学在中国的发展处于最为低潮的时期，传播学教育和研究几乎处于停顿状态。①

但是，“这一时期出现了一道引人注目的风景线：邵培仁急切、大胆地行走在跨学科研究的前沿，他怀抱‘边引进、边吸收、边创新’的信念，力图推动传播学向其他领域扩张，或与其他学科联姻以孕育新的学术生命。他主编的‘当代传播学丛书’以宽阔的视野，或兼收并蓄或渗透移植，率先在经济传播、艺术传播、教育传播、政治传播、新闻传播等跨学科领域耕耘、开拓，为后来的跨学科研究奠立了基础”②，“开启了传播学交叉研究之旅”③。“也可以说，它（邵培仁主编的“当代传播学丛书”）既是中国传播学研究本土化的里程碑，也是中国传播学交叉研究正式铺开的标志。此套丛书实在是难得的硕果。”④新闻传播学界欢呼雀跃，好评如潮。

“邵培仁主编的《经济传播学》是国内第一本传播学跨学科研究成果。”⑤张学洪在《经济传播学》的序言中写道，作者不辞劳苦，以严谨的科学态度和理论联系实际的朴实学风，为我们系统地阐述了这门崭新的学问——经济传播学。这是一部理论性与实用性并重、学术性与普及性兼顾的难得的好书。⑥

江苏省社科院徐福基在《政治传播学》序言中指出：“《政治传播学》拓宽传播学者和政治学者的著述领域，突破了西方学者的研究模式、研究范畴和研究方法……提出了一个新的传播理论模式——整体互动论。”⑦多年以后，纵观当代中国政治传播史，浙江大学的郁建新和何子英认为，在我国政治传播领域，“最具影响的研究当属俞可平《西方政治分析新方法论》（1989）和邵培仁《政治传播学》（1991）……两位学者的政治沟通（传播）分析，对后来的研究产生了较大影响，并逐渐形成了两种不同的分析路线”。⑧

---

① 王怡红：《传播学发展30年历史阶段考察》，《新闻与传播研究》2009年第5期，第10页。
② 杨瑞明：《开放与跨越：中国传播学跨学科研究30年历程与意义探寻》，载中国社会科学院新闻与传播研究所编《知往鉴来：中国社会科学院新闻与传播研究所建所四十周年论文集》，社会科学文献出版社，2018，第216—217页。
③ 刘卫东、司玲玲：《传以知人：中国大陆传播学40年笔记》，《海河传媒》2022年第6期，第1—9页。
④ 周岩：《基于知识图谱的中国传播学发展研究》，首都经贸大学出版社，2021，第128页。
⑤ 王怡红、胡翼青：《中国传播学30年（1978—2008）》，中国大百科全书出版社，2010，第88—89页。
⑥ 张学洪：《序言》，载邵培仁《经济传播学》，江苏人民出版社，1990，序言第2页。
⑦ 徐福基：《序言》，载邵培仁《政治传播学》，江苏人民出版社，1991，序言第2页。
⑧ 郁建兴、何子英：《政治交往：一种政治沟通的新分析路径》，《社会科学辑刊》2009年第4期，第4—9页。

南京大学裴显生在《艺术传播学》序言中盛赞，邵培仁主编的《艺术传播学》是我国第一部具有自觉的创学科意识的体系性著作，其首创之功，不可磨灭。①

肖朝红认为，国内首部新闻传播学专著——《新闻传播学》是作者在对新闻学与传播学等各种知识的合理融汇与重新整合的基础上，在这一交叉边缘领域开拓创新，建立了比较完整、新颖的新闻传播学理论体系。②

“邵培仁从1990年开始，平均每年都出版一至两部论著，是传播学界（研究）领域较宽、研究成果较多的研究者。从传播学文献积累方面看，邵培仁在不同研究领域的探索为传播学分支学科的认识打下基础。他在研究上的多产和跨领域研究特点被称为：传播学领域的‘一匹黑马’。”“邵培仁撰写出版国内第一部《媒介经营管理学》（1998）和《媒介战略管理》（2003），在媒介管理学研究领域开拓了新的空间。2001年他又开辟媒介理论研究新领域，在国内率先发表媒介生态学和媒介地理学等论文，如《论媒介生态的五大观念》《论传播生态规律与媒介生存策略》《媒介地理学：行走和耕耘在媒介与地理之间》《论中国媒介的地理集群与能量积聚》《媒介地理学：正当性、科学性和学术坚守》等。”③

随着邵培仁主编的“21世纪媒介理论丛书”的出版，邵培仁率领弟子进行的传播学交叉研究进一步呈现出爆发增长态势，前后有近30种传播学交叉研究成果面世。“邵培仁教授的传播学交叉化和本土化的创新性研究正好得到了进一步深化，其研究成果的多元视维、宏大视角及多级模式也顺应了时代的特点和信息社会的需求。”“但是他在传播学交叉化研究上最突出的理论成就是《媒介生态学：媒介作为绿色生态的研究》和《媒介地理学：媒介作为文化图景的研究》。”④

邵培仁最早发表了媒介生态研究的系列论文，开了国内媒介生态研究的先河。⑤他提出和完善了一整套与外国学者的媒体环境科学不同的媒介生态理论体系，全力打造了具有中国特色的媒介生态学。因此，邵培仁被认为是具

---

① 裴显生：《序言》，载邵培仁《艺术传播学》，南京大学出版社，1992，序言第1—4页。

② 肖朝红：《融汇整合，开拓创新——评〈新闻传播学〉》，《黔南民族师专学报（哲社版）》1995年第3期，第84页。

③ 王怡红、胡翼青：《中国传播学30年（1978—2008）》，中国大百科全书出版社，2010，第99、461页。

④ 周颖：《邵培仁学术理念国际化进路及传播思想》，《山东理工大学学报（社会科学版）》2018年第5期，第84页。

⑤ 袁靖华：《邵培仁：躬耕中国传播学的先行者》，《中国社会科学报》2022年5月11日第12版。

有中国特色的媒体生态学的主要代表。①同时，他也是“这一领域（媒介生态学）本土化研究的开拓者”②。其成果在媒介生态学的研究中具有前瞻性与奠基性，为交叉研究做出了示范并形成了关于媒介生态系统的著名理论，“成为后续研究者的基础知识”③。

邵培仁不仅是“我国媒介生态学研究的开创者和集大成者”，还是“媒介地理学理论的建立者”，其与杨丽萍所著的《媒介地理学：媒介作为文化图景的研究》一书，被誉为“既有中国学术主体性又有世界元素和全球视野”的拓荒范例，还入选了2020年度国家社科基金中华学术外译项目。④《媒介地理学新论》（*New Perspectives on Geography of Media*）英文版已经由浙江大学出版社和施普林格·自然集团（Springer Nature）联合出版。⑤“与此同时，邵培仁相继主编了传播学交叉研究成果汇集‘媒介理论三部曲’——《媒介理论前沿》《媒介理论前瞻》《媒介理论前线》，大力拓展了中国传播学研究的新领域和新视界”⑥，“在很多方面做出了开拓性工作，对中国传播学交叉研究贡献卓越”⑦。

六、传播学全球化研究

邵培仁认为，“传播学是一个开放的体系，具有全球化和国际化的特点”⑧。传媒作为一种社会基础设施和社会大系统的子系统，不仅可以促进中国的现代化进程，而且可以为建设美好世界做出贡献。因此，中国传播学不仅要跳出只研究自身传播的范畴，而且要积极地参与中国社会甚至国际社会的

---

① Mei Zhaoyang, “Media Ecology with Chinese Characteristics: A Reperusal, Critical Arts,” *South-North Cultural and Media Studies* 33.2 (2019): 99-101.

② 支庭荣：《从隐喻到思辩：一个学术种群成长的样本——读邵培仁教授新著〈媒介生态学〉》，《中国传媒报告》2008年第2期，第118页。

③ 徐钱立：《中国媒介生态学研究的知识结构与学术视野》，《湖州师范学院学报》2014年第5期，第64页。

④ 袁靖华：《邵培仁：躬耕中国传播学的先行者》，《中国社会科学报》2022年5月11日第12版。

⑤ Qu Yingzi, Wang Guofeng, “Peiren Shao, *New Perspectives on Geography of Media*,” Wang Guofeng, trans., *International Journal of Comunication* 18 (2024): 8-11; Yuan Jinghua, Chen Yuhui, “*New Perspectives on Geography of Media*,” *Critical Arts*, doi: 10.1080/02560046.2024.2330703; Shen Jun, Guo Jianrui, “*New Perspectives on Geography of Media*,” *Asian Journal of Communication*, doi: 10.1080/01292986.2023.2251146.

⑥ 袁靖华：《邵培仁：躬耕中国传播学的先行者》，《中国社会科学报》2022年5月11日第12版。

⑦ 周岩：《基于知识图谱的中国传播学发展研究》，首都经贸大学出版社，2021，第133页。

⑧ 徐峰：《邵培仁：本土化交叉化国际化是建设世界一流传播学科的三个维度》，《新闻论坛》2016年第4期，第23页。

发展和变革，大力开展媒介全球化与传播学全球化研究。

邵培仁是媒介全球化与传播学全球化研究的领先者。他的著作中，有关于经济全球化的思考与分析，如《经济全球化：幸或不幸？》(2001)、《经济全球化利弊分析》(2002)；有关于媒介全球化的机遇、挑战与对策的研究，如《媒介全球化：是机遇还是挑战？》(2001)、《媒介特区：中国参与媒介全球化竞争的“实验田”》(2001)、《跨国传媒集团入粤的思索》(2002)、《论全球化语境下中国电影的跨文化传播策略》(2006)、《媒介尺度论：对传播本土性与全球性的考察》(2010)、《传播全球化、媒体人性化的新格局》(2008)；有关于整体全球化的分析和前瞻，如《整体全球化：“一带一路”的话语范式与创新路径——基于新世界主义视角的再阐释》(2018)、《整体全球化与中国传媒的全球传播》(2019)；还有对于传播学科全球化的构想与展望，如《走向并建构整体的传播学》(2013)、《携手共同构建人类整体传播学》(2018)、《人类整体传播学：人类命运共同体视阈下的传播研究》(2019)。他更为突出的创新成果是关于全球传播历史、现状的分析与愿景的构想及展望，如著作《亚洲传播理论——国际传播研究中的亚洲主张》《全球传播愿景：新世界主义媒介理论研究》和一系列基于“构建人类命运共同体”理念的亚洲传播、全球传播研究论文。

“透过邵培仁教授的研究成果与传播理念，我们能勾画出一幅其由本土化入手逐渐扩大视野，立足中国、走向亚洲、放眼世界的学术进军路线图。在传播学本土化道路上，他观照中国、关注亚洲；在传播学国际化进程中，他既考察世界之于中国与亚洲的意义，又强调中国在亚洲及世界的地位。其本土化与国际化研究路径是相互依赖、相互影响、共生共存的整体。”邵培仁“传播学研究的国际化并非屈从于‘西方中心主义’，而是主动塑造中国传播研究的独立话语体系，积极向世界传递传播研究的中国经验、中国智慧与中国情境，更是积极地向世界展示并使用能与西方学术话语体系兼容的中国学术版本。他聚焦国际传播变局、关注国际学术潮流的研究进路，实则用国际环境能够理解与接纳的方式传播自己的学术理念，以此促进不同文化及学术共同体间的文明对话与价值互镜”。①

邵培仁等人所著的《亚洲传播理论——国际传播研究中的亚洲主张》为

① 周颖：《邵培仁学术理念国际化进路及传播思想》，《山东理工大学学报（社会科学版）》2018 年第 5 期，第 87 页。

理解和回答如何避免传统的“欧美中心主义”和各种新生的“中心主义”之间的纷争、在全球化时代如何将地方经验纳入全球视野并使地缘性研究成为国际传播研究的新内容等问题提供了一个崭新的视角，而且它“作为连接‘地方经验’与‘全球视野’的桥梁”，“有助于理解中国在当今世界政治经济秩序变迁中新的地位与作用”。[①]这本书“以亚洲为中心的方法”，“详细而全面地介绍了亚洲传播理论的诞生、演变和发展，以及亚洲传播理论的历史经验”，“代表了亚洲传播研究的不断发展与进步，是亚洲国家间传播研究中的新范式和新贡献”。[②]

胡正荣和李润泽指出，“我们的国际传播研究正在从国家主义范式向全球主义迈进。学者认识到了‘西方理论、中国经验’的二元研究框架的不足，在结合了中国实践经验后融合了中国传统中的‘天下’思想和‘人类命运共同体’等理念，开始探索基于中国视角的新世界主义理论。2022 年，邵鹏和邵培仁便立足‘新世界主义’，主编了《全球传播愿景——新世界主义媒介理论研究》一书”[③]。

“《全球传播愿景——新世界主义媒介理论研究》以更为开阔的视野描述了全球传播的宏伟蓝图，深入探讨了国际传播的未来动向”，并且显示了东方整体性思维的优势，将追求人与自然的和谐相处的理念迁移并扩展到国际传播的统筹协调机制和世界各国的和平共处中，描画了美好的学科发展前景。[④]《全球传播愿景——新世界主义媒介理论研究》“从构建全球传播新秩序中国愿景出发，全面回答了当代世界的媒介传播如何打开新视野、创造新思维以及探寻新进路的问题”，“彰显出协商性和破击力兼具、伸缩性和包容度并取以及统摄历史性与前瞻性的理论创新思维”，“这种‘新世界主义’媒介理论探索，正构成对 21 世纪陷入乏力与困境的国际传播学的激活和推进”。[⑤]

邵培仁的传播学全球化“研究成果体系不仅为重构传播研究的理论范式

---

① 黄清：《亚洲传播研究：连接地方经验与全球视野的桥梁——评邵培仁教授等人的新作〈亚洲传播理论——国际传播研究中的亚洲主张〉》，《中国传媒报告》2017 年第 3 期，第 125 页。

② Mei Zhaoyang, “An Asian paradigm of communication studies (*Asian Communication Theory: Asian Perspective in International Communication Studies*),” *Asia Journal of Communication* 29.2 (2019): 201-203.

③ 胡正荣、李润泽：《2022 年中国国际传播领域理论创新与实践回归》，《对外传播》2023 年第 1 期，第 7 页。

④ Liu Yilin, Wang Guofeng, “*A Global Communication Vision: Towards a Neo-Cosmopolitan Media Theory*: by Peng Shao and Peiren Shao,” *Critical Arts* 37.3(2022), doi: 10.1080/02560046.2022.2155679.

⑤ 李蓉：《国际媒介理论研究的新视野、新思维与新进路——评〈全球传播愿景——新世界主义媒介理论研究〉》，《浙江工业大学学报（社会科学版）》2022 年第 3 期，第 361 页。

提供了不可多得的样本，更重要的是，在国际传播场域中展示了更为开放多元、辩证统一、共进共演的整体性思维理念和研究范式，积极地向世界展示并使用能与西方学术话语体系兼容的中国版本，从而更有效地参与世界文明对话，向全球社会更精准地传递中国经验、中国智慧。这些学术话语和理论体系不仅承载着中华优秀传统文化走向世界、拥抱全球文明的宏大梦想，同时也充分体现出邵培仁教授作为华人本土传播学者‘胸中有丘壑、眼里存山河’的高远理想和‘心系天下、兼济苍生’的家国情怀”[①]。

七、媒介经营管理研究

邵培仁和刘强在《媒介经营管理学》的前言中写道：“在很长时间内，金钱好像是一朵不祥的乌云，笼罩在中国媒介组织的上空。人们害怕谈钱，羞于谈钱；谈政治，讲奉献，是恒久不变的话题。”[②]媒介经营管理研究几乎是一块“不毛之地”。[③]

邵培仁本着“学术研究要有一种敢于冒险、敢为人先的精神”[④]，率先发表了一系列以“探讨新时期的媒介经营管理的中国特色”为主题的研究文章，如《互动共荣：市场经济与新闻传播》(1995)、《传播生态规律与媒介生存策略》(2001)、《论中国媒介经济管理发展的前景》(2003)、《论中国报业集团管理改革中的十大悖论》(2004)，“率先在国内传播学界开辟了媒介管理学的研究领域”[⑤]，出版了《媒介经营管理学》《知识经济与大众传媒》《媒介战略管理》，还出版了国家“面向21世纪课程教材”《媒介管理学》《媒介管理学经典案例》和“普通高等教育‘十一五’国家级规划教材”《媒介管理学概论》等，主持完成了20多个媒介经营管理方面的国家社科基金、省部级社科基金以及媒体委托的科研项目和咨询项目。

邵培仁坚持理论联系实际。他的《媒介管理学》“以立体、多元、移动的镜头钻探传媒实践，对媒介经营管理、全球传媒竞争、新闻业的沦落蜕变，

---

① 陈江柳：《立足本土　走向整体　走向世界——略论邵培仁及其传播学研究的中国化探索》，《东南传播》2021年第4期，第22页。

② 邵培仁、刘强：《媒介经营管理学》，浙江大学出版社，1998，前言第1页。

③ 支庭荣：《传媒管理与经营关系刍议——兼评〈媒介经营管理学〉》，《新闻大学》1999年第4期，第91页。

④ 林凯：《滴水观阳：中国传播学研究的个人记忆——访浙江大学邵培仁教授》，载谢清果：《华夏传播研究（第5辑）》，九州出版社，2020，第222页。

⑤ 袁靖华：《邵培仁：躬耕中国传播学的先行者》，《中国社会科学报》2022年5月11日第12版。

以及传媒同质化、节目庸俗化、媒介恐慌、信息污染、媒介角色错位、功能异化等诸多问题‘把脉问诊’，切中肯綮，被誉为‘加入WTO后的中国媒介管理宝典’”①。同时，邵培仁在学科发展“一穷二白”、毫无可借鉴之处的基础上构建的媒介管理理论体系，不仅具有鲜明的中国特色，还有着巨大的应用价值和指导意义；不论是学术理论的丰富性，还是研究思路的逻辑性，都对未来媒介管理学的研究做出了示范与启示②。

特别是他的《媒介经营管理学》，不仅具有“鲜明的系统性、科学性、新颖性的学术特点，是一项开拓性的研究成果，而且对于全面推进中国媒介经营管理实践活动和高校新闻与传播教学活动都具有重要的现实意义”③。其中，“在媒介经营导向上，作者提出了双元双效双赢的经营导向，从而既有别于以传播者为中心的生产导向，又不同于以受众为中心的消费导向，同时解决了中国媒介经营中的两难困境。全书中，作者对媒介经营管理八大原则的确定、对六大职能的论述、对两大规律的总结和对中国传媒市场化四种特点的概括、四种承包模式的分析，都充分表现了作者突出的理论洞察力和思想的先进性”④，“为建立具有中国特色的媒介经营管理学提供了有益的借鉴”⑤。

“《媒介战略管理》作为中国第一部系统的媒介战略管理著作，以其新颖性、前瞻性、系统性、科学性成为一项有一定开拓性的研究成果”，“开创了中国媒介管理学研究的新方向”，“也是一部新闻传播学力作”。“此书视野开阔，点面结合”，“体系恢宏严密，论述严谨生动”，“考证科学慎重，内容新颖深刻”，“紧扣时代脉搏，重视创新发展”。⑥

八、影视与华莱坞研究

“在世界电影格局中，中国百余年的电影创作形成了具有中国特色的电影

① 袁靖华：《邵培仁：躬耕中国传播学的先行者》，《中国社会科学报》2022 年 5 月 11 日第 12 版。
② 袁胜、何源：《演进、价值与展望——邵培仁媒介管理学研究成果综述》，《浙江海洋大学学报（人文科学版）》2022 年第 2 期，第 63 页。
③ 傅百荣：《系统·科学·新颖——评邵培仁的〈媒介经营管理学〉》，《浙江大学学报（人文社会科学版）》1999 年第 3 期，第 52 页。
④ 傅百荣：《系统·科学·新颖——评邵培仁、刘强的〈媒介经营管理学〉》，《浙江大学学报（人文社会科学版）》1999 年第 3 期，第 52 页。
⑤ 孙简：《媒介经营管理的理论范本——读邵培仁、刘强的〈媒介经营管理学〉》，《新闻实践》1999 年第 10 期，第 78—79 页。
⑥ 袁舟：《一部媒介管理学的扛鼎之作——评邵培仁新著〈媒介战略管理〉》，《新闻实践》2003 年第 10 期，第 50—51 页。

风格和特色，为有志于研究中国电影理论的专家、学者提供了建构具有中国特有的电影研究新思路、新观念和新理论的机遇。二十多年来，浙江大学邵培仁教授带领其团队站在历史的潮头和时代的前沿，疏通中国电影发展脉络，宏观审视世界电影发展的历史景观和世界格局中的中国现象，在全球性发展和国际化传播的好莱坞、宝莱坞、瑙莱坞等多维电影话语体系的竞争与共生趋势下，积极地将中国电影的理论思考置于更大的语境中，勇敢地提出'华莱坞电影'的研究新思路，以开拓中国电影发展的创新路径，为中国电影理论打开世界电影格局提供了新方案、新视野、新范式之创新体系。"①

邵培仁早在 1979 年就开设了"电影文学与艺术"本科生课程，后来又为博士生开设了"影视传播理论"选修课（自己的学生必修），在传播学硕士点和博士点也招收和培养影视传播研究方面的人才。②邵培仁 1983 年发表论文《谈影视中的快慢动作》，1997 年在《媒介经营管理学》一书中用专章深入论述了电影电视媒介的经营管理，后来又出版专著《电影经营管理》，并从多学科角度发表了《流媒体时代的挑战与电视生存》（2004）、《论中国电视娱乐节目的困境与出路》（2005）、《中国后电影产业分析》（2005）、《流动的景观——媒介地理学视野下公路电影的地理再现》（2006）、《论全球化语境下中国电影的跨文化传播策略》（2006）、《中国电影产业集群的演化机制与发展模式》（2009）、《金钱的声音：中国影视基地的运作、盈利模式及其困境与对策》（2010）、《电影地理论：电影作为影像空间与景观的研究》（2010）等几十篇影视研究论文。

"基于对中国本土学术思想的持续寻根，2012 年，邵培仁在下一年'浙江大学·国际传播视野中的华莱坞电影学术研讨会'的申报书中，首次提出'华莱坞电影'的学术概念。2013 年，邵培仁教授在《华莱坞的想象与期待》一文中明确了华莱坞电影的概念范畴，'华莱坞乃华人、华语、华事、华史、华地之电影也'。"③他先后发表了《华莱坞的机遇与挑战》（2014）、《华莱坞电影研究的新视界——"华莱坞电影研究丛书"总序》（2015）、《新世纪华莱坞高票房电影的叙事规律研究》（2015）、《华莱坞：拥抱中国电影 4.0——兼

① 刘秀梅、刘思聪：《世界电影格局视野中邵培仁华莱坞电影理论的创新体系建构研究》，《东南传播》2022 年第 8 期，第 12 页。

② 王学敏：《邵培仁学术基因溯源及传播学思想成育的旅程——同邵培仁教授交流与对话实录》，《中国传媒海外报告》2023 年第 3 期，第 93—94 页。

③ 袁靖华、邓洁：《"华莱坞电影"的理论旅行——本土学术概念国际传播的知识社会学考察》，《浙江大学学报（人文社会科学版）》2022 年第 9 期，第 86 页。

论历史、现状与未来》（2016）、《重绘电影地图：突破华莱坞电影产业发展的“胡焕庸线”》（2016）、《百年导演梦：1905—2015 华莱坞导演人种志研究》（2016）等一系列创新性论文，出版了《华莱坞电影理论：多学科的立体研究视维》《华莱坞电影概论》《媒介地理视阈下的华莱坞》等著作，从而不仅“打破了‘地域’和‘语言’上的局限，摆脱了‘西方中心主义’的束缚，突破了‘中国性’和‘民族性’的困境，使中国电影研究拥有了更为开阔的研究视野和更为广阔的学术空间，给‘重写中国电影史’带来了新思路和新方向”，而且“为中国电影产业发展和艺术创作实践提供了理论依据和实践指导，也为国际化传播和多极化发展提供了中国方案和中国智慧”。①

据统计，截至 2019 年 12 月，华莱坞电影研究吸引了国内 64 家研究机构 100 余位学者的直接参与，不仅“在中国学术圈引发热议”，“这一影响还扩散至西方学术圈，包括伦敦、诺丁汉、纽黑文、罗德岛、温哥华、墨尔本、奥克兰、卢加诺、科英布拉等在内的 18 个城市近 20 家国际学术机构参与研究”。邵培仁主编的“华莱坞电影研究丛书”中的 10 余种著作“被哈佛大学、芝加哥大学、耶鲁大学等至少 16 家国外名校图书馆收藏”。②华莱坞电影研究成为跨电影学、传播学的“现象级”理论研究，其国际影响力不断扩大，“从中国走向世界，成为欧美学界频频引用的中国本土原生理论概念，这在人文社科领域并不多见”③。

鉴于邵培仁在华莱坞电影理论上的重大贡献，国际华莱坞学会于 2022 年 10 月 22 日在浙江工业大学主办的“旅行与对话：世界视域的华莱坞电影研究——暨华莱坞电影理论十周年国际学术研讨会”上，特授予他“国际华莱坞学会终身成就奖”。

九、新闻与传播教育教学研究

“邵培仁教授在中国传播学、国际传播学以及传播交叉学科的理论与实践传播力和影响力，可谓广博而深远，系统而有致，理论创新而又接地气，涌

---

① 刘秀梅、刘思聪：《全球电影场域重构中的中国电影—— 华莱坞 研究的回顾与展望》，《文化艺术研究》2022 年第 4 期，第 97、105 页。

② 羊晚成：《我国华莱坞研究领域知识图谱分析——基于 CNKI 文献计量》，《中国传媒报告》2020 年第 2 期，第 60—61 页。

③ 袁靖华、邓洁：《“华莱坞电影”的理论旅行——本土学术概念国际传播的知识社会学考察》，《浙江大学学报（人文社会科学版）》2022 年第 9 期，第 89 页。

现出持久的‘理论母机’力量”，“三十几年间有几十篇述评文章较为全面系统地呈现出作为传播学家的邵培仁教授在传播学及其若干分支研究领域的开创地位与卓越学术贡献。但对作为教育传播学家的邵培仁教授的相关研究却不多见，这与邵培仁教授所获教育传播殊荣及其学科教育共同体在国内外所产生的重要影响难相对应”。[①]

作为“中国教育传播理论研究的开拓者”，邵培仁曾发表《试论李更生的教育信念及其形成》（1988）、《论教育传播的环境》（1991）、《学生：教育信息的接受者》（1992）、《高质量文科人才培养模式探索——以浙江大学竺可桢学院文科综合班培养方案为个案》（2004）、《探索和开拓新闻传播教育的新路径》（2019）和信息公平、信息低保、数字鸿沟、信息开放共享等与教育相关的论文，率先出版了“我国教育传播学的开山之著”[②]——《教育传播学》。捧读此书人们无不为“书中新颖独特的理论模式、深入浅出的理论阐述、富有创见的理论突破以及飞扬的文采、清新的风格、流畅的语言所吸引”[③]。

作为“教育传播规划的设计师”，邵培仁不仅重视制定人才培养计划，如基于调研制定出以“宽、交、专”兼备为特色和以KAQ（知识、能力、素质）并重为标准的新闻传播学和文史哲学科本科人才培养计划，而且重视教学大纲制定、教案编写和课堂讲授等教学环节，也十分重视教材的编写与建设。“教材是学科教育的剧本。教材好，教育质量才能得到基本的保障……作为中国第一代传播学家，邵培仁教授编著出版了6种国家级、省级教材，这在国内外传播学界都是不多见的。在传播学教材方面，邵培仁教授先后获得两个浙江省重点教材建设项目和4项教育部重点教材建设项目。”其中3部教材分别获得浙江省优秀教学成果奖（教材）一等奖和二等奖。邵培仁个人荣获“浙江大学教书育人典型”称号、“浙江省有突出贡献中青年专家”称号、第六届范敬宜新闻教育奖（良师奖）和教育部宝钢教育奖（优秀教师奖）。[④]

周岩和沈默从文献计量的角度分析并指出，“从高被引教材创作数量上看，邵培仁教授一人竟有5本书进入高被引教材”，而他的“高被引传播学教材无疑是40年来中国传播学知识积累的重要代表，是学术圈内普遍承认的优

① 闫欢：《邵培仁教育传播理论与实践探析》，《湖州师范学院学报》2021年第11期，第98页。
② 季修平：《我国教育传播学的开山之著：读邵培仁主编的〈教育传播学〉》，《淮阴师专学报（高教研究专辑）》1993年第1期，第96页。
③ 季修平：《我国教育传播学的开山之著：读邵培仁主编的〈教育传播学〉》，《淮阴师专学报（高教研究专辑）》1993年第1期，第96—99页。
④ 闫欢：《邵培仁教育传播理论与实践探析》，《湖州师范学院学报》2021年第11期，第99页。

秀作品，形成了相对较高的知名度，并影响了广大的传媒专业学子，进而达到了思想的传承”。[①]

总之，“邵培仁教授不论是为学还是做人和育人，均已达到相当高度，是我们学习的榜样”[②]。

十、编写说明

本书致力于探讨传播学的本土化探索，汇集了几十年来学术界关于传播学本土化研究的重要文献，旨在深入探讨新闻传播学理论在中国的适应与发展，为国内新闻传播学科的进步提供学术参考。本书不仅为读者介绍了邵培仁在传播学领域知识创造与传播历程的全方位、系统性视角，以及其独树一帜的传播学理论体系，还通过特定维度，展现了当代中国传播学成长、变迁的轨迹及学术环境的演变。

编者在编辑过程中，尽力保持了原文献的学术价值，对不同文章内容重复较多的部分进行了酌情删减，对原文的文字错误做了修改，依据最新信息对论著获奖情况进行了核实与修订，以确保内容的准确性。同时对文章的格式、体例、文献引用及注释等尽可能地做了统一化处理，以确保严谨性，但格式体例仍可能有不完全统一的现象，敬请读者朋友谅解。最后，感谢本书所辑录文章的作者和参考文献中列举的所有文献作者的辛勤劳动，感谢浙江大学出版社领导对本书出版的关心和支持，感谢编辑黄静芬老师和张闻嘉老师耐心细致、认真负责及十分专业的编辑精神和工作态度。

① 周岩、沈默：《论中国传播学 40 年的教材出版——基于文献计量的视角》，《中国传媒报告》2020 年第 1 期，第 20 页。

② 闫欢：《邵培仁教育传播理论与实践探析》，《湖州师范学院学报》2021 年第 11 期，第 102 页。

目　录

CONTENTS

上　编　综合研究类

下 编 学术访谈、报道类

上 编

综合研究类

邵培仁：躬耕中国传播学的先行者

袁靖华

2004年，我第一次见到邵培仁：中等个头、方正脸，始终微笑着。没想到享誉学界的第一代中国传播学者，竟如此亲切随和。自1983年投身传播学研究，邵培仁近40年来一直坚守初心：扎根中国的现实语境，承继中国本土文化和思想传统，孜孜不倦地探索着中国特色传播学的理论话语体系。他筚路蓝缕，构建出了一座座宏阔巍峨的本土传播学理论研究大厦，为中国传播学开拓了一个又一个全新的研究疆域……他是传播学界勤奋的垦荒人、中国传播学的先行者。

一、坚守初心：痴迷学术的探路人

襟吴带楚客多游，壮丽东南第一州。邵培仁成长于环洪泽湖、山水相连的淮安楚州。其父邵长松是抗日战争中单枪匹马英勇擒敌的老兵，淮海革命老区识字课本上记载过他的英勇事迹。这样的家庭教育，不仅让邵培仁成了当地有名的孝子，更让他的学术道路充满坚守初心的使命意识。

在父母的影响下，邵培仁自小勤奋刻苦，酷爱文学，幼年时就开始写诗。他儿时的梦想是成为作家，学习空余时间常偷偷写诗歌、小小说和小剧本，参加文艺演出；中学时，还和同学一起办黑板报、出文艺专栏。在徐州师范学院中文系读书期间，凭借在公社刻钢板、油印文件的技艺，邵培仁进入学校团委办油印大学生报。大学暑期学军，他在连云港部队营房军训了2个月，又提议办了一张油印《学军快报》，并且采编、插图、印发一肩挑。军训结束的晚会上，他写的长诗《离别抒怀》交由同学朗诵，台下的军人和学生听得热泪盈眶。有一回，朋友要参加市区诗歌朗诵大赛，请他帮忙。他用两天工夫挥就一首长诗，朋友借此赢得大赛一等奖，引起不小的轰动。

大学毕业后，邵培仁在淮阴师范学院中文系执教，先后任该系党总支副书记、校高教研究室副主任。他做班主任期间资助班级创办了文学报《浪花》，影响很大。这也为他日后走上传播学研究的学术道路奠定了基础。20世纪 90 年代后期，邵培仁到浙江大学工作后，办报办刊热情依然高涨，先后创办了学术刊物《中国传媒报告》、《中国传媒研究》（*China Media Research*）、《中国传媒海外报告》（*China Media Report Overseas*），在学界口碑出众。

1978 年，改革开放春回大地，万物复苏待兴，学术界呈现蓬勃发展之势，显示出充沛而鲜活的生机。1982 年春，美国传播学鼻祖威尔伯·施拉姆（Wilbur Schramm）访华，推动了传播学研究在中国的生根发芽。1 年后，一次偶然的机会，还在大学中文系任教的邵培仁在清江新华书店买到了一本中国社会科学院新闻所世界新闻研究室编的《传播学简介》，如获至宝。他如饥似渴地读了三遍，被传播学的体系、概念和术语深深吸引，如醉如痴，在书上写满了批注和心得体会，自此决心投身新闻传播学。

二、开疆辟土：冲锋在前的扛旗手

上海，历来是我国新闻传播学发展的重镇。那里也是邵培仁传播学研究的起步之地。1985 年，邵培仁考入复旦大学新闻学助教进修班，任课老师有王中、丁淦林、宁树藩等知名教授和居延安、祝建华等青年才俊。邵培仁如鱼得水，空余时间就去听各类名师课程和学术报告，与同学就各种问题研习论争，常常争论到凌晨。有一次邵培仁在与同室戴元光、龚炜争论传播学问题时，他们突发奇想："别吵了，有种的写本书出来！"三人刚刚还争得面红耳赤，旋即一拍即合，但又怕被同学嘲笑，于是哥仨悄悄查资料、做笔记、买书，抓紧课余时间写作，一听到敲门声就赶紧把与写书有关的东西全都扫进抽屉。3 年后，"三剑客"合作撰写的国内首部传播学专著《传播学原理与应用》正式出版，引起了学术界的强烈反响，成为当时全国高校新闻传播院系普遍选用的教材。

然而，在很长时间内，传播学都以"舶来品"的面貌呈现。如何建构中国本土的传播学理论研究体系，始终是困扰学界的一个重大问题。对此，邵培仁有着敏锐的学术洞察力，他认为要以中国思想文化为根脉，以本土化、交叉化和国际化拓展学术视野，形成真正根植于中国学术土壤的中国传播学理论话语体系，让中国传播学成为世界学术之林中独树一帜的力量。他不满于照搬、介绍西方传播学，旗帜鲜明地反对食洋不化、全盘西化，着力在中国的现实语境、中国本土文化和思想传统的基础上独辟蹊径，做出中国人对传播学研究的独特贡献。从 1990 年起，他主编的《经济传播学》《政治传播学》《艺术传播学》《教育传播学》等 6 本书被收入"当代传播学丛书"，不仅填补了中国传播学研究的许多空白，就连在传播学发源地的欧美国家，也没有同类书籍，更成为国内第一套传播学系列图书。王怡红、胡翼青在《中国传播学 30 年（1978—2008）》一书中称赞邵培仁的学术成果："创造性地构建起了一整套传播学边缘学科、传播学交叉学科的学科体系。"①

邵培仁是最早回答如何进行中国特色传播学研究的学者。他始终致力于传播学理论研究及其学术概念和话语体系的中国化，矢志将构建中国特色传播学作为毕生事业。1995 年，他在《江苏师范大学学报（哲学社会科学版）》发表的《论传播学研究的中国特色》着力探讨了中国传播学的三个基本问题：传播学研究为何要有中国特色、怎样叫作中国特色、怎样才有中国特色。他提出，"本土化是中国传播学创新原动力"，研究中国人的性格与思维方式、传受行为，展现和弘扬中华文化的传播智慧，要以中国的现实经验之"本"，开中国传播理论研究之"新"，研究并解决中国当代传播的现象和问题。围绕传播学研究中国化这一主旨，邵培仁展现了其创新多面手的学术才华，提出了"整体互动传播模式"，并在 1997 年将 10 年笔耕成果集纳出版了《传播学导论》，后以《传播学》为书名修订再版，将立基中国本土的传播智慧以理论创新融会其中，全新的观点和论述在书中不胜枚举，被学界誉为传播学的"扛鼎之作"。

20 世纪 90 年代，随着改革开放和社会主义市场经济向纵深发展，中国传媒的经营管理开始转型，此时，结合中国国情，联系中国媒体实践，完善和丰富中国特色的媒介管理学研究体系，汇通熔铸形成中国的媒介经营管理思想，已显得极为迫切。邵培仁适时发表了一系列以"中国媒介经营管理的基本思想"为主题的研究文章，率先在国内传播学界开辟了媒介管理学的研究领域，并和刘强出版了国内第一部以媒介管理学为主题的专著《媒介经营管理学》。此后，他又撰写了《媒介管理学》。《媒介管理学》以立体、多元、移动的镜头钻探传媒实践，对媒介经营管理、全球传媒竞争、新闻业的沦落蜕变，以及传媒同质化、节目庸俗化、媒介恐慌、信息污染、媒介角色错位、功能异化等诸多问题"把脉问诊"，切中肯綮，被誉为"加入 WTO 后的中国媒介管理宝典"②。

进入 21 世纪后，邵培仁将传播学研究视野拓展得更广，对中国传播学理

① 王怡红、胡翼青：《中国传播学 30 年（1978—2008）》，中国大百科全书出版社，2010，第 639 页。
② 金成学：《加入 WTO 后的中国媒介管理宝典——评邵培仁主编的〈媒介管理学〉》，《新闻实践》2002 年第 2 期，第 78 页。

论研究的创新也精进得更快、更有力，为中国传播学开垦了一个又一个新的研究领域，且成果丰硕。在他看来，当代世界秩序正在发生根本性变化，中国学人要有与世界平等对话交流的自信，要珍爱和传播本土的语言文化，推动中国的思想文化成为世界文化创新、思想观念创新的源泉。他将本土传播学的研究路径归结为六条——验证主义、寻根主义、融合主义、问题主义、改良主义、创新主义，总结了他持之以恒、倾力践行的研究心路，为中国特色本土传播学建设做出了重要贡献。

邵培仁开创的媒介理论研究就是基于创新主义的重大突破。2001年，邵培仁发表了系列论文，"开了国内媒介生态研究的先河"。邵培仁在2008年出版的《媒介生态学：媒介作为绿色生态的研究》一书中旗帜鲜明地提出了具有中国本土理论自觉意识的"绿色媒介生态理论体系"，因此，邵培仁被誉为"我国媒介生态学研究的开创者和集大成者"。他还是"媒介地理学"的理论建立者，其与杨丽萍所著的《媒介地理学：媒介作为文化图景的研究》以空间、时间、地方、尺度、景观为基本概念和理论架构，研究人、媒介、社会、地理之间的相互关系及其互动规律，被誉为"既有中国学术主体性又有世界元素和全球视野"的拓荒范例，入选2020年度国家社科基金中华学术外译项目。与此同时，邵培仁相继出版了"媒介理论三部曲"，即《媒介理论前沿》《媒介理论前瞻》《媒介理论前线》，率众弟子聚焦诠释媒介生态、媒介地理、媒介愿景、媒介正义、媒介记忆、媒介安全、媒介演化等36种最新锐媒介理论与观念，"大力拓展了（中国传播学）媒介理论研究的新领域和新视界"[①]。

基于对中国本土传播学理论的持续寻根，具有思想奠基意义的"华夏传播理论"逐渐成形。早在20世纪90年代，邵培仁就开始系统梳理中华传统文化的传播理念，相继提出了一系列华夏传播的理论概念与思维模型。2020年，汇集了他二十几年学理智慧的著作《华夏传播理论》出版了。《华夏传播研究》集刊主编谢清果认为，"这是对华夏传播研究三十年的回应……必定对中国传播学史论研究和亚洲传播理论研究产生积极影响"，不仅在传播学领域推进了中华优秀传统文化的创造性转化，而且为整个中国特色传播学理论思想奠基夯土。[②]与此同时，邵培仁一直致力于为华夏传播思想寻找现实落脚点，开启了"华莱坞电影理论"研究，以"华人、华语、华事、华史、华地之电

① 袁靖华：《邵培仁：躬耕中国传播学的先行者》，《中国社会科学报》2022年5月11日第12版。
② 谢清果、潘祥辉：《华夏传播理论的创新性研究与创造性转化——〈华夏传播理论〉评介》，《中国传媒报告》2020年第3期，第128页。

影”这一新的理论体系，革新了长期被西方理论话语、西人概念命名所辖制的电影研究版图，形成了中国学人自主命名的新理论、新概念、新话语体系，引起了欧美主流学界的高度关注。

建立“有中国特色和中国理论话语主体性的传播学”，是邵培仁毕生追求的目标。他躬耕学园近40年，亲身实践着他提倡的中国传播学研究范式的四大特征：前瞻性、交叉化、本土化、创新性。他用一个又一个填补国内空白的创新成果，不断启迪后辈学人，不断扎根本土、放眼世界，推进传播学研究的中国范式，以具有中国特色的系列标识性理论概念，为传播学界点燃了一个个走进未来的新火把，丰富和完善了中国本土传播理论体系，为传播学研究贡献了中国学人独有的智慧。

三、培德启智、爱生如子的“邵爸”

2018年11月，邵培仁荣获第六届范敬宜新闻教育奖（良师奖），是浙江大学建校以来首位获此殊荣的教师。颁奖词赞誉他是“我国传播学领域的先行者和开拓者之一，在学科建设、教育教学等方面为新闻传播学的发展做出了重要贡献。他长期致力于传播理论、媒介管理与文化产业等领域的研究和教学，筚路蓝缕，勇于创新，其学术成果具有重要影响。他出版多本国家级规划教材，推出‘金字塔式课程建设模型’等，教学成果多次获教育部和省优秀成果奖。他为人谦逊宽厚，提携后学，爱生如子，培养的学生中已有一大批成为媒体行业和学界的中坚力量。邵培仁教授与他的‘良师’美名，是评委的选择，更是师生的众望”。

在颁奖典礼上，邵培仁说，“我视学术如生命，传播学就是我的命”，“命者，此乃使命、生命、命运、命根之意也”。正是这份炙热的情感和厚重的责任感，使他将毕生精力都奉献给中国新闻事业，教育和铸造国家的栋梁人才。在邵培仁看来，从事教育工作，尤其是新闻传播教育工作，是一项神圣的使命。他常怀念父亲：“父亲给我起名培仁，是要我做仁厚之人，用仁爱之心教育培养人才。”他也以此作为座右铭。

他把教材视为人才教育培养的基础，十分重视教材的编写与建设工作，共计出版了6种国家级、省级教材，其中《传播学》作为“面向21世纪课程教材”建设项目在高等教育出版社出版，迄今已再版多次。他特别注重新闻传播学的学科体系规划和教学革新。他任原杭州大学新闻系副主任时，就大刀阔斧地进行教学改革，提出要以“三新”（新计划、新课程、新教材）为特色，以“宽、交、专”兼备，知识、能力、素质并重为人才培养目标，革新新闻传播本科教学计划，推出“金字塔式课程建设模型”等教学成果。这些教学改革让当时的杭州大学和后来的浙江大学的新闻传播教育引领了全国新闻传播学系风气之先，引得全国高校新闻系纷纷前来取经。

邵培仁一心致力于把新闻传播学科建设好，他发起成立了浙江省传播学会并担当首任会长，不辞辛劳，帮助浙大宁波理工学院、浙江工业大学之江学院、浙江传媒学院、温州商学院等浙江省多所院校的新闻传播学科进行规划设计、参谋指导。有几次邵培仁去浙大宁波理工学院开会，指导该院新闻传播学科谋划专业建设事宜，从杭州到宁波当天开车来回要三四个小时，同行的弟子一个个累得人仰马翻，邵培仁却依旧精神抖擞。就在最近的3年，受地方政府和温州商学院的盛情相邀，邵培仁每周五下午都风雨无阻地赶火车前往温州，帮助温州商学院建设完备新闻传播学科的各个专业。就这样，邵培仁奔走于全省，带动浙江省本科院校优化新闻传播学科建设、教育教学等，赢得了“新闻传播学教育的学科规划设计师”的美誉。

邵培仁育人无数，他带的硕士、博士、博士后遍布政界、商界、媒体界、学界，可谓“政产学研，媒文金军，到处都有”，个个是行业的中流砥柱。邵培仁曾笑言：“我的博士弟子中已有教授40余位，如果拿来组建两三个新闻传播学院，那是绰绰有余的。”跟着这样一位导师学习，弟子们常常将此视为“人生的大幸事”。索马里留学生和丹慕名而来，师从邵培仁攻读博士学位，她说：“邵老师提倡‘快乐学术，快乐生活’……让我深刻领会了孔子的那句‘知之者不如好之者，好之者不如乐之者’中所传达的乐观主义学习精神。”邵培仁擅用智慧的育人之道，激发学生的内在动能，也告诫学生“好马不鞭自奋蹄”，“垂头会丧气，昂首自来神；好行为塑造好心情，好心情塑造优秀的人”，予学生以自信和力量。正在哈佛大学费正清研究中心访学的王冰雪博士回忆起毕业前那些煎熬的日子，说：“只要给师父打电话，他总是放下手中繁忙的工作，听我激动万分地‘胡言乱语’。没有半句指责，总是耐心地引导我，并以慈父般的疼爱叮嘱我……”在邵培仁身上，弟子们总是能感受到他因仁厚之德自内而外散发出的智慧与魅力。

弟子们都记得入读邵门有一份特殊的“入学通知书”，无论是硕士生还是博士生，只要一收到录取通知书，紧接着就会收到来自导师邵培仁的“入学考验通知”：假期多看书，开学时带两篇论文来报到、注册。邵导这一高招被戏称为“金牌压力锅”。经此一压一激，开学不久，经邵导修改回炉的文章就常有发表，新入门的弟子士气大振，引得其他同学对邵门的“学术高产”羡慕不已。他坚持“授之以渔”，不搞知识灌输，鼓励学生撰写创新性、开拓性的论文，并时常督促他们多看书，同他们讲“学习不怕慢，就怕站”，不要拖延懈怠；“读书宜广，撰文宜专”；“思考比认知重要，思想比知识宝贵”。他更坚持向学生传授积极的新闻观、人生观和历史观，教育学生做人做学问要“以善心待人，凭良心做事”，要做“物质的中农，精神的富翁”；还常带一众弟子爬山、喝茶、散步，有时还去探寻难得的新出的美食，或者不声不响就给弟子们买一大堆书。

邵培仁经常说：“我们要像爱自己的孩子一样爱自己的学生，要像管朋友的孩子一样管自己的学生。”他是浙江大学校园里有名的“护雏老母鸡”，无论是教学还是科研，都心甘情愿地做学生前行道路上的铺路石和引路灯，构建起了民主、和谐、平等的新型师生关系和快乐学习的良好环境，学生们都亲切地称邵培仁为“邵爸”。

四、笔耕不辍、求知不倦的赤子心

2018 年底，邵培仁从浙江大学传播研究所所长、浙江大学传媒与国际文化学院教学科研岗位上荣休。他与友人笑言：“我退休了，平时写写字，自学国画，这都是自娱自乐。但是学术研究似乎还停不下来，大概是几十年的习惯一时半会还改不了，能一直读书、写书，也算晚年福气，说明我精神还不错。”尽管已经退休，他几十年来养成的读书思考的习惯却没有改。他的床头柜上常年都放着一支笔、一个小本子，有时半夜里思考问题，学术灵感来袭，他就立马开灯记录。“一有好想法就要立刻记下来，白天再抓紧看书、查文献，这是永葆头脑清醒的奥秘。”随时思考、随手记录，邵培仁一直孜孜不倦地行走在求知路上。

邵培仁的夫人说他以“读书、写书、教书，‘三书’为伴”，书才是他的心头最爱。邵培仁爱书成瘾众人皆知，“他恨不得把整个图书馆都搬回家里来，每次出差，逛书店买书也是他的首选活动。而其他东西买了，也未必记得带回来”。邵夫人提起：“有一次他去上海出差，特意买了一卷布，说是回来给我做衣服，结果忘在旅店了。买的书倒是一本没落下，都背回来了。”就这样，从客厅到卧室，从床头到窗台，邵培仁在家里建起了图书馆，一个个高及天花板的书架上，书被摆得满满当当。但他觉得还不够，他希望建一个真正的图书馆，“能够把学生们的著作都放进来，能把浙江乃至全国新闻传播学者的书都分门别类地放进来……"

对于邵培仁而言，在网上收集数字资料、阅读电子文献驾轻就熟，甚至比很多年轻人还敏锐，但他更喜欢戴着眼镜、捧着书、拿着笔，一字一句阅读标注。他就是一个时常沉浸于伏案读书、物我两忘的痴情读书人。邵培仁对读书的专情，感染和影响了他的众多同事、弟子、学生，影响了更多的同道中人。十几年前，他就曾在浙江大学发起"学术午餐读书报告会"，在杭州的高校师生们云集响应。每到读书会当天，师生们便早早订座，前往浙江大学西溪校区的会议室，一边品尝着免费的精致午餐，一边享受着学术思想的大餐。这个午餐读书会成为学界同人间的美谈，影响迅速扩大，众多"985"高校都前来取经，此后午餐会这种学术报告形式就在很多高校普遍出现了。退休之后，邵培仁又于2020年在温州发起"罗山求知共同体读书会"，在素有美名的罗山书院带领一众青年师生开展了多种形式的读书会、微研会、影视赏评会、学术报告会等，将读书求知的薪火代代传承。

他素以"快乐学术、幸福读书"为人生坐标。在给弟子的赠书中，他最常用的一句赠言是"读书是福，著书是幸"。弟子们每每收到这句邵氏箴言都无限感慨，敬佩邵导对学术的痴迷、对书籍的热爱。"我视学术如生命"，正是邵培仁赤子之心的袒露。如今，他仍笔耕不辍，继续在学术期刊发表《培仁新语》专栏文章，重新修订再版《媒介理论前沿》。在学术随笔集《传媒的魅力——邵培仁谈传播的未来》中，他谈及要尝试以立体、多元、灵活的镜头展现多姿多彩的传媒实际，以睿智、趣味、灵动的专业知识丰富和充实全球传播学研究，向世界传扬传播学研究中不同于西方的中华元素、远古智慧和学术特色。这也是邵培仁的学术旨趣所在。

时至今日，邵培仁依然奔波在传播学研究的道路上，学术人生青春正盛。

【作者简介】袁靖华，博士，浙江工业大学人文学院教授、硕士生导师，未来媒体研究院执行院长，国际华莱坞学会副会长，主要研究方向为华莱坞电影、国际传播、新媒体传播。

【文献来源】袁靖华：《邵培仁：躬耕中国传播学的先行者》，《中国社会科学报》2022年5月11日第12版。

邵培仁学术理念国际化进路及传播思想

周　颖

作为中国第一代传播学家，邵培仁在近40年的传播学理论研究中，不断以丰硕的理论成果以及极富启发性的传播思想丰富中国传播学研究体系及理论范式。从传播学的“阳光模式”“整体互动模式”到“五次传播革命”“五大传播生态观”“五种传播生态规律”再到“媒介地理学”和当下的“华莱坞”概念、“人类整体传播学”、“新世界主义”理念等，邵培仁的“学术敏感”与“学术创新”持续填补着传播学研究领域的学术空白，为传播学研究的本土化、交叉化、国际化开疆辟土，共创美好愿景。

一、中国传播学发展历程与邵培仁传播思想流变

现代社会科学意义上的传播学研究于五四运动时期首次东渐进入中国，它事实上是一个“西学东渐，自觉自立”[①]的过程。但是，西方学科及西方理论的引入并不意味着中国本土传播现象的缺失，先秦诸子的辩证传播思想以及华夏大地历代传播现象和传播问题的描述与体悟都印证了中国本土传播理念及传播思想的源远流长。1982年，美国传播学集大成者、创始人施拉姆教授访问中国高校及科研机构，同年中国社会科学院主办了我国第一次全国传播学座谈会，它标志着西方传播学的第二次东渐，而这次传播学的东渐有了新的变化。第一，传播学研究有了引进教材。第二，引进主体由过去的社会科学研究者扩展为新闻学者、社会学者、心理学者等。第三，国内传播学研究发生了三次突进。“第一次突进发生于20世纪80年代，主题是通过西方传播学的引进，对传统新闻以及宣传理念进行改造”；第二次突进发生在20世纪90年代至21世纪初，主题为“强调社会科学研究方法，以规范传播学的学科体系与学术研究”；第三次突进则由2008年延续至今，其关于学术自觉、学术

---

① 李彬、刘海龙：《20世纪以来中国传播学发展历程回顾》，《现代传播》2016年第1期，第32页。

主体性的探讨将传播学本土化、中国化研究推向了学术前沿。[①]

在“系统了解、分析研究、批判吸收、自主创造”的方针下，引进与本土化始终伴随着中国传播学的发展。邵培仁正是看清了这一学科发展的大势，站在了历史的潮头。回顾中国传播学东渐与突进的发展路径，我们会发现邵培仁的传播学相关理论与研究领域正是因循学科发展规律并结合中国社会现实，不断创新研究主题、拓展学术领域，始终保持着旺盛的传播研究的生机与活力的。其传播思想的发展进路可大致划分为三个阶段。

（一）第一阶段（1988—1998 年）：传播理论及学科交叉研究初探

改革开放初期，“整个中国传播学界对‘传播学’的整体面貌还处于混沌和懵懂状态”[②]。邵培仁抓住了这一时期社会需求与传播学知识积淀之间的矛盾，于 1985 年在复旦大学读书期间，同戴元光、龚炜两位同学一起刻苦钻研、相互切磋，合作撰写并出版了国内首部以传播学为主题的专著《传播学原理与应用》（1988）。

在邵培仁撰写的篇章中，他对传播与生态的关系、传播与地理的关系等相关的独创观点进行了初步论述。与西方理论强调二元对立截然不同的东方和谐生态传播观念在传播学引进之初就已经显出雏形，这印证着中国传播学从初创阶段就开始有立场地走自己的路。《传播学原理与应用》一出版便在传播学界引起热烈关注，一度成为当时各大高校新闻传播专业的必选教材。此书可以说是集传播学理论研究与应用研究、历史叙事与理念创新于一体的佳作，出版问世后被传播学论文及专著几千次摘引。1991 年，该书荣获甘肃省优秀图书奖；1992 年，此书又先后获得省部级优秀教学成果奖（教材）二等奖。

此书的出版顺应了中国传播学研究的第一次突进主题，此书在引进和介绍西方传播学理念的基础上改造旧有的新闻与宣传理念，是第一部由国人自主编著的传播学论著。《传播学原理与应用》较为新颖的学术观点、严谨的理论体系、丰富的研究资料和翔实的叙论文字，不仅显示出新一代学者的进取精神，而且影响着当代中国的传播学研究的路径与话语。[③]在时代环境和研究背景下，此书大胆创新、小心论证，在传播学研究资料匮乏，学者多以引进和翻译为主的态势下进行了对传播技巧、传播效果与信息关系的思考与探讨，

---

① 李彬、刘海龙：《20 世纪以来中国传播学发展历程回顾》，《现代传播》2016 年第 1 期，第 34 页。
② 王怡红：《传播学发展 30 年历史阶段考察》，《新闻与传播研究》2009 年第 5 期，第 9 页。
③ 陈兵：《邵培仁与中国当代传播学》，《徐州师范大学学报（哲学社会科学版）》2004 年第 6 期。

可被视为对彼时传播研究主题的超越。

《传播学原理与应用》在艰难中起步，但也打开了传播学研究的新局面。此后，邵培仁主编出版了“当代传播学丛书”，其中包括《经济传播学》《政治传播学》《教育传播学》《艺术传播学》《新闻传播学》等。这套丛书的推出可谓邵培仁在传播学与多学科交叉研究层面的首次尝试。学科交叉研究不仅要求学者具有扎实的传播学功底与知识积淀，同时还要求学者广泛涉猎多种学科知识，融合交叉、博采众长。他在访谈中讲道，自己在研究传播学之前，就“对中国传统文化、美学、社会学、心理学、管理学、经济学、新闻学等方面的书都饶有兴趣，读得废寝忘食……啃下了古今中外许多大部头的理论书籍，从而为学术研究奠定了基础，开拓了视野，积蓄了能量”[①]。学术基础的夯实也转变了他关于传播学的研究思路：“传播学并不应当简单等同于一般社会科学，就其新进性、边缘性的特点来说，相关的研究理应更加突出其对于操作的指导意义。”[②]这就意味着传播学研究应该同现代化建设的社会现实紧密联系，《经济传播学》系统探索了经济信息采集、搜索、鉴别、选取、加工、传递、接受与转化的流程，辨明了经济传播活动与现象的实质与发展规律，考察了传者与受者对媒介的控制、各种谋略间的复杂关系等。夏文蓉认为，此书“引导我们由社会的表层形貌进入深层结构，由经济传播的现时状态透视未来趋势，进而展开丰富而合理的预示性想象和推理，使本书的内容不仅具有一定的深度和广度，而且具有较大的影响力，在时间和空间上也有了延伸和跨越的可能”，并“具有学术上的前导性和预示性”。[③]这套丛书的后续之作则分别结合政治学、教育学、艺术学及新闻学等学科研究体系，建立了传播学交叉研究的范式。1997年，邵培仁出版了集其传播学众多重要思想于一体的《传播学导论》。此书的出版大大提高了他在传播学领域的学术知名度，更重要的是其中不少传播思想填补了国内传播学研究领域的空白，推动了国内传播学研究的范式革新与发展进程。此书还获得了浙江大学和浙江省优秀教学成果奖（教材）一等奖。邵培仁在这一阶段最具代表性的学术理论主要表现为以下几个方面。

第一，提出传播学的阳光模式与整体互动模式。传播模式是传播学者正

---

① 杲如：《访浙大传播研究所所长邵培仁教授》，《中国传媒海外报告》2012年第1期，第15页。

② 杜骏飞：《筚路蓝缕　以启山林——略论邵培仁同志传播学研究实绩》，《淮阴师专学报（哲学社会科学版）》1992年第1期，第80页。

③ 夏文蓉：《评〈经济传播学〉》，《淮阴日报》1990年4月16日第B2版。

确认识传播现象的桥梁与中介。在梳理与评判了已有经典传播模式的基础上，邵培仁认为，适用于一切目的和一切分析层次的传播模式是不存在的。任何优秀的传播模式都不可避免地留有时代的印记、标明认识的间隔，同时存在着某种残缺性、暂时性、模糊性和简单化等缺点[①]，他据此提出了依据网络传播或互动传播现状及趋势的阳光模式和整体互动模式。阳光模式是指“以宏观的整体的眼光所抽象出来的通过信息交换中心连接各大信息系统进行信息创造、分享、互动的结构形式，它包括六大要素和四项因素”[②]。而整体互动模式则充分考量系统内部与系统外部的相互关系，“重视传播过程中各种因素共同构成的整体关系以及人类传播的全部现象”[③]。这两大模式在摆脱西方模式缺陷的基础上结合中国传播活动与传播现象的具体实际，对人类一切传播现象做出了综合概括与全面描述，其对“传播现象用唯物、辩证、整体、发展的眼光加以分析，被传播学界认为是独树一帜的具有中国特色的研究模式”[④]。

第二，提出传播学研究本土化建设的必要性。在绝大多数学者以传播学海外专著引进与翻译工作为主之际，邵培仁就强调了传播学本土化建设的重要性和必要性。有论者指出，传播学本土化研究是邵培仁至今仍然为之思考、探索的一大学术目标。[⑤]他在《论传播学研究的中国特色》中指出，传播学研究应该突出中国特色，让它成为一门中国化的学问。传播学本土化是为了让传播学成为中国大众的精神食粮，让传播学成为适应中国需要的科学，让传播学成为中国文化的有机组成部分，最终让传播学的理论建树与世界文化接轨。[⑥]当学界就传播学中国化与传播学中国特色发生争论时，他认为：“中国化的传播学研究，基本上以古为主、以今为辅，致力于中国文化中传播理念和传播智慧的展现和弘扬；中国特色的传播学研究，基本上是以今为主、以古为辅，着力于中国当代传播活动中现象的分析和问题的解决。它们虽各有侧重，但并不互相排斥。相反，它们都以‘本土’为研讨的核心，以‘本土’为耕耘的园地，互相包容，互相渗透，互相支持，相互靠拢，协调共进。”[⑦]传

① 陈兵：《邵培仁与中国当代传播学》，《徐州师范大学学报（哲学社会科学版）》2004 年第 6 期。
② 邵培仁：《传播模式论》，《杭州大学学报》1996 年第 2 期，第 165 页。
③ 邵培仁：《传播模式论》，《杭州大学学报》1996 年第 2 期，第 166 页。
④ 肖容：《整体互动论：独树一帜的传播模式——略论邵培仁的传播学研究》，《徐州师范学院学报》1992 年第 3 期，第 141 页。
⑤ Guo Xiaochun, “A Pathfinder in Communication Studies in China: A Glimpse of Professor Shao Peiren’s Academic Achievement,” *China Media Research* 11. 1(2015): 55-67.
⑥ 邵培仁：《论传播学研究的中国特色》，《徐州师范学院学报》1995 年第 3 期，第 62 页。
⑦ 邵培仁：《传播学本土化研究的回顾与前瞻》，《杭州师范学院学报》，1999 年第 4 期，第 39 页。

播学本土化应该是一种对根的追寻、对干的审视，是华人传播学者的一种文化自觉、文化自省和文化自信。可以说，在此阶段提出的传播学本土化建设议题是具有前瞻性、创新性和冒险精神的，因为在1989—1991年国内传播学研究陷入低迷，此后较长时间的传播理论引进与应用也多停留在被动接受的层面上，介绍与研究著作及论文还多流于表层理论观点的阐释，对理论产生的社会根源、提出动机了解不足，在理论的实践与应用上也存在生搬硬套的问题。在此阶段，邵培仁呼吁传播学者联手进行本土化建设，强调传播学既要追根溯源，也要服务当下，这不仅正确预测了传播学研究的发展趋势，还针对彼时传播学研究争论及困境提出了解决之道。

第三，提出人类传播史上的五次革命。当有学者提出“我们（大众传播者）将化为泡沫”和“大众媒介即将走向消亡”的观点时，邵培仁以人类传播史上发生的五次革命为例，认为传播媒介、传播符号以及传播科技始终呈现出叠加式和整合性的发展状态，即每当新的传播革命爆发，旧的传播手段与传播媒介并不会随之被抛弃、走向消亡，相反，“总是以一种新的面貌又出现在新的传播活动之中，它们的生存与发展似乎不遵循优胜劣汰、物竞天择的法则，好像更符合互动互助、共进共演的原理”[①]。每一次传播革命的发生都不是压缩了而是拓展了文化演进和人类活动的空间，它同人类社会文明发展的步调一致，且相互依存、互相促进。我们不应对媒介形态的发展与进步持悲观的态度，而应该对由不同文明程度引发的传播革命的先后次序问题以及由此引发的信息鸿沟、信息侵略等社会问题保持警惕。

第四，践行交叉化的中国传播学创新路径。邵培仁的“当代传播学丛书”着重研究和阐述了以传播学为母题与政治、经济、教育、新闻、艺术等进行交叉化研究的新兴边缘学科，而他主编的“21世纪媒介理论丛书”，特别是其中的《媒介生态学：媒介作为绿色生态的研究》《媒介地理学：媒介作为文化图景的研究》等书则体现出传播学、媒介学同其他学科和理论进行交叉互动、多维渗透、立体观照的研究态势。在他看来，中国传播学研究主张多元视维，既是为了同传播学综合的、交叉的、多元的特征相适应，也是为了与大众传媒发展的激增性趋势、多样性趋势、集约性趋势、跨国化趋势、商业化趋势相适应。[②]凡是与传播学研究相关联的多元要素，都可以从特定窗口和

---

① 邵培仁：《论人类传播史上的五次革命》，《中国广播电视学刊》1996年第7期，第8页。

② 邵培仁：《中国传播学需要多元视维》，《中国传媒报告》2012年第3期，第1页。

视角进入传播学研究的范畴内，传播学研究应该广泛摄取多学科的研究视角、研究体系、研究方法，对研究对象“做多变量、多层面的立体观照与分析”①。当时曾有学者以为“传播学的分支研究将肢解传播学的基础研究”，邵培仁指出，传播学分支研究与基础研究不是一分为二、相互排斥的，而是你中有我、我中有你、枝干相连的。一方面，基础研究能够促进分支研究的开展；另一方面，分支研究也能补充、完善基础研究，基础传播学不会因向分支传播学输送养料而变得支离破碎，分支研究也不会因向基础传播学回送营养而“变性”。②

（二）第二阶段（1998—2008年）：媒介经营管理理论体系建构

邵培仁是“中国第一代从事传播学和媒介管理学研究的专家，是两块学术处女地的开拓者”③。20世纪90年代，中国传媒发展与市场经济也有了互动互助、共进共演的契机。因此，在中国传播研究的第二次突进中，“传播学研究的重点问题开始围绕新闻传播研究主题发生了变化，人们更乐于在新闻、经济与文化变革等领域进行摸索”④。这一阶段的传播学研究聚焦市场及经济领域，学者们关注的议题更倾向于媒介的市场运作与经营管理。在此阶段，邵培仁不仅率先发表了一系列媒介经营管理方面的论文，而且接连出版了《媒介经营管理学》《媒介管理学》《媒介管理学经典案例》《媒介战略管理》《媒介管理学概论》《知识经济与大众传媒》《电影经营管理》等著作，这些著作运用管理学、传播学、新闻学、市场营销学等多种学科知识和方法对媒介经营管理进行综合性研究，建构了比较适合中国国情和媒体实际的媒介管理理论体系。

邵培仁较早发表的《论新闻媒介经营与改革》《新闻媒介管理改革浅议》《互动共荣：市场经济与新闻传播》等论文，着重探讨新闻媒介与改革开放、市场经济的协同共进关系。他和刘强于1998年出版的《媒介经营管理学》，以宏观研究视角考察了报社、杂志社、出版社、广播电视台、广告公司、电影公司等传媒经营主体，从媒介经济、媒介产业以及市场营销等多元视角阐

① 邵培仁：《传媒的魅力——邵培仁谈传媒的未来》，首都经济贸易大学出版社，2014，第103页。
② 陈兵：《邵培仁与中国当代传播学》，《徐州师范大学学报（哲学社会科学版）》2004年第6期，第131—136页。
③ 杲如：《访浙大传播研究所所长邵培仁教授》，《中国传媒海外报告》2012年第1期，第14页。
④ 王怡红：《传播学发展30年历史阶段考察》，《新闻与传播研究》2009年第5期，第11页。

释媒介市场运作规律、主要特点以及社会功能，周密的理论体系与扎实的研究框架将学术研究中零散的媒介经营管理现象组织为一个整体。这与此前的同类著作的最大不同点是多学科交叉研究，作者以在传播学、经济学、管理学、市场营销学、领导学等方面的学术积累以及媒介领域丰富的实践经验为此书赋予了理性而科学的论述。作者在写作材料搜集过程中获得了大量第一手行业资料，从美国、中国港台地区的大学图书馆以及互联网获取了许多最新文献，因此，此书材料翔实、信息新鲜、观点新颖。邵培仁在书中创造性地运用“讯息”概念来补充媒介管理的“四M要素”（人、财、物、信息），并强调信息资源及人力资源相较于以往受众及广告资源的重要性，以及“对媒介经营管理八大原则的确定、对六大职能的论述、对两大规律的总结、对中国传媒市场化四种特点的概括、四种承包模式的分析，都充分表现了作者突出的理论洞察力和思想的先进性”，从而充分体现了此书的系统性、科学性、新颖性。①

1999 年出版的《知识经济与大众传媒》顺应全球化时代知识经济浪潮及传媒变革趋势，对大众传媒的特点与功能及其在知识经济时代的变革与趋向做了立体式扫描。此书被认为是一部“前瞻性与现实性相统一的佳作”②。此书的前瞻性在于它预测了知识经济给人类社会带来的影响，认为在知识经济时代，大众媒介对信息的传播起到了不可替代的作用，通过阐释全新经济形态与大众传媒间的互动关系，提示人们如何在知识经济萌芽的大潮中未雨绸缪、迎接挑战。其现实性则在于此书立足本土实践，在知识经济这一全新议题下提出了建设有中国特色传媒文化的策略，从而推动两者协同发展。作者指出，知识经济的发展将加速各种文化的传播和相互融合，也必然引起“冲突”③，其对理性与感性材料的采集和论述表现出作者直面现实、直面“冲突”的勇气。

2003 年出版的《媒介战略管理》一书被认为是“一部媒介管理学的扛鼎之作”④。全书围绕媒介战略环境、媒介战略形成、战略管理过程等理念展开对媒介长期整体发展战略及策略的研究。媒介管理一般分为战术管理和战略管

---

① 傅百荣：《系统·科学·新颖——评邵培仁、刘强的〈媒介经营管理学〉》，《浙江大学学报（人文社会科学版）》1999 年第 3 期。

② 傅百荣：《前瞻性与现实性相统一的佳作——评〈知识经济与大众传媒〉》，《浙江学刊》2000 年第 5 期，第 160 页。

③ 路甬祥：《总序》，载邵培仁、江潜：《知识经济与大众传媒》，浙江大学出版社，1999，总序第 2 页。

④ 袁舟：《一部媒介管理学的扛鼎之作——评邵培仁新著〈媒介战略管理〉》，《新闻实践》2003 年第 10 期，第 50 页。

理，前者关注媒介在短期内的局部运作成效，后者则聚焦媒介长远的布局规划。此书最大的特色便在于其经验总结与理论实践能为媒介领导者出谋划策，做出正确的媒介经营方略，因此，它既反映了新世纪以来媒介管理研究的前沿理论，又紧密贴合“我国改革开放和媒介产业发展需要的应用性理论”①，表现了此书紧扣时代脉搏的创新特色。

2002年出版的教育部“面向21世纪课程教材”《媒介管理学》《媒介管理学经典案例》、2003年出版的“全国新闻传播学研究生教材”《媒介战略管理》、2010年出版的“十一五”国家级重点教材《媒介管理学概论》，都标志着邵培仁已经成为中国媒介管理学研究的领军人物。2005年出版的《电影经营管理》和2007年的《文化产业经营通论》（国家社科基金项目成果）等又在媒介管理学研究基础上进一步深化、扩展，走向了更加广阔的研究领域。这些著作的问世，不仅表明中国媒介管理学已经形成独立的理论体系与研究范式，而且解决了中国媒体改革中和高校媒介管理学教材建设中的燃眉之急，其创新性观点、科学性范式、前沿性理论对中国媒介管理学的思维定式、研究方向和研究范式都产生了较大影响。

在中国传播学研究的第二次突进中，“新闻传播与经济发展、公共关系、广告经营研究、传播技术、媒介使用研究等，不断形成研究的大势和主题”②。伴随国家信息高速公路的建设以及网络化进程的加速，信息传播、新媒体对大众传播的影响的相关研究也趋于加强和深化。邵培仁在此阶段的开创性著作及论文成果不仅顺应了时代发展趋势，同时也准确把握了当代社会信息自由流通理念对传媒领域的改造及未来可能带来的改变。此阶段邵培仁主要传播思想包括以下几点。

第一，关注经济全球化背景下的中国传媒产业变革，预测传媒未来发展的十种新趋势和新走向，提出媒介产业全球化的中国对策。邵培仁认为，未来媒介将呈现出十大发展趋势：媒介产业将向全球化、国际化方向转变；媒介企业将向做大做强和集团化方向发展；媒介人才将向专业化、职业化方向演变；媒介生产将向产品的个性化、柔性化、多样化方向倾斜；媒介将逐步调整产业结构，向经营多元化方向发展；媒介营销将以提高市场占有率、赢得受众信赖为目标；媒介财务管理将向战略型、集成化方向发展；信息传播与发送将

① 袁舟：《一部媒介管理学的扛鼎之作——评邵培仁新著〈媒介战略管理〉》，《新闻实践》2003年第10期，第51页。

② 王怡红：《传播学发展30年历史阶段考察》，《新闻与传播研究》2009年第5期，第11页。

以快速满足受众需求为核心；媒介创新将是媒介取得竞争优势的根本途径；媒介组织结构设计将以小型化、扁平化、精干化为方向。[①]与此同时，面对经济全球化的到来是幸还是不幸、媒介全球化对中国传媒产业而言是机遇还是挑战的问题，邵培仁在《媒介全球化：是机遇还是挑战？》一文中指出，对于我国的媒介产业来说，这既是一次全新的挑战，也是一个严峻的现实。深化改革，扩大开放，正视现实，迎接挑战，主动适应并服务于经济全球化和媒介全球化，是我国媒介产业争取生存空间、谋求快速发展的必然选择。[②]在媒介产业全球化背景下，他及时提出了中国传媒产业发展的基本对策：第一，参与媒介全球化进程，争取媒介全球化权益；第二，制定和实施人才战略，培养和造就复合型媒介人才；第三，循序渐进，步步为营；第四，“引进来”和“走出去”兼顾，联合与创新并举。[③]毫无疑问，21 世纪前后，传播学研究迎来了新的环境。一方面，中国加入WTO，表明中国将以更为开放的姿态推动中国媒介融入全球化的进程；另一方面，媒介技术的普及与更新也为传媒产业及体制转型带来挑战。在此基础上，以全球化及社会转型为背景的传播学研究成为新的主题。邵培仁的全球化思考应运而生，他提出了“顺应时代潮流，遵循传播规律，与时俱进，勇于探索，大胆创新”的传媒变革进路，无疑准确而敏锐地把握住了社会转型阶段传播学的理论与实践需求。

第二，提倡在中国的经济发达地区建设“媒介特区”。在经济特区逐一建立的基础上，邵培仁提出建立“媒介特区”的概念，他呼吁中国媒体产业要以开放的姿态积极地参与媒介全球化竞争，参与过程和策略应沿用改革开放以来一贯采用的“渐进式”的小范围试验的策略，选择沿海开放城市作为试点，建立“媒介特区”，在试验成功后再逐步推广。[④]他认为，媒介特区的建立既可以为海外传媒进入中国市场建立“缓冲期”，以此为中国传媒加入国际竞争提供练兵场，又能够推动我国媒介市场运营体制的进化与完善，为传媒产业的高效稳定发展创造理想的市场氛围。在此过程中，媒介特区的改革试验既包括同跨国媒体展开交流合作，又包括尝试管理体制革新，也包括利用媒介特区熟悉媒体产品国际贸易规制，建立媒体市场规则，等等。媒介特区

---

① 邵培仁：《论中国媒介经济管理的前景》，《中国传媒报告》2003 年第 4 期，第 26—27 页。
② 邵培仁：《媒介全球化：是机遇还是挑战？》，《湖州师范学院学报》2001 年第 5 期，第 1 页。
③ 邵培仁：《论媒介产业全球化与中国的对策》，《新闻通讯》2001 年第 11 期，第 19—20 页。
④ 邵培仁、颜伟：《媒介特区：中国参与媒介全球化竞争的“实验田”》，2009 年 3 月 4 日，https://www.aisixiang.com/data/25181.html，访问日期：2022 年 2 月 6 日。

概念的提出无疑具有创新性和实践性，它在中国经济特区概念的基础上创造性地提出“媒介特区”概念，让中国传媒产业变革与体制转型有章可循、有据可依、有理可凭，能够真正结合中国国情建立中国媒介产业的管理制度与管理机制。

第三，关注数字鸿沟、信息污染与媒介恐慌等概念及媒介传播现状，指出信息全球化时代人类面临的媒介危机。信息污染主要包含有害性和有毒性信息、虚假性和伪劣性信息、重复性和图像性信息等①，数字鸿沟是指地区、行业、所有制以及企业规模等差异所造成的信息不对称②。媒介恐慌论是指“媒介在对社会恐慌事件进行大规模报道的过程中会导致产生新的更多的恐慌现象或恐慌心理的媒介理论或受众理论”，媒介恐怖论则认为“对恐怖行为和暴力活动进行大规模报道，符合民主社会的价值观和新闻真实、客观、公正的报道原则”。③邵培仁对以上现象及概念的解读、关注与对策研究表明其对全球化时代媒介危机和媒介问题冷静而深刻的思考和分析，这些探索不仅试图解决中国本土的信息污染与数字鸿沟问题，同时也深入传媒危机的国际视域强调媒介在信息报道及传播方面所应遵循的社会责任及专业原则。

第四，以批判视角重新审视法兰克福学派的媒介控制思想以及舆论监督、流媒体技术、隐性障碍、中国传媒体制改革等议题。在此阶段，邵培仁的传播研究没有停留在传播经验研究层面，同时也踏足传播批判研究领域。在《媒介即意识形态——论法兰克福学派的媒介控制思想》一文中，他重新评价了法兰克福学派的媒介控制思想，认为法兰克福学派“那种‘理性化’的抽象性话语，也被实证学派的理论学家认为难以捉摸、不易验证，有主观唯心主义倾向。他们以宏观的视野研究关注媒介的运作以及媒介和社会、媒介和权力之间的关系，结合自己的观察和特殊的人生经历，提出了一系列旗帜鲜明、鞭辟入里、发人深省的观点，取义是值得肯定的”，但过于悲观主义的技术决定论又是值得反思的。④而对舆论监督、流媒体技术、市民新闻、隐性障碍、中国传媒体制改革等议题，他亦发表了中肯的看法，既认定媒介对舆论

① 邵培仁：《信息污染已成为新的社会公害》，《新闻与写作》2007 年第 2 期，第 20 页。
② 邵培仁、张健康：《关于跨越中国数字鸿沟的思考与对策》，《浙江大学学报（人文社会科学版）》2003 年第 1 期，第 125 页。
③ 邵培仁：《媒介恐慌论与媒介恐怖论的兴起、演变及理性抉择》，《现代传播》2007 年第 4 期，第 27—28 页。
④ 邵培仁、李梁：《媒介即意识形态——论法兰克福学派的媒介控制思想》，《浙江大学学报（人文社会科学版）》2001 年第 1 期，第 109 页。

的控制力，又强调媒介本身不应为所欲为；既肯定新媒体技术对媒介变革的影响，又关注传统媒体与流媒体的整合发展；既对中国传媒体制改革抱有积极态度，又提醒改革者要谨慎处理媒介集团改革进程中的困境与悖论。

（三）第三阶段（2008—2015年）：传播学交叉研究的理论创新与学术寻根

自2008年后，中国传播学研究的学术自觉与学术自立显著增强。经过西方传播学在中国30多年的引进吸收、消化批判，中国传播学研究获得了批判吸收、自主创新的特质与能力。[①]此阶段，中国传播学界面临的首要问题是如何将西方传播理论及传播要素与中国的传统文化和社会现实相结合，如何在厘清西方学术脉络、借鉴中外学术精华的基础上在中国进行学术寻根和理论创新。此外，随着对“西方中心主义”的质疑和批判以及对传播学“欧美范式”的深刻反思，西方传播理论的“普遍性”已经动摇，但西方世界话语权并非在不断增强，尤其是随着中国世界地位的稳步提升，中国学界的文化自觉和学术自信逐步增强，创新传播学的呼声自然日渐高涨。邵培仁的传播学交叉化和本土化的创新性研究正好得到了进一步深化，其研究成果的多元视维、宏大视角及多级模式也顺应了时代特点和信息社会需求。

邵培仁的政治传播学、经济传播学、教育传播学、新闻传播学、艺术传播学、传播社会学等著作无疑是某种意义上的传播学交叉化研究，他在传播学交叉化研究上最突出的理论成就是《媒介生态学：媒介作为绿色生态的研究》和《媒介地理学：媒介作为文化图景的研究》。从2001年开始，邵培仁陆续发表了《论媒介生态的五大观念》《传播生态规律与媒介生存策略》等9篇论文，出版了《媒介生态学：媒介作为绿色生态的研究》一书，“在媒介生态学的研究中具有前瞻性与奠基性”，为交叉研究做出了示范并形成了关于媒介生态系统的著名理论，“成为后续研究者的基础知识”。[②]作者以生态哲学范式为核心，从整体主义出发，指出“媒介生态学是人类处理人—媒介—社会—自然系统相互关系的生态智慧的结晶”，梳理了媒介生态学的十大理论，提出了媒介生态的五大核心观念、五种主要规律，详细论述了媒介生态种群、生态集群、生态系统、生态环境等概念，进而面向中国的媒介环境，在“融

---

① 李彬、刘海龙：《20世纪以来中国传播学发展历程回顾》，《现代传播》2016年第1期。
② 徐钱立：《中国媒介生态学研究的知识结构与学术视野》，《湖州师范学院学报》2014年第5期，第64页。

通的生态理念、交叉的学科特征和开放的研究范式”[①]的基础上提出了中国媒介生态发展的良方。2010年出版的《媒介地理学：媒介作为文化图景的研究》一书既秉承媒介学、地理学这两门学科的优良传统和遗传基因，又吸收了多学科活性因子和知识营养，建立起“人—媒介—社会—地理”的研究体系，并侧重将“媒介现象尤其是传播活动现象放到特定的地理和社会环境中进行考察和分析，并探索其本质与规律”[②]，着力分析和解决媒介与媒介地理息息相关的主要问题。该书考察了人、媒介、社会与地理间的互动关系，多学科的知识背景以及以学术前沿为主体的理论视域的结合让这本书兼具创新性、全面性、跨学科性及国际视野。该书于2011年和2012年先后获得浙江省第十六届哲学社会科学优秀成果奖一等奖、第六届高等学校科学研究优秀成果奖（人文社会科学）新闻传播学类三等奖。

2009年至2015年相继出版的“媒介理论三部曲”——《媒介理论前沿》《媒介理论前瞻》和《媒介理论前线》，大力拓展了媒介理论研究的新领域和新视界。[③]这几本书聚焦最前端媒介理论，通过宏大架构、多维视野和立体思维，对媒介生态、媒介地理、媒介融合、媒介时间、媒介记忆、媒介框架、媒介偏见、媒介安全、媒介演化等36种媒介理论与观念进行了整体诠释与理性评判，对其诞生溯源、表现形态、演化路径、研究特性和发展趋势进行了全景式、立体化审视，探讨了各种理论和研究即将面临的危机与挑战，总结了中国传播学交叉化、本土化研究的现状与走向，提出了一系列独到而精辟的观点。媒介理论三部曲封顶之作《媒介理论前线》对整个媒介理论进行了全面梳理和系统总结，划分出中国媒介理论研究的三个阶段——酝酿期（1988—2001），成长期（2002—2008），成熟期（2009年至今）[④]，并总结了中国媒介理论研究的四个特点：“立足中国、放眼世界、紧追前沿的前瞻性特点；各种学科互相渗透、彼此互动、杂交融合的交叉化特点；基于中国传统文化和现代学术的丰厚土壤，并努力同国际学术界进行对话交流的本土化特点；敢于提出新概念、新命题、新主张、新观点、新理论、新思想的创新性特

① 郑虹：《媒介的生命乐章与绿色之旅——读邵培仁教授的〈媒介生态学〉》，《全球传媒观察》2009年1月21日第4版。

② 邵培仁、杨丽萍：《媒介地理学：媒介作为文化图景的研究》，中国传媒大学出版社，2010，第11页。

③ 黄清：《媒介研究的新视界——评邵培仁教授主编的〈媒介理论前沿〉》，《中国传媒报告》2010年第1期。

④ 廖卫民：《冲锋在前线：一个传播学学派的崛起之道——解读邵培仁主著之媒介理论三部曲》，《山东理工大学学报（社会科学版）》2015年第6期，第67—69页。

点。”同时，此书梳理了“中国媒介理论研究发展的脉络，进一步预测中国媒介理论探究的发展趋势”[①]，对前两本书的研究内容具有统领作用。总之，从前沿到前瞻再到前线，6年时间打磨出连贯的学术进军全景图，不仅勾勒与阐述了洋洋大观的媒介理论新成果，更展现了邵培仁带领一众学者壮大学术团队、打造中国传播学研究的“浙大学派”的决心。[②]

2014年邵培仁等著的《华莱坞电影理论：多学科的立体研究视维》出版，这是其理论创新的又一力作，全书对华莱坞电影的概念、研究宗旨、发展策略、景观再现、跨地合作等进行了全方位、立体式扫描。作者在书中指出：“华莱坞电影观点的提出，并不是华人电影与‘莱坞’的简单重合，也不是对两者的硬性拼凑；既非对华人电影在当前全球化语境中的历程总结，亦非对表象的简单描绘。”[③]此书试图用宏观的视角由东方转向世界，用博大的胸怀接受世界华人影像，通过全新理念与视角，避免从“个别方向、个别角度去谈论、界定甚至论争我们的电影工业”[④]。2017年他主编的《华莱坞电影概论》不仅强有力地丰富了华莱坞电影话语场域，同时也展现出了一定的雄心和远见，可以视为伴随着近年来中国作为大国崛起而带来的文化自信与学术自信的产物，以及拒绝霸权、想充分卷入甚至想极力改变西方中心主义的知识生产的全球性网络的冲动。[⑤]

学科交叉、理论创新、国际视野、本土实践，这些重要的传播研究主题成为邵培仁在这一阶段从事理论耕耘的核心指针。在交叉创新与学术寻根的过程中，一些崭新的观点和理论聚合为此阶段独具特色的传播思想。

第一，提出媒介生态的五大核心观念及主要规律。邵培仁指出，媒介生态的五大核心观念，即媒介生态整体观、媒介生态互动观、媒介生态平衡观、媒介生态循环观以及媒介生态资源观共同构成了媒介生态观念群，这五大观念相互联系、相互蕴含，帮助我们从整体上理解媒介生态活动及生态规律。此外，他提出了媒介生态的几大主要规律——媒介生态位规律、媒介食物链规律、媒介生物钟规律、媒介最小量规律、媒介适度性规律，五大规律关注

---

① 邵培仁等：《媒介理论前线》，浙江大学出版社，2015，第4—18页、第20页。
② 廖卫民：《冲锋在前线：一个传播学学派的崛起之道——解读邵培仁主著之媒介理论三部曲》，《山东理工大学学报（社会科学版）》2015年第6期，第69页。
③ 邵培仁等：《华莱坞电影理论：多学科的立体研究视维》，浙江大学出版社，2014，第5页。
④ 邵培仁等：《华莱坞电影理论：多学科的立体研究视维》，浙江大学出版社，2014，第5页。
⑤ 邱子桐：《中国电影研究中的第三股力量——评邵培仁主编的〈华莱坞电影概论〉》，《中国传媒报告》2018年第1期。

传播从微观到宏观各有机部分的互动关系，聚焦各要素发挥的生态效用。五大观念及规律的提出能够有效解释和应对一系列媒介生态问题，为中国传媒产业变革与发展提出一系列媒介生存策略。

第二，提出以空间、时间、地方、景观、尺度为核心的媒介地理学概念。这五大核心概念既可形成一个完整的理论框架，又可单独抽出用于媒介地理现象与媒介地理活动的分析，具有很强的灵活性和实用性。这些概念的提出构成了媒介地理学跨学科、综合性和有梯度、有层次的分析框架。在这五大核心概念的基础上，我们可以合理认识当下媒介发展与未来演进的地理要素，合理利用地理因素以维持中国传媒生存的活力与动力，进一步激发中国传媒竞争潜力，从而形成中国媒介体系生态循环、健康和谐的良性运作机制。

第三，提出华莱坞电影概念，改变了“民国电影”“中国电影”和“华语电影”的概念局限。邵培仁认为，华莱坞就是“华人、华语、华事、华史、华地之电影，它以华人为电影生产的主体，以华语为基本的电影语言，以华事为主要的电影题材，以华史为重要的电影资源，以华地为电影的生产空间和生成环境”①。华莱坞概念的提出避免了“华语电影”概念用单一的语言框架来界定电影的局限性，从而将“跨地互动”的概念引入电影研究从资金、技术到文化、市场等的各个层面。总之，华莱坞理念的提出与建设既是对传播学本土化的践行与探索，也是超越政治界限与意识形态差异，促进中华文化同全球文化文明交往、积极对话的重要路径。

（四）第四阶段（2015 年至今）：面向未来、走向亚洲、放眼世界的传播理念探索

2015 年后，邵培仁的学术研究逐渐立足中国、面向未来、走向亚洲、放眼世界，在总结前期研究成果的基础上，他提出了引向更为广阔时空范畴的亚洲传播理论和全球整体传播学研究。

首先，邵培仁以新视野、新思维、新路径对华夏传播进行研究，构建了独具特色的研究体系。邵培仁的“华夏传播理论研究”是 2013 年浙江省社科规划立项课题，也是国家社科基金后期资助项目。项目研究“以观念为纲，以思想为目”，既不以某个思想家为主导，也不以编年史为线索，而以长时段中“一脉相承”的传播观念（主题）为主轴进行梳理、分析，从而形成理论

① 邵培仁：《华莱坞电影理论：多学科的立体研究视维》，浙江大学出版社，2014，第 2 页。

建构的核心框架。研究认为，“阴—阳”“和—合”“交—通”“感—应”“中—正”“时—位”“名—实”“言—行”“心—受”“易—简”等对应性观念，既是中国传统思想的重要范畴，又是中国人日常传播行为和行动的“释义系统”，对建构、发展华夏传播理论至关重要。自2004年发表《当代传播学视野中的中国传统信息接受观》、2013—2014年相继发表《华人本土传播学研究的进路与策略》《寻根主义：华人本土传播理论的建构》《传播受体论：庄子、慧能与王阳明的接受主体性》《传播模式论：〈论语〉的核心传播模式与儒家传播思维》《传播辩证论：先秦辩证传播思想及其现代理论转化》等论文，2015—2016年是邵培仁发表此类论文的高峰期，前后共发表了10余篇华夏传播研究论文。

其次，邵培仁提出了国际传播研究中的亚洲主张，即主张建立传播学研究的亚洲范式及理论体系。他认为，亚洲传播研究应该是一种理性的、诚实的学术研究，也是一种着眼于对话与共享的学术研究，更是建构面向世界、面向未来的集中了人类传播学研究精华的“整体传播学”的客观需要。[①]他在《国际传播研究中的亚洲主张何以可能？》和《亚洲主张：全球传播中的亚洲意识及其核心价值》等论文中进一步阐述，亚洲传播理论研究应从三个面向入手——历史传统的亚洲、西方经验的亚洲、现代转型的亚洲——探索传播学发展的亚洲之路，提出能够建立亚洲传播与东方传统的理论框架，探究亚洲文化本身对亚洲传播模式的形塑，用亚洲的文化传统、时空模式、言语结构来解释自身的传播行为与传播活动，倡导将中国传播研究的文化地理视线拉回亚洲，探寻中国与亚洲接轨的共通之处，从而促进国际传播背景下亚洲国家之间以及中国同跨洲国家的文化交往与文明对话。

2017年出版的《亚洲传播理论——国际传播研究中的亚洲主张》一书，是邵培仁此前观点与理念的汇总和升华。此书将传播研究视野拉回亚洲，着重关注国际传播视域下亚洲声音的渐强与亚洲意识的重归，正视亚洲传播智慧与亚洲传播经验的觉醒，以亚洲文化特性为前提，以东西方文化交流为核心，以当代亚洲情境为基本立足点，既探讨了亚洲古典传播理念的丰富价值，又阐述了亚洲传播研究面临的现实问题和发展走向，对亚洲传播理论的产生、演进与历史经验进行了全面、详细的理论勾勒，并通过丰富的学科脉络探讨了亚洲传播理论在区域政治、跨文化、大众媒体、新闻、广告、电影等领域

① 邵培仁：《亚洲传播研究的基本主张》，《中国传媒报告》2009年第2期。

的应用。①全书研究的宗旨在于：在人类整体传播学的视域下反思和超越“亚洲中心主义”的传播研究路径，提出以“对话和共享”作为亚洲传播研究的理念，并致力于化解亚洲内部的区域冲突、重构和相互认同，为全球传播与人类交往提供新的启示。②毫无疑问，亚洲传播研究不仅是华人学者在传播学研究本土化及学术寻根之旅上的一次重大突破，更是帮助我们理解中国在当今世界传播变局中的新定位与新角色的桥梁与中介。

再次，邵培仁提出要建立新世界主义和整体全球化理念，构建人类整体传播学，拓展中国传媒改革发展新空间。邵培仁先后发表了《走向整体的传播学》（2013）、《共同构建人类整体传播学》（2017）、《共同建设美好的传播世界》（2018）等论文和另外9篇新世界主义传播方面的论文。③他认为，当今世界应该既不是西方中心主义，也不是东方中心主义；既不是美式全球化，也不是中式全球化，而是共赢主义和整体全球化。“整体全球化”就是以“构建人类命运共同体”为核心理念，以“共商、共建、共享”为基本原则，不论东西，无论南北，不分中外，古今联通，坚持走和平发展、共同繁荣之路，着力构建相互尊重、公平正义、合作共赢、整体互动的新型国际关系。同时“也迫切需要共同构建一种具有全球性、包容性、开放性、综合性、安全性特质的人类整体传播学”④。他深信，新世界主义等理念必将向经济、贸易、文化、安全以及传媒等各个领域延伸、扩展，它将给中国的传媒发展和改革带来无穷的想象空间和前所未有的机遇与挑战。

透过邵培仁的研究成果与传播理念，我们能勾画出一幅其由本土化入手逐渐扩大视野，立足中国、走向亚洲、放眼世界的学术进军路线图。在传播学本土化道路上，他观照中国、关注亚洲；在传播学国际化进程中，他既考察世界之于中国与亚洲的意义，又强调中国在亚洲及世界的地位。总之，传播学本土化与国际化研究路径是相互依赖、相互影响、共生共存的整体。

邵培仁在近40年的传播学耕耘中，在传播理论和传媒实践两个方面都取得了辉煌成绩。从传播学基础理论研究起步，邵培仁先后在政治传播、艺术

---

① 邵培仁等：《亚洲传播理论——国际传播研究中的亚洲主张》，浙江大学出版社，2017。

② 黄清：《亚洲传播研究：连接地方经验与全球视野的桥梁——评邵培仁教授等人的新作〈亚洲传播理论〉》，《中国传媒报告》2017年第3期，第125页。

③ 邵培仁、周颖：《国际传播视域中的新世界主义：“命运共同体”理念的流变过程及动力机制研究》，《浙江社会科学》2017年第5期，第94页。

④ 邵培仁、王军伟：《传播学研究需要新世界主义的理念和思维》，《教育传媒研究》2018年第2期，第31页。

传播、教育传播、新闻传播、经济传播、传播社会、媒介经济与管理、媒介生态、媒介地理、影视传播等很多领域做出了开拓性工作，对中国传播学交叉研究贡献卓越，对中国传媒变革提出了一系列具有建设性的意见和建议。

在貌似庞杂的诸多研究领域之中，一条一以贯之的创新思路始终清晰可见：基于中国传统文化和中国当代社会实践。20世纪80年代初，中国社会各行各业蒸蒸日上，传播对社会各领域都具有建设性意义，政治、艺术、教育、新闻、经济、社会等都与传播有着紧密的联系，彼时的年轻学者邵培仁以犀利的眼光抓住了这一社会脉动，迅速地将这些研究领域以传播为中心加以探讨，形成了一系列论著。西方传播理论必须落地才能体现出应有的意义，邵培仁一方面从传统文化中汲取“传”的智慧，另一方面从中国社会现实出发，将传播学与当代中国鲜活的社会实践相结合进行理论创新，所以他在《传播学原理与应用》中论述了传播与生态、传播与地理的关系，强调媒介、生态与地理之间的和谐关系，在《政治传播学》开篇便着重强调了“政”“通”“人”“和”四个字，并创造性地绘制了传播互动模式图。很明显，“平衡”“和谐”“互动”等中国传统价值体系倡导的精髓从邵培仁的研究伊始就已经深深地渗入中国传播学研究的根基之中。这一理念也始终伴随着他从20世纪90年代以来进行的媒介经济与管理研究。21世纪以来的《媒介生态学：媒介作为绿色生态的研究》和《媒介地理学：媒介作为文化图景的研究》对这一理念进行了集中表述，集中体现了邵培仁的理论高度与价值。近年来的传播学亚洲主张、华莱坞电影研究和新世界主义理念则进一步明确了中国传播应有的作为与风范。

二、邵培仁治学风格及学术特色

近40年的学术研究见证了传播学的从无到有，从初创到兴盛，从肤浅到复杂的学术历程。回溯中国传播学发展历程，我们不仅看到了传播学科建设从被动引进到自主创新的转向，同时也在这个自主自立的过程中见证了学者们为中国传播学研究本土化与全球化辛勤耕耘的身影。“中国的传播研究是否具有想象力、创造力、生命力，归根结底还是在于能否以高度的文化自觉和文化自信对此做出自己的思想建树，将如此丰厚的专业遗产化解为历史与逻辑有机统一的学理与学统。”[①]在治学之路上，邵培仁的学术自信、学术敏感与

① 李彬、刘海龙：《20世纪以来中国传播学发展历程回顾》，《现代传播》2016年第1期，第41页。

学术自觉不仅为传播学研究开辟了新范式与新视界，更为中国知识界转变西方中心主义思维、打开学术研究新局面树立了榜样，其治学风格与学术特色主要表现为以下几点。

（一）开拓创新，与时俱进

创新是对现实的变革与对现状的突破，无论是在传播学领域还是在媒介管理学、影视传播学领域，创新都是邵培仁历来秉持的学术精神。一方面，创新是学者凭借学术敏感性探究未知知识领域；另一方面，创新又是积极勘误现实、敢于挑战传统和权威。从更深层次看，人们更害怕由新思想冲击而引发的旧有知识大厦的土崩瓦解。他认为，在传播学领域，不要受太多陈规的束缚，这样那样的顾虑对于学术创新是有害的。学术研究没有敢为人先的精神，其“创造”过程极易蜕变为“制造”过程，学术就不可能有真正的进步。[①]正是在“喜欢做前人没做过的事”的信念引导下，他敢为天下先，编纂了一系列国内首创性学术专著，提出了大量新的概念、观点与理念，更是敢于发起学术争论、打破学术禁忌、促进学术生产。开拓创新、与时俱进的学术风格，推动他在有待开垦的学术领域辛勤耕作，成为中国传播学领域走在最前端的开拓者、“探路者”[②]。

（二）交叉互动，融会贯通

传播学起源于多学科的介入与汇集，并持续不断地汲取其他学科的最新研究体系与研究方法，可以说，学科交叉研究成就了传播学独立自主的学科地位。邵培仁指出：“交叉化不是两个以上学科简单生硬地相加，而是各个学科在思想和方法上的有机融合、互动互助、共进共演。交叉化研究也是培养新的学科生长点，实现中国传播学‘短道超越’‘先声夺人’‘后发制人’的重要路径。”[③]自20世纪80年代以来，他的交叉化探索让其在传播学分支研究与传播学基础研究间找到了平衡，他组织编纂的“当代传播学丛书”“21世纪媒介理论丛书”所倡导的传播学研究的生态学、地理学转向事实上都是传播学新、旧元素的组合与多学科因子的嫁接杂交。交叉互动、融会贯通的学

① 吴筱颖：《喜欢做前人没做过的事——访浙江省有突出贡献的中青年专家邵培仁教授》，《浙江大学报》2004年6月4日。

② Guo Xiaochun, “A Pathfinder in Communication Studies in China: A Glimpse of Professor Shao Peiren’s Academic Achievement,” *China Media Research* 11.1(2015): 55-67.

③ 邵培仁：《传媒的魅力——邵培仁谈传媒的未来》，首都经济贸易大学出版社，2014，第101页。

术特色让其传播学理论顺应传播时代变化新趋势，不断应对现代社会层出不穷的新问题与新局面。

（三）学术寻根，立足本土

在回答“中国传播学学科建设的着力点在哪里”这一问题时，邵培仁言简意赅：“中国传播学的主要问题是西方化，传播学学科建设的着力点是本土化，突破点是交叉化，目标是国际化，但最佳的学术生态是自主、多元与平衡。”[①]自从事传播学研究起，他便致力于传播学研究的本土化与中国化，指出中国传播学需要学术寻根，积极实现“去西方化”与“去西方中心主义”。其关于华人本土传播、华莱坞电影、亚洲主张、新世界主义等的理念的提出、阐释与探究，正是立足中国社会现实、借鉴西方理论精华的学术寻根与学术创新之举。其学术寻根、立足本土的治学准则真正实现将传播学研究根植于中国社会和媒体实践，“在社会、政治、文化和科学技术的变动之中，密切把握社会的动脉……完成对当下中国社会传播结构的变化对社会发展的影响”[②]。

（四）立意高远，国际视野

对国际视野及传播学建设国际化的强调绝不等同于“全球化”，在邵培仁看来，“国际化是指大学认同国际理念、拥有国际标准、获得国际认同、进行国际对话的过程；而全球化则是追逐全球市场、资源全球共享、产品全球流通、信息全球传播的过程。前者是高标准严要求，意味着质的提高；后者是高效率大流量，意味着量的扩张”[③]。因此，传播学研究的国际化并非屈从于“西方中心主义”，而是主动构建中国传播研究的独立话语体系，积极向世界传递传播研究的中国经验、中国智慧与中国情境，更是“积极地向世界展示并使用能与西方学术话语体系兼容的中国版本”[④]。他聚焦国际传播变局、关注国际学术潮流的研究进路，实则用国际环境能够理解与接纳的方式传播自己的学术理念，以此促进不同文化及学术共同体间的文明对话与价值互镜。

---

① 徐峰：《邵培仁：本土化、交叉化、国际化是建设世界一流传播学科的三个维度》，《新闻论坛》2016年第4期，第23页。
② 吴飞：《中国大陆传播学知识生产场域透视》，《当代传播》2009年第4期，第6页。
③ 徐峰：《邵培仁：本土化、交叉化、国际化是建设世界一流传播学科的三个维度》，《新闻论坛》2016年第4期，第25页。
④ 徐峰：《邵培仁：本土化、交叉化、国际化是建设世界一流传播学科的三个维度》，《新闻论坛》2016年第4期，第25页。

（五）严谨踏实，情致诗意

在邵培仁看来，学者们要耐得住寂寞，要在漫长的学术马拉松中始终秉持严谨踏实的治学作风。严谨踏实不仅仅反映在对知识的敬畏与尊重上，如始终将学术诚信与学术道德放在第一位，更表现在对学术规范的严格遵守以及对学术价值的孜孜以求中。“板凳要坐十年冷，文章不写一句空”，枯燥而寂寞的学术研究常常带给人沉思和遐想的空间，当然这并不意味着学者就该在漫长乏味的文献梳理与文字创作间备受煎熬。“书斋生活……也带给你成就感和满足感”[①]，他对文学、艺术等的喜爱为其学术研究增添了一抹诗情画意。《传媒的魅力——邵培仁谈传播的未来》一书以学术散文的方式阐述了其丰富多彩的学术观点，思想的力量与情感的力量凝聚为一个整体，这是学术作品褪去华丽、贴近生活、非常难能可贵的尝试。

（六）快乐学术，与人为善

邵培仁的学术理念不仅高屋建瓴、提纲挈领，而且能与现实相契合，进而让学术研究与学人培育成为充满生活气息与人文关怀的快乐之旅。其亲和、快乐、睿智的人格魅力不断为学生与同事带去前进的能量。作为导师，邵培仁常常在学生最为困惑与艰难的时刻给予关怀和教诲，宽严相济的培养理念像学生们学术道路上的一盏明灯，催人奋进。作为同事，他也总能在第一时间察觉老师们在工作与生活中的压力与难处，适时给予宽慰与帮助。作为学者，他始终将学术作为与人交流沟通、建立情感的方式：他组织的“学术午餐会”让师生之间的关系变得亲近温暖，惠及新闻传播学子；他参与促成的传媒“三门聚会”让天南地北的学者汇聚一堂，在自由轻松的学术氛围中获得观点的碰撞；他积极创办的国际华莱坞学会与每年召开的华莱坞学术研讨会让电影学者及电影爱好者共赴学术盛宴，其包容谦虚的人格魅力建立起广泛的学术人缘。在他看来，学术研究是轻松愉快的，更是学者们变“文人相轻”为“文人相亲”的途径。一如他始终秉持的座右铭“待人以诚、与人为善”，快乐学术、与人为善已成为他传道授业、为人处世的准则，他也是师生们效仿的榜样。

---

① 章东轶：《邵培仁：学术呼唤良知》，载王永亮、成思行《传媒论典：与传媒名家对话》，中央编译出版社，2004，第194—195页。

三、邵培仁学术成就及学科贡献

做一个有良知、冷静的中国传播学者，这是邵培仁一贯的坚持。在个人治学风格及学术特色的引导下，他在传播学研究领域取得了丰硕的理论成就并推动学科体系不断完善，近40年来发表了逾300篇论文（不完全统计），出版了30多本专著，可谓高产，而其学术活动与理论成就对传播学建设的推动与促进更是不可小觑。

（一）汇聚思想群落，引领建立传播学研究的“浙大学派”

邵培仁始终强调：“学术研究不应该只是个人特立独行的沙漠之旅，而应是一群志同道合的知识分子共同进行的思想冒险、智力竞赛和人文工程。学术研究也要与时俱进，提倡优势互补、资源共享、学术合作。”①来杭工作后，他始终致力于汇聚思想群落，积极培养学术人才、编辑队伍以及展开学科建设，努力与学科同人一道建立起把握时代脉搏、紧贴理论前沿的学术团队。从2002年起，邵培仁筹办了《中国传媒报告》和《中国传媒研究》刊物。它们的问世标志着中国传播学者创新成果发布的先锋园地的建立。2002年，在邵培仁的带领下，浙江率先成立了浙江省传播学会和浙江省会展学会；同时他与其他学者一道在浙江大学建立起新闻传播学一级学科博士点和博士后流动站，省级传播学重点学科、省重点研究基地和省重点创新团队以及国家动漫教学基地和国际华莱坞学会，等等。

可以说，每一次的学术进军都离不开集团协作，在一次次学术成果问世的背后蕴含着邵培仁网罗人才、统帅全局的努力。“作为领军人物，邵培仁教授凭借着其澎湃的学术热情、敏锐的学术洞察、开阔的研究视野，亦是中国媒介理论研究方面的多产学者。当然，邵培仁在培养、带领‘浙江学派’方面的贡献，更是其对中国传播学研究，特别是媒介理论研究的最大贡献。”②所谓学派，即“在某一学术领域内逐渐形成具有共同学术取向的学人群体，这样的群体中往往都有其最具领导力和代表性的核心学者，周边围绕着一批有一定影响力的学者学人，他们的总体研究成果能够形成独树一帜的学术风格或学术范式，产

① 章东轶：《邵培仁：学术呼唤良知》，载王永亮、成思行《倾听传媒论语》，中央编译出版社，2004，第192页。
② 张健康：《中国媒介理论研究的总结与展望》，《浙江传媒学院学报》2013年第5期。

生较为深远的学术影响”[1]。邵培仁在“21世纪媒介理论研究丛书”的基础上又重点推出“媒介理论三部曲”，事实上标志着传播理论研究“浙大学派”的崛起。整个传播理论研究“浙大学派”，均以浙大校友为背景，参与者有教授、副教授、博导、博士后、博士研究生以及硕士研究生，他们在共同的学术目标与学术追求的驱动下，在国内外出版和发表了大量的具有创新和开拓性质的传播学专著和论文。邵培仁指导博士生对媒介和谐论、媒介演化论、媒介崇拜论、媒介身份论、媒介认同论、媒介偏见论、媒介人种论、媒介品牌论、媒介转型论、媒介融合论、媒介记忆论、媒介愿景论、媒介排斥论、媒介框架论等二十几种媒介前沿理论进行深入研究，在中国传媒大学出版社和浙江大学出版社出版了“21世纪媒介理论丛书”，逐渐在国内外形成影响，整个团队也成为中国传播学本土化研究的领跑者。博士团队中的“十大金刚”“八朵金花”等学术新锐正在迅速成长、脱颖而出，成为“浙大学派”持续稳定地开拓创新的不竭之源，也成为影响和引领中国传播学术潮流和走向的重要力量。某种程度上，这批学者的学术成果不仅丰富了媒介理论，同时其学脉、学统、学质的一脉相承也塑造了传播学研究“浙大学派”的阵容。

（二）编纂学术专著，致力推进传播学研究的学科进步

30年来，邵培仁不仅建立了传播学科全新的研究体系与理论框架，更是推动了学科建设不断前进、开拓创新。其大量专著和论文都是中国传播学界极具创新性的学术成果，其中有些著作亦能填补彼时学术研究的空白。更为重要的是，邵培仁的大量著作作为学科教材，不仅解决了传播学教育改革及教材紧缺的燃眉之急，更是以独特的理论体系及理念表达影响了传播学科的教育体系，《传播学》《媒介管理学》和《媒介管理学经典案例》先后获得浙江省优秀教学成果奖（教材）一、二等奖，他个人也于2007年荣获教育部宝钢教育奖（优秀教师奖）。

邵培仁撰写的“面向21世纪课程教材”《传播学》多次修订再版，基本理论体系跟随时代的发展和传播研究的进步不断调适与更新。在立足本土、突破创新的基础上，此书不仅给我们提供了“一部推进自主创新、形成本土特色的重要成果”，而且让我们领略了“我国新一代教科书的独特风情”[2]。而

---

① 廖卫民：《论传播学中国学派生成的条件、路径与机遇》，《新疆师范大学学报（哲学社会科学版）》，2017年第4期，第61页。

② 邱芳烈：《立足本土　突破创新——评邵培仁的〈传播学〉》，《今日科技》2003年第5期，第29页。

邵培仁编撰的媒介经营管理方面的数本专著均在该领域的教学与研究方面地位不俗。总之，学术专著及教材的编撰让邵培仁获得了大批优秀著作、教材等方面的奖项。同时，邵培仁不选用西方学术中我们所不熟悉的东西来解释我们同样不熟悉的东西，而是选用本民族的、为大家所熟悉的东西来论证观点与概念，这种著作风格增强了学者的学术自觉、读者的文化自信与学科建设的本土化。①

（三）聚焦理论创新，积极促进传播学研究的视域拓展

邵培仁认为，自己的学术之旅可以被总结为碰撞、发现、探索、行走与耕耘之旅。②在理论与观点的碰撞、探索与耕耘中，鲜活而富有生命力的传播观念与传播理论应运而生，它们的诞生不仅转变了传播学研究“拾西方人牙慧”的旧时局面，更积极拓展了中国传播学研究的理论视域。

鉴于邵培仁在学术研究中的突出成就，他于2004年荣获“浙江省有突出贡献中青年专家”称号，2008年荣获“改革开放30年中国传媒思想人物奖”，被评定为国家二级教授。2015年，邵培仁因其文章高发表量、高被引量和高中心度被中国传媒经济与管理学会授予“中国传媒经济学科杰出贡献奖”，同时，其率先提出的“华莱坞电影”学术概念被授予“中国传媒经济年度观点奖”。学术观点奖项是对邵培仁学术理念与观点创新的嘉奖，更是对其理论创新学术研究道路的认可与欣赏。在颠覆旧范式、创立新范式的创新之旅中，学科成熟逐渐成为可能。诚如邵培仁在其书中提到的：“物种繁衍靠复制，学术研究靠创新。创新是中国学术的灵魂，质量是中国学术的命根。中国传播学研究只有不断进行学术创新、提高学术质量，才能在国际学术竞争和发展中处于有利位置，也才能赢得主动权、发言权和平等对话、受人尊重的权利。”③在“2018年传媒变革高峰论坛：改革开放40年影视传播宁波对话”上，邵培仁在回答“如何走在新闻与传播研究的最前沿”的问题时提出了“三三说”，即“三前”——掌握前沿信息，具有前瞻眼光，参加前线战斗；“三情”——抱有热情，富有激情，饱含感情；“三动”——组织活动，广泛发动，紧密互动，可谓道出了走在新闻与传播研究最前沿的真谛。我们相信，邵培仁辛勤拓荒、钻研实干的学术精神将不断引领传播学研究的理论创新浪

① 邱芳烈：《立足本土　突破创新——评邵培仁的〈传播学〉》，《今日科技》2003年第5期。
② 杲如：《访浙大传播研究所所长邵培仁教授》，《中国传媒海外报告》2012年第1期，第14—17页。
③ 邵培仁：《传媒的魅力——邵培仁谈传播的未来》，首都经济贸易大学出版社，2014，第2页。

潮，进而为传播学研究的范式革新、视野拓展及学科进步带来福音。

（四）扩展学科建制，广泛拓展传播学研究机构

邵培仁不仅是杰出的研究者，还是成功的管理者。他在学系、学院和学部分管教学工作期间，曾先后对本科教学计划进行多次修订和完善，构建了金字塔式课程建设模型，成为许多高校新闻传播学系制定本科教学计划时的参考。①担任浙江大学传播研究所所长期间，他整合科研队伍，引领浙江大学传播学研究的发展，组织的“学术午餐会”也被评为浙江大学院系文化建设优秀成果。担任学院党委书记和人文学部副主任期间，他还兼任学校对外宣传领导小组副组长，为学科发展、对外宣传做出了贡献。全国很多高校，特别是浙江省的高校，都邀请过邵培仁谋划传媒专业发展与科研队伍建设。不仅如此，邵培仁还将自己悉心培养的研究生特别是博士生输送到各大高校，增强了这些学校传媒专业的科研实力。在邵培仁培养的研究生中，已有教授30多人，有不少不到40岁即已评上教授或研究员。这些源源不断的传播学后来人在攀登新的科研高峰的同时，也在进一步巩固和扩展各个高校的传媒类专业学科建制。

【作者简介】周颖，博士，武汉大学新闻传播学院讲师，主要研究方向为华莱坞电影、新世界主义媒介理论。

【文献来源】周颖：《邵培仁学术理念国际化进路及传播思想》，《山东理工大学学报（社会科学版）》2018年第5期。

---

① 何扬鸣：《浙江大学新闻传播学科发展口述史》，浙江大学出版社，2017，第256页。

中国传播学领域的先行者和开拓者

——邵培仁传播学研究成果述评

林　凯

从改革开放后中国引进传播学以来，作为传播学研究专家，邵培仁在近40年的学术研究中取得了丰硕的成果，这些富有创新性的成果填补了国内传播学研究的多项空白，他的传播学研究成果丰富了中国传播学研究的学术体系，在传播学研究领域具有风向标的意义。笔者对邵培仁的学术研究历程做了梳理，重点关注其在传播学本土化方面的研究，试图展示邵培仁在传播学本土化或者华夏传播研究上取得的成就和贡献，以及这些成就对后学的启示和指导意义。

一、邵培仁学术研究介绍

（一）学术成就及贡献

邵培仁，传播学、媒介管理学专家，浙江大学传播研究所教授，博士生导师，曾先后任浙江大学传播研究所所长，浙江大学人文学院副院长，浙江大学传媒与国际文化学院党委书记，浙江大学人文学部副主任，浙江大学学术委员会委员，浙江大学对外宣传领导小组副组长，兼任浙江省重点创新团队——浙江省国际影视产业研究中心主任，浙江省哲学社会科学重点研究基地——浙江省传播与文化产业研究中心主任，浙江省文化产业重点研究基地——浙江省娱乐与创意产业研究中心主任，浙江省传播学重点学科学术带头人，《中国传媒报告》主编，《中国娱乐与创意产业蓝皮书》主编，国际华莱坞学会会长，美国中国传媒研究协会主席，美国世界文化联盟副主席，中国新闻史学会中国传播学会副会长，中国传媒经济与管理学会副会长，浙江省传播学会会长，浙江省会展学会理事长，《中国传播学报》（*Chinese Journal of Communication*）和《中国传媒研究》等多种新闻与传播学刊副主编或编委。

邵培仁是国内最早进入传播学研究领域的学者之一，他的学术研究涉及传播学、媒介管理学、华莱坞电影和文化创意产业研究等领域，成果丰硕，具有创新性和首创性。邵培仁先后发表论文300余篇，撰写或主编出版各种学术著作30余种。近几年先后完成国家社科和省部级社科科研课题18项，主要有国家社科基金项目“华夏传播理念”和“文化产业集团的成长机制与政策取向研究”；浙江省社科基金重大项目和招标项目“通向和谐社会的舆论传播研究”和“长江三角洲区域文化市场和文化产业现状调查”；浙江省哲学社会科学基金项目重点项目“媒介地理与媒介生态研究”，“华夏传播理论研究”“会展传播与管理研究”等。①

1988年，邵培仁与戴元光、龚炜共同撰写和出版了《传播学原理与应用》，这是国内第一部系统、全面地介绍和论述传播学的著作。接着，邵培仁预见国内几年内会有人际传播学、组织传播学、大众传播学等学术著作面世，于是错位竞争，开辟新的研究领域，主持撰写了一套理论和应用实践相结合的“当代传播学丛书”，丛书中的《政治传播学》《教育传播学》《新闻传播学》《经济传播学》《艺术传播学》是当时国内具有创新性的学术成果。1997年，邵培仁根据新的中西结合的理论体系，撰写出版了《传播学导论》一书，童兵专为此书撰写了《知识量和理论性俱佳的传播学新作——〈传播学导论〉小序》②，并对此书给予高度评价。2000年，邵培仁撰写的被教育部列为“面向21世纪课程教材”的《传播学》出版（高等教育出版社）。后来此书经两次修订，第三版于2015年出版。在回顾自己众多的学术专著时，邵培仁表示，《传播学》是其最爱，此书不仅知识量大，而且具有创新性，结合了中国传统文化和现代学术的优秀成果和自己的最新思考。③

在此过程中，邵培仁积极探索传播学的学术渊源，发表了《论传播学研究的欧洲渊源》《论中国古代受众的信息接受特色》《论人类传播史上的五次革命》和《寻根主义：华人本土传播理论的建构》等论文；积极探索传播学术本土化的可能与路径，发表了《传播学本土化研究的回顾与前瞻》《论传播学研究的中国特色》《中国传播学界需要学术寻根》等论文；积极推进整体互动

① 俞吉吉：《学术无顶——访浙江大学传媒与国际文化学院邵培仁教授》，2019年2月13日，http://blog.sina.com.cn/s/blog_593d5d690102yi8x.html，访问日期：2019年3月10日。
② 童兵：《知识量和理论性俱佳的传播学新作——〈传播学导论〉小序》，《新闻知识》1997年第11期。
③ 俞吉吉：《学术无顶——访浙江大学传媒与国际文化学院邵培仁教授》，2019年2月13日，http://blog.sina.com.cn/s/blog_593d5d690102yi8x.html，访问日期：2019年3月10日。

模式和人类整体传播学建构与完善，发表了《关于传播模式的思考与构想》《传播模式论》《走向整体的传播学》和《携手共同构建人类整体传播学》等论文。他提出的整体互动模式意在强调传播过程和传播研究的整体性和全面性、辩证性和互动性、动态性和发展性、多向性和复杂性。整体互动模式得到杜骏飞、于文杰、赵晶晶（杲如）、肖容的充分肯定，被认为是独树一帜的具有中国特色的研究体系。①在整体互动模式的基础上，邵培仁提出要建构人类整体传播学，目的是引导人们共同思考和探索在人类的联系性愈加紧密、世界的整体性日益加强的时代，在规划应对未来传播所带来的巨大挑战和机遇时，人类将如何建构整体传播学，如何共同打造我们所希望的未来。

邵培仁在媒介生态学、媒介地理学、媒介管理学、华莱坞电影理论、新世界主义媒介理论五个研究领域都率先发表了国内第一篇学术论文，出版了第一本学术专著，具有开拓性和创新性，许多成果填补了传播学研究或传播学交叉研究的学术空白。可以说，邵培仁“开山炼铜”的著述工作为中国传播学研究的开展奠定了坚实基础。②

我们看到，在其30多年的传播学研究中，邵培仁形成了自己的研究特色，即立足本土、追寻民族文化底色，倡导学科交叉创新，着眼世界的视野开阔的整体研究格局，能够在时代发展中，将传播理论与中国本土传播经验紧密结合，形成独具一格的中国传播学研究体系。鉴于邵培仁在学术研究中的突出成就，他于2004年荣获“浙江省有突出贡献中青年专家”称号；2007年荣获教育部宝钢教育奖（优秀教师奖）；2008年荣获“改革开放30年中国传媒思想人物奖”；2015—2016年，邵培仁因其文章高发表量、高被引量和高中心度被中国传媒经济与管理学会授予“中国传媒经济学科杰出贡献奖”，以及因为率先提出的“华莱坞电影”学术概念而被授予“中国传媒经济年度观点奖”；2018年荣获第六届范敬宜新闻教育奖（良师奖）；被评定为国家二级教授。③

---

① 王怡红、胡翼青：《中国传播学30年（1978—2008）》，中国大百科全书出版社，2010，第638—640页。

② 杜骏飞：《筚路蓝缕　以启山林——略论邵培仁同志传播学研究实绩》，《淮阴师专学报（哲学社会科学版）》1992年第1期；于文杰：《体大精思，万象尽吞——〈艺术传播学〉与邵氏传播模式述评》，《淮阴师专学报》1993年第3期；肖容：《整体互动论：独树一帜的传播模式——略论邵培仁的传播学研究》，《徐州师范学院学报》1992年第3期；杲如：《整体互动论：媒介管理学研究的新视界》，《世界经理人》2011年第11期。

③ 周颖：《邵培仁学术理念国际化进路及传播思想》，《山东理工大学学报（社会科学版）》2018年第5期，第88—89页。

邵培仁的学术成就和影响力还可以通过两个指标加以说明，邵培仁在2009—2018年的国内新闻传播学科h指数（17）和学术迹（根据发文量、引用率和篇均引用率等计算）在浙江大学排名第一，而且自2008年在浙大文科发展报告中采用这一指标以来一直保持第一的排名[①]；邵培仁还被誉为“万引学者”，他以论文被引13724次位居“中国知网”“文学与文化理论界”第11名，论文篇均被引21.14次，是浙江省文学与文化理论界唯一入选者。[②]

（二）邵培仁传播学研究的思想脉络

周颖在《邵培仁学术理念国际化进路及传播思想》一文中对邵培仁近40年的传播学研究思想进路进行阶段划分。[③]笔者主要根据邵培仁进行传播学本土化尤其是华夏传播研究的理论脉络进行划分。

1.第一阶段：1988—1998年传播学本土化研究

1988年，邵培仁和戴元光、龚炜一起出版了国内首部传播学专著《传播学原理与应用》。回忆起这部专著的写作缘起，邵培仁说，1985—1987年，他和戴元光、龚炜在复旦大学新闻学院读书，他们经常就一些学术问题进行无休止的交锋，而争论最多的就是刚引进国内不久的传播学。后来争论累了，他们突发奇想：“别吵了，有种的写本书出来！”当时，他们要是把这话告诉同学，同学们肯定会把大牙笑掉。他们自己也觉得，有点不知天高地厚。因此，他们根本不敢声张，只是悄悄地买书、借书、复印、做卡片、拟大纲。1986年底，他们完成初稿时，同学们都不知道。1987年，他们共同撰写的这本专著作为试用教材被印成《传播学概要》，试用后反响很好。此书经修改后于1988年出版，书名为《传播学原理与应用》，首次印刷5000册，很快销售一空，而后经10次重印，在很长时间内一直是许多高校新闻学系和社会学系的选用教材，据说在中国港台地区和东南亚等地也有一定影响。[④]《传播学原理与应用》的出版标志着邵培仁开始进入中国传播学研究领域。在此书中，我们经常看到将西方传播理论同中国文化结合的论述，譬如讲传播技巧时，他们选取了很多中国传统文化中的经典案例，如“揠苗助长”“秦伯嫁

---

① 《2018浙江大学文科发展报告》，浙江大学社会科学研究院，2018，第52—53页。

② 《“万引学者”是谁？》，2019年3月25日，https://mp.weixin.qq.com/s/2eWHu-4U5fkkfD0X3yfl2g，访问日期：2019年5月7日。

③ 周颖：《邵培仁学术理念国际化进路及传播思想》，《山东理工大学学报（社会科学版）》2018年第5期。

④ 韩运荣：《放宽传播学研究的视野——访浙江大学新闻与传播学院副院长邵培仁》，载袁军、龙耘、韩运荣《传播学在中国——传播学者访谈》，北京广播学院出版社，1999，第218—221页。

女”“楚人卖珠”等故事来论证传播技巧。[①]这体现了邵培仁从一进入传播学本土化这个研究领域就拥有强烈的意识，并对此展开了积极的尝试。正如此书在总论中明确指出的，我们“在传播理论的研究上，可能突出评价、消化和修正西方传播学理论……通过实践，建立自己的传播学研究模式和理论”[②]。

在《传播学导论》一书中，邵培仁用较长篇幅梳理和论述了“传播学的中国渊源”，认为“中国人最先揭示了传播的特性和功用”；中国“对受众观念的论述”不仅比西方早，而且“论述极为深刻”；中国“对传播原则的论述”，不仅提出了传播的总的原则，而且提出了一系列具体要求；中国古代“对传播者的道德修养和人格内涵，也提出了具体要求”。在语言传播中，古人则提出了五点主张，即“讲良言，戒恶言”“讲精言，戒多言”“讲实言，戒浮言”“讲有用之言，戒无用之言”。[③]

在《艺术传播学》一书中，邵培仁将西方传播理论同中国古代传播理论结合起来进行论述的内容随处可见。比如，在“接受者研究”一章，邵培仁就总结出五种受众理论：知音论、引导论、枪弹论、参与论、中心论。在论述中国艺术传播者与受众相互作用的关系时，他总结出三种规律：“民间文学、通俗文学的创作者比较尊重受众，而纯文学、圈子文学、宫廷文学、贵族文学的作者常常遗忘大众”；“短篇文学作品的作者常常会遗忘读者，而长篇文学作品的作者大多能尊重读者”；“艺术作品的创作个体往往忽视大众，而综合艺术的创作群体则较能尊重受众”。[④]

可见，在传播学被引进中国的初始阶段，邵培仁就强调了传播学本土化建设的重要性和必要性，是极具前瞻性、创新性和冒险精神的。[⑤]在他的其他著作和论文中，他对传播学本土化研究也始终不渝地潜心钻研和探索，这反映了他对传播学本土化研究的坚持和执着。[⑥]在他的传播学本土化研究理论的形成与发展过程中，我们看到了学术探索者的高尚道德和人格魅力，也看到了传播学本土化研究的曲折与艰辛，这反映出中国传播学研究逐步走向自主、自信的基本态势。

---

① 戴元光、邵培仁、龚炜：《传播学原理与应用》，兰州大学出版社，1988，第 213 页。
② 戴元光、邵培仁、龚炜：《传播学原理与应用》，兰州大学出版社，1988，第 24 页。
③ 邵培仁：《传播学导论》，浙江大学出版社，1997，第 35—38 页。
④ 邵培仁：《艺术传播学》，南京大学出版社，1992，第 308—315 页。
⑤ 周颖：《邵培仁学术理念国际化进路及传播思想》，《山东理工大学学报（社会科学版）》2018 年第 5 期。
⑥ Guo Xiaochun, “A Pathfinder in Communication Studies in China: A Glimpse of Professor Shao Peiren’s Academic Achievement,” *China Media Research* 11.1 (2015): 55-67.

2.第二阶段：1998—2012 年，传播学交叉化研究和传播学本土化深度耕耘

进入 21 世纪以后，信息技术快速发展，对社会各个领域逐渐产生影响，信息传播发生革命性变化。在世纪之交，邵培仁以卓越的眼光看到信息社会的转型发展，1998 年出版了具有首创性的《媒介经营管理学》。他在前言中说，信息社会已悄然来临，知识革命正迅猛兴起……展望 21 世纪，一场综合性的、全方位的国际竞争已迫在眉睫。但是，不论是经济战、政治战、军事战，还是科技战、文化战，其竞争的焦点都将集中在信息与传媒上。[①]从 1988 年进入传播学研究领域以来，邵培仁就显示出超高的学术敏感性和创新性。同样，在以媒介为核心领域的传播研究中，邵培仁也始终坚持传播学本土化的研究思路，始终将媒介理论研究建立在中国传统文化和现代学术的土壤上，以及具体的中国国情和媒体在地经验的基础上。

这一阶段，邵培仁主编主撰了教育部“面向 21 世纪课程教材”《传播学》、《媒介管理学》、《媒介管理学经典案例》、“十一五”国家级重点教材《媒介管理学概论》以及“全国新闻传播学研究生教材”《媒介战略管理》，这些教材在传播学、媒介管理学两个研究领域都具有举足轻重的地位和权威性。

邵培仁主编的“21 世纪媒介理论丛书”，分别在浙江大学出版社和中国传媒大学出版社等机构出版，至今已有三十几本，学界反响甚好。在该丛书的序言中，邵培仁认为，在历史转折关头，中国媒介和传播研究一定“要以中国为经，以世界为纬。中国是媒介理论研究的坐标点，而世界则是它的参照系。如果媒介理论研究不同中国特定的历史—社会—文化条件相结合，不在中国五千年民族文化的土壤上生长出来，不能指导具体的媒介活动，而只是简单地贩卖、照搬和空谈西方媒介理论，那必然会遭到人们的拒绝，甚至反对。但是，要推进媒介理论走出国门、走向世界，同国际学界进行平等的对话和交流，则必须严格遵守学术规范和游戏规则，在坚持中国学术主体性的基础上，使其具有世界元素和全球视野”[②]。虽然丛书中的《媒介生态学：媒介作为绿色生态的研究》《媒介地理学：媒介作为文化图景的研究》《媒介舆论学：通向和谐社会的舆论传播研究》《媒介理论前沿》《媒介理论前瞻》《媒介理论前线》等跨学科研究著作不是华夏传播研究的专门著作，甚至也没有

① 邵培仁、刘强：《媒介经营管理学》，浙江大学出版社，1998，前言第 1 页。
② 邵培仁：《历史转折关头的明智选择》，载《媒介生态学：媒介作为绿色生态的研究》，中国传媒大学出版社，2008，序言第 2—3 页。

对中国传统文化进行专门研究的内容，但它们却体现了“立足本土、古今联通”“扎根本土、中外勾连”[①]的传播学本土化基本理念，是对中国媒介研究的系统而深入的总结和梳理，是中国传播学本土化的媒介领域的思考、探索和创新，绘制了基于中国社会和中国文化的媒介理论蓝图。

3. 第三阶段：2013—2017 年，华莱坞电影理论构建和华夏传播研究

这一阶段主要从中国传统文化出发，挖掘中国文化中的传播观念，建构相应的传播学理论。从 2013 年发表《华人本土传播学研究的进路与策略》开始，邵培仁陆续发表了一系列高水平的华夏传播研究论文，诸如《寻根主义：华人本土传播理论的建构》《从思想到理论：论本土传播理论建构的可能性路径》《为历史辩护：华夏传播研究的知识逻辑》《返本开新：从 20 世纪中西学术交流看传播学本土化》《传播理论的胚胎：华夏传播十大观念》等，其专著《华夏传播理论》也即将面世。邵培仁在这方面的研究聚焦对华夏传播研究的理论构建和知识梳理，既有纵向追踪，也有横向比较，可谓贯穿古今、联通中外，标志着华夏传播研究的创新性成果进入一个新的高度。

邵培仁还开辟了华莱坞电影研究这一传播学本土化研究的新向度。他认为，华莱坞是电影、是产业、是空间，也是符号、文化、精神和愿景。换言之，华莱坞乃华人、华语、华事、华史、华地之电影也，即它以华人为电影生产的主体，以华语为基本的电影语言，以华事为主要的电影题材，以华史为重要的电影资源，以华地为电影的生产空间和生成环境。[②]邵培仁对华莱坞的定义和阐释同华夏传播研究的内涵和理念是相通的，可以被视为华夏传播理论与中国电影研究的有机结合，是传播学本土化研究在电影研究领域的成功实践。对此，邵培仁认为，“华莱坞电影研究作为传播学本土化的落地与实践，从概念的提出到深入，从对表象的梳理到对内涵的挖掘，无一不是为了找到本民族特有的电影基因符码”。因此，“华莱坞电影既是对传播学本土化趋势接地气的实践与扩展，也将成为跨越国家地理边界，促使中华文化同世界多元文化进行交流沟通、文化认知与转换、文化认同与共鸣的重要途径”。[③]邵培仁等著的《华莱坞电影理论：多学科的立体研究视维》《华莱坞电影概论》《媒介地理视阈下的华莱坞》《走向绿色：华莱坞电影生态研究》等书及相关论

① 邵培仁：《传媒的魅力——邵培仁谈传播的未来》，首都经济贸易大学出版社，2014，前言，第 3 页。
② 邵培仁：《华莱坞的想象与期待》，《中国传媒报告》2013 年第 4 期。
③ 邵培仁等：《华莱坞电影理论：多学科的立体研究视维》，浙江大学出版社，2014，第 26 页。

文，也有力地证明华莱坞电影研究是华夏传播研究的一个重要面向，必将有力地促进华夏传播理论的建构与发展。

4.第四阶段：2017年至今，人类整体传播学和新世界主义媒介理论的创建

2017年至今，邵培仁以更加开阔的视野审视人类传播行为及规律，从中国本土出发，以新世界主义的视角思考未来人类的整体传播趋势，体现了邵培仁作为一个学者的社会责任和时代担当，从理论上进一步明确了中国传播应有的作为与风范。[①]其实，早在20世纪90年代，邵培仁就曾对其传播学研究特色做过总结，其中谈到以下几点：在研究的过程中注重结合中国的国情，联系中国的实际；注重从中国传统文化和现代学术中汲取营养；注重尊重中国读者的思维惯性和阅读心理；注意从现实的传播活动中寻找鲜活的数据和例证。再就是关注传播学的前沿课题、新兴课题和交叉课题，注意推动传播学向其他领域扩张，或与其他学科联姻以孕育新的学术生命。然后在此基础上，形成自己的研究特色，建构自己的理论体系。[②]纵览邵培仁的学术理论脉络，上述的研究特色始终贯穿在他的传播研究中。概而言之，邵培仁的学术理论脉络中一以贯之的是他以中国传统文化为基础，立足中国本土实际，始终把握时代发展脉搏，以开阔的视野和创新精神不断开创中国传播学研究的新领域，积极推进传播学本土化理论构建和拓展。

除此之外，从2019年开始，《现代视听》开辟了《培仁新语》专栏。这是邵培仁发表关于全球和中国文化传播等重要的、前沿的理论观点的新平台，他发表了《开放共享：构建全球信息传播新模式》《主动智能化：中国媒体发展繁荣的新引擎》《打造中国文化全球传播新景观》《媒介是全球的，文化不是！》等文章，阐述了在全球化语境中中华文化传播的最新观点，为华夏传播研究的当下实践提供了积极的指导。

（三）邵培仁的治学风格

1. 严谨治学，敢于创新

邵培仁在《传媒的魅力——邵培仁谈传播的未来》一书中提到："物种繁衍靠复制，学术研究靠创新。创新是中国学术的灵魂，质量是中国学术的命

① 周颖：《邵培仁学术理念国际化进路及传播思想》，《山东理工大学学报（社会科学版）》2018年第5期。

② 韩运荣：《放宽传播学研究的视野——访浙江大学新闻与传播学院副院长邵培仁》，载袁军、龙耘、韩运荣：《传播学在中国——传播学者访谈》，北京广播学院出版社，1999，第221页。

根。中国传播学研究只有不断进行学术创新、提高学术质量，才能在国际学术竞争和发展中处于有利位置，也才能赢得主动权、发言权和平等对话、受人尊重的权利。”[①]我们可以从邵培仁这30多年的研究成果中看到，从国内首部传播学专著的撰写到传播学本土化的学术寻根再到人类整体传播学的构建设想，邵培仁在学术研究中始终秉持着创新精神，不断提高学术质量。这是邵培仁能够取得丰硕成果，对中国传播学研究起到奠基性作用，赢得学术界认同和赞誉的关键所在。学术创新是敢于突破传统思维的束缚，以开阔的视野引领学术研究，邵培仁的传播学交叉研究就是一个很好的例证。也就是说，邵培仁能够将传播学与其他学科、西方传播学与中国民族文化等进行广泛联系，在交叉融合中凸显自身的研究特色。学术创新也是能够抓住时代发展契机的，不断开拓创新、与时俱进，如邵培仁对媒介理论的研究、对人类整体传播学的思考等就是走在学术前沿的创新。邵培仁认为：“在传播学领域，不要受太多固有陈规的束缚，这样那样的顾虑对于学术创新是有害的。如果学术研究没有敢为人先的精神，其‘创造’过程极易蜕变为‘制造’过程，学术就不可能有真正的进步。”[②]这种创新精神使得邵培仁能够不断推出高质量的学术成果。这种学术创新体现了邵培仁严谨治学的学术道德品质，在邵培仁看来，学术研究需要坐得了冷板凳，需要学者们耐住寂寞，在漫长的学术马拉松中始终秉持严谨踏实的治学作风。做一个有良知、冷静的中国传播学者，这是邵培仁教授一贯的坚持。[③]这种学术道德品质正是后学所应该谨记和培养的。

2. 知识广博，视野开阔

在做学问上，邵培仁始终认为只有“厚积”才能做到“薄发”。邵培仁在介绍自己的经历时说，在正式进入传播学研究领域之前，他“很像一个拳打脚踢而又没有正规套路的拳击手”，今天搞写作学、文体学，明天搞文艺评论学、影视艺术学，后天又搞心理学、新闻学——“左冲右突、东一榔头西一棒、无固定目的地胡乱折腾”，这竟使他啃了不少大部头的理论图书，从而开阔了视野，奠定了基础，积蓄了能量。[④]我们知道，传播学是一门交叉学科，

① 邵培仁：《传媒的魅力——邵培仁谈传播的未来》，首都经济贸易大学出版社，2014，第2页。
② 吴筱颖：《喜欢做前人没做过的事——访浙江省有突出贡献的中青年专家邵培仁教授》，《浙江大学报》2004年6月4日。
③ 周颖：《邵培仁学术理念国际化进路及传播思想》，《山东理工大学学报（社会科学版）》2018年第5期。
④ 杲如：《访浙大传播研究所所长邵培仁教授》，《中国传媒海外报告》2012年第1期，第15页。

本身就具有多个学科融合的特征，所以，邵培仁进入传播学研究之前的这些积累为他日后的传播学研究奠定了基础，也使他能够站在多元文化碰撞、交融的制高点，从不同的学科、不同的层面立体地观照、审视、分析信息传播的过程和规律，“研究和探寻传播学立足于中国国情、根植于民族土壤的可能性”①。邵培仁的这种学习积淀启示我们需要广泛涉猎除传播学以外的学科知识，因为其他学科往往蕴含着丰富的传播学知识，需要我们在平时的学习研究中去积累和挖掘，这也是做好传播学研究的一项重要的基础工作。此外，邵培仁具有高度的学术敏感性和广阔的视野。他一向认为，传播学是一个开放的体系，具有全球性和国际化的特点。②因此，一直以来，邵培仁着眼于国际学术发展的大环境，关注国际学术发展进路，结合中国社会发展和中华传统文化，致力于建立一个中西对话的中国传播学话语体系，在国际视野中保持学术研究与时俱进，不断增强学术敏感性。以上两点是邵培仁突出的治学风格，体现了他对学术的热爱和认真，这种精神值得敬佩。

邵培仁不仅治学成果卓著，育人成效也很突出，他于 2018 年荣获第六届范敬宜新闻教育奖（良师奖）。范敬宜新闻教育奖基金会的颁奖词写道：“他（邵培仁）是我国传播学领域的先行者和前沿开拓者之一。他在学科建设、教育教学等方面为新闻传播学的发展做出重要贡献。他长期致力于传播理论、媒介管理与文化产业、华莱坞电影理论等领域的研究、教学，筚路蓝缕，勇于创新，其学术成果具有重要影响。他数十年如一日地敬业求真，无私奉献，在其主持下，所在学科先后建成浙江省重点学科、省重点创新团队、省哲学社会科学重点基地，逐步形成自身的优势和特色。他出版了多本国家级规划教材，推出‘金字塔式课程建设模型’等，教学成果多次获教育部和省优秀成果奖。他为人谦逊宽厚，提携后学，爱生如子，培养的学生中有一大批已成为媒体行业和学界的中坚力量。”③

---

① 肖容：《整体互动论：独树一帜的传播模式——略论邵培仁的传播学研究》，《徐州师范学院学报》1992 年第 3 期，第 139 页。

② 陈兵：《邵培仁与中国当代传播学》，《徐州师范大学学报（哲学社会科学版）》2004 年第 6 期。

③ 万宁宁、陈凯宁：《第六届范敬宜新闻教育奖在人民日报社颁奖》，2018 年 12 月 25 日，https://www.tsinghua.edu.cn/info/1177/22457.htm，访问日期：2018 年 12 月 30 日。

二、中国传播学的理论构建

（一）传播学本土化研究的基本思想

华夏传播研究是传播学本土化研究的一个方向。邵培仁致力于推动华夏传播研究，其以独到的研究思路，不断构建华夏传播理论，为华夏传播研究的理论建构提供了方向。在2017年谢清果主编的《华夏传播研究》集刊创刊号中，邵培仁发来贺词："祝贺《华夏传播研究》创刊。华夏传播研究不应执拗于内，而应内外兼容；不要执意于古，而要古今贯通。"[①]

早在1995年、1999年，邵培仁就率先发表了《论传播学研究的中国特色》《传播学本土化研究的回顾与前瞻》两篇论文。在《论传播学研究的中国特色》一文中，邵培仁就传播学研究为何要有中国特色、怎样叫作有中国特色以及怎样才有中国特色[②]等三个中国传播学研究的基本问题做了探讨，他也是最早回答如何进行中国特色传播学研究的学者。在《传播学本土化研究的回顾与前瞻》一文中，他就传播学本土化研究的基本问题做了阐述，认为中国化的传播学研究基本上以古为主、以今为辅，他致力于中国文化中传播理念和传播智慧的展现和弘扬，着力于中国当代传播活动中现象的分析和问题的解决。它们虽各有侧重，但并不互相排斥，它们都以"本土"为研讨的核心，以"本土"为耕耘的园地，互相包容、互相渗透、互相支持、相互靠拢、协调共进。[③]在邵培仁看来，传播学与物理学、化学、工学等自然科学不同，传播学有国界，传播学研究的对象是人。中国化或中国特色的传播学，研究的对象就是中国人，中国人的性格与思维方式、文字与传受行为不同于外国人；中国的尊"长"贵"和"、崇"礼"尚"忍"等传播观念也是"本土性"的，中国传播学者的世界观、文化积淀、知识传承、社会背景等均是"中国化"的。[④]可以说，中国文化中蕴含着丰富的传播观念，立足本土进行创新是华夏传播研究的一个突破口，只有不断挖掘中华传统文化中丰富的传播观念和内涵，华夏传播研究才有长久发展的内在动力。

---

① 谢清果:《华夏传播研究》，中国传媒大学出版社，2018，第12页。
② 邵培仁:《论传播学研究的中国特色》,《徐州师范学院学报》1995年第3期。
③ 邵培仁:《传播学本土化研究的回顾与前瞻》,《杭州师范学院学报》1999年第4期，第39页。
④ 邵培仁:《传播学本土化研究的回顾与前瞻》,《杭州师范学院学报》1999年第4期，第39—40页。

因此，邵培仁指出了华夏传播研究或者说传播学本土化研究的基本思想和原则。也就是说，应该在古今中外形成相互照应，而不能陷入只研究古代而不考虑传播学的当代发展，不能陷入只研究中国而忽略国外传播学的研究理论。实际上，这是勾画了华夏传播研究进路，确立了华夏传播研究的基本准则，由此才能在阐述中国传统文化中的传播观念的同时建构中国传播学理论，形成能够与西方传播学对话的学术体系和话语体系，从而达到邵培仁所说的由文法层面的本土化（原义）演进到语义层面的本土化（格义），再上升到思想层面的本土化（创义）。创义就是根据西方传播学的理论，在中国文化的基础上，根据中国实际、运用科学方法直接提炼、生成或创造出具有中国特点的本土传播学，并与西方传播学界展开平等对话。①

进入 21 世纪，邵培仁对本土传播研究又进行了重新界定，拓展了原有的边界。②一方面，他在传播学基础理论研究中注入中国传统文化和现代学术的元素和营养；另一方面，他在进行传播学交叉研究和亚洲传播研究时尽力在中国历史典籍中追根溯源，寻找理论依据，《媒介生态学：媒介作为绿色生态的研究》《媒介地理学：媒介作为文化图景的研究》和《亚洲传播理论》等书及相关论文就反映了这种理念③，并且得到了国际学术界的充分肯定和高度赞赏④。

（二）学术寻根：华夏传播研究的理论建构

在《传媒的魅力——邵培仁谈传播的未来》一书中，邵培仁谈到了本土化作为中国传播学创新原动力的问题，认为传播学本土化是一种对根的探寻，对干的审视，是华人传播学者的一种文化自觉、文化自省和文化自信，意在理解中国传播学的渊源、发展过程及其文化特色和发展趋势，既不主张“全面回归”和“复旧”，也不赞同“全盘西化”和“他化”，而只是向世界显示

---

① 邵培仁：《传媒的魅力——邵培仁谈传播的未来》，首都经济贸易大学出版社，2014，第 68 页。

② 邵培仁：《中国传播学界需要学术寻根》，《当代传播》2012 年第 1 期；邵培仁：《华人本土传播学研究的进路与策略》，《当代传播》2013 年第 1 期。

③ 邵培仁：《序：华夏传播学研究的艰难历程与独特魅力》，载谢清果：《华夏传播研究：媒介学的视角》，社会科学文献出版社，2019，第 1—6 页。

④ 详见 Mei Zhaoyang, “*Media Ecology with Chinese Characteristics: A Reperusal*, by Shao, Peiren et al.,” *Critical Arts* 33.2 (2019): 99-101; Wang Guofeng, Luo Chenbo, “Shao, Peiren and Yang, Liping, *Geography of Media: Mass Media as Cultural Landscape*,” *China Media Research* 9.3 (2013): 96-98; Mei Zhaoyang, “An Asian Paradigm of Communication Studies,” *Asian Journal of Communication* 29.2 (2019): 201-203.

某种学术存在，进而获得学术尊重、学术共享和进行平等对话的权利。[①]在具体的研究进路中，邵培仁概括了六条正确的进路：经验主义，重新验证西方的研究发现；寻根主义，反向的学术探寻与追溯；融合主义，将西方学术融入中国文化；问题主义，用西方理论与方法研究中国问题；改良主义，改良旧理论，优化老方法；创新主义，建构和创立新的理论和方法。[②]学术寻根就是“要将提炼总结的学术元素、文化精神和本土基因，做反向的追溯、探寻和比对，从而在中国五千多年文化典籍和历史记忆中找到其学术渊源，探寻其学术流变和发展规律，分析与比较其同西方传播学在思维特点、理论深度、研究方法等方面的差异，思考和预测中国传播学进一步发展与繁荣的走向和趋势”[③]。我们看到，邵培仁在“学术寻根”、建构华夏传播理论等方面进行了诸多探索和尝试，取得了丰硕的成果，这些成果都具有首创性，为华夏传播研究的理论建设指明了方向。具体有以下几篇重要的论文。

《寻根主义：华人本土传播理论的建构》一文认为，中国思想文化的特点是“统之有宗，会之有元”，寻根主义有利于本土传播理论的建构。文中指出，影响中国传播的文化“基因”包含传播思想（阴阳和合的传播哲学）、传播原则（情理交融的传播伦理）、传播观念（物我融通的传播意识）三个层次。[④]《传播理论的胚胎：华夏传播十大观念》一文总结了“阴—阳”“和—合”“交—通”“感 —应”“中—正”“时—位”“名—实”“言—行”“心—受”“易—简”等十大传播观念，这些观念对发展“华夏传播理论”或“华人传播理论”至关重要。[⑤]《从思想到理论：论本土传播理论建构的可能性路径》[⑥]一文探讨了在中国传统思想中进行理论建构的可能性。《为历史辩护：华夏传播研究的知识逻辑》一文则认为，一切现实经验都渗入了历史经验，理解现实的最好办法是回顾过去。这正是“华夏传播知识”得以可能的认识论和方法论依据。[⑦]《返本开新：从20世纪中西学术交流看传播学本土化》一文认为，

---

① 邵培仁：《传媒的魅力——邵培仁谈传播的未来》，首都经济贸易大学出版社，2014，第65页。
② 邵培仁：《传媒的魅力——邵培仁谈传播的未来》，首都经济贸易大学出版社，2014，第74—75页。
③ 邵培仁：《中国传播学界需要学术寻根》，《当代传播》2012年第1期，第1页。
④ 邵培仁、姚锦云：《寻根主义：华人本土传播理论的建构》，《新疆师范大学学报（哲学社会科学版）》2013年第4期。
⑤ 邵培仁、姚锦云：《传播理论的胚胎：华夏传播十大观念》，《浙江学刊》2016年第1期。
⑥ 邵培仁、姚锦云：《从思想到理论：论本土传播理论建构的可能性路径》，《浙江社会科学》2016年第1期。
⑦ 邵培仁、姚锦云：《为历史辩护：华夏传播研究的知识逻辑》，《社会科学战线》2016年第3期。

华人本土传播学研究应该努力将“返本”与“开新”结合起来，即返传统思想和现实经验之“本”，开现代传播理论之“新”，在时间经线上立足本土、古今联通，在空间纬度上扎根本土、中外共通。[①]《华夏传播理论建构试探：从“传播的传递观”到“传播的接受观”》一文认为，相对于现代西方传播学“传”的传统，中国人更侧重“受”的传播观念。一方面，“传播的接受观”是对中国古代传播现实的表征；另一方面，“传播的接受观”能为新的传播现实提供表征，具有一定的解释力。[②]除此之外，还有从具体的华夏传播现象中提炼理论的论文，如《传播辩证论：先秦辩证传播思想及其现代理论转化》[③]、《传播模式论：〈论语〉的核心传播模式与儒家传播思维》[④]、《传播受体论：庄子、慧能与王阳明的“接受主体性”》[⑤]、《和而不同　交而遂通：中华优秀传统文化的当代价值》[⑥]、《天地交而万物通：〈周易〉对人类传播图景的描绘》。[⑦]

这些论文从不同角度、不同层面集中探讨了华夏传播理论研究的主要元素和核心问题，从宏观的华夏传播研究的理论搭建、知识逻辑的阐释到微观的儒释道中的传播观念的提炼，体现了华夏传播研究广阔的研究空间，充分彰显了传播学本土化的中国传播学特色。这是邵培仁等进行传播学本土化研究的积极探索，真正体现了“内外兼容、古今贯通”的研究思想。

（三）推进“新世界主义”理论建设，构建人类整体传播学

2017年，邵培仁发起并组织召开了中国新闻传播研究领域颇具影响力的年度盛典——2017中国传播学论坛“新世界主义视野下的传播与人类命运共同体”学术研讨会，有230多位专家学者与会研讨，在新闻传播学界产生了

① 邵培仁、姚锦云：《返本开新：从20世纪中西学术交流看传播学本土化》，《广州大学学报（社会科学版）》2016年第5期。

② 姚锦云、邵培仁：《华夏传播理论建构试探：从“传播的传递观”到“传播的接受观”》，《浙江社会科学》2018年第8期。

③ 邵培仁、姚锦云：《传播辩证论：先秦辩证传播思想及其现代理论转化》，《杭州师范大学学报（社会科学版）》2014年第2期。

④ 邵培仁、姚锦云：《传播模式论：〈论语〉的核心传播模式与儒家传播思维》，《浙江大学学报（人文社会科学版）》2014年第4期。

⑤ 邵培仁、姚锦云：《传播受体论：庄子、慧能与王阳明的“接受主体性”》，《新闻与传播研究》2014年第10期。

⑥ 邵培仁、姚锦云：《和而不同　交而遂通：中华优秀传统文化的当代价值》，《新疆师范大学学报（哲学社会科学版）》2015年第6期。

⑦ 邵培仁、姚锦云：《天地交而万物通：〈周易〉对人类传播图景的描绘》，《浙江社会科学》2016年第8期。

热烈反响。邵培仁对“新世界主义”的内涵进行了界定和阐释，他认为，新世界主义是指对世界和人类文明现状与发展趋势所持有的创新性、系统性的认识、论述、主张与行动方案。[①]邵培仁发表了一系列关于新世界主义媒介理论的研究论文。“新世界主义”传播理念是邵培仁以一贯前瞻的眼光、创新的思想和开阔的视野对传播学研究提出的展望。邵培仁立足中国及世界发展现实，展望未来，以全局的视野研究人类传播行为，试图建构一种人类整体传播学，这需要全视维地观照未来人类发展的命运，它更需要我们以马克思哲学“类”思维为根本遵循，实现整体主义范式的重大转型，同时构建一种人类整体传播学的学科进路，讲好“我们”的人类故事。[②]这种整体传播是对人类逐渐以对话、互动、包容的统一性共存这一现象的研究设想。这不仅是对未来传播学研究和新型传播世界的规划和展望，更是一种学者关注世界未来发展和人类命运共同体建设的远见卓识和宽广的胸怀。

三、对华夏传播研究的期望

秉持“兼容内外、古今贯通”研究思想的华夏传播研究在当下学术界正在蓬勃兴起。作为最早进行华夏传播研究的学者之一，邵培仁在当下传播生态不断发生变化的语境中，提出了华夏传播研究的奋斗愿景，即创建体现本土文化特质的理论体系和学术流派。具体地说，第一，建构一个规范化的、首尾一致的，能够反映中华文化特质、历史传统、社会现实的传播学概念、学说、方法体系，是华人本土传播研究成功的重要标尺。第二，形成并扩大华夏传播学学术流派在世界传播学界的影响，是华人本土传播研究的重要目标。其中研究的难点，邵培仁也指出，在于如何界定“华人本土传播理论”等核心概念的边界。[③]这为我们进行华夏传播研究确立了奋斗方向和目标，需要我们长期努力奋斗。不过，邵培仁提出的华夏传播研究的难点，引发了笔者更多的思考，也就是说：它主要的研究对象是什么，研究的范围在哪里？如何去界定从中提取的传播理论和传播观念？等等。这些是我们在进行华夏传播研究的过程中应该重视和逐渐解决的，只有这样，才能建构一个更为合理

---

① 邵培仁：《新世界主义与中国传媒发展》，《浙江社会科学》2017 年第 5 期，第 94 页。
② 邵培仁、陈江柳：《人类整体传播学：人类命运共同体视阈下的传播研究》，《现代传播》2019 年第 7 期，第 19 页。
③ 邵培仁：《亚洲传播理论——国际传播研究中心的亚洲主张》，浙江大学出版社，2017，第 178—179 页。

的华夏传播研究学派。

实现华夏传播研究愿景的道路是漫长的。作为华夏传播研究学者，我们要客观、冷静、全面地看待中国悠久历史和灿烂文化，既不要自高自大，也不要妄自菲薄。在虚心吸收、消化西方传播学知识的同时，要潜心探究、搜寻中国文化宝库中关于传播原理与理念的珍藏，努力向世界展示中国人特有的传播思想和智慧，进而完全有可能开辟一个传播学研究本土化的新天地。[①] 这也是我们进行华夏传播研究时所应具备的正确态度，需要我们全身心投入才能不断取得新的成绩。

邵培仁一直倡导中国传播研究应当追求和坚守人文情怀，认为“传播是人性的外化，人格的折射。人类的全部符号都是人性和人格的建筑材料”。“文化的核心是人，人类的精彩在人文，人文情怀则是一种更加高尚的情趣、境界、博爱和胸怀。”“人文是‘万物的尺度’、传播的准星和学术的坐标。人文情怀是我们进行传播研究的出发点、动力源和目的地。”[②]现在，有些传播学研究文章和著作往往“见物不见人，见人不见情”，内容连同观点一起被大量的数据和分析所淹没和遮蔽。

邵培仁也对年轻的传播学者提出过友好建议：“不要把目光放在眼前的蝇头小利上，而牺牲了最年轻、精力最充沛的时间，牺牲了最好、最不受打扰的思想之旅。性格和心态会决定一个人未来的发展，急功近利的心态往往会妨碍一个具备较强能力的人进一步发展。”[③]他在给博士生上课时曾讲过：“读书让男人更高贵！读书让女人更美丽！学者要通过读书来修身养性，做精神的富翁。立志学术的人，应求知若饥，虚心若愚，惜时如命，生活上温饱小康、衣食无忧即可……优秀的学者不要同别人比物质财富和物质享受，而要同他们比精神财富和精神享受。学者的理想境界是做‘物质的中农，精神的富翁’。”[④]这既是他自己的人生观和学术追求的反映，也是他对文科年轻学者语重心长的教导。我们要不断反思和提醒自己，明确人生追求的目标，端正

① 章东轶：《邵培仁：学术呼唤良知》，载王永亮、成思行《传媒论典：与传媒名家对话》，中央编译出版社，2004，第187—196页。

② 邵培仁、潘戎戎：《追求和坚守传播学研究中的人文情怀》，《当代传播》2019年第3期，第1页。

③ 陈兵：《邵培仁与当代中国传播学》，《徐州师范大学学报（哲学社会科学版）》2004年第6期，第135页。

④ 邵培仁：《传媒的魅力——邵培仁谈传播的未来》，首都经济贸易大学出版社，2014，第4页。

做人治学的态度，把论文写在祖国的大地上，共同努力做好中国传播学研究，将中国文化打造成具有全球性的优秀文化。

【作者简介】林凯，博士，集美大学马克思主义学院讲师，主要研究方向为媒介文化、华夏传播、传播思想史。
【文献来源】林凯：《中国传播学领域的先行者和开拓者——邵培仁传播学研究成果述评》，《东南传播》2020年第3期，第1—6页。

立足本土　走向整体　走向世界

——略论邵培仁及其传播学研究的中国化探索

陈江柳

伴随着改革开放的进程，我国的传播学研究兴起与发展至今已逾40年。在这40多年中，中国传播学界坚定地提出了"中国化"命题，长期以来围绕"建立有中国特色的传播学"这一核心目标进行了矢志不渝的探索，孜孜以求地展开了诸多讨论和争鸣。正如张咏华所言，"对传播学中国化的追求始终贯穿我国传播学发展的进程"[①]。诞生于西方的传播学自改革开放后传入中国以来，逐渐建构和完善了传播学研究中国化的理论体系与学术脉络。时至今日，传播学研究在中国已然实现了当代发展，迎来了一个既能彰显民族特色又能包容世界共性的中国化时代，并在与时代同频共振的步伐中不断传承、创新，展现出欣欣向荣的生命力。

毋庸置疑，推进传播学研究中国化不断向前发展，离不开一代又一代传播学人的共同努力。作为国内第一代传播研究学者，邵培仁在近40年的学术研究中取得了令人景仰的学术成就，为推进传播学中国化进程做出了卓越贡献。多年来，邵培仁把握时代脉搏，始终保持着敏锐的社会洞察力和敢为人先的学术创新精神，学术研究因时而动，他及时回应社会现实，不断拓展研究领域，大胆进行理论创新，在传播理论、媒介管理学、华莱坞电影、华夏传播、亚洲传播、全球传播等多个领域均取得了丰厚的学术成果。

梳理回顾邵培仁的学术探索历程，勤于笔耕的他已著作等身，先后发表360余篇学术论文，撰写或主编出版30余部理论著作，已完成18项国家级、省部级社科研究课题，其中多项研究成果在中国传播学领域创造了"第一"：撰写出版了国内第一本传播学理论专著《传播学原理与应用》、第一套"当代传播学丛书"、第一部媒介管理学专著《媒介经营管理学》；最早开展媒介生

---

① 张咏华:《试论我国传播学研究迈向中国化的过程》,《新闻与传播研究》2018年增刊，第77页。

态学、媒介地理学、全球传播学等交叉化传播理论研究，不断开辟国内传播学研究新领域；最早提出“整体互动模式”“华莱坞”“亚洲传播”“新世界主义”“整体全球化”“人类整体传播学”等本土化传播研究理念，并取得了丰硕的理论成果。他曾于2004年荣获“浙江省有突出贡献中青年专家”称号，2007年荣获教育部宝钢教育奖（优秀教师奖），2008年荣获“改革开放30年中国传媒思想人物奖”，2015年因研究成果的高发表量、高被引量和高中心度荣获“中国传媒经济学科杰出贡献奖”，2018年因其在学科建设、教育教学等方面对新闻传播学的发展做出的重要贡献，邵培仁又荣获第六届范敬宜新闻教育奖（良师奖）。①

邵培仁以其高度的学术敏感、创新精神和时代使命感为推进传播学研究中国化进程殚精竭虑、开疆拓土，不断拓展传播学研究中国化范式，丰富和完善中国本土传播理论体系，被后辈学人誉为“中国传播学领域的先行者和开拓者”②。他曾在访谈中指出，“中国传播学的主要问题是西方化，传播学学科建设的着力点是本土化，突破点是交叉化，目标是国际化，但最佳的学术生态是自主、多元与平衡”③，言简意赅地勾勒出当前中国传播学研究的发展脉络。本文主要以邵培仁及其学术理论为考察中心，从本土化、交叉化、国际化三个方面对其学术成果和理论贡献进行系统梳理、全面概括，旨在管窥传播学研究的中国化探索脉络和演进路径。

一、立足中国：厚植传播学研究的本土化实践

如何推进传播学研究的本土化这一命题，已经困扰中国传播学界多年。以1982年第一次全国传播学研讨会的召开为起点，围绕“传播学本土化”的学术争鸣一直持续至今。该研讨会提出了“系统了解、分析研究、批判吸收、自主创造”的“16字方针”④，由此，中国传播学界开始朝着本土化方向矢志探索。然而，“迄今为止，传播学人试图基于本体论、认识论、价值论和方法论而进行的本土化探索依然不见起色，尚未发展出较为完善的具有中国特色的

① 《“万引学者”是谁？》，2019年3月25日，https://mp.weixin.qq.com/s/2eWHu-4U5fkkfD0X3yfl2g，访问日期：2019年5月7日。

② 林凯：《中国传播学领域的先行者和开拓者——邵培仁传播学研究成果述评》，《东南传播》2020年第3期，第1页。

③ 徐峰：《邵培仁：本土化、交叉化、国际化是建设世界一流传播学科的三个维度》，《新闻论坛》2016年第4期，第23页。

④ 王怡红：《从历史到现实：“16字方针”的意义阐释》，《新闻与传播研究》2007年第10期，第17页。

传播学知识理论体系，亟待从社会语境和日常生活实践的基础上生发出兼具本土特色与全球视野的问题意识和研究范式”①。作为最早开始进行传播学本土化反思与探索的学者之一，邵培仁为厘清和推进传播学本土化的研究进路做出了巨大的努力。他指出：“当下中国传播学界面临的首要问题，仍然是如何将西方传播理论以及传播要素与中国的传统文化和社会现实相结合，如何在厘清西方学术脉络、借鉴中外学术精华的基础上，在中国进行传播学术寻根和传播理论的创新。传播学本土化既是一种对‘根’的追寻，对‘干’的审视，也是对世界文化和传播思想的涵纳，更是华人传播学者的一种文化自觉、文化自省和文化自信。”②

（一）**挖掘传播研究的中国渊源**

传播学正式传入中国之初，正是拨乱反正、百废待兴的特殊时期，尽管传播学在西方发达国家发展得如火如荼，但在中国，多数国人尚未正确认识和接受作为“舶来品”的传播学。然而，邵培仁不仅敏锐地感知到传播学作为新兴学科的生机、活力以及广阔的发展前景，还极具前瞻性地指出了传播学本土化探索的重要性和必要性。1985年，他在复旦大学深造期间，同戴元光、龚炜两位同学一起合作撰写了国内首部传播学专著《传播学原理与应用》。这部具有开创性意义的传播学著作于1988年出版后引起了学术界的强烈反响，一度成为当时国内众多高校新闻传播专业的必选教材，此后至今被传播学论文及理论著作反复摘录引用多达数千次。该著作在1992年先后获得省部级优秀教学成果奖（教材）二等奖。邵培仁在此书中指出，在传播理论的研究上，要突出评价、消化和修正西方传播学理论……通过实践，建立自己的传播学研究模式和理论。③在书中，邵培仁十分注重选取中国传统文化中的经典案例，对媒介理论、受众理论等西方传播理论进行批判性阐释和剖析。例如，用“近朱者赤，近墨者黑”来说明传播环境对人类的影响；用“凡人贱近而贵远，亲见扬子云禄位容貌不能动人，故轻其书”来论证信息传播过程中的“晕轮效应”等。此后，邵培仁于1997年撰写出版了学术著作《传播学导论》，提出了更加鲜明的主张，即学术研究要注重挖掘“传播学的中国渊

---

① 邵培仁、陈江柳：《人类整体传播学：人类命运共同体视阈下的传播研究》，《现代传播》2019年第7期，第17页。

② 邵培仁：《面向现在、未来和世界的华夏传播研究》，《现代视听》2020年第6期，第85页。

③ 戴元光、邵培仁、龚炜：《传播学原理与应用》，兰州大学出版社，1988，第213—224页。

源”，并对中国传统文化和现代学术活动中的传播思想、传播观念进行整理，对中国传播思想中的受众观念、传播原则、传播道德等研究主题进行追根溯源。2001年，这一著作获得浙江省优秀教学成果奖（教材）一等奖。

同时，邵培仁还将传播学本土化理念延伸到新闻传播学教育体系中。他撰写的《传播学》入选教育部“面向21世纪课程教材”，侧重用“迎新不迎旧、排污不排外”的批判性观念来审视西方传播理论，着力挖掘、整理中国传统文化中的传播现象和传播观念，采用具有民族特点的、贴近公众的学术语言来进行论证。该教材三次修订，截至2020年底已印刷40余次，发行33万册，被国内近300所高校大范围采用，为我国传播学教育教学领域“提供了一部推进自主创新、形成本土特色的重要成果，而且让我们领略了我国新一代教科书的独特风情”①。

（二）勾勒传播研究的本土化路径

正如郭小春所言，传播学的本土化研究是邵培仁至今仍然为之思考、探索的一大学术目标。②作为国内最早对传播学本土化内涵进行梳理、论述的学者之一，从1995年至今，邵培仁陆续发表了数十篇学术论文，对“传播学本土化”的基本宗旨、理念、路径和策略等问题进行论述，为后来的传播学人拨开思想的迷雾。他在早期论文《论传播学研究的中国特色》中指出，传播学研究应该突出中国特色，让它成为一门中国化的学问。一是为了让传播学成为中国大众的精神食粮，二是为了让传播学成为适应中国需要的科学，三是为了让传播学成为中国文化的有机部分，四是为了让传播学的理论建树与世界文化接轨。③在传播学初步融入中国学科理论体系时的懵懂与混沌局面之下，邵培仁的这一论断基本上明确了“传播学本土化”的旨要。1999年，在《传播学本土化研究的回顾与前瞻》一文中，他进一步将探索方向明确区分为两个层次：“一是中国化的传播学研究，基本上以古为主、以今为辅，致力于中国文化中传播理念和传播智慧的展现和弘扬；二是中国特色的传播学研究，基本上以今为主、以古为辅，着力于中国当代传播活动中现象的分析和问题

① 邱芳烈：《立足本土　突破创新——评邵培仁的〈传播学〉》，《今日科技》2003年第5期，第29页。
② Guo Xiaochun, “A Pathfinder in Communication Studies in China: A Glimpse of Professor Shao Peiren’s Academic Achievement,” *China Media Research* 11.1 (2015): 55-67.
③ 邵培仁：《论传播学研究的中国特色》，《徐州师范学院学报》1995年第3期，第62页。

的解决。这两个层次虽各有侧重，但互不排斥。”①在很长一段时间内，华人传播学者围绕“本土化”问题展开了持续的讨论，群体性的努力方向也大致上沿着邵培仁提出的这两个基本面向不断向前推进。自20世纪90年代以来，我国的传播学研究者逐渐开始尝试用传播学视角来解读和爬梳中国传统文化以及蕴藏其间的传播思想与理念。其中，从1993年开始，以厦门大学传播研究所为中心开启的华夏传播研究已成为中国传播学者致力于传播学研究本土化的重要领域，并陆续涌现出了以孙旭培、邵培仁、黄星民、吴予敏、谢清果、潘祥辉等为代表的先锋学者。

随着全球化进程不断走向深入，传播学本土化探索如何处理好文化本土化与价值多元化、传播全球化之间的矛盾关系？本土文化与传统文明如何应对层出不穷的全球性传播事件？这些在新的时代语境中出现的新问题亟待传播研究者进行及时回应和科学阐释。面对这一现状，邵培仁敏锐地指出，随着时代的发展变迁，传播研究要警惕“就传播谈传播”的思维定式，应适时跳出传播研究的学科层面，在中西文化交流语境中重新审视自身的学术发展轨迹和研究路径，在中国学术理论脉络中重新定位传播学的本土化特色。2016年，他在《返本开新：从20世纪中西学术交流看传播学本土化》一文中主张：“华人本土传播学研究应该努力将‘返本’与‘开新’结合起来，即返传统思想和现实经验之‘本’，开现代传播理论之‘新’，在时间经线上立足本土、古今联通，在空间纬度上扎根本土、中外勾连。”可以说，邵培仁提出“返本”与“开新”相结合的研究理路不仅科学回答了全球化语境下传播研究面临的新形势、新问题，同时也为处于本土化困境中的传播学者进一步明晰、修正和调适了努力方向。

（三）深耕传播研究的华夏特色

为进一步建构和完善华夏传播理论，邵培仁带领研究团队进行了诸多尝试与实践，取得了丰硕的成果。在对中国古老的传播现象及其意义内涵进行挖掘、解读与总结的基础上，他先后提出了“寻根主义”“传播的接受观”“传播辩证论”“传播模式论”“传播受体论”等理论概念与模型。对于具体如何进行传播学本土化研究，邵培仁总结和概括了6种路径和策略，为华夏传播研究的理论建设提供了重要参考。一是经验主义路径，重新验证西方

---

① 邵培仁：《传播学本土化研究的回顾与前瞻》，《杭州师范学院学报》1999年第4期，第39页。

的研究发现；二是寻根主义路径，进行反向的学术探寻与追溯；三是融合主义路径，将西方学术融入中国文化；四是问题主义路径，用西方理论与方法研究中国问题；五是改良主义路径，通过改良旧理论来优化老方法；六是创新主义路径，建构和创立新的理论和方法。[①]而落实到细微之处的学术表达，邵培仁的学术论述于字里行间处处闪烁着和合理念、中庸思想、积极思维、务实主张的中国智慧。[②]

2004年至今，邵培仁发表了《华人本土传播学研究的进路与策略》《寻根主义：华人本土传播理论的建构》《传播辩证论：先秦辩证传播思想及其现代理论转化》《传播模式论：〈论语〉的核心传播模式与儒家传播思维》《传播受体论：庄子、慧能与王阳明的“接受主体性”》《为历史辩护：华夏传播研究的知识逻辑》《天地交而万物通：〈周易〉对人类传播图景的描绘》等近20篇华夏传播研究相关的学术论文。同时，他完成了国家社科基金后期资助项目“华夏传播观念研究”、浙江省社科规划课题“华夏传播理论研究：新视野、新思维、新路径”等多项重大课题。2020年，邵培仁与弟子姚锦云共同撰写的学术著作《华夏传播理论》正式出版面世，为华夏传播研究增添了又一重磅成果。这部著作旨在探讨华夏传播理论是否可能、如何可能以及如何建构理论，进一步澄清了华夏传播研究的知识论和方法论问题，并创造性地提出了“从观念到概念、从思想到理论”的具体建构路径。国内多位先锋学者对这部著作给予了高度评价和推介。谢清果认为，这是对华夏传播研究30年的回应……必定对中国传播学史论研究和亚洲传播理论研究产生积极影响。潘祥辉认为，《华夏传播理论》不仅是一部有问题意识、方法启示和理论贡献的创新性成果，还是一部在传播学领域推进中华优秀传统文化创造性转化的著作。[③]

2017年，作为传播学本土化研究阵地之一的《华夏传播研究》出版，邵培仁应邀为其撰写贺词，贺词中指出，“华夏传播研究不应执拗于内，而应内外兼容；不要执意于古，而要古今贯通”[④]。在邵培仁看来，作为本土化理论，华夏传播理论并非仅仅解释本土语境下的传播现象，而是由本土学者提出的能够与西方传播理论积极对话并解释全球传播现象的理论范式，是本土学者

① 邵培仁：《传媒的魅力——邵培仁谈传播的未来》，首都经济贸易大学出版社，2014，第65、74—75页。
② 邵培仁：《西方建设性新闻理论的中国渊源》，《现代视听》2020年第5期。
③ 谢清果、潘祥辉：《华夏传播理论的创新性研究与创造性转化——〈华夏传播理论〉评介》，《中国传媒报告》2020年第3期，第128页。
④ 谢清果：《华夏传播研究》，中国传媒大学出版社，2018，第12页。

为推动中国传统传播思想的创造性转化所展开的在地实践。[①]他指出："华夏传播研究既是立足中国本土、历史的学问，也是面向当下、未来和世界的研究，肩负着十分繁重而艰巨的历史使命和社会责任。华夏传播研究就是要让中国传播学'走出去'，与世界传媒对话、同全球文化交流，为共同构建人类命运共同体、建设美好的传播世界而贡献力量和智慧。"[②]2020 年 10 月 31 日，邵培仁应邀出席"华夏文明与传播学中国化高峰论坛"。他在主旨发言中指出："华夏传播研究要进一步立足中国、面向亚洲、放眼世界……我们应该把华夏传播研究看作一座城市，在这里安营扎寨、成家立业、繁衍后代……"[③]在邵培仁看来，作为本土化理论，华夏传播理论能够解释本土语境下的传播现象，因为它是由本土学者提出的能够与西方传播理论积极对话并能解释全球传播现象的理论范式，是本土学者为推动中国传统传播思想的创造性转化所展开的在地实践。[④]如今，华夏传播研究已经成为传播学本土化探索的重要领域。尽管立足中国、植根本土文化和传统文明来进行传播研究的理论创新仍然任重道远，但邵培仁多年来深耕传播研究的华夏特色，为实现传播学本土化的学术追求殚精竭虑，完成了一系列颇具影响力的学术成果，在中国传播研究本土化历程中描绘了浓墨重彩的一笔。

二、走向整体：拓展传播学研究的交叉化探索

作为一门年轻的人文社会科学，传播学从诞生之初至今都面临着一种身份焦虑，如同施拉姆所言，它是"许多人走过，但很少人逗留的十字路口"。无论是在西方还是在中国，对于传播学研究的学科性质和特点总是存在多种判断：从交叉学科、边缘学科到实践性学科、综合性学科等不一而足。譬如，张国良认为，传播学是一门具有显著交叉性的横向学科，它与经济学、政治学、教育学、法学、艺术学、文学等多门学科都是纵横交叉联系在一起的。[⑤]这种论断指向了传播学与生俱来的交叉性、跨界性特征。邵培仁早年在《传

---

① 邵培仁、姚锦云：《传播模式论：〈论语〉的核心传播模式与儒家传播思维》，《浙江大学学报（人文社会科学版）》2014 年第 4 期。

② 邵培仁：《面向现在、未来和世界的华夏传播研究》，《现代视听》2020 年第 6 期，第 85 页。

③ 邵培仁：《华夏传播研究的时空面向、进路及发展趋势》，在厦门大学新闻传播学院主办的"华夏文明与传播学中国化高峰论坛"上的主题讲演，2020 年 11 月 1 日。

④ 邵培仁、姚锦云：《传播模式论：〈论语〉的核心传播模式与儒家传播思维》，《浙江大学学报（人文社会科学版）》，2014 年第 4 期。

⑤ 张国良：《传播学的特点及其对中国的贡献》，《国际新闻界》2018 年第 2 期。

播学原理与应用》中就曾指出传播学作为交叉学科的属性，并阐述了传播学与新闻学、社会学、心理学、政治学、历史学等多个学科之间的关系。在此后的研究中，邵培仁多次呼吁学界要重视由传播研究本身固有的交叉特性引发的阈限现象，即传播研究长期以来处于一种“非此非彼、即此又彼的之间性状态”，传播学者常常游走于社会学、文学、心理学、政治学、信息学等多个学科的交汇之处。[①]出于对现代学科发展趋势和传播研究学科特性的把握，邵培仁非常注重在传播研究中进行学科跨界创新。他认为，在21世纪，人文社会科学的发展趋势不断走向学科间跨界、交叉、细化，跨界创新顺应了世界潮流与学科发展趋势。而具体到传播研究本身，跨学科性质已成为其理论创新的生长点和学科进化的重要驱动力，“跨界、交叉、融合、混搭，既显示了学科生长的特点、机理与策略，也反映了其学科发展的丰富度、均匀度和优势度”[②]。总的来说，对传播研究的跨学科性质以及交叉化研究理念的强调，始终贯穿在邵培仁的传播研究探索过程中，成为其多年来不断开辟新的研究领域、占领新的学术高地的根本动力。

（一）开辟国内传播学交叉化研究的新疆域

20世纪80年代末90年代初，中国的传播学研究陷入了一个短暂的低谷，传播学者在迷茫与反思中坚持学术探索。这一时期，邵培仁迫切、大胆地行走在跨学科研究的前沿，他怀抱“边引进、边吸收、边创新”的信念，主编了“当代传播学丛书”（下文简称“丛书”），力图“推动传播学向其他领域扩张，或与其他学科联姻以孕育新的学术生命”。[③]这套丛书由江苏人民出版社和南京大学出版社联合推出，包括《新闻传播学》《经济传播学》《教育传播学》《政治传播学》《艺术传播学》5部著作，均为国内同领域的首创性成果。“丛书”的出版意味着邵培仁在传播研究领域进行交叉化探索迈出了坚实的第一步。杨瑞明认为，该丛书“以宽阔的视野，或兼收并蓄或渗透移植，率先在经济传播、艺术传播、教育传播、政治传播等跨学科领域耕耘、开拓，为后来的跨学科研究奠定了基础”[④]。

---

① 邵培仁、陈江柳：《人类整体传播学：人类命运共同体视阈下的传播研究》，《现代传播》2019第7期，第15页。

② 邵培仁：《跨界创新：新闻与传播研究的新向度》，《现代视听》2020第4期，第85页。

③ 邵培仁：《经济传播学》，江苏人民出版社，1990，后记。

④ 杨瑞明：《跨越与开放：中国传播学跨学科研究30年历程与意义探寻》，载王怡红、胡翼青《中国传播学30年（1978—2008）》，中国大百科全书出版社，2010，第432—433页。

20世纪90年代以来，中国市场经济蓬勃发展，而中国传媒业亦随之异常活跃。邵培仁审时度势，毅然投入媒介经营管理研究中，致力于在中国传媒、市场经济与传统文化的新兴博弈中探索传播学在社会转型变革中的核心要义。1998年8月，邵培仁出版了又一本具有国内首创性意义的理论专著《媒介经营管理学》，开辟了国内传播学交叉化研究的新疆域。这部著作整合运用了传播学、经济学、管理学、市场营销学、领导学等多个学科领域的理论资源，并融合作者自身在媒介领域积累的实践经验展开论述，提出了媒介经营管理中的“四M要素”（人、财、物、信息），总结提炼出了“双元、双效、双赢”的媒介经营导向等一系列富有独创性的理论观点和实践策略。国内学界普遍认为，“此书不仅第一次全面、系统、深刻地分析、论证了媒介管理实践中的种种问题，更重要的是解决了媒介改革和高校教学的燃眉之急”①。尤为重要的是，彼时中国刚刚加入世贸组织，中国传媒业第一次真正意义上全面融入世界市场，涌现出诸多新问题、新现象。2002年，邵培仁又撰写了《媒介管理学》，此书的出版被誉为“加入WTO后的中国媒介管理宝典”②，成为中国传媒业界人士的案头书。

同时期，邵培仁发表了《互动共荣：市场经济与新闻传播》《新闻媒介管理改革浅议》《论新闻媒介经营与改革》等一系列论文，撰写、编著出版了《文化产业经营通论》《媒介管理学概论》《电影经营管理》《知识经济与大众传媒》等多部学术著作。2004年，邵培仁撰写的被纳入教育部“面向21世纪的课程教材”的《媒介管理学》和《媒介管理学经典案例》获浙江省优秀教学成果奖（教材）二等奖。这些研究成果紧密结合中国国情、媒体实际和时代发展需要，综合运用传播学、新闻学、市场营销学、管理学等多个学科的理论与方法，尝试探索和厘清改革开放背景下大众传媒与市场经济、国家政策之间的互动关系，建构了较为完整、兼具创新性和实践性的中国媒介经营管理理论体系。

（二）推动媒介生态学、媒介地理学等多个领域“跨界创新”

邵培仁曾言：“跨界创新是某个学科、专业研究跨出自己的地界和领地，

---

① 陈兵：《邵培仁与中国当代传播学》，《徐州师范大学学报（哲学社会科学版）》2004年第6期，第135页。

② 金成学：《加入WTO后的中国媒介管理宝典——评邵培仁主编的〈媒介管理学〉》，《新闻实践》2002年第2期，第78页。

进入他者的活动领域或势力范围进行两种以上属性的运作……跨界主体通过跨越两个或两个以上的学科、专业或行业在知识、内容和方法等方面进行整合、糅合、移植和混搭而形成的创新性成果或作品，具有跨越性（范围的突破）、相似性（内容的移植）、相通性（方法的借用）、融合性（材料的搭配）、创新性（目标的达成）等特点。”①这种交叉化研究理念和跨界创新的方法手段更为完整、更加突出地体现在媒介生态学、媒介地理学等多个领域的研究中。

从2001年开始，邵培仁努力尝试将生态学理论引入媒介研究当中，发表了《传播生态规律与媒介生存策略》《论媒介生态的五大观念》等近20篇论文，并于2008年3月出版了学术著作《媒介生态学：媒介作为绿色生态的研究》，开创了国内媒介生态研究的先河，被誉为“我国媒介生态学研究的开创者和集大成者”。在此之前，媒介作为环境的研究在西方学界已具有比较深厚的学术根基，也积累了较为丰硕的研究成果。然而，不同于西方的媒介环境学理论，邵培仁的媒介生态学研究颇具中国特色。相较而言，媒介生态学的理论视野更为宏观，更具包容性，其研究内容不仅包含媒介作为环境的研究，还拓展了媒介作为虚拟空间、微生态和临界点等多种视角的研究。同时，媒介生态学的交叉性更为鲜明。作者科学地将生态学的概念、理论引入传播学领域，致力于探索人类社会、自然环境与媒介技术之间的历史互动联系，并揭示其背后蕴含的本质、规律，在融通的生态理念、交叉的学科特征和开放的研究范式的基础上将单一性研究转向交叉性研究。②部书锴认为，“媒介生态学回避了批判学派‘重批判、轻建设’的思维范式，采取‘重建设、轻批判’的学科策略，在大力推进学科建设的完善与升级上具有更强的建设性”③。

随着现代新兴科技的高速发展，人类进入了一个全新的大众传播时代，“出现了一种新的全球—地方关系”④，媒介和地理的关系亦日趋复杂。邵培仁敏锐精准地紧扣住了时代脉动，把握住了当代学术研究的“地理”转向和“空间”转向。他进一步将交叉化的研究范式拓展到媒介地理学研究中，在国内率先建立了较为完整的媒介地理学理论体系。2002年，他在《电脑与网

---

① 邵培仁：《跨界创新：新闻与传播研究的新向度》，《现代视听》2020年第4期，第84页。
② 郑虹：《媒介的生命乐章与绿色之旅——读邵培仁教授的〈媒介生态学〉》，《全球传媒观察》2009年01月21日第4版。
③ 部书锴：《中国特色的媒介生态学理论——邵培仁教授媒介生态学最新研究述略》，《东南传播》2009年第10期，第4页。
④ 戴维·莫利、凯文·罗宾斯：《认同的空间：全球媒介、电子世界景观与文化边界》，司艳译，南京大学出版社，2001，第147—152页。

络：媒介地理学的颠覆者》一文中首次提出“媒介地理学”命题[①]，先后发表了《媒介地理学：行走和耕耘在媒介与地理之间》《论中国媒介的地理群集与能量积聚》《媒介地理学：正当性、科学性和学术坚守》等20多篇论文。经过8年的深入研究，邵培仁的又一部交叉性研究著作《媒介地理学：媒介作为文化图景的研究》于2010年正式出版。这部著作从地方、景观、空间、尺度、时间五个维度来搭建理论框架，以人、媒介、社会、地理之间的相互关系及其互动规律为研究对象，关注和重视将“媒介现象尤其是传播活动现象放到特定的地理和社会环境中进行考察和分析，探索其本质与规律”[②]。媒介地理学是从媒介学与地理学的交叉边缘地带分化出来的学术领地，“耕耘在媒介与地理的融合地带，提供了一种新的剖析世界的方式”[③]。它的出现和深入开展正是顺应了媒介高度发达的后现代语境和人类地理空间的世纪性转变。在这个意义上，邵培仁的《媒介地理学：媒介作为文化图景的研究》再一次开拓了国内媒介研究的新领域，“无疑既是一部拓荒之作，又是一部适时之作”[④]。作为一部高水准的理论专著，《媒介地理学：媒介作为文化图景的研究》于2011年获浙江省第十六届哲学社会科学优秀成果奖一等奖，2012年获教育部第六届高等学校科学研究优秀成果奖（人文社会科学）新闻传播学类三等奖。可以说，在现代学科逐渐走向交叉融合的背景下，《媒介地理学：媒介作为文化图景的研究》成为中国传播学研究交叉化探索过程中“既有中国学术主体性又有世界元素和全球视野”[⑤]的范例之作。

（三）倡导建构人类整体传播学的研究进路

显而易见的是，邵培仁所展开的一系列交叉化研究并非简单机械地将传播学与其他学科进行相加，而是大胆尝试，将不同学科的研究方法和相关理论引入传播学领域，推动学科之间的理论创新和有机融合，旨在建立内在的学科联系和有机的理论对话，从而更为清晰地勾勒出媒介、地理、生态和社

① 邵培仁：《电脑与网络：媒介地理学的颠覆者》，《浙江广播电视高等专科学校学报》2002年第3期，第5页。
② 邵培仁、杨丽萍：《媒介地理学：媒介作为文化图景的研究》，中国传媒大学出版社，2010，第11页。
③ 王国风：《耕耘在媒介与地理的融合地带——读〈媒介地理学：媒介作为文化图景的研究〉》，《山东理工大学学报（社会科学版）》2013年第4期，第92页。
④ 范志忠：《转向地理：当代传播学研究的新视域——评邵培仁专著〈媒介地理学〉》，《当代传播》2011年第2期，第107页。
⑤ 展宁：《关于传播学交叉研究的路径思考——兼评邵培仁教授〈媒介地理学〉》，《山东理工大学学报（社会科学版）》2011年第4期，第79页。

会之间的复杂互动机理，更加准确地阐释中国本土语境下的传播思想和媒介现象。这种交叉化的研究进路与邵培仁一直以来所倡导的交叉互动、共进共演的整体性传播观念是息息相关、密不可分的。

在早期的学术研究中，邵培仁曾开宗明义地主张："传播学研究的基本任务始终是再现整体，即始终把各种要素有意识地归并到整体之中……因为被割断联系的传播要素是无法认识、无法把握、无法支配的。"①1991 年，邵培仁在《政治传播学》一书中提出了著名的"整体互动模式"，并先后发表论文进行了专门论述和完善。这一模式从整体性的视角出发，尽可能全方位地涵盖人类社会的传播现象，并将其划分为三类传播系统：一是人际传播，二是大众传播，三是网络传播。同时，他还对各个传播系统可能囊括的要素进行了归类：一是将传播者、信息、媒介、受传者、效果等划分为核心要素，二是将编码、译码、技巧、反馈等划分为次级要素，三是将环境、规范、经验、价值等划分为边际要素，四是将噪声等划分为干扰因素。这一传播模式引起了传播学界关注和肯定，有学者评价认为其搭建了"独树一帜的具有中国特色的研究体系"②。

作为一种根本性的动力源泉，这种兼容并蓄，你中有我、我中有你的整体性传播观念不仅深刻地影响着邵培仁至今长达 30 余年的学术探索历程，同时对于推动中国传播研究的范式转型亦产生了重要影响。当今世界正处于全球化秩序重塑和转型的时期，为深化国际社会对中国提出的共建"一带一路"倡议的基本认知，2018 年，邵培仁在《暨南学报（哲学社会科学版）》上发表题为《整体全球化："一带一路"的话语范式与创新路径——基于新世界主义视角的再阐释》的学术论文。该文以人类文明的整体性哲学作为理论资源，提出了"整体全球化"这一新的学术话语，对当前全球化格局进行了重新定义和科学阐释，引发了中外学界的广泛关注。他在文中指出，传媒应当成为"一带一路"打造整体全球化的题中之义，塑造和建构一种能够兼容世界主义理念和民族主义诉求的全球媒介伦理，重新建构全球话语体系和全球传播秩序，重新阐释中国与世界的关系。③结合新的时代语境，2019 年，邵培仁在《现代传播（中

① 邵培仁：《政治传播学》，江苏人民出版社，1991，第 377 页。
② 肖容：《整体互动论：独树一帜的传播模式——略论邵培仁的传播学研究》，《徐州师范学院学报》1992 年第 3 期，第 138 页。
③ 邵培仁、陈江柳：《整体全球化："一带一路"的话语范式与创新路径——基于新世界主义视角的再阐释》，《暨南学报（哲学社会科学版）》2018 年第 11 期，第 22 页。

国传媒大学学报）》上发表《人类整体传播学：人类命运共同体视阈下的传播研究》一文，提出了极具前瞻性的学术观点。他认为，传播研究应逐步朝着整体主义的方向进行范式转型，努力构建一种“人类整体传播学”的学科进路。“在人类命运共同体视阈下，传播研究将迎来一种不断生成的整合创新动力，朝着整体主义的研究范式和路径向前进化……传播研究领域的各个环节和组成部分之间相互作用、相互依存，缠绕成一种具有内在一致性的有机整体。”[①]多年来，中国传播学者围绕传播研究的主体性问题一直争论不休，因无法达成共识而集体陷入一种身份焦虑中并无法自拔。对此，邵培仁提出并科学论证了建构“人类整体传播学”的迫切性与可行性，无疑为传播学界重塑发展共识、调整学科定位提供了一种新的设想和路径。在当前万物互联、万物皆媒的时代背景下，邵培仁呼唤学界以整体性的思维重构中国传播学，这也是对于传播学“何以有中国特色，以何为中国特色”的回顾与展望。

三、走向世界：推进传播学研究的国际化路径

随着全球经济、社会一体化进程日益走向深入，学术研究的国际化已成为各个国家与地区的学科发展共识和趋势。不同于“全盘西方化”，国际化主要侧重在世界范围内增进学术研究中的国际交流、对话与协作。在很长一段时间内，中国传播学界普遍缺乏国际化的学术视野和研究水平。对此，祝建华曾指出：“传播研究的中国化只是问题的一半，另一半是中国传播研究的国际化。如果闭门造车，缺乏国际视野和国际竞争，中国传播研究的水平就难以提高。”[②]多年来，通过搭建国际性的研究平台、团队，开展跨国、跨地区的研究合作，运营国际学术刊物，注重SSCI期刊论文的发表，参与和举办国际学术研讨会等多种形式，中国传播研究者已逐步走向世界，越来越多地参与国际学术交流，取得了令全球瞩目的成绩。仅从国际发表情况来看，韦路的实证研究结果表明，截至2018年，尽管中国学者在全球发表学术论文起步较晚，但近10年来发展迅速，论文总量已经跻身全球前10，仅国内学者发表的论文也可以排到全球15位左右。[③]

① 邵培仁、陈江柳：《人类整体传播学：人类命运共同体视阈下的传播研究》，《现代传播》2019年第7期，第17页。

② 祝建华：《传播研究国际化的国际经验：个人学术训练与机构奖惩体制的影响》，载张国良、黄芝晓《中国传播学：反思与前瞻——首届中国传播学论坛文集》，复旦大学出版社，2002，第157—170页。

③ 韦路：《中国传播学研究国际发表的现状与反思》，《国际新闻界》2018年第2期，第19页。

邵培仁向来主张学术研究本土化与国际化的相互联系、相辅相成，鼓励学术探索要“走出去”，不断学习、借鉴和吸收外来理论，反对故步自封的“书斋式”研究。为促进本土理论成果的国际对话与交流，邵培仁从2002年开始着手筹办《中国传媒报告》和《中国传媒研究》刊物，亲自担任主编，逐渐将这两本国内为数不多的面向海内外学者的传播学期刊办成了中外传播研究者进行理论对话、研讨的学术前沿阵地。同时，他引领和指导学生不断加强学术研究成果的国际发表，陆续在《远距通信与信息学》(*Telematics and Informatics*)等国际学术期刊上发布最新的理论研究成果。①通过国际检索，笔者发现3种国际顶级学刊评介了邵培仁的《媒介地理学：媒介作为文化图景的研究》《媒介生态学：媒介作为绿色生态的研究》和《亚洲传播理论——国际传播研究中的亚洲主张》等著作，他还有15种论著被国际高级别学刊论文多次引用。尽管学术论文的国际发表数量与期刊等级能够在一定程度上反映社会科学研究的国际化程度，但是，要提高传播研究的国际化水平，更为重要的是学术理论的创新。自2012年以来，邵培仁立足中国、放眼全球，先后提出了华莱坞电影理论、亚洲传播理论以及新世界主义全球传播理论，带领研究团队承担起对外推介华夏传播思想、与世界交流中国传播理论成果、参与全球文化交流的历史责任。

（一）率先命名并引领“华莱坞”电影研究

出于对中国电影生产的历史反思、现实考量和未来前瞻的科学概括，邵培仁于2013年在国内率先提出“华莱坞电影”理论。“华莱坞”这一理论的命名一经提出，旋即在世界范围内引发了电影产业的密切关注以及影视学、传播学等多个学科领域的热烈探讨，很快便发酵为学术研究的“现象级”理论。近年来，邵培仁带领学术团队围绕“华莱坞”的命名、理论内涵与外延、民族性与全球性、产业化等多个理论面向展开了深入研究，且取得了丰硕成果，相继出版了《华莱坞电影理论：多学科的立体研究视维》《华莱坞电影概论》《媒介地理学视域下的华莱坞电影》《走向绿色：华莱坞电影生态研究》等

① Shao Peiren, Wang Yun, “How Does Social Media Change Chinese Political Culture? The Formation of Fragmentized Public Sphere-Science Direct,” *Telematics and Informatics* 34.2 (2017): 694-704; Shao Peiren, “The Chinese Traditional Acceptance of Information in Perspective of Contemporary Communication Study,” *China Media Research* 1 (2014): 47-58; Shao Peiren, He Zhenbiao, “Analysis of Virtual Anchors in China’s Television Media From the Perspective of Technology and Communication,” *Journal of Information and Computational Science* 6.6 (2010): 2381-2390.

多部学术著作。2015年，邵培仁和彭增军联手成立“国际华莱坞学会”（The World Huallywood Academy）。自此，华莱坞电影研究者在国际上拥有了一个相互交流与合作对话的学术组织和平台。由于首创“华莱坞电影”这一学术概念而产生的巨大影响力，邵培仁荣获2015年“中国传媒经济年度观点奖”。根据羊晚成对中国知网收录的论文统计结果，在邵培仁的引领下，本土学者已陆续发表了近160篇华莱坞电影研究的相关学术论文①，出版了十几部学术专著，这些研究成果“夯实了‘华莱坞电影’这一理论生命体在中国电影研究中不可或缺的重要位置，完成了其从中国电影研究边缘到中心的位移，进而演变为一种研究中国电影的普适性理论框架”②。

在接受青年学子访谈时，邵培仁直言：“我发起华莱坞研究，目的在于整合‘华人、华语、华事、华史、华地’等力量，将中华电影打造成世界性的文化品牌。”随着全球化不断走向深入，各民族、地域、国家以及公众个体之间的文化交流在全球范围内全面展开，“一种‘本土的世界主义’正在形成。”③作为本土化理论成果，当“本土化”与“全球化”相遇之时，邵培仁提出的“华莱坞”电影理论不仅仅是一个学术概念和理论话语，更已然成为电影、产业、空间、符号、精神和愿景互相缠绕的文化共同体，充分挖掘“相同的中华文化传统、共通的话语传播通路、共同的人类基因遗传、相似的中华历史认同，以及可以共同挖掘、开发、传扬的物质或非物质文化遗产”④，体现和传递出中华文明的“精、气、神”。不仅如此，作为文化共同体的“华莱坞电影”还承载着中华优秀文化走向世界的使命与梦想，“既坚持‘华’之文化认同的本土主体性，又以开放交融、多元包容的胸襟，推动中国电影融入世界电影工业竞争格局”⑤。

（二）探索“亚洲传播”理论的可能路径

正如伯特兰·罗素（Bertrand Russell）所言：“不同文明的接触，以往常常

---

① 羊晚成：《我国华莱坞研究领域知识图谱分析》，《中国传媒报告》2020年第4期。

② 文娟：《一个理论生命体的进路——论“华莱坞电影”的生成与播撒》，《文艺研究》2019年第2期，第106页。

③ 肖静芳：《民族电影，从本土走向世界》，《中国民族报》2011年4月15日第9版。

④ 邵培仁：《华莱坞电影研究的新视界——〈华莱坞电影研究丛书〉总序》，《山东理工大学学报（社会科学版）》2015年第1期，第75页。

⑤ 袁靖华：《何以为“华”如何“莱坞”？——华语电影与“华莱坞电影”命名再思考》，《当代电影》2017年第2期，第168页。

成为人类进步的里程碑。”[①]秉承着中国历来主张的“让文明交流互鉴成为增进各国人民友谊的桥梁、推动人类社会进步的动力、维护世界和平的纽带”[②]的发展理念，邵培仁提出建构“亚洲传播理论”，围绕传播研究之于人类文明对话与交流的重要意义和理论逻辑，探究构建“亚洲命运共同体”的发展共识和文明对话的理念、问题与路径。2009 年，他在《中国传媒报告》上发表《亚洲传播研究的基本主张》一文，在国内首次提出传播研究的“亚洲主张”，认为亚洲传播研究不仅是一种理性的、诚实的学术研究，也是一种着眼于对话与共享的学术研究，更是建构面向世界、面向未来的集中了人类传播学研究精华的“整体传播学”的客观需要。[③]此后，立足于在中国传播学视域内亚洲长久以来被忽视的困境，他先后发表了《国际传播研究中的亚洲主张何以可能？》《亚洲主张：全球传播中的亚洲意识及其核心价值》等多篇论文，并于 2017 年出版了《亚洲传播理论：国际传播研究中的亚洲主张》一书。这些研究成果融合了地理、文化、历史、政治、经济等多种理论视角，汲取、超越“非西方”的批判主义取向以及强调“亚洲中心”理念，在国际传播研究的框架下探索一种“面向洲际与洲内的对话、共享，结合了本土内部多样性并融会东西方理论”[④]的亚洲道路。

长期以来，传播学研究存在一种“西方中心主义”或“过度西方化”的偏狭现象。不少中国学者总是使用西方传播理论和方法来阐释中国语境下的传播现象，无论是论证思维逻辑、价值导向还是学术表达方式，甚至论著的参考文献也大多是西方的，很大程度上依赖西方传播学为自己的学术行为提供合法性。“中国知识分子有着直接面对世界的强烈观念，却对邻邦关心甚少，缺乏亚洲性的展望。”[⑤]对此，邵培仁一再呼吁，在推进传播学研究中国化的道路上，立足中国、放眼世界的同时也要关注和重视亚洲，并把握好世界、亚洲、中国三者彼此之间的内在联系。在具体论述中，邵培仁从历史传统、西方经验、现代转型三个层面将传播研究的“亚洲主张”进行了理论阐释。他认为，“全球传播时代产生了重新‘发现’亚洲的契机。提出传播研究的‘亚洲主张’，乃是基于对亚洲本体实在的评估，探寻结合了历史传统、西

① 罗素：《中国问题》，秦悦译，学林出版社，1997，第 146 页。

② 习近平：《在联合国教科文组织总部的演讲》，《人民日报》2014 年 3 月 28 日第 3 版。

③ 邵培仁：《亚洲传播研究的基本主张》，《中国传媒报告》2009 年第 2 期，第 1 页。

④ 邵培仁、王昀：《亚洲主张：全球传播中的亚洲意识及其核心价值》，《广州大学学报（社会科学版）》2015 年第 12 期，第 37 页。

⑤ 白永瑞：《思想东亚：朝鲜半岛视角的历史与实践》，生活·读书·新知三联书店，2011，第 115—116 页。

方经验与现代转型的亚洲复杂面向”①。黄清认为，亚洲传播研究着眼于“对话和共享”的研究理念，“致力于化解亚洲内部的区域冲突、重构和相互认同，为全球传播与人类交往提供新的启示”。②

（三）建构中国的“新世界主义媒介理论”

着眼于当前紧张的国际关系、逆全球化浪潮等重重危机，中国提出构建人类命运共同体、共建“一带一路”等。那么，中国传媒如何服务于国家战略的国际传播？为及时回应当前的现实问题，邵培仁率先提出了“新世界主义”的理论界定，并带领科研团队发表了《新世界主义视野下的中国传媒发展》《新世界语境下国际传播新视维》《构建基于新世界主义的媒介尺度与传播张力》《新世界主义和全球传播视域中的“网络空间命运共同体”理念》等一系列学术论文，在中国传播学界产生了广泛热烈的影响。2017 年，邵培仁发起并组织举办中国传播学论坛暨“新世界主义视野下的传播与人类命运共同体学术研讨会”，国内外 230 多位专家、学者展开了对话、讨论。2020 年，由邵鹏、邵培仁主编的《全球传播愿景：新世界主义媒介理论研究》由浙江大学出版社出版。

新世界主义的理论体系内涵丰富、思想深邃、系统完整，集中体现出中国对当前全球化变局的深刻洞察和对世界发展走向的准确把握。然而，国内学者对新世界主义的理论界定和内涵大多语焉不详，或局限于“天下主义”的古典传统思想，或落入一种“中国中心主义”的误区。邵培仁认为，新世界主义“不是以民族主义、本土主义或孤立主义、利己主义为战略考量，而是以‘构建人类命运共同体、共同建设美好世界’为核心理念，以‘共商、共建、共享’为基本原则，超越零和博弈，顺应时代潮流，走和平与发展的道路”③。通过邵培仁及其研究团队的共同努力，“新世界主义”理论内涵与外延逐渐清晰，并具有现实可行性。如今，随着研究的深入推进，“新世界主义”正在发展成为当代传播研究的热点问题，吸引了越来越多的研究者参与讨论、争鸣，其研究体系和理论建构也日渐完善、成熟。

从“华莱坞电影”到“亚洲传播理论”再到“新世界主义”全球传播理

---

① 邵培仁等：《亚洲传播理论——国际传播研究中的亚洲主张》，浙江大学出版社，2017，第 19 页。

② 黄清：《亚洲传播研究：连接地方经验与全球视野的桥梁——评邵培仁教授等人的新作〈亚洲传播理论〉》，《中国传媒报告》2017 年第 3 期，第 125 页。

③ 邵培仁、王军伟：《传播学研究需要新世界主义的理念和思维》，《教育传媒研究》2018 年第 2 期，第 29 页。

论，我们可以清晰地看到，邵培仁对当今的“万物皆媒、万众皆媒、智能互联的全球媒介时代”始终保持着深刻见解，对传媒的特殊性与普遍性、民族性与世界性、本土性与全球性等多重互动联系始终保持着一种开放态度，其研究成果体系不仅为重构传播研究的理论范式提供了不可多得的样本，更重要的是，在国际传播场域中展示了更开放多元、辩证统一、共进共演的整体性思维观念和研究范式，“积极地向世界展示并使用能与西方学术话语体系兼容的中国版本”①，从而更有效地参与世界文明对话，向全球社会更精准地传递中国经验、中国智慧。这些学术话语和理论体系既承载着中华优秀传统文化走向世界、拥抱全球文明的宏大梦想，也充分体现出邵培仁作为华人本土传播学者“胸中有丘壑、眼里存山河”的高远理想。

四、“浙江学派”：以邵培仁为中心的传播研究共同体

众所周知，在学术研究中，新思想、新理论、新领域的发现与形成大多有赖于研究流派、学派等形式的学术共同体。郑杭生认为：“有无学派，特别是有无著名的学派，是一个学科是否繁荣、是否有活力、是否成熟、是否有社会影响力的重要标志之一。”②换言之，“学派”的形成，意味着学术研究正在步入思想活跃、百家争鸣的学术繁荣时期。因此，“学派”之于学术研究与理论创新的重要意义是毋庸置疑的。“凡属郑重的学派，总是先有一位或几位学者，在某一门或一系列学科的研究中付出了艰辛的劳动，进行了反复的、严肃的论证，从而提出了不同于众的精辟见解，形成了相对稳定的学术体系和独特风格，在一定的时代条件下和学术范围内给人们以启迪，因此吸引和影响了一批又一批的后来者，赢得了他们的崇奉和支持，再经过他们的不断补充、匡正、加深、加细，蔚然而成独树一帜的学派。”③在此意义上，纵观中国传播研究40多年以来的发展历程，邵培仁以深沉的家国情怀、敢为人先的创新精神、严谨务实的治学风格、令人瞩目的学术成就和勤勉仁爱的人格魅力，影响着一代又一代传播学人。在邵培仁的引领和培育之下，一种学术旨趣相投、学术传统相近、知识脉络相连、思想观念相通的整体学术氛围和知

---

① 徐峰：《邵培仁：本土化、交叉化、国际化是建设世界一流传播学科的三个维度》，《新闻论坛》2016年第4期，第25页。

② 郑杭生：《中国社会研究与中国社会学学派——以社会运行学派为例》，《社会学评论》2013年第1期，第5页。

③ 盛宗范、黄伟合：《简论学派》，《江淮论坛》1986年第1期，第1页。

识生产场域已悄然产生，逐渐形成了一个以邵培仁为中心、具有鲜明的学术共同体特征的“浙江学派”。

（一）作为精神领袖，引领学派形成

张健康最早提出了“浙江学派”的说法：“集大成者当之无愧推邵培仁教授。正是在邵培仁教授的领导下，‘浙江学派’得以兴起和发展，并在中国媒介理论研究方面硕果累累。作为领军人物，邵培仁教授凭借着其澎湃的学术热情、敏锐的学术洞察、开阔的研究视野，成为中国媒介理论研究方面的最高产学者。”①廖卫民通过解读分析邵培仁的“媒介理论三部曲”指出：“邵培仁教授率领一批‘浙派’学人，以一种军团作战的方式，以一种学术群英的姿态，做了充分的战略准备，快速进入了前沿阵地，营建了传播学理论研究的一片学术高地。”②

在哲学社会科学领域，学派不同于普通的社会组织，而是由知识、思想、理念、精神特质等汇聚融合起来的能量磁场。在笔者看来，一个“学派”的形成离不开标杆式的核心人物、清晰稳定的学术理念以及学派成员自觉的共同体意识。廖卫民认为：“中国传播学研究领域中存在魅力型的学术领导人物。”③作为“浙江学派”魅力型的核心人物，邵培仁的理论素养、个人品德和高尚精神在学派的形成过程中起到了关键性作用。在传播学界和传媒业界，邵培仁是出了名的“恩师”“良友”。他素来宅心仁厚，为人勤奋谦逊，爱生如子，关心提携后学，尊重后辈个性发展，帮助引领他们在学术道路上从“蹒跚学步”到“阔步前行”。他的学生也因此总是亲切地称之为“邵老爸”。邵培仁培养的学生中已有40多人具有正高职称，成为学界和媒体行业的中坚力量。即使是一个资质平凡的学生，跟随邵培仁学习研究几年，也会逐渐树立科研目标和信心，并成长为出色的研究者。诚如他的学生常说的那样，常绕在邵老师身边，“野百合也会有春天”。由于多年来在我国新闻传播教育领域做出的杰出贡献，邵培仁于2018年荣获第六届范敬宜新闻教育奖（良师奖）。正是凭借深厚的理论学养、充满魅力的学术理论、富有前瞻性的学术

---

① 邵培仁等：《媒介理论前线》，浙江大学出版社，2015，第17页。

② 廖卫民：《冲锋在前线：一个传播学学派的崛起之道——解读邵培仁主著之媒介理论三部曲》，《山东理工大学学报（社会科学版）》2015年第6期，第69页。

③ 廖卫民：《论传播学中国学派生成的条件、路径与机遇》，《新疆师范大学学报（哲学社会科学版）》2017年第4期，第63页。

眼光以及宽厚仁爱的人格修养，邵培仁逐渐成为后辈学人的精神领袖，在无形之中形成了强大的精神感召力和榜样示范作用，吸引了一批又一批志同道合的科学研究者团结在一起，并引领他们围绕着一个共同的学术目标而努力奋斗。

（二）培育研究平台，推动学派建设

如前所述，学派是由志趣相投的研究者自主自发聚合在一起的共同体，在极大程度上依赖于核心人物的学术影响力和精神聚合力。因此，学派在形式上是开放的、动态的和多元的。那么，有效地管理和维护这样一个形式松散、精神自由的学术共同体，使其能够不断焕发出学术生命力，无疑是学派得以常青的重要途径。在这一点上，作为“浙江学派”的核心人物，邵培仁有着强烈的共同体意识和团队合作精神。他常说：“学术研究不应是个人特立独行的沙漠之旅，而应是一群知识分子进行的智力竞赛。今天已经不再是个人英雄主义的时代。随着学科导向转变为问题导向，分散研究向整合研究转变，单科研究向多科研究和交叉研究转变，我们必须倡导优势互补、知识共构、学术合作。”[①]在学者们容易孤芳自赏、自命清高的人文社会科学研究领域，邵培仁主张合作共赢的共同体意识是极为难能可贵的，同时也为推动学派建设发挥了至关重要的作用。

学术共同体的维系并非仅仅依靠学术理论和理念的精神聚合，还需要有实体的学术平台和组织机构来辅助和支撑，从而推动学术对话与思想交流。多年来，作为浙江大学传播学科的领路人和浙江省传播学会会长，邵培仁率领研究团队先后建成了省级传播学重点学科、新闻传播学一级学科博士点和博士后流动站等多个学科平台，创办了《中国传媒报告》和《中国传媒研究》等刊物，建成了省级哲学社会科学重点研究基地——传播与文化产业研究中心、省级文化产业重点研究基地——娱乐与创意文化产业研究中心、省级重点创新团队——国际影视产业发展研究中心以及国家动漫教学研究基地、国际华莱坞学会等多个科研机构和学术组织。浙江大学传播与媒介研究在QS世界大学学科排名中进入前150名[②]。

通过积极主动创建和培育研究平台，从无到有、由小到大，以邵培仁为中

① 杲如：《访浙大传播研究所所长邵培仁教授》，《中国传媒海外报告》2012年第1期，第15页。
② 《2020—2021年QS世界大学排名之传播与媒体研究专业排名》，http://rankings.betteredu.net/qs/major/social/2021/communication-media-studies.html，2020年3月4日，访问日期：2020年7月5日。

心的“浙江学派”逐渐形成了虹吸效应，吸引了越来越多的研究者加入。邵培仁不仅自己紧追国际前沿、勤于笔耕，他还尤为注重学者之间的学术对话，特别乐于鼓励和发现同行研究者的学术闪光点，倡导互相学习、取长补短、共同进步，在学派当中营造了和谐友好、互帮互助的研究氛围。他不仅在学术论述中注重对同行学术成果的相互引证和相互阐释，还多次主持主题鲜明的学术专栏，牵头召开时代感强的学术研讨会议，鼓励学者们相互交流思想、推介研究成果，并通过指导与合作完成科研项目来为后辈学者创造学术条件和锻炼机会，以此来激发青年后学的学术创造力。在整个“浙江学派”中，邵培仁亲自培育和指导了数以百计的博士后、博士生、硕士生和高级访问学者。一大批学术新秀正在迅速成长，在国内外传播学界崭露头角。

（三）注重协同创新，凝练学派特色

学派之所以能够形成，即意味着其具备了区别于同一学科其他学术共同体的独特风骨。正如施爱东所言：“对于哲学社会科学来说，这种学术标志并不必然是一套完整的理论假设与实验方法，关键是特色鲜明，而又在学理上立得住。”①如前所述，以邵培仁为核心的“浙江学派”已然凝聚成为一支庞大的学术队伍。尽管这支队伍并没有制定明确的研究纲领，但在多年的学术探索道路上已然于无形无声之中逐渐形成了共同的学术目标和鲜明的学术风格。在笔者看来，这种“学派”特色大体可以概括为“协同创新”。

邵培仁曾在其著作《传媒的魅力——邵培仁谈传播的未来》一书中直言：“物种繁衍靠复制，学术研究靠创新。创新是中国学术的灵魂，质量是中国学术的命根。中国传播学研究只有不断进行学术创新、提高学术质量，才能在国际学术竞争和发展中处于有利位置，也才能赢得主动权、发言权和平等对话、受人尊重的权利。”②在平常的学术活动中，邵培仁一再呼吁要坚持学术个性、力争超越创新。为推动教学科研走创新之路，邵培仁带领的教师研究团队在学术研究中鲜少“炒冷饭”或者重复生产，而是注重从不同层面、角度和维度研究和创造出新的理论成果。特别是在本土化研究、交叉化研究、国际化研究方面，其带领的浙江大学新闻传播学科及研究团队不仅走在全国前列，而且在国际新闻传播学界的知名度和美誉度逐步提升。为鼓励自己学生

---

① 施爱东：《中国民俗学的学派、流派与门派》，《清华大学学报（哲学社会科学版）》2020 年第 6 期，第 6 页。

② 邵培仁：《传媒的魅力——邵培仁谈传播的未来》，首都经济贸易大学出版社，2014，第 2 页。

不断加强学术创新，邵培仁在多年的教育教学岗位上总结出了一套方法：首先要密切关注国内外最前沿的学术成果和信息；其次要密切跟踪国内外最先进的科研团队及其研究；再次要不惜重金、下大力气搜集相关研究资料……鼓励学生拓宽思维，多学科交叉进行研究。[①]

相较于学术研究中的“单打独斗”，这种以团队合作、协同创新的培育方式更容易形成共振效应。事实上，“浙江学派”的成员大多有着相似的学养经历和教育背景。无论是知识结构，还是学缘传统，甚至学术语言的表达习惯大体上都是相近的。在学派内部，成员之间彼此相互鼓励、相互理解和支持，进行学术交流和思想碰撞时，效率更高、效果也更好。他们怀着共同的学术目标与理想追求，行走在协同创新的学术研究道路上，探索和发布了诸多具有首创性意义的传播学理论成果。比如，邵培仁曾指导博士生围绕媒介和谐论、媒介演化论、媒介崇拜论、媒介身份论、媒介认同论、媒介偏见论、媒介人种论、媒介品牌论、媒介转型论、媒介融合论、媒介记忆论、媒介愿景论、媒介排斥论、媒介框架论等二十几种媒介前沿理论进行长期的深入研究。这些理论成果最终凝结成为一套“21 世纪媒介理论丛书”，并在国内外传播学界引起了热烈反响。就某种程度上而言，这批学者的学术成果不仅丰富了媒介理论，而且其学脉、学统、学质的一脉相承塑造了传播学研究“浙大学派”的阵容。[②]此后，邵培仁还指导研究团队撰写出版了“媒介理论三部曲”“华莱坞电影理论丛书”等一系列传播理论力作。“浙江学派”中的一批批学术精英也逐渐脱颖而出，成长为中国传播学界的生力军。

不言而喻，学派是新思想、新理论、新方法得以孕育生发的孵化器。多年来，邵培仁高瞻远瞩、率先垂范，以敏锐的学术触觉、强烈的共同体意识和敢为人先的创新精神，引领着“浙江学派”取得了傲人的学术成就。在邵培仁教授的精神感召和学术指引下，一批又一批优秀研究者自愿自主地加入研究队伍，逐渐形成了一个能够跨越时空传承、生命力旺盛的学术共同体，展现出一种豪迈奋进、同频共振的协同创新效应，在推动中国传播学研究朝着本土化、交叉化和国际化探索的发展进程中做出了卓越贡献。

① 林凯：《滴水现阳：中国传播学研究的个人记忆——访浙江大学邵培仁教授》，载谢清果《华夏传播研究（第 5 辑）》，九州出版社，2020，第 213—233 页。

② 周颖：《邵培仁学术理念国际化进路及传播思想》，《山东理工大学学报（社会科学版）》2018 年第 5 期，第 88 页。

五、结语

在当下瞬息万变的信息时代浪潮之中，中国传播学研究正昂首阔步朝着建设具有中国特色传播学的目标迈进。在以邵培仁为代表的学术前辈的引领下，一代又一代传播学人的学术探索已然深深镶嵌在传播学研究中国化的历史进程中。诚如陈兵所言：“作为一个有深度、有智慧、有创新的中国传播学大师，邵培仁教授对中国当代传播学的贡献无疑是独特的和重要的。”[①]历经30多年的学术研究旅程，他将自己大半生的精力和心血都倾注于传播学中国化实践与创新之中。邵培仁对传播学中国化始终保持一种强烈的学术责任感、历史使命感和坚定的文化自信，总能以一种前瞻的眼光和深刻的洞见引领年轻学者勇往直前；他热爱中国优秀的传统文化，但对世界学术前沿信息又持续给予敏锐的关注和把握；他刻苦耐劳、筚路蓝缕，但他的学术姿态却始终积极乐观、快乐从容，不断从胜利走向胜利。他的学术旅程不仅体现了老一辈专家学者在传播学本土化进程中耕耘和开拓的风采，更传递出中国传播学逐步走向自主、走向开放和积极同世界对话的豪迈姿态。

【作者简介】陈江柳，博士，浙江科技大学副教授，主要研究方向为传播学、媒介管理学、文化创意产业。

【文献来源】陈江柳：《立足本土　走向整体　走向世界——略论邵培仁及其传播学研究的中国化探索》，《东南传播》2021年第4期第17—25页。

---

① 陈兵：《邵培仁与中国当代传播学》，《徐州师范大学学报（哲学社会科学版）》第2004年6期，第131页。

邵培仁与中国当代传播学

陈　兵

邵培仁是国内最早从事传播学研究的学者之一。经历了20余年的传播学研究，他取得了丰硕的成果。目前，他仍然是一个活跃在中国传播学研究第一线的中坚人物。在一位文献统计学者最近发表的2篇中国传播学10年发展的量化研究报告中，邵培仁出版的著作数在全国排名第一，发表的论文数在全国排名第四、高校排名第一，有6种专著为国内首项成果，有3种教育部“面向21世纪课程教材”和1种全国新闻传播学研究生教材，是国内传播学研究中成果最丰硕的专家之一。作为一个有深度、有智慧、有创新的中国传播学大师，邵培仁对中国当代传播学的贡献无疑是独特和重要的。本文对邵培仁的重要成果按逻辑顺序进行了梳理和剖析，以期勾勒出邵培仁学术研究的全貌，诠释邵培仁与中国当代传播学的密切关系。

一、构筑中国传播学的研究蓝图

问渠哪得清如许？为有源头活水来。思想的解放和观念的转变是我国传播学横空出世并取得持久发展的根本原因。正确认识历史与现实的关系、构筑和打造中国传播学研究的蓝图是邵培仁教授早期的独特贡献。

邵培仁的传播之旅开始于20世纪80年代初。当时他虽已被传播学新鲜的理论吸引，但接触较多的还是新闻学研究。1985年是一个重要的分界线。那年，邵培仁在复旦大学读书，他和同学戴元光、龚炜经常就学术问题进行交锋，争论最多的课题就是刚引进国内不久的传播学。他们在争论中萌发了一个大胆的设想：写一本传播学研究的专著。于是，他们在1986年底完成《传播学概要》。1987年，《传播学概要》作为试用教材，反响很好。1988年正式出版，这便是被传播学界认定为国内第一部系统、全面地介绍和论述传播学的著作——《传播学原理与应用》。《传播学原理与应用》出版后多次重印，在很长时间内一直是许多高校新闻学系和社会学系的选用教材，产生了很大的学术影响，在1992年先后获得省部级优秀教学成果奖（教材）二等奖。

邵培仁主编的于1990年出版的《经济传播学》一书是“当代传播学丛书”中的第一本，也是国内第一部经济传播学专著。他在此书的编撰过程中付出了大量的心血。他以传播学为母体，糅合、融汇了近10门学科的理论知识，运用科学的思维方法系统研究了经济信息的采集、鉴别、选择、加工、传递、接受、转化的过程，以及经济传播活动的本质和规律，探讨了经济传播活动中传者与受者、信息与媒介、系统与控制、规划与实施等各种因素之间频繁、复杂的互动和变量关系。书中对“经济传播控制”和“经济传播效果测定”的研究尤其精彩。他认为，“经济活动是人类最重要的活动”，经济传播的控制效能应从“引导经济行为”“强化组织调控”“优化经济决策”“维护公众利益”“调整经济传播行为”五个方面进行研究。而经济传播效果的测定应该从“经济效果”和“社会效果”两个方面展开。①书中材料丰富翔实，论述非常严密，是当年出版的传播学著作中不可多得的佳作。《光明日报》刊登的评论认为，此书的研究有三大突破，即研究体系、研究模式、研究方法的突破。《金融时报》《新华日报》等多家报刊刊载了多篇书评。南京大学新闻传播学系夏文蓉在《评邵培仁的〈经济传播学〉》一文中认为，此书具有学术上的前导性和预示性，它引导我们由社会的表层形貌进入深层结构，由经济传播的现时状态透视未来趋势，进而展开丰富而合理的预示性想象和推理，这使此书的内容不仅具有一定的深度和广度，而且影响力在时间和空间上有了延伸和跨越的可能。

邵培仁主编的《政治传播学》②是国内第一部政治传播学专著。此书从阐述政治传播的基本概念入手，全景式地展示了政治传播学的构成、历史、现状和趋势，论述了政治传播过程中的主要因素。当时的江苏人民出版社副社长、责任编辑杨杰认为此书“笔到之处，尽是文采”。《政治传播学》最引人注目之处在于其完美呈现了传播学本土化研究。传播学本土化研究后来也成为邵培仁的一个重要思想。邵培仁在论述上的勇敢极为人称道，这表现出其极大的学术勇气。此书在方法论上的重要成功之处在于，以人学作为政治传播的理论基础，以马克思主义哲学与社会学观点统摄各个研究层面，准确阐

① 邵培仁:《经济传播学》，江苏人民出版社，1990，第192页、第198—201页、第240—247页。
② 邵培仁:《政治传播学》，江苏人民出版社，1991。

发了“要探讨政治传播学必先探讨人与人之间如何建立并发展其相互关系”①的理论前提。这一点不仅会对政治学和传播学研究的进一步发展产生持久的影响，而且会对一般人文科学的探讨有一定的启迪作用。②

1992年，邵培仁相继在南京大学出版社出版了《教育传播学》和《艺术传播学》。前者从广阔的视野中考察和分析了教育传播学的对象与范围，以及教育传播过程中诸要素的特点与规律，从八个方面提出了500多条行之有效的合理化建议与对策。当时就有人认为此书具有立足本土的崭新观念、别开生面的研究结构和独具匠心的研究模式。③后者从艺术传播的总体论、本体论、主体论、客体论、载体论、受体论的理论构架落笔，系统全面分析了艺术传播过程中的主要论题。④这种对艺术传播从理论上进行立体式、全景式的展示在当时还不多见，在邵培仁的众多著作中，别具一格。他对艺术信息的加工从意象到文字的过程做了细致的剖析。他认为“一个艺术生命的诞生，包括审美意象的孕育、发育、成熟到物化的艺术形象，是主体对生活信息的检索、加工、编码和转换为艺术信息的过程”。这一过程由“意象的营构”和“从审美意象到物化的艺术形象”组成。⑤从肖邦创作《降D大调圆舞曲》、罗曼·罗兰意象构建《约翰·克里斯朵夫》、巴尔扎克创造《人间喜剧》到屠格涅夫写巴扎洛夫、福楼拜写包法利夫人、郭沫若写蔡文姬，邵培仁《艺术传播学》中的所有案例精心选择又好似随心所得，将理论说得明白易懂。

1995年初，江苏人民出版社推出了丛书中的最后一本专著《新闻传播学》，这又是国内首部专著。他从阐述新闻传播的基本概念入手，以传播过程为经，以传播要素为纬，点面结合，深刻地分析了新闻传播研究中十四个方面的主要论题。尤其值得肯定的是，邵培仁此时就已经在书中提出了“中国媒介经营管理的基本思想”，并研究了“媒介经营的困境和出路”⑥。他把此时的中国媒介经营称为“戴着镣铐的舞蹈”，认为新闻媒介的经营改革是一个渐进的过程，但是趋势不可逆转。媒介经营面临的困境是“对政府长期依赖”，

---

① 杜骏飞：《筚路蓝缕　以启山林：略论邵培仁同志的传播学研究实绩》，《淮阴师专学报（哲学社会科学版）》，1992年第1期，第81页。
② 杜骏飞：《筚路蓝缕　以启山林：略论邵培仁的传播学研究实绩》，《淮阴师专学报（哲学社会科学版）》，1992年第1期。
③ 周军：《传播学之苑的一朵新葩——评邵培仁的〈教育传播学〉》，《教育研究专刊》1992年第4期。
④ 邵培仁：《艺术传播学》，南京大学出版社，1992。
⑤ 邵培仁：《艺术传播学》，南京大学出版社，1992，第108—116页。
⑥ 邵培仁、叶亚东：《新闻传播学》，江苏人民出版社，1995，第101—107页。

片面追求“大而全”“小而全”“媒介机构臃肿”“媒介技术落后”等。面对“知识爆炸”“传播技术迅猛发展”“跨国传播的加剧”以及“人才匮乏”的四大挑战，我国新闻媒介应该“切实转变媒介经营的观念”，培养媒介“经营人才”，将“自主经营”与“专项经营”结合，“优化国内传播、加强跨国传播”，改革与完善“新闻传播教育体系”。在当时能够理性剖析媒介经营管理的思想是需要创新精神的。这为他日后在媒介管理学上取得惊人的成就埋下了伏笔。

这些专著的出版，不但提高了邵培仁在国内的声誉，更重要的是，填补了传播学研究空白的成果，吸引了大批学人的眼光，也更有力地推动了中国的传播学研究进程，在国内引起了一股股传播学研究的热潮。

二、确立传播学本土化的研究命题

邵培仁一向认为，传播学是一个开放的体系，具有全球化和国际化的特点。但这并不意味着我们可以照抄照搬西方的传播学，也不能说明我们不要进行传播学的本土化建设。本土化研究首先应该表现为一种以国情符合性为宗旨，不以“言必称希腊”为满足的学术使命感。传播学本土化研究是他的一个重要命题。其实关于本土化的争论，主要集中在“中国化”的研究上。在《传播学本土化研究的回顾与前瞻》一文中，他回顾和总结了20年来传播学本土化研究的缘起、历程和实绩，分析和描述了本土化研究的特色、发展趋势和各种学术争论，对已取得的科研成果给予了充分肯定，认为本土化研究也可使传播学真正融入中国的学术海洋，成为中国文化的有机组成部分。中国特色的传播学研究基本上是“以今为主、以古为辅”，着力于“中国当代传播活动中现象的分析和问题的解决”。[①]他认为，传播学与物理学、化学等自然科学不同，传播学有国界。传播学研究的对象是人；中国化或中国特色的传播学，研究的对象就是中国人。中国人的性格与思维方式、文字与传受行为不同于外国人。中国的传播学者的世界观、文化积淀、知识传承、社会背景等均是“中国化”的。中国传播学只有针对中国国情，从中国传统文化和现代学术中吸取营养，适应中国的社会特征、文化积淀和受众的心理态势、意识取向等条件，才能真正在中国大地上生根、开花、结果，才能真正“融入中国的主流文化”，成为

① 邵培仁：《传播学本土化研究的回顾与前瞻》，《杭州师范学院学报》1999年第4期，第39页。

一个“有机组成部分”。否则，就“可能是短命的”。①

传播模式的研究常常会被学界贴上专家彼此相区别的标志。在邵培仁重要的传播理论中，整体互动论传播模式是极为重要的一环，早在1996年，他就开始关注“传播模式”②的问题。他指出，适用于一切目的和一切分析层次的传播模式是不存在的。任何优秀的传播模式都不可避免地留有时代的印记、标明认识的间隔，同时存在着某种残缺性、暂时性、模糊性和简单化等缺点。他在《传播学导论》中清晰地提出了整体互动模式。这也是他在传播模式研究方面的一大创新，这一模式对人类的所有传播现象做了全面和综合的呈现，包括了人际传播系统、大众传播系统和网络传播系统，并对传播现象用唯物、辩证、整体、发展的眼光加以分析，被传播学界认为是独树一帜的具有中国特色的研究体系。③

《传播学导论》在中国传播学界的影响力不可低估。现在从事新闻传播学研究的人员几乎都看过此书。有学者认为，它是几年来若干传播学概论性质的著作中最完善和最精练的一本。童兵专为邵培仁的《传播学导论》写了《知识量和理论性俱佳的传播学新作——〈传播学导论〉小序》一文，认为“此书旁征博引，内容充实，具有足够的知识含量；理论构架更科学、更完善、更有征服力和包容度；醒人耳目、给人启迪的新论新语在书中到处可见”④。

在这一时期，还有一些研究也充分体现出邵培仁别具一格的研究特点。主要体现在四个方面：重新认识乔治·赫伯特·米德（George Herbert Mead）、查尔斯·霍尔顿·库利（Charles Horton Cooley）在传播史上的地位，正确界定传播观念，理解五大传播革命，构筑抵御西方信息侵略的万里长城。

米德是一位拥有许多桂冠的学者，也引发了一种有趣而奇怪的学术现象。邵培仁认为，虽然美国学术界有人批评米德的理论有杂乱无章、烦琐抽象、语焉不详、无法验证等缺点，但是，只要将米德放在当时特定的社会环境之中并结合传播学的发展历程进行客观、历史的全面分析，就完全有理由说米德为美国传播学的孕育与发展做出了突出的贡献。邵培仁从时间和空间的学术坐标出发，为米德进一步圈定了他作为美国“传播学鼻祖”的应有地位。

---

① 邵培仁：《传播学导论》，浙江大学出版社，1997，第69页。
② 邵培仁：《传播模式论》，《杭州大学学报》1996年第2期。
③ 肖容：《整体互动论：独树一帜的传播模式——略论邵培仁的传播学研究》，《徐州师范学院学报》1992年第3期。
④ 童兵：《知识量和理论性俱佳的传播学新作——〈传播学导论〉小序》，《新闻知识》1997年第11期。

邵培仁在《米德：美国传播学的鼻祖》一文中对“主我与宾我：人类的内部对话机制”[①]这一重要学术理论进行了深入剖析。库利是美国社会革新论的三杰之一，也是美国传播学研究的四位鼻祖之一。此文通过对库利学术生涯和代表著作的回顾与分析，纠正了以往学人在解读库利过程中认识上的落差，肯定了他应有的学术地位。邵培仁一针见血地指出，库利的“镜中我”理论实际上是“人际传播理论的源头”，并对其重要观点“意识的生命基本上是交流的生命”[②]进行深入的理论剖析。

传播观念在传播学研究中是一个被长期忽视和冷落的论题。邵培仁分析了传播观念的含义与特点，创造性地提出四种传播观念，即“人类区别于动物的一个显著特征是传播，而不是别的什么特点”；“传播也不是任由个人驱使，随着个人生命的存亡而存亡的，而是生生不息、永恒不朽的”；“传播也不是人本能的条件反射和对外物的纯客观反映，而是人生人性的折射和人格的外化”；“社会成了剧场，传播就像演戏”。[③]

邵培仁仔细分析了人类五次传播革命对人类的生存与发展产生的影响，认为每一次传播革命都将人类带进一个新的境界、新的时代。语言传播使人类由野蛮时代进入文明时代。书写传播使人类将信息超越时间和空间的限制进行传播。印刷传播打破了少数人的传播特权，使人类由人际传播时代进入大众传播时代。电信传播则将人类由国内传播引入国际传播，由大众传播带进跨国传播。互动传播将以往各自独立的单一传播转变为综合传播，将单功能的媒体转变为多功能的媒体，将人类由工业社会带进了信息社会。每次传播革命从物质到精神都给人类带来前所未有的巨大变化。

对西方社会鼓吹的信息经济论，邵培仁警告说要明白其真正用意是在为超级大国进行“文化侵略”“信息辐射”出谋划策，鸣锣开道。信息侵略是一场没有硝烟的星球大战，其实质是政治斗争的手段。它所涉及的不是导弹，不是商品，而是通过跨国传播所进行的“思想的征服”“意识的竞争”“文化的渗透”和“语言的剥夺”。他还开出了抵御西方的信息侵略的“药方”：健全和强化大众传播法制，加强思想文化建设，发展和完善本国的传播体系，以及创立和发展本国的跨国传播网络。

---

① 邵培仁：《米德：美国传播学的鼻祖》，《徐州师范大学学报（人文社科版）》2001 年第 2 期，第 99 页。

② 邵培仁：《论库利在传播研究史上的学术地位》，《杭州师范学院学报（人文社会科学版）》2001 年第 3 期，第 60 页。

③ 邵培仁：《传播观念断想》，《杭州大学学报》1997 年第 4 期，第 128 页。

三、聚焦传媒业变革拓展研究边界

潮起正是扬帆时，媒介全球化、地区传媒经济一体化已成为势不可挡的发展潮流。

邵培仁认为经济全球化是“发展中国家的一朵血玫瑰”，事实上，许多发展中国家已经不失时机地快速融入经济全球化进程，但是具有“不可低估的风险，有时甚至会演变成一场灾难”。而对发达国家，他把经济全球化比喻为“一只掺了黄沙的香馍馍”。结论则是“经济全球化是在科技革命引起的世界性的生产力大发展的基础上，世界性的生产关系的重大调整，是不以人们意志为转移的又一个重大的历史发展必然趋势”。①这些深刻的论断就算是在经济学研究领域也很少看到。面对媒介全球化的强劲挑战，邵培仁认为，中国媒介虽然在整体上具有一定的比较优势，但劣势也十分明显，并且大多数媒介对将要遇到的挑战都准备不足。目前，中国媒介除了要“主动地参与、融入媒介全球化的进程”，还必须“采取一些对策或措施应对媒介全球化的挑战”。②

因此，针对中国国情，他提出在目前条件下，在中国的经济发达地区建设“媒介特区”不仅是必要的，而且也是可行的。这是中国参与媒介全球化竞争的“战略决策”。他设想中国传媒应“与跨国传媒集团开展多方位的合作，充分引进、学习、消化其资金、先进的技术和管理经验，并借助其经验和渠道使我国媒介产品进入国际市场”。同时，应积极尝试“管理体制创新，拓展我国传媒业未来发展空间”，努力实现媒介国内市场和国际市场的“无缝”接轨。③在《跨国传媒集团入粤的思索》一文中，他提到，“尽管在一些市场经济较为发达的国家，其传媒的管理机制和运作有相当多值得我国传媒业借鉴和学习的地方，但并不意味着我们可以囫囵吞枣、邯郸学步”④。

全球化时代知识经济的浪潮给大众传媒带来了巨大冲击和震撼。1999年，《知识经济与大众传媒》一书出版，此书被认为是“前瞻性与现实性相统一的

① 邵培仁：《经济全球化：幸或不幸？》，《今日科技》2002年第6期，第30页。
② 邵培仁：《媒介全球化：是机遇还是挑战？》，《湖州师范学院学报》2001年第5期，第1页。
③ 邵培仁、颜伟：《论建设中国“媒介特区”的必要性和可行性》，2009年3月4日，https://www.aisixiang.com/data/25181.html，访问日期：2022年2月6日。
④ 邵培仁、颜伟：《跨国传媒集团入粤的思索》，《新闻记者》2003年第8期，第7页。

佳作”[①]。书中对大众传媒的角色与功能，将会在知识经济时代发生怎样的变革与迁移做了全景式的阐述。他从一个崭新的视角论述了大众传媒应如何更好地适应知识经济的时代要求，推动社会的全面发展这一日益紧迫的现实问题，如对大众传媒与知识经济时代的文化生活研究就很有新意。他认为，新闻传媒不仅是文化的载体，还是文化的作用物，社会文化又对新闻传媒产生作用，影响传媒的文化品格，进而影响受众的文化人格。[②]此书获得了第十二届中国优秀图书奖。

在这一时期，他锐利的锋芒不再停留在传播经验研究的领域，开始举起传播批判研究的大旗。他首先重估法兰克福学派的媒介控制思想。法兰克福学派以宏观的视野研究和关注媒介运作以及媒介和社会、权力之间的关系，在哲学、社会学、政治学和心理学方面取得了举世瞩目的成就，但他们在传播学上的贡献在国内却鲜见评介和研究。邵培仁分析道，法兰克福学派的传播思想集中在其对媒介控制的认识上。虽然这主要是对资本主义制度下作为意识形态的媒介的批判，但也值得我们反思和借鉴。法兰克福学派的媒介控制分析显然具有否定性、悲观性、宏观性和思辨性的特点。法兰克福学派那种“理性化”的抽象性话语，也被实证学派的理论家认为难以捉摸、不易验证，有主观唯心主义的倾向。他们结合自己的观察和特殊的人生经历，提出了一系列发人深省的观点，无疑是值得肯定的；但过分夸大媒介的作用特别是消极否定的作用，把许多社会弊端归罪于媒介和科技本身，而忽视了社会的和人为的诸多因素，显然又陷入了悲观主义的“反向的”“技术决定论的泥潭之中”[③]。

但是，邵培仁在传播批判研究上最大的建树似乎是在传播生态学的研究上。邵培仁最早发表了媒介生态研究的论文《传播生态规律与媒介生存策略》《论媒介生态的五大观念》，被认为开了国内媒介生态研究的先河。[④]邵培仁用生态学原理与方法来研究当代传播现象和传播问题，被西方传播学者认为是所有社会科学研究方法中最行之有效的方法之一。邵培仁在多篇重要论文中强调，媒介生态观念是当代媒介生态学在市场经济条件下为建立人—媒

---

① 傅百荣：《前瞻性与现实性相统一的佳作——评〈知识经济与大众传媒〉》，《浙江学刊》2000年第5期，第160页。

② 邵培仁、江潜：《知识经济与大众传媒》，浙江大学出版社，1999。

③ 邵培仁、李梁：《媒介即意识形态——论法兰克福学派的媒介控制思想》，《浙江大学学报（人文社会科学版）》2001年第1期，第109页。

④ 崔保国：《媒介是条鱼——理解媒介生态学》，《中国传媒报告》2003年第2期，第18页。

介—社会系统的和谐关系和实现媒介生态系统良性循环而做出的新的认识和理性思考。确立媒介生态的整体观、互动观、平衡观、循环观和资源观①，对于化解媒介生态危机、建立可持续发展的媒介经济，具有重要的意义和作用。与此同时，他还指出任何一种媒体都必然有其特殊的时间与空间上的“生态位”，在大众传播和媒介经营中存在着“食物链”“生物钟”“最小量”“适度性”规律。②

邵培仁在批判领域的涉猎也十分广泛。他对舆论监督、数字鸿沟、流媒体技术、隐性障碍、中国传媒体制改革都发表过中肯的看法。

舆论监督是我国社会各界关注和思考的新热点。邵培仁认为，舆论监督机制也正在面临着一系列历史性的转变和选择。我国将进一步“加强舆论监督力度”，监督对象将集中在权力组织和决策人物上，“舆论监督的游戏规则将逐步形成”，媒介不可以为所欲为、无所顾忌。③

数字鸿沟牵涉整个社会的贫富差距、信息资源多寡和资金、文化、就业、生活质量等问题，以及国家或地区科技参与能力的强弱、经济的增长方式等更深层次的社会问题。邵培仁在分析世界上不同国家的信息化发展情况后，指出：“在信息化、数字化的新一轮赛跑中，南北方国家不是站在同一条起跑线上的，赛跑的结果也只能是强者更强、弱者更弱。”数字鸿沟出现的原因包括国际政治经济的不平衡和不合理、一个国家内的不同阶层或不同地区间存在的经济水平之间的差异性，以及公众在传播技能、已有知识储存量、社交范围、信息的选择等社会因素方面的差异。因此，在消除数字鸿沟的问题上，他认为中国应该“树立正确的观念，加强政策的落实，理性消除数字鸿沟”，应该“大力借鉴国际通行的政策，参考他国成功举措，走有中国特色的信息化之路”，应该“积极响应和参与国际组织为缩小和消除数字鸿沟方面的工作，并为建立国际信息新秩序而斗争”。④

随着流媒体的出现，音频文件在网络媒体中的顺利传播成为现实，邵培仁开始密切关注网络媒体对广播、电视媒体的直接竞争，深入分析流媒体带给网络媒体的新变化以及广播、电视等传统媒体所面临的挑战、生存机会，

---

① 邵培仁：《论媒介生态的五大观念》，《新闻大学》2001 年第 4 期。
② 邵培仁：《传播生态规律与媒介生存策略》，《新闻界》2001 年第 5 期，第 26—27 页、29 页。
③ 邵培仁：《论新时期的舆论监督与法制建设》，《嘉兴学院学报》2001 年第 5 期，第 1 页。
④ 邵培仁、张健康：《关于跨越中国数字鸿沟的思考与对策》，《浙江大学学报（人文社会科学版）》2003 年第 1 期，第 131 页。

他还提出了传统媒体的生存对策。但如果就此认为他是一个对传统媒体有着偏爱的守旧主义者，那就错了，实际上，他是传媒改革的急先锋。他认为，我们不应该以牺牲传统媒体的代价来发展新媒体，事实也证明这是不可行的。目前的关键是“整合内容资源”“形成新型广播经营管理模式”“借鉴国内外网上广播的先进经验”这三个方面。①对于电视，他表示现在其霸主地位正在受到计算机的挑战，流媒体或许会改写它的命运。②在网络媒介以席卷之势蚕食观众、分流广告的必然趋势下，流媒体时代的电视革命性应变已经箭在弦上。因此，他提出“确立‘感测与响应’受众需要的服务意识”“多媒体联动品牌整合营销”“建立付费收视系统”和加快培养“复合型媒介人才”。③

2003年，邵培仁发表了《隐性障碍：通往表达自由之路上的伏击》一文，从舆论、物质、知识、干扰、流通和语言六个方面揭示了现实中限制表达自由的各种隐性因素，说明在现实传播活动中，除了政府控制、法律限权等显性因素外，还有很多妨碍表达自由的阻力，邵培仁据此试析解决的途径。他深刻地指出：“我们在争取自由的法律赋权，反对政府或集团控制的时候，一定不能够忘记它们。把表达自由之路上的伏击一个个找出并填埋，才能避免跌入陷阱而使自由成为永远的‘彼岸’。”④

但是，也许他更为关心的是目前中国传媒体制的改革，在一片叫好声中，他的声音却表现得非常冷静。他认为，在中国报业集团和媒介集团的改革中存在着很多困境和悖论，如果处理不当，将会严重影响中国传媒的发展。所以，如何科学、合理地解决中国报业集团改革中的各种看似矛盾、对立的难题，才是当下中国新闻媒介产业改革的重点。如报业集团的规模究竟是越大越好，还是越小越好？大应该大到什么程度，小又可以最低小到什么样的规模？他从著名经济学家罗纳德·哈里·科斯（Ronald Harry Coase）的交易成本理论出发，指出“报业集团的规模有一个合理的平衡点”，认为“世界上没有出现这样的情况，即在一国的报业集团大到全国只有一个报业集团控制的局面；也没有出现一国国内没有报业集团，而完全是市场作用的局面”。又如，

① 邵培仁、章东轶：《论流媒体时代的挑战与广播生存》，《嘉兴学院学报》2004年第2期，第16页。
② 邵培仁、章东轶：《论流媒体时代的挑战与电视生存》，《浙江广播电视高等专科学校学报》2004年第2期，第9页。
③ 邵培仁、章东轶：《论流媒体时代的挑战与电视生存》，《浙江广播电视高等专科学校学报》2004年第2期，第11—12页。
④ 邵培仁、李雯：《隐性障碍：通往表达自由之路上的伏击》，《杭州师范学院学报（社会科学版）》2003年第5期，第72页。

他对目前的集团化到底是个体理性还是群体非理性的追问，也是国内鲜见的思考。“矛盾之处在于集团化的经营结构也许会形成个体的理性与群体合成的非理性。”他还用经济学上的“合成谬误”理论深刻地指出，在中国的报业集团改革中，“一定要注意防范这种本来是个体的理性行为，合成后却变成群体的非理性结果的改革行为”。①

四、开创中国媒介管理研究新局面

世界上的路是走出来的。在功成名就的时刻，邵培仁不畏艰难，努力开辟媒介管理学研究这一新的疆域。他认为这不是一个异类的研究，坚定地认为传媒经营管理是一个“空降部队”，任何一个国家的传媒都面临着媒介管理理论的突破。事实上，这是一场堪称“借脑革命”的创举，是他在传播学研究的征程上取得的又一个重要的学术成果。

大众传播媒介作为一种产业，它的特性最难被描述和定义。尽管对于媒介的特性有各种争论，但在经济全球化的背景下，邵培仁认为媒介产业应是公共产业、信息产业和营利产业的综合体。②谈到我国媒介产业的整合问题，他认为媒介产业化其实是传媒从“吃‘皇粮’到‘自谋生路’的冲撞中，在经历了从自发到自觉的过程后提出来的，它的提出并非出于一时的心血来潮，而是中国传媒对外在生存环境和内在发展的企盼”，媒介产业的整合“必须重视资本的自然属性”，要“充分认识资本的积累与投资、资本的流动和市场、资本扩张的能力”，实现资本盈利的最大化。③

邵培仁在媒介管理学研究方面取得的最大成就体现在其呕心沥血结集出版的3种书稿上，分别是《媒介经营管理学》《媒介管理学》与《媒介战略管理》。

邵培仁说，媒介经济和媒介经营管理学不是一回事，他所做的工作不是组合，而是整合，即把知识糅合在一起，而后进行提炼、升华、创新。因此，他在《媒介经营管理学》中提出了一些自己的观点，比如创造性地提出了媒介经营管理的“四M要素”（人、财、物、信息）；在媒介经营导向上提出了

① 邵培仁、陈兵：《论中国报业集团改革中的六大困境》，《浙江大学学报（人文社科版）》2004年第6期，第110页。
② 邵培仁：《媒介管理学》，高等教育出版社，2002，第35页。
③ 邵培仁、颜伟：《资本经营：媒介聚变时代的利器》，http://www.mediainchina.com/，2003年9月27日，访问日期：2004年5月7日。

“双元、双效、双赢的经营导向”等[①]，既有别于以传播者为中心的生产导向，又不同于以受众为中心的消费导向，同时又解决了中国媒介经营中的两难困境；提出了媒介经营管理必须遵循两大规律，即受众市场规律和媒介传播规律；提出了媒介经营要遵循八项原则，即导向性原则、整体性原则、互动性原则、民主性原则、法制性原则、循序性原则、专业性原则和发展性原则等。[②]《媒介经营管理学》在体系上比较系统、严密，架构也比较合理。

他在《媒介经营管理学》及以此为基础而形成的《媒介管理学》中非常深刻、系统地研究了媒介管理学的理论和实践。如在谈到媒介领导与媒介管理问题时，他认为领导与管理之间存在差异，不能等同，也不能相互取代。媒介领导的职能是建构方向、进行决策，而媒介管理的职能是达成目标、执行决策；媒介领导具有宏观性、战略性和方向性，而媒介管理具有微观性、战术性和业务性；媒介领导高于媒介管理、支配媒介管理，而媒介管理从属于媒介领导、听从于媒介领导；媒介领导“宜粗不宜细”，而媒介管理“宜细不宜粗”。在实际工作中，媒介领导者的职责应是“掌舵”和“正确地做事”，媒介管理者的职责应是“划桨”和“准确地做事”。但是，大众传播媒介所面临的困惑正是：一些媒介领导者往往不关注“方向”，却关注“流程”；不注重“正确地做事”，却乐于“准确地做事”，结果忙于事务而抓不住大事，在具体事务上忙碌不堪，在重大的方向、原则和关键问题上的决策却稀里糊涂；而一些媒介管理者却不关注“流程”，不注重“准确地做事”，而乐于以领导的方式去管理，结果工作浮而不实、粗而不细，许多具体的管理工作不到位。这些认识和行动上错位，一定要在媒介管理中加以避免和防范。

在论证媒介市场营销这一传媒十分关心的问题时，他首先指出媒介市场营销是购买力和购买条件的集合体。媒介市场营销实际上是一系列的多样化活动，它包括信息产品的设计、研制、试制，以及对现有信息产品的改进、包装和对不符合受众需求的产品的淘汰；包括信息产品销售计划、措施的制订、销售网络、渠道、场所的建立；包括信息产品的促销与宣传，促销人员的招聘与培训，促销效果的评估与检查，以及信息产品价格的制定和销售条件、期限、折扣率的确定等。针对媒介市场营销是信息营销的本质，邵培仁指出，必须对个人的心态、情绪、爱好等有更好的把握。但心态、情绪、爱好等都

① 邵培仁、刘强：《媒介经营管理学》，浙江大学出版社，1998，第27—33页。
② 邵培仁、刘强：《媒介经营管理学》，浙江大学出版社，1998，第27—33页。

是难以测量的个人感性因素，这也是信息营销的难度所在。因此，媒介市场营销要求良好的反馈机制并发挥整合营销的优势。著名营销大师西奥多·威廉·舒尔茨（Theodore William Schultz）提出了整合营销的概念。整合营销是指综合运用多种营销方式，形成由整合产生的强大推广力，已经被实践所证明是适用于当前市场的、恰当的营销方式。

作为“面向21世纪课程教材”之一，《媒介管理学》一书出版以后，被誉为“加入WTO后的中国媒介管理宝典”[①]。此书不仅第一次全面、系统、深刻地分析、论证了媒介管理实践中的种种问题，更重要的是解决了媒介改革和高校教学的燃眉之急，为中国媒介顺利“入世”提供了经营管理的宝典。其独创性的观点和前瞻性的理论将我国的媒介管理学研究推进了一大步。《媒介管理学》出版后，颇获好评，影响力也日益扩大。在这一基础上，邵培仁推出了《媒介管理学经典案例》一书，它仍然是“面向21世纪课程教材”之一。他精选包括世界知名媒介集团和媒介人物在内的案例60个，对世界知名的媒介集团和媒介人物按照不同的媒介管理主题进行了生动活泼的描述和解说。仔细的读者还会发现，在目前已经出版的“面向21世纪课程教材”新闻传播类的12种教材中，浙大的邵培仁就占据了3种，即《传播学》《媒介管理学》《媒介管理学经典案例》，这是不多见的。随着国内采用其著作作为教材的新闻院系数量的增长，邵氏理论对中国年轻学生的影响力日益增强，而这些人，很有可能是未来中国传播学界的精英。

2003年5月，邵培仁出版了《媒介战略管理》一书，此书被认为是“一部别开生面的媒介管理学扛鼎之作”，是“既不同于现行的媒介管理学教材，也有别于流行的西方媒介经济学教材，开创了中国媒介管理学研究的新方向”。[②]这部著作前后写作历经6年，几易其稿，在理论上既富有总结性，又颇具前瞻性，既是一部闳通的新闻传播学专著，又是一部媒介管理学的力作。作为全国新闻传播学研究生核心课程系列教材之一，《媒介战略管理》既是中国媒介管理学研究的创新性成果，也是中国新闻传播学界进入21世纪以来最令人注目的传播学研究成果之一。邵培仁认为，“媒介战略管理是媒介产业最

---

① 金成学：《加入WTO后的中国媒介管理宝典——评邵培仁主编的〈媒介管理学〉》，《新闻实践》2002年第2期，第78页。

② 袁舟：《一部媒介管理学的扛鼎之作——评邵培仁新著〈媒介战略管理〉》，《新闻实践》2003年第10期，第50页。

高层次的管理”[①]，着重从媒介战略环境的演变、媒介战略的形成、实施与控制等整个战略管理过程中所涉及的理论概念、管理技能与实证出发剖析问题，其关于PEST分析、SWOT模型、资本运作、集团经营、媒介购并、媒介上市等的理论，无不闪烁着作者对现代西方经济管理理论进行慎重考证和科学运用的思想火花。《媒介战略管理》因此被认为是我国媒介管理理论研究的里程碑式著作。此书中的很多提法和分析不仅令人耳目一新，是别人从未言及的，而且确实是他从研究和思考中总结和发现的重要的法则和观点。

他对媒介产业的发展趋势也时刻保持敏锐的眼光。在近年来数次重要的国内外传媒会议上，邵培仁通过对中国媒介经济管理的历史、现状和若干重大变革活动进行考察和分析，认为传媒未来的发展正显露出10种新的趋势和走向，即媒介产业将向全球化、国际化方向转变；媒介企业将向做大做强和集团化方向发展；媒介人才将向专业化、职业化方向演变；媒介生产将向产品的个性化、柔性化、多样化方向倾斜；媒介将逐步调整产业结构，向经营多元化方向发展；媒介营销将以提高市场占有率、赢得受众信赖为目标；媒介财务管理将向战略型、集成化方向发展；信息传播与发送将以快速满足受众需求为核心；媒介创新将是媒介取得竞争优势的根本途径；媒介组织结构设计将以小型化、扁平化、精干化为方向。[②]

五、培育中国传播研究新“尖兵”

做一个有良知的、冷静的中国传播学者，这是邵培仁的鲜明态度。他一贯以“传播研究尖兵”相期许，致力于培育传播学人和开拓传播科研等实践。邵氏理论正发挥大批传播研究仁人志士的智慧，屡创科技结晶，呈现出一个美好的学术远景。

邵培仁认为，在现在的社会环境下，学生面对那么多诱惑，不浮躁，不骄纵，踏踏实实学习，认认真真思考，是他们最重要的事情。他对他的学生反复强调的就是，珍惜时间，好好看书。虽然非常简单，但真正做到这点并不容易。他希望学生不要迷信权威，要有独立与自由地进行学术研究的本领。他相信这能唤醒人的生命感和价值感，能激发人的生机与活力，能诱导人的创造力量和潜在力量。他还希望学生不要为了眼前利益而放弃真理，或者把

---

① 邵培仁、陈兵：《媒介战略管理》，复旦大学出版社，2003，第4页。
② 邵培仁：《论中国媒介经济管理的前景》，《中国传媒报告》2003年第2期。

学术研究的现实性庸俗化为单纯的证明工具，把自己变为今天的或未来的“宣讲员”。

在开展学术研究方面，邵培仁有自己独到的见解，他提倡学术先行。中国新闻与传播界曾经一味注重实践先行，认为可以“摸着石头过河”。他认为，拒绝理论的先期探索与指导，不仅容易导致实践的盲目性和危险性，增加失败的概率，而且容易错失良机，影响媒介改革开放的进程。他提倡和主张先进行理论探讨和思想冒险，再让理论在实践中试验，在实践检验的过程中不断深化或修正理论，然后再逐步予以政策规范。这样机会成本最低，也利事、利国、利民。他提倡学术自由，新闻与传播学学者必须有学术研究和议论的自由、发表和传播学说的自由。他提倡学术宽容，因为宽容能唤醒人的生命感和价值感，能激发人的生机与活力，能诱导人的创造力量和潜在力量。宽容的本质不是“制约”而是“解放”，不是“克制”而是“大度”。他也极力提倡学术创新，因为创新是人类的精神特权，是人类由野蛮进入文明的重要标志。基于这样的认识，他在 2002 年筹资创办了《中国传媒报告》杂志，目前该杂志已经成为国内传播学研究创新言论发布的先锋园地之一。

邵培仁认为，治学应与时代的标志性媒介相匹配。他不遗余力地推广传播学，认为传播学是人类在信息社会和知识经济时代的“护照”和“通行证”。在未来，如果一个人对传播学一无所知，那么他虽然身在信息社会，却是一个不合格的公民，所以了解传播学不是传播研究者的特权。在他的关心和张罗下，浙江于 2002 年 10 月在全国率先成立传播学会。他认为，浙江省经济文化发达，新闻出版、广播电视等传播事业相应也走在全国前列，所以浙江应当成为传播学教学与科研的重镇。这既是一个媒介大省、传播大省、文化大省的创新之举，也是浙江领风气之先、紧追世界潮流的明智选择。

自从邵培仁进入传播学领域以来，可谓著作等身，100 多篇论文和 10 余部著作就是最好的说明。但他对自己过去的学术成就却非常淡然。他曾说，不论是辉煌的历史，还是灰暗的历史，对于人生都是包袱和锁链。特别是当人们只知道收藏与把玩、诅咒与责难，却不知道创造和丰富历史时，历史也就成了射线，只指向无限的过去却根绝了美好的未来。对于自己过去的学术成果，他认为，应该忘记，向它告别，因为历史已在一个个单独的瞬间完结了，只有抓住现在、创造未来才是最重要的。他还认为，做学问要把自己的视野放得宽一些，学术领域的探讨贵在有自己的创见，要放大胆子，敢于争论，才可能有新的东西出来。在现实生活中，人们能记住的往往是冠军。他喜欢做前人没做过的事，不喜欢亦步亦趋。他还表示，研究是一种人文关怀，是完善人性和人格，是为人考虑的；同时，研究也是为了完善社会、造福人类。①

敢为人先、勇于创新是邵培仁的最大特点。2001年，邵培仁成为博士生导师，开始招收当代中国影视方向的博士研究生和博士后。这也是一块他本人特别珍爱的研究疆域。经过与几届博士生和博士后的合作，以邵培仁为首的学术团队在影视研究方面开始取得创新的进展。据悉，他与博士后合作的新著《电影经营管理》也即将面世，这是他继传播学、媒介管理学之外的又一朵奇葩。

邵培仁目前身兼多个行政职务，平时工作十分繁忙，但他却能很好地平衡行政工作与学术研究的关系。在为人方面，邵培仁认为合作、信任、友谊必不可少。学术研究不应该是个人特立独行的沙漠之旅，而应是一群知识分子进行的智力竞赛。一个人闭门造车永远不会有进步。他一向提倡真诚待人、广交朋友。在日常生活和工作中，他不仅喜欢与学界同人、本校教师交友，也喜欢和学生们一起聊天。他认为每个人都有自己的学术盲点和弱势，不去交流，就永远看不到一些新的东西，很多新的思想和观点就是聊天聊出来的，互相启发和合作会产生意想不到的“整合效应”。如他主持或主编的“当代传播学丛书”“跨世纪传播研究丛书”和“网络传播研究丛书”等，就是与各位学者真诚合作的见证。

展望中国传播学的未来，邵培仁认为，大众媒介与最新的传播科技进一步融合，不仅会彻底改变传播形态学的面貌，还将全面更新媒介地理学的版图。人类面临的将是地域媒介的消亡和全球媒介的崛起，往日习以为常的传播形态学和媒介地理学将被颠覆或改写。他对国内年轻传播学者的友好建议是，不要把目光放在眼前的一点蝇头小利，而牺牲了精力最充沛的时间，牺牲了最好、最不受打扰的思想之旅。性格和心态会决定一个人未来的发展，急功近利的心态往往会妨碍人的进一步发展。

邵培仁在中国传播学研究中开拓创新、迎难而上的精神，以及他在我国传播学建设中的“筚路蓝缕、以启山林”的风范，将会被永远记录在中国传播学的发展史上。在新的征程上，我们衷心地祝愿邵培仁为传播学和媒介管

① 章东轶：《邵培仁：学术呼唤良知》，载王永亮、成思行《传媒论典：与传媒名家对话》，中央编译出版社，2004，第187—196页。

理学的进一步发展和繁荣，为国家培养更多的传播学和媒介管理学方面的专门人才继续做出突出的贡献。

【作者简介】陈兵，博士，浙江传媒学院教授、副院长，主要研究方向为媒介管理学和文化创意产业。

【文献来源】陈兵：《邵培仁与中国当代传播学》，《徐州师范大学学报（哲学社会科学版）》2004 年第 6 期，第 131—136 页。

筚路蓝缕　以启山林

——略论邵培仁同志传播学研究实绩

杜骏飞

传播学并不是一个历史悠久的学科，但它对于一般社会科学和人文科学的影响却既深且远。在国内，自20世纪70年代末以来，有关传播学的介绍与探讨不仅从未间断，而且愈加显得生动活跃。在这一过程中，邵培仁的研究实绩有着较为重要的意义。这不仅仅是因为他的研究在传播学中有几项首创之功，还因为他的学术创见中有不少涉及了国内传播学的基本走向问题。

一、《传播学原理与应用》：艰难之中的起步

从1985年开始构思、于1988年出版的《传播学原理与应用》①是邵培仁与他人合作的产物，也是国内第一本传播学专著。

20世纪80年代初，邵培仁初次接触到传播学的观念时，就被其中许多新鲜深刻的理论所吸引。1985年前后，他在复旦大学新闻学助教班研修，有感于我国传播学著作的缺乏，遂与同学戴元光、龚炜相互切磋，立志写出一本较为全面地探讨传播学理论与实践的书来。在此后的整整3年时间里，他们查资料、拜名师、昼思夜想、食不甘味。他在书中主要担任关于受传者、传播技巧以及传播效果的研究撰述工作（即第五、第八、第十、第十一、第十二章）。事隔数年，以今天的眼光看来，此书的理论描述虽不无缺失之处，但它的首创之功毕竟给我国的传播学界带来了最初的重要成果，而其中较为严整的理论体例和翔实的叙论文字则尤其显示出新一代学者的进取精神。正因为如此，此书一经问世，即在学术界引起较为强烈的反响。《新闻战线》《兰州晚报》《甘肃日报》《淮阴日报》、甘肃人民广播电台等数家媒体对此书的出版予以了十分热情的关注。论者纷纷将此书视为集研究与应用、史料介

---

① 戴元光、邵培仁、龚炜：《传播学原理与应用》，兰州大学出版社，1988。

绍与理论探求于一体的优秀之作。1991 年，《传播学原理与应用》被评为甘肃省优秀图书，1992 年，此书先后荣获省部级优秀教学成果奖（教材）二等奖。

就邵培仁而言，他在此书中的成绩当然不仅仅在于他是合作者之一，而更在于由此确定了一种针对传播学这一特殊社会科学的研究风格：采集翔实、立论缜密、结体完备。尤其值得一提的是，纵览其行文，每见新意迭起，这在当时传播学研究资料较为匮乏、学者大都以引进为己任的情形下，就愈加显得难能可贵了。比如书中第八章有关运用技巧的意义的探讨、第十二章中有关效果对信息的依赖的探讨，都显得既富有深度又清新可喜。

二、《经济传播学》：方法论上的飞跃

经典传播学自 20 世纪 30 年代至 40 年代诞生以来，经历了波折频仍的发展过程。世人对此的态度为或肯定或否定或犹疑，后学对此或继承或批评或以完善为本。传播学的生长过程，可以被视作一个不断选择其本身发展方向的过程。具体而言，欧美传播学界的研究思路就迥然不同：美国学者通常强调探讨传播的自身规律，看重宣传和传播效果问题；欧洲学者，如格雷厄姆·默多克（Graham Murdock）、马丁·P.戈尔丁（Martin P. Golding）等，则主张以社会学理论笼罩传播学，他们更看重社会结构与社会发展进程问题。总之，各执己见的现象是不一而足的。

学术矛盾虽然很多，但方法论的冲突也许只有一个。21 世纪中叶，施拉姆的综合探讨与斯蒂芬·W.李特约翰（Stephen W. LittleJohn）的个别研究这两种倡议的冲突，颇能说明传播学思路的选择问题。施拉姆所努力实施的以演绎法为核心的本体论，到了后来，连他自己也感到困难重重，为此他不得不两次修改论著。而李特约翰提议由各学科对传播学提出自己的见解，在当时的学术背景中，这显然是较为科学的引导，因此，他的思路颇受学界的重视。后来出现的新进的批判传播学派在强调定性研究方法时，显然尽量吸收了李特约翰的这种分散研究的思想。

我们应该承认有这种可能性，以历史的眼光看，也许传播学的发展尚处于初期阶段。至少就我们国内的传播学现状来说，有关传播现象及其规律的研究，仍然只是刚刚起步而已。在这种情形下，邵培仁于 1988 年开始着手倡议发起的“当代传播学丛书”研究项目就显得影响深远、意义重大了。

经过精心设计和多方努力，在出版界有关同志、学术界有关同人的关心支持下，江苏人民出版社于 1990 年正式推出了“当代传播学丛书”。该丛书

由邵培仁所主编的《经济传播学》[①]打头，后面依次是《政治传播学》《教育传播学》《艺术传播学》……就整个学科建设而言，这种苦干也许太耗时费力，但它所体现的研究方向和理论探讨之作风却是严谨而科学的。

将经济传播作为首要研究对象，邵培仁是有自己的考虑的。他认为传播学并不应当简单等同于一般社会科学，就其新进性、边缘性的特点来说，相关的研究理应更加突出其对于操作的指导意义。在我国，这意味着要把传播学理论建设与四个现代化建设进程的实际紧密联系起来，以期相互促进、相得益彰。邵培仁经过再三斟酌，最后认定经济领域目前正迫切需要传播学理论的渗透。

《经济传播学》由此诞生了，它是我国第一部《经济传播学》专著。作为主编的邵培仁在此书的编撰过程中付出了大量的心血。当我们打开这本以传播学为母本、融汇了近10门学科理论知识、全面展现一个光彩夺目的新兴边缘学科风貌的力作时，我们会为其中所蕴含的繁复知识与理论深度而慨叹。全书以科学思维方法统摄学科整体，系统研究了经济信息的采集、鉴别、选择、加工、传递、接受、转化的过程，以及经济传播活动的本质与规律；还探讨了从传受双方到媒体控制再到谋略技巧等各种因素的复杂变量关系。其视野之开阔、见解之深远，博得了同行的一致好评。《光明日报》《金融时报》《新华日报》《淮阴日报》《淮阴师专学报》上刊载了多篇书讯、书评。评述者们从体例到构想再到语言组织，在各个方面对《经济传播学》的编撰予以了赞扬和肯定。朱进东认为，此书是植根于中国学术园地中的一朵新葩。[②]杨长认为，此书是“传播学研究的新突破”[③]。邱桂和张超曾总结说，此书是一部紧握时代脉搏、适应新的趋势、富于理论性和实用性的专著；此书在理论模式、研究范畴和研究方法上都有新突破。[④]夏文蓉在《评〈经济传播学〉》一文时则盛赞：“……更为重要的是该书具有学术上的前导性和预示性。它引导我们由社会的表层形貌进入深层结构，由经济传播的现时状态透视未来趋势，进而展开丰富而合理的预示性想象和推理，（这）使本书的内容不仅具有一定的

---

① 邵培仁主编的《经济传播学》（江苏人民出版社，1990）也许还是世界范围内的第一本经济传播学专著，据1990年在美国夏威夷东西方文化传播研究中心电脑终端查证，英语世界中尚无同类书。

② 朱进东：《植根于中国学术园地中的一朵新葩——读〈经济传播学〉》，《淮阴师专学报（哲学社会科学版）》1991年第1期。

③ 杨长：《〈经济传播学〉：传播学研究的新突破》，《淮阴师专学报（哲学社会科学版）》1990年第3期，第2页。

④ 邱桂、张超：《评邵培仁的〈经济传播学〉》，《光明日报》1991年10月25日。

深度和广度，而且其影响力在时间和空间上也有了延伸和跨越的可能。”[①]

三、《政治传播学》：升华了的学术追求

《政治传播学》是“当代传播学丛书”的第二本，也是邵培仁的第三部专著。江苏人民出版社政治编辑室主任杨杰为此书出版一事写信称赞邵培仁：“笔到之处，尽是文采。”就《政治传播学》而言，它的优异之处当然绝不仅仅是语言叙述的改进，也不仅仅是学术新见解的层出不穷。事实上，此书最引人注目之处在于作者在学术价值的追求上有了更新更高的目标，那就是力求促进传播学研究的本土化。

在我国的传播学界，自1982年起，就已出现了从系统介绍西方传播学变为探讨建立中国传播学理论体系的趋向，这尤其表现在许多学者已开始对西方传播学的理论意义与实践意义做深刻分析，并进而提出了其局限性，探讨西方传播学中国化问题。在由中国社科院新闻研究所倡议召开的有关这一问题的座谈会上，6所高等学校及部分新闻单位的研究者们共同提出了“系统了解、分析研究、批判吸收、自主创造”的16字方针。其中，“自主创造”这4个字，堪称中国学界的一个富于远见的设想。1986年6月的黄山会议的召开，意味着中国传播学建设到了一个意义重大的新起点。会议明确提出，要建设有中国特色的社会主义传播学。学界的这些呼声一直对邵培仁起着启发作用，他认真思考了各个相关的理论问题，尤其是对日本、苏联等传播学后起之地的传播学研究状态及进程做了较为详尽的分析与评估，并从中得出不少有益的辩证的认识。比如，一方面他看到了日本学界精于拼贴的拿来主义；另一方面他看到了像苏联这样的迟至20世纪60年代才着手进行传播学研究的国家，也拥有了受到国际学界承认的“菲尔索夫模式”和“阿列克谢耶夫模式”。经过反复探求，邵培仁对“本土化”的理解有了进一步的深化。他认为，本土化的研究意识首先应该表现为以奉献自我为荣，不以言必称西方为满足的学术使命感；传播学研究的“中国特色”绝不仅仅体现在形式和口号上，而应该紧密联系中国的社会实际，植根于中国的学术土壤，适应中国的国情需要，同时它还应该体现在中国人的思维特征和文化前景意识中，体现在对相关学术问题做辩证唯物主义的科学探求上。

打开《传播学原理与应用》，我们能看到作者对于传播学本土化的一些

① 夏文蓉：《评〈经济传播学〉》，《淮阴日报》1990年4月16日。

初期的努力。以第十章为例，作者在论述诸种传播技巧的同时，对中国由古及今的许多文化与社会现象做了透视，涉及诸如“忆苦思甜”、曲啸的时政报告、流行的社会剧、诸子语录等众多话题。由此，此书将一般传播学原理与中国读者的文化素养紧密结合在一起，具有很好的阅读效果。在《经济传播学》一书中，本土化的色彩体现在两个方面：一是在研究方法上，二是在学术见解上。就前者而言，邵培仁在使用西方惯用的实验法、个案法、问卷法的基础上，突出地以辩证唯物论为指南，大量地结合了我国经济活动中的实践材料，披沙拣金，以更加求实的态度阐释问题。在语言组织上，则避免那种仿外的结构松散与观点弥漫的弊病，强调“头绪多而不乱、观点新而不激”。由于照应了中国读者的阅读习惯，因此，读者通读全书后并不使人有那种面对某些新兴学科著作时所常有的隔膜感和深奥之叹。就后者而言，此书则为传播学贡献了不少新颖意见，如在理论模式上的多要素化与互动化处理，在研究范畴上所提出的谋略、技巧、规划、系统和控制等新范畴等。

学术本土化的两个特点在《政治传播学》一书中有了更为集中、更引人注目的体现。论述者在30余万字的篇幅里，对从政治传播的性质到政治谋划的诸多内容，再到政治传播中的每一种重要因素都做了深入剖析。难能可贵之处在于全书不仅在所涉论题上表现出了极大的学术勇气，而且在表述上做到了缜密整合。这正如徐福基先生在书中序言里所评价的那样，作者在从我国国情出发，联系实际，讲求应用性和可操作性，将传播研究成果引入应用领域——政治传播活动中去的同时，还十分注意著述的深入浅出，通俗易懂，生动活泼。[①]此书在方法论上的重要成功之处是：以人学作为政治传播的理论基础，全书以马克思主义哲学社会学观点统摄各个研究层面，准确阐发了“要探讨政治传播学必先探讨人与人之间如何建立并发展其相互关系”的理论前提。这一点，不仅会对政治学和传播学研究的进一步发展产生持久的影响，而且对于一般人文科学的探讨也具有一定的启迪作用。正是因为思维方法的革新，加之全书对政治传播所做的心理学、法学、社会学、哲学、经济学、伦理学等多学科透视，所以论述者的新鲜创见每有闪现，比如第二章中有关政治传播的原则、目的和需要的探讨，第六章中有关政治传播与其他社会意识互动关系的探讨，第十四章中有关新型传播模式及政治传播学未来研究趋势的探讨，都有着较为重要的学术价值。

① 徐福基：《序言》，载邵培仁《政治传播学》，江苏人民出版社，1991，序言第1—3页。

在这些贡献之中，最引人注目的是，邵培仁以《政治传播学》为契机，进一步深化了他的“整体互动论”传播学思路。

四、整体互动论：新型传播模式的展现

模式，作为由符号和规则组成的结构，对于传播学研究有着举足轻重的作用。传播学界普遍认为，模式的作用，不仅仅在于它自身是一种解释性的东西，更在于它有助于直接地表述或构成理论。正是在模式问题上，邵培仁提出了一系列富有建设性的设想。

长期以来，西方传播学研究的理论模式存在一个普遍性的缺陷，即试图通过解析三五种要素来回答和解释一切传播问题和传播现象，结果难免顾此失彼、出现片面性。有鉴于此，邵培仁在《经济传播学》中曾较为具体地探讨了改进的可能性。此书的理论建构在充分吸收西方的过程论、符号论以及欧洲的批判学派、苏联的定势学派的长处的基础上，提出了这样的看法：经济传播同社会传播一样，其理论模式应是传者与受者、信息与媒体、系统与控制、规划与实施、谋略与技巧、环境与规范等要素在整体上做多向频繁、复杂互动的系统结构，系统的运行是靠各要素的共同作用来达成的。这里，邵培仁对西方传播学中传统的五大范畴也进行了全新的思考和合理的补充，如谋略、技巧、规划、系统、控制等都属于较为新进的概念。在《政治传播学》一书中，邵培仁对这一思路进行了更加深入细致的阐释。他在“政治传播学的未来”一章中写道：“根据学科发展进程的一般规律，传播学研究经过酝酿、讨论研究等阶段之后，现在正进入困难的模式选择阶段：是局限于对传播过程的诸要素的分析和透视呢，还是灵活地从多层面、多角度观照和审视传播的全过程及全部现象？是满足于对传播研究中的若干现存模式做简单的拼凑、焊接，还是进而探寻学科内涵上的逻辑关系，建立起一个结构严密的具有中国特色的理论体系？”①对这个问题，邵培仁自己用整体互动论做出了出色的解答。

邵培仁认为，一个好的传播模式必须符合以下几个标准：（1）呈现性，即可以用语言文字或符号图像对信息传播的内在机制与外部联系的主要特征做简明的呈现；（2）整体性，即不仅能描绘传播过程的外部联系，更能揭示其本质规律与内部机理；（3）超陈性，即强调批评与个人见解；（4）启发性，

---

① 邵培仁：《政治传播学》，江苏人民出版社，1991，第373页。

即便于进一步扩展研究范围与内容，便于分析解答传播活动中新出现的现象及问题；（5）现实性，即强调实际效用。[①]

邵培仁的整体互动模式在这些方面都取得了不少进展。在这一模式中，传播活动被描述为一个有机的互动整体。“整体”是指强调各传播要素的联系，强调局部与全部的辩证关系。“互动”则是指传者与受者、决策者与实施者以及咨询者、守门人、中介者等行为主体在信息、符号、心理、行为等方面的交替作用与相互制约。这些因素的聚合与归并，就形成了作为互动整体的传播。为了使得分析更严整、清晰，该模式理论还把诸传播要素加以等级区别，即分为核心要素、次级要素、边际因素和干扰因素，并为此制作了相应的序列表。[②]这样，传播机制的全部风貌便得到了一次生动而富有逻辑性的展现。

截至 1991 年 12 月，邵培仁已出版了 3 本专著，并写了一系列有关论文。此外，《教育传播学》《艺术传播学》等书稿也已在即出之列，学术成果较为丰厚。更值得强调的是，他在传播学研究中一直不愿避难就易，他的许多工作都属于开山炼铜的性质。鉴于我国的传播学学科尚处于建设初期，这种筚路蓝缕、以启山林的精神，就更显得弥足珍贵了。他的名字已入选《当代中国中青年学者辞典》。[③]我们相信并期待，邵培仁会为建设有中国特色的传播学理论做出更多的奉献。

【作者简介】杜骏飞，南京大学新闻传播学院教授、博士生导师，主要研究方向为互联网传播、新闻理论等。

【文献来源】杜骏飞：《筚路蓝缕　以启山林——略论邵培仁同志的传播学研究实绩》，《淮阴师专学报（哲学社会科学版）》1992 年第 1 期，第 79—82 页。

---

① 邵培仁：《政治传播学》，江苏人民出版社，1991，第 376—381 页。
② 邵培仁：《政治传播学》，江苏人民出版社，1991，第 378—379 页。
③ 《当代中国中青年学者辞典》编审组：《当代中国中青年学者辞典》，团结出版社，1991，第 677 页。

整体互动论：独树一帜的传播模式

——略论邵培仁的传播学研究

肖　容

传播学在其并不久远的历史上，曾被人比作社会科学研究中的一块绿洲。当人们路过这里时，有些人在短暂逗留之后，又离开了；而有些人则停留下来，在这块未开垦的土地上辛勤耕耘。邵培仁就是居留在传播学这块处女地上的一位辛勤耕耘者。一分耕耘，一分收获，一分奉献。邵培仁在传播学研究中的成就，不仅是指他自1988年以来，已先后主持和参加撰写了首开新领域的多部传播学著作，发表了10多篇颇有创见的传播学论文，并具体负责组织和编辑了中国第一套"当代传播学丛书"，更重要的是，他立足中国国情，联系本国实际，扎根中华民族文化的土壤，在引进、审视、借鉴、融合西方种种传播理论的同时，运用科学的研究方法潜心探求人类传播的本质和规律，提出了既有世界特点又有民族个性的传播理论模式——整体互动论。这使得他能够从沉寂多时的传播学界脱颖而出，成为传播学研究领域里的一匹"黑马"。①

一、站在文化碰撞的制高点

邵培仁与传播学的结缘始于1985年，那就是他在复旦大学新闻学助教进修班研修之时。这时，西方各种传播理论蜂拥而至，令人目不暇接；各种文化的碰撞、冲突、交汇、融合，异常热闹。

从1978年下半年起，复旦大学、中国人民大学、北京广播学院等大学新闻系和中国社会科学院新闻研究所先后翻译、撰写了一批西方传播学论著和介绍性文章，其中既有传播学"发源地"的名家介绍，也有"辐射区"的新著评论。这些源源不断的信息，引起我国新闻理论界有识之士的高度重视，

---

① 杨恒忠：《邵培仁，传播学领域里的一匹"黑马"》，《淮阴日报》1993年5月26日第3版。

分别于1982年和1985年在我国两次召开传播学研究的学术会议。1982年11月，国内首次传播学学术讨论会在北京举行。会议提出，我国学术界对于西方传播学的引进与借鉴应持“系统了解、分析研究、批判吸收、自主创造”的基本态度。1985年6月，复旦大学举办的传播学研讨会又一次吸引了许多有心人的目光。会上，各地学者对于如何推进中国的传播学研究提出了“系统介绍、总结经验、应用研究”等三方面的建议和设想。同年8月，上海外国语学院召开传播学国际学术讨论会。

邵培仁是幸运的。特定的学术环境和理论氛围，使他一踏进传播学的领地就站在了世纪之交、文化碰撞的制高点，从而能够鸟瞰世界各国传播学研究的历史和现状，了解中国传播学研究的发展趋势和广阔前景。他自从1983年对传播学产生兴趣，为其一整套全新的术语所吸引之后，学术研究的重心就逐渐向传播学倾斜，从一个“业余爱好者”转变成今天的“专业选手”。而完成这一重要转变的标志，就是邵培仁在潜心钻研数年之后所提出的“整体互动”的新型传播模式。[①]观照和透视这一理论模式，不仅可以从中看到邵培仁锐利的思想锋芒，而且可以从中窥见他近几年来传播学研究的基本思路和独具特色的学术个性。

当然，邵培仁从事传播学研究的背景因素不只有特定的学术环境和机遇，还有他本身特殊的生活和研究经历。在西方众多的传播学者中，有的来自社会学、心理学、政治学界，有的来自新闻学、广告学界；在我国，传播学者大多来自新闻学界。邵培仁与他们都不同，他是从中国语言文学领域杀进来的。这样，传播学研究就深深地印下了他独特的个性色彩，语言生动活泼，行文自然流畅，阐述通俗易懂，没有一点洋腔洋调，也没有新兴学科常有的高深感和隔膜感。[②]

邵培仁经历丰富，“食性”颇广。用他自己的话说，在成为“职业选手”之前，他“很像一个拳打脚踢而又没有正规套路的拳击手”[③]，今天搞写作学、文体学，明天搞文艺评论学、影视艺术学，后天又搞心理学、新闻学——“左

---

① 邵培仁:《政治传播学》，江苏人民出版社，1991年12月，第373—383页。
② 朱进东:《植根于中国学术园地中的一朵新葩——读〈经济传播学〉》，《淮阴师专学报（哲学社会科学版）》，1991年第1期。
③ 邵培仁:《我是怎样走上传播学之路的》，《淮阴师专学报（哲学社会科学版）》1992年第1期，第83页。

冲右突、东一榔头西一棒、无固定目的地胡乱折腾”[1]，竟使他啃了不少大部头的理论著作，从而开阔了视野，奠定了基础，积蓄了能量。而传播学的引进，则刚好为他提供了释放能量的契机。同时，也使他能够站在多元文化碰撞、交融的制高点，从不同的学科、不同的层面立体地观照、审视、分析人类信息传播的过程和规律，研究和探寻传播学立足于中国国情、植根于民族土壤的可能性。

二、植根于民族土壤的传播观念

邵培仁认为："观念是一种动力，是一种行为模式。"[2]我们也可以通过他的传播观念来探寻其"整体互动"模式的构想过程和独特之处。

在邵培仁看来，"世界上凡是实在的东西，都能够对它们取得科学的认识。传播与衣、食、住、行乃人生五大需要，都是实在的东西，因此，传播问题不仅可以单独研究，而且必然能成为科学"[3]。那么，怎样才能使传播学真正成为一门学科呢？邵培仁认为，这必须大胆借鉴并吸收世界社会科学中一切有用的成果，逐步提高传播的科学性，让传播学植根于中国的学术土壤，消融于中国的学术氛围，并使之与世界文化接轨，成为中国文化的现代形式。这样，作为中国的传播学者，就必须既要看到世界范围内知识整体化、综合化、交叉化的趋势，也要看到中国文化以我为主的内聚性和兼容并蓄的吸纳性。邵培仁主张"要深入、系统地研究、分析、了解西方传播学，弄清其来龙去脉，认清其是非曲直，以便在研究中恰当地汲取精华，舍弃糟粕"。同时，"要批判地继承和发扬（中国）古代思想家珍贵的传播学思想和本民族的学术传统"，"使传播学符合中国国情，适合中国现代化建设事业的需要，为社会发展服务，从而成为中国整个文化的有机部分"。[4]简言之，他对于传播学的基本观念就是既兼容并蓄、一视同仁，又以我为主、为我所用。

那么，传播学究竟又是一门什么样的学问呢？他在《政治传播学》的后记和一篇论文中写道，"传播学是研究人类传播活动的新兴学科"，它"不仅

---

① 邵培仁：《我是怎样走上传播学之路的》，《淮阴师专学报（哲学社会科学版）》1992 年第 1 期，第 83 页。
② 邵培仁：《政治传播学》，江苏人民出版社，1991，第 354 页。
③ 邵培仁：《我是怎样走上传播学之路的》，《淮阴师专学报（哲学社会科学版）》1992 年第 1 期，第 84 页。
④ 邵培仁：《我是怎样走上传播学之路的》，《淮阴师专学报（哲学社会科学版）》1992 年第 1 期，第 84 页。

有机地内化了政治学、社会学、新闻学、心理学、文化学等传统科学的知识，合理地融合了信息论、控制论、系统论、语义学、符号学等新兴横断科学的知识，而且还大胆引进了数学、物理学等自然学科的知识和方法，并且其本身又进一步分解、切划出许多更新型的子边缘学科，诸如政治传播学、艺术传播学、传播语义学、传播心理学”。[①]由此可见，邵培仁所持的是广义的、宏观的传播学观念。

其实，早在西方传播学传入我国之前，就已存在对于传播学研究范围的争论与分歧。在传播学初创时期，许多传播学者偏重对传播现象做社会学、政治学、心理学的整体透视，但带有较多的学科特点。后来，新闻学界主要围绕报刊、广播、电视等传播媒介对大众传播问题进行研究，视野较窄。因此，当西方传播学被介绍到中国时，也就不可避免地引发了学界对传播学研究范畴——事实上是对现存传播学理论如何取舍——的争论。有人认为应建立一门狭义的传播学，即把传播学的研究限于大众传播领域，以免抹杀了它与其他人文、社会科学的界限。另一种观点则是，有必要建立一门广义的、宏观的传播学，以建立它与其他人文、社会科学的横向联系。

然而，问题的关键并不在于研究者们是否应该坐下来对传播学做如此这般的总体设计。关键在于研究者们在传播学这块土地上究竟做了些什么。传播学的学科建设问题当然不容轻视，它的确是个亟待解决的问题。可是，如果整体构架不从民族文化的土壤中汲取营养，不从具体的中国国情出发，不建立在扎实的材料之上，那么整体构架也极易成为空中楼阁。因此，只有将整体构架的设计与具体问题的研究相结合，中国的传播学研究才有前途。正是基于这样的考虑，邵培仁确立了他的（有别于其他人的）广义的宏观的传播学观点，同时，他又把着眼点落实在具体问题的研究上，这便是他的“整体互动论”传播思想。

邵培仁认为：“传播学研究的基本任务始终是再现整体，即始终把各种要素有意识地归并到整体之中，努力找出各种传播因素之间的内在结构和外在联系，同时再进一步‘认识它’、支配它；而绝不人为地割断它们之间的复杂联系而只孤立地看待和分析一些要素，因为被割断联系的孤立的传播要素是无法认识、无法把握、无法支配的。”[②]因此，他主张传播学者“在研究中要自

---

① 邵培仁:《关于传播模式的思考与构想》,《淮阴师专学报》1991 年第 3 期，第 45 页。
② 邵培仁:《政治传播学》，江苏人民出版社，1991，第 377 页。

觉地和正确地将要素与因素、局部与整体、内在结构与外在联系等有机结合起来，不要忽视问题的任何一个方面。这样就可进而在单纯的传播活动的结论中分离、演绎出某一单纯传播行为的可能结果”①。总之，传播学的理论模式不应该只是整体的，还应该是互动的。整体是传播模式的静态特征，互动是传播模式的动态特征；整体是互动因素的聚合与归并，互动是整体形态的链条与部件。

可见，邵培仁的独特性就在于，既大胆借鉴、择善而从，又自主创造、以我为主；既强调作宏观的整体的研究，又主张从微观的具体的问题入手；既有搞理论传播学（如《传播学原理与应用》等）的研究，也有搞部门传播学（如他主编的《经济传播学》《政治传播学》《教育传播学》等）的研究。这使他的传播学研究既有高屋建瓴、鸟瞰全局的广阔视野和超拔勇气，又有洞幽烛微、鞭辟入里的微观分析和务实作风，并且还兼有植根于民族文化土壤的“柔软性”“包容性”的思维特征。所有这些都为他建构新型传播模式做了很好的铺垫。

三、建构新型的传播模式

模式是历史的产物、现实的抽象、原物的映现、理论的简化形式。但是，面对人类的信息传播现象，由于传播学者观照的角度、“钻探”的层面和研究的方法不同，用来描述和解释传播现象的模式也往往各不相同。丹尼斯·麦奎尔（Denis McQuail）和斯文·温德尔（Sven Windahl）编著的《大众传播模式》一书，汇集并介绍了一大批西方传播模式，实际上这是许多传播模式编排、组成的一部大众传播模式史。传播学研究也最适宜采用直观性的模式来对传播现象进行描述和解释，因为模式可以向人们展示信息传播的整个过程和提供某一事件的明确信息，具有构造、解释、引导、简化、预测等多种功能。然而，在邵培仁看来，只有优秀的模式才能发挥五大功能，而优秀的模式又必须符合五条标准，即呈现性、整体性、超陈性、启发性、现实性。结果，他在依据这五条标准衡量、要求西方传播学研究中出现的种种模式时发现，不论是克劳德·香农（Claude Shannon）和沃伦·韦弗（Warren Weaver）的“数学模式”，还是查尔斯·埃杰顿·奥斯古德（Charles Egerton Osgood）和施拉姆的“循环模式”；不论是哈罗德·D. 拉斯韦尔（Harold D. Lasswell）的

① 邵培仁：《政治传播学》，江苏人民出版社，1991，第377页。

“五W模式”，还是弗兰克·E. X. 丹斯（Frank E. X. Dance）的“螺旋形模式”；也不论是个人影响模式和社会影响模式，还是受众中心模式——它们都存在一个普遍性的缺点，即试图通过透视三五种传播因素来回答、解决所有的传播问题和传播现象，因而往往具有片面性。

怎样唯物地辩证地构架传播模式，使其既符合标准又发挥动能呢？显然，邵培仁是在给自己出难题。他决心不局限于当时传播过程五要素的分析和透视，也不满足于对传播研究中的若干模式做简单的拼凑、焊接，他要依据上述标准努力探寻学科内涵上的关系逻辑，建立一个具有中国特色的传播模式。邵培仁是以“整体互动论”的传播模式来进行解答的。这一传播模式认为，传播学的研究对象是一个有机的相互联系的传播整体，而不是一个个被割断联系的“散兵游勇”，因为只有把各个相对独立的个体要素结合、融汇到整体联系之中进行研究，才能全面地、深刻地理解和认识这些要素。因此，传播学者在研究中只有从总体出发，把各种传播要素有意识地联系起来加以考察、审视，才能找出或弄清各种传播因素之间的内在机制和外在关系。

邵培仁提出的整体互动论既强调整体研究也重视互动研究。整体研究高度概括了传播模式的静态特征和互动因素，既包括传播学的研究对象、范围、任务和方法，也包括人类信息传播的性质、特点、类型、功能、原则、目标和走向等内容。这些研究内容常被西方传播学界惯用实证主义和定量分析方法的学者们所漠视。互动研究是传播模式的动态特征和整体联系的具体分解，邵培仁用它作为指挥整体形态的部件和砖石，并将其分为核心要素、次级要素、边际因素、干扰因素四个层次加以具体描述和分析。其中，核心要素是指传播者、信息、媒介（包括现代媒介和原始媒介）、受传者、传播效果。过去的传播学研究一般就停留在拉斯韦尔“五W模式”所框定的这五项核心要素之中。邵培仁对传播学传统的“研究范畴进行了合理的改造，充实了许多新的内容，首创了一些新的范畴”[①]，这主要反映在下面的三个层次里：在次级要素中，他新设了信源、符号、谋略、技巧、参与者、译码或接受和反馈七项研究内容；在边际因素中，他列出了传播的环境、价值、经验和规范四项研究内容；最后，他将噪声等干扰因素也看作不可忽视的研究内容。可以看出，邵培仁的整体互动论是在努力避免和弥补西方传播学研究中的缺陷和不足，力图建立起一个系统、全面、缜密的具有中国特色的传播理论体系。

① 邱桂、张超：《〈经济传播学〉评介》，《光明日报》1990年10月20日。

不过，邵培仁虽然向我们展示了他的传播模式和理论体系，但他并非在一部著作中将所有要讨论的问题全部交代清楚，他有时特意隐藏起要回答和分析的问题，有时又将一些问题分散和渗透到几部著作中进行讨论，有时要等我们读完他主编或撰写的几部著作才能找出全部问题的答案或得到整个体系的形貌。例如，在《传播学原理与应用》一书中，我们见到了关于传播技巧、信息反馈和噪声干扰等新问题的论述；在他的《经济传播学》一书中，我们见到了关于传播谋略、测定效果等新问题的讨论；在他的《政治传播学》一书中，我们得到了关于参与者中的守门人、中介者和符号等新的问题的答案；在他的《教育传播学》一书中，他向我们描述了传播过程中边际因素的详情细貌；在他主编的《艺术传播学》一书中，他又向我们大家推出了关于信源和译码或接受问题的深刻分析。邵培仁这样做肯定有其充分的理由，我认为它至少让我们在他主编和撰写的每一本书中都能读到一些新鲜而深刻的内容。

四、让理论建树与世界接轨

中国学者一俟评论自己的研究，其音调就会立即变低，这也许正是源于中华民族根深蒂固的宽以待人、严于律己的精神。邵培仁也是用客观低调的语气来描述整体互动传播模式的特点的：它是往复循环、生生不息的；它是双向交流、相互影响的；它是对现实状况的整体描述；它是非秩序化的。同时，他立即声明：这一模式虽有上述特点，但仍是不完整的和有缺陷的，“因为，模式也是不断发展，逐步完善，并且似乎是没有极限的”①。他说，他目前“只能算是刚刚踏上崎岖而漫长的传播学道路，就像一个进山淘金的人刚走到大山的脚下……深知真正的攀登还在后头”②。徐福基、张学洪、杜骏飞、夏文蓉、童国嘉等人都曾撰文赞扬过邵培仁辛勤耕耘、勇于探索的精神和他对传播模式的新突破。徐福基认为，整体互动模式符合邵培仁制定的优秀模式的五条标准，并且按照这一模式从事传播学研究，会有助于进一步揭示信息传播的内在机制和本质规律，甚至对其他一些社会科学研究也具有某种普遍的意义。③

邵培仁整体互动论的最大特色是它告别了传播学研究中挥之不去的“西

① 邵培仁：《政治传播学》，江苏人民出版社，1991，第200—219页。
② 邵培仁：《我是怎样走上传播学之路的》，《淮阴师专学报（哲学社会科学版）》1992年第1期，第84页。
③ 邵培仁：《政治传播学》，江苏人民出版社，1991，第377页。

方中心主义”，努力在中国文化的宝库中和中国学术的园地里汲取营养。传播学研究要走向成熟，进入世界，固然要引进和借鉴，要从西方传播学研究中吸收一切有用的成果。但“引进和借鉴只能是一种手段，一个途径，一块超越与起飞的跳板”。[①]更重要的是要创造与发展，让传播学在中国的学术园地里落地生根、开花结果，使其“当地化”“本土化”，呈现中华民族的特性。当然，所谓中国特色，不会停留在整体互动论唯物、辩证的特点上，也不会局限于适应中国国情、反映中国实际、顺应中国读者的阅读习惯与思维惯性等方面，还表现在对中国古代文化典籍和现代学术著作的广泛征引和合理运用上，使传播学的根须深深地扎在中国文化肥沃的土壤中。有人曾说：越是民族的，就越是世界的。一个人要想让自己的理论建树与世界接轨，必须使自己的理论具有鲜明的民族特征。这样才有可能成为世界社会科学园地中的一朵奇葩，为世人所赏识。

【作者简介】肖容，博士，南京大学新闻学系副教授，大众传播研究所所长，主要研究方向为媒介学、广告学等。

【文献来源】肖容：《整体互动论：独树一帜的传播模式——略论邵培仁的传播学研究》，《徐州师范学院学报（哲学社会科学版）》1992 年第 3 期，第 138—141 页。

---

① 朱进东：《植根于中国学术园地中的一朵新葩——读〈经济传播学〉》，《淮阴师专学报（哲学社会科学版）》1991 年第 1 期，第 78 页。

充实内涵　拓展外延

——邵培仁新闻传播理论的探索与创新研究

陈江柳

时至今日，在一代又一代新闻传播学人的共同努力下，中国新闻传播学已经实现了当代发展，朝着建构具有中国特色的学科体系方向迈进。在这个过程中，国内以邵培仁为代表的学术先驱者、开拓者为推进新闻传播研究的理论探索与创新做出了重要贡献。诸多学者对于新闻传播学科发展的路径、问题及未来展望已有颇为丰富的研究，然而，鲜少有研究关注关键个体的探索路径在学科发展轨迹形成过程中发挥的重要作用。其中，对邵培仁的学术探索历程进行分析评价的研究成果已颇为丰富，如周颖在《邵培仁学术理念国际化进路及传播思想》一文中较为详尽地梳理了邵培仁学术理念与传播思想的形成脉络[①]；林凯在《中国传播学领域的先行者和开拓者——邵培仁传播学研究成果述评》一文中再次结合邵培仁的学术探索历程来展现其对学术理论体系和华夏传播研究方面的成就[②]；闫欢在《邵培仁教育传播理论与实践探析》一文中注重分析教育传播思想、教育传播规划、教材、课程等方面，侧重介绍邵培仁的教育理念及其对中国传播学科教育发展的影响[③]。这些研究成果大多流于学术成就的铺陈罗列，忽略了将个体的探索放置在宏大的时代背景中进行考察的重要性。加上不同时期不同研究者的分析视角各有侧重，更无法从个体成就来窥见学科发展轨迹。因此，本文以前人研究成果为基础，尝试更深层次、更为全面地考察邵培仁自 1983 年开展新闻传播理论研究以来近 40 年的探索历程，力图以小见大，进一步梳理新闻传播学术共同体的研究脉络。

---

① 周颖：《邵培仁学术理念国际化进路及传播思想》，《山东理工大学学报（社会科学版）》2018 年第 5 期。

② 林凯：《中国传播学领域的先行者和开拓者——邵培仁传播学研究成果述评》，《东南传播》2020 年第 3 期。

③ 闫欢：《邵培仁教育传播理论与实践探析》，《湖州师范大学学报》2021 年第 11 期。

伴随着改革开放的历史进程，邵培仁的学术旅程见证了传播学从西方传入中国以来展开的理论探索与创新。多年来，邵培仁以极为敏锐的学术洞见和创新精神引领着传播学术共同体，在华莱坞电影、国际传播、媒介经营管理、华夏传播研究、文化创意产业等多个领域都留下了他躬身探索的身影，并取得了丰硕的成果。作为国内新闻传播研究的领航人，邵培仁带领后来的研究者大胆进行学理性创新，不断丰富、充实新闻传播理论的内涵；同时，他通过学术探索及时呼应时代脉搏和社会需求，不断拓展新闻传播理论的外延，努力建构和完善新闻传播研究的中国化范式。

一、去伪存真：提炼具有中国特色的标识性概念

习近平总书记曾在哲学社会科学工作座谈会上指出："要善于提炼标识性概念，打造易于为国际社会所理解和接受的新概念、新范畴、新表述，引导国际学术界展开研究和讨论。"① 对于哲学社会科学而言，学科体系、学术体系、话语体系三者相辅相成、缺一不可。其中，核心概念是构筑理论大厦必不可少的要件。因此，在当前社会大变革的时代，提炼出反映当代中国特色的标识性概念对于学术研究具有重要的导向作用。在新闻传播领域，学术共同体结合中国国情和具体实践展开了长期的理论探索，推动着新闻传播学科不断向前发展。事实上，在新闻传播学科发展起步的很长一段时期，各个理论分支领域均存在不同程度的"概念短缺""概念匮乏""概念贫困"等问题，学术研究总是滞后于社会发展现实需要。如何以标识性概念来推动理论体系构建的未来方向，就成为摆在新闻传播研究者面前急需解决的问题。

在中国新闻传播学科的发展初期，邵培仁应中国社会不同发展阶段的现实需要，提炼出整体互动论、媒介地理、媒介生态、华夏传播、亚洲传播、华莱坞电影、新世界主义、整体全球化、人类整体传播学等一系列标识性概念，努力充实和构建理论体系。1991 年，邵培仁在《政治传播学》一书中提出了著名的"整体互动模式"②，从整体性的视角出发将人类社会的传播现象划分为网络传播、大众传播、人际传播三重维度，并对各个传播系统可能囊括的要素进行了归类。在传播学发展的起步阶段，整体互动模式的提出被学界

---

① 习近平：《在哲学社会科学工作座谈会上的讲话》，2016，人民出版社，第 24 页。
② 邵培仁：《政治传播学》，江苏人民出版社，1991，第 373—382 页。

认为搭建了“独树一帜的具有中国特色的研究体系”[①]。2013年，他率先提出“华莱坞电影”这一新的术语，迅速引发全球电影产业的关注以及多个学科领域的讨论、争鸣，成为中国社会科学研究的“现象级”概念。2015年，邵培仁因提出“华莱坞”这一新概念而荣获“中国传媒经济年度观点奖”。随着全球化秩序重塑和转型的大变革时代的到来，2017年，邵培仁率先提出了“新世界主义”的科学论断，接着提出“新世界主义媒介理论”，并带领研究团队逐渐完善、充实理论体系。2018年，他在《整体全球化：“一带一路”的话语范式与创新路径——基于新世界主义视角的再阐释》一文中提出并论证了“整体全球化”概念，从理论层面重新界定和阐释了当前的新全球化格局。[②]2019年，邵培仁在《现代传播》上发表题为《人类整体传播学：人类命运共同体视阈下的传播研究》的文章，提出了传播研究应努力构建“人类整体传播学”的学科进路这一前瞻性观点[③]，“在当前万物互联、万物皆媒的时代背景下，邵培仁呼唤学界以整体性的思维重构中国传播学，这也是对于传播学‘何以有中国特色，以何为中国特色’的回顾、反思与展望”[④]。

恩格斯曾言：“一个民族要想站在科学的最高峰，就一刻也不能没有理论思维。”[⑤]概念是所有学术体系的基石，理论的构建和创新依赖于标识性概念的引领。邵培仁提出的一系列标识性概念，不仅闪烁着理论思维的光芒，更饱含着传播学人对“传统思想”如何转化为“传播理论”的执着追问和探求。以概念为中介，邵培仁带领后来的研究者们穿越日常生活中的表象和常识，用黑格尔所谓的“概念思维”努力将纷繁芜杂的思想去粗取精、去伪存真，带领人们直面客观、迈向真理。

---

① 肖容：《整体互动论：独树一帜的传播模式——略论邵培仁的传播学研究》，《徐州师范学院学报》1992年第3期。

② 邵培仁、陈江柳：《整体全球化：“一带一路”的话语范式与创新路径——基于新世界主义的分析视角的再阐释》，《暨南学报（哲学社会科学版）》2018年第11期。

③ 邵培仁、陈江柳：《人类整体传播学：人类命运共同体视阈下的传播研究》，《现代传播》2019年第7期。

④ 陈江柳：《立足本土　走向整体　走向世界——略论邵培仁及其传播学研究的中国化探索》，《东南传播》2021年第4期，第21页。

⑤ 马克思、恩格斯：《马克思恩格斯选集（第3卷）》，中共中央马克思恩格斯列宁斯大林著作编译局编译，人民出版社，1995，第464页。

二、创新范式：开拓媒介地理学等交叉化研究

纵观人文社会科学的知识生产场域会发现，新闻传播学与生俱来地具有极为鲜明的交叉性特征，自带一种“跨界”基因，它与文学、经济学、艺术学、政治学、社会学等多门学科的联系都十分密切，具有理论性的同时也不乏实践性、综合性。事实上，交叉化的学科属性已成为当前新闻传播领域进行知识生产、理论创新和学科进化的重要驱动力。伴随着国内新闻传播学科的发展，邵培仁紧紧把握住现代学科的发展趋势和新闻传播学科的固有特性，历来注重理论研究的“跨界创新”。在当前新文科发展背景下，他尤其主张转变思维方式、打破学科壁垒，“既主张自然科学与社会科学的交叉融合，也主张人文学科与社会科学的有机融合，破除‘碎片化’‘条块分割’‘画地为牢’‘只见树木不见森林’‘隔行如隔山’等一系列弊端”[①]。正是基于学科“跨界”特征的科学判断，邵培仁在近40年的学术探索历程中，始终强调交叉化的研究理念和范式创新，开辟了媒介生态学、媒介地理学、媒介管理学等多个新领域。

20世纪80年代末90年代初，国内的新闻传播学科正处于发展初期。新闻传播领域的理论研究一度陷入低谷，学术探索在一片迷茫之中迟滞不前。其时，邵培仁怀抱“边引进、边吸收、边创新”的信念，大胆探索跨学科、交叉化的研究范式，迫切地寻求传播理论上的创新和突破。1988年，邵培仁与他在复旦大学的同学戴元光、龚炜一起撰写了《传播学原理与应用》一书，该著作是国内传播学的第一部理论研究成果，旗帜鲜明地指出了新闻传播学作为交叉性学科的基本属性。[②]1990年，由邵培仁主编的国内第一套新闻传播理论丛书——“当代传播学丛书”面世。这套丛书包括《新闻传播学》《教育传播学》《政治传播学》《经济传播学》《艺术传播学》5部著作，“以宽阔的视野，或兼收并蓄或渗透移植，率先在经济传播、艺术传播、教育传播、政治传播等跨学科领域耕耘、开拓，为后来的跨学科研究奠定了基础”[③]。“当代传播学丛书”的出版也意味着国内新闻传播领域迎来了第一个富有指导性意义的研究成果。

---

① 赵允芳：《“新文科背景下，新闻传播学应回归‘人’的本质维度！”——访著名传播学家邵培仁教授》，《传媒观察》2021年第9期，第18页。

② 戴元光、邵培仁、龚炜：《传播学原理与应用》，兰州大学出版社，1988，第6页。

③ 中国社会科学院新闻与传播研究所：《知往鉴来》，社会科学文献出版社，2018，第11页。

面对改革开放以后中国传媒业的蓬勃发展，邵培仁审时度势，投身于社会转型背景下媒介经营与管理的学理性探索。1998年，邵培仁撰写的理论专著——《媒介经营管理学》出版，此书开辟了国内新闻传播领域交叉化研究的新疆域[①]。这部著作整合了多个学科领域的理论资源，并结合媒介实践经验，建构了兼具创新性和实践性的理论体系，“第一次全面、系统、深刻地分析、论证了媒介管理实践中的种种问题，更重要的是解决了媒介改革和高校教学的燃眉之急”[②]，他的《媒介管理学》也被中国传媒业界赞誉为“加入WTO后的中国媒介管理宝典”[③]。2004年，邵培仁撰写的《媒介管理学》和《媒介管理学经典案例》获浙江省优秀教学成果奖（教材）二等奖，并被纳入教育部“面向21世纪的课程教材”。

随着人类、环境与媒介之间的互动日趋复杂，2001年，邵培仁开始尝试在传播研究当中引入生态学的概念、理论，进一步推进交叉化研究。历经8年的探索，2008年，邵培仁的又一部力作《媒介生态学：媒介作为绿色生态的研究》出版，填补了当时的国内在媒介生态研究方面的空白，郜书锴赞誉其为“我国媒介生态学研究的开创者和集大成者”[④]。与此同时，邵培仁还将这种交叉化的研究范式拓展到对人类、媒介、社会与地理之间的互动关系研究当中，创造性地构建了跨学科、综合性、有层次的媒介地理学理论体系。继2002年首次提出“媒介地理学”命题后，他先后发表了20多篇学术论文，并于2010年出版理论专著——《媒介地理学：媒介作为文化图景的研究》。这部著作从地方、景观、空间、尺度、时间五个维度来搭建理论框架，主张当代传播研究由历史转向地理、由时间转向空间，再一次开拓了媒介研究的新领域。在信息技术高速发展、新的人—地关系出现的全球化时代，这部著作被誉为“既是一部拓荒之作，又是一部适时之作”[⑤]，其理论体系促进全体媒介

---

① 邵培仁、刘强：《媒介经营管理学》，浙江大学出版社，1998，第12页。

② 陈兵：《邵培仁与中国当代传播学》，《徐州师范大学学报（哲学社会科学版）》2004年第6期，第135页。

③ 金成学：《加入WTO后的中国媒介管理宝典：评邵培仁主编的〈媒介管理学〉》，《新闻实践》2002年第2期。

④ 郜书锴：《中国特色的媒介生态学理论：邵培仁教授媒介生态学最新研究述略》，《东南传播》2009年第10期，第4页。

⑤ 范志忠：《转向地理：当代传播学研究的新视域：评邵培仁专著〈媒介地理学〉》，《当代传播》2011年第2期，第107页。

系统形成良性循环与平衡和谐的科学机制[①]。《媒介地理学：媒介作为文化图景的研究》一书获浙江省第十六届哲学社会科学优秀成果奖一等奖，获教育部第六届高等学校科学研究优秀成果奖（人文社会科学）新闻传播学类三等奖，2021年获国家社科基金中华学术外译项目立项推荐。

邵培仁所展开的一系列交叉化研究探索足以表明，"跨界创新"不仅是开拓研究领域、建构理论体系的方法、手段，也是加强理论对话、推动学科融合的价值观念。邵培仁总是能够敏锐地把准时代脉动，紧扣传播学科的交叉性特质，耕耘在新闻传播学科与其他学科的融合地带，大胆尝试吸收多个学科的理论视野与研究方法，为推动新闻传播研究的范式创新殚精竭虑，一次又一次地引领着新闻传播学人不断探索未知、发现新知。

三、提炼特色：建构以华夏传播为中心的本土化理论

长期以来，中国新闻传播学界围绕如何推进本土化研究、如何建立有中国特色的新闻传播学这一核心目标展开了诸多讨论、争鸣，孜孜以求地进行思考和探索。从1982年第一次全国传播学研讨会提出"系统了解、分析研究、批判吸收、自主创造"16字方针，到2018年改革开放40周年暨传播学研究40年之际召开的第十四届中国传播学大会确立"新时代、新使命、新担当"主题，新闻传播学术共同体朝着本土化理论的内涵式发展步步深入。作为国内较早展开本土化反思与探索的学者，邵培仁为勾勒本土化进路、提炼研究特色、充实中国内涵付出了巨大努力。

在20世纪90年代初，传播学作为一门年轻的学科正处于发展起步时期。邵培仁指出，传播学研究应成为一门中国化的学问，成为中国大众的精神食粮和中国文化的有机部分，适应中国需要并与世界文化接轨。[②]这一论断初步明确了"传播学本土化"的宗旨要义。从1995年开始，邵培仁陆续发表了数十篇学术论文，围绕本土化的研究理念、基本内涵、方法路径等问题展开了系统论述，引领研究者着力探索新闻传播理论的中国特色。1997年，他在学术著作《传播学导论》中旗帜鲜明地主张，传播学的学术研究要注重挖掘"中国渊源"，对中国传统文化的传播现象、传播思想、传播观念进行追根溯源。[③]

① 王国凤：《耕耘在媒介与地理的融合地带：读〈媒介地理学：媒介作为文化图景的研究〉》，《山东理工大学学报（社会科学版）》2013年第4期。
② 邵培仁：《论传播学研究的中国特色》，《徐州师范学院学报》1995年第3期。
③ 邵培仁：《传播学导论》，浙江大学出版社，1997，第1页。

《传播学导论》获得浙江省优秀教学成果奖（教材）一等奖。同时，他撰写的教材《传播学》强调以“迎新不迎旧、排污不排外”的批判性观念来解构西方传播理论，将本土化理念延伸到新闻传播学科教育体系中。[①]该教材入选了教育部“面向21世纪课程教材”，“给我们提供了一部推进自主创新、形成本土特色的重要成果”[②]。1999年，邵培仁发表理论文章，明确了传播学本土化的基本面向：“一是基本上以古为主、以今为辅，致力于中国文化中传播理念和传播智慧的展现和弘扬；二是基本上以今为主、以古为辅，着力于中国当代传播活动中现象的分析和问题的解决。”[③]这两个层次各有侧重、相辅相成，为新闻传播学者的群体性努力厘清了思路。随着探索的深入，传播研究逐渐陷入“就传播谈传播”的思维定式，无法及时回应全球化语境下的新挑战、新问题。2016年，邵培仁再次发文，呼吁在中西文化交流语境中重新定位传播学的本土化特色，主张“返本”与“开新”相结合，进一步修正、调适了新闻传播研究范式。

尽管本土化探索已持续30多年，但廖圣清等学者对中国新闻传播研究的知识谱系的考察分析结果表明，“中国新闻传播学在理论建构上，特别是中国特色新闻传播理论建构上，仍然未取得明显突破……绝大多数只是对西方传播理论的引用或应用；极少有论文能够对已有理论进行评价、改进或整合”[④]。从20世纪90年代以来，以厦门大学传播研究所为中心兴盛起来的华夏传播研究成为一道独特的风景，涌现出了以孙旭培、邵培仁、黄星民、吴予敏、谢清果、潘祥辉等为代表的一大批学者。从2004年至今，邵培仁致力于充实、拓展华夏传播的理论体系，努力从认识论和方法论层面来论证从“传统思想”到“传播理论”的可能性和可行性，尝试建构华夏传播理论的新范式。他带领研究团队先后发表了近20篇学术论文，同时完成了国家社科基金后期资助项目“华夏传播观念研究”等多项重大课题。2020年，邵培仁在这一领域的集大成之作《华夏传播理论》正式出版面世，为中国新闻传播研究增添了“一部有问题意识、方法启示和理论贡献的创新性成果”[⑤]。

---

① 邵培仁：《传播学》，高等教育出版社，2000，第6页。
② 邱芳烈：《立足本土　突破创新：评邵培仁的〈传播学〉》，《今日科技》2003年第5期，第29页。
③ 邵培仁：《传播学本土化研究的回顾与前瞻》，《杭州师范学院学报》1999年第4期，第39页。
④ 廖圣清、朱天泽、易红发等：《中国新闻传播学研究的知识谱系：议题、方法与理论（1998—2017）》，《新闻大学》2019年第11期，第92页。
⑤ 谢清果、潘祥辉：《华夏传播理论的创新性研究与创造性转化：〈华夏传播理论〉评介》，《中国传媒报告》2020年第3期，第128页。

为破除华夏传播理论遭受的“我注西经”“牵强附会”“两张皮”等质疑，邵培仁提倡在研究中根据行为特征来梳理中国人的传播观念，提出了“传播辩证论”“传播模式论”“传播受体论”等理论概念，并通过“双重诠释”的研究进路，从知识论角度论证了将中国传统文化中的观念“胚胎”发展为传播理论的可能性[①]，“为华夏传播理论的概念化、命题化乃至理论化工作奠定了元理论基础”[②]。多年来，邵培仁为推进以华夏传播为中心的本土理论建构、凝练新闻传播研究的中国特色默默耕耘、卓有建树，展现出一代学术领航人的华夏情怀和创新精神，足以烛照前路、激励后学。

四、延展视野：形塑新世界主义视域下的全球传播话语

施拉姆曾指出，传播是一种基本的社会过程，传播研究关注人、关注媒介、关注社会，注重探索三者之间的互动关系。[③]传播研究以变动不居的经验实体作为研究对象，比较容易受到人类行为和历史动因变化的影响。[④]在中国的人文社会科学体系里，新闻传播学是其中具备鲜明政治属性和社会制度属性的学科之一，也是兼具人文学科特征的社会学科，其实践性、应用性十分显著。因此，新闻传播领域的学术研究需要紧密联系、及时呼应中国社会的现实需求，“用学术讲政治”“与人民同呼吸，与国家共命运”成为理论研究者义不容辞的学术追求。正如邵培仁经常强调的那样：“党员身份要求我们在学术研究中关注国家前途、民族命运、社会需求，将科研同人才培养、社会服务结合起来，不做假大空的常识性的无用学问。”[⑤]

出于对中国电影产业发展的历史反思与现实考量，邵培仁于2013年提出“华莱坞电影”的理论命名，带领团队深入挖掘“华莱坞”的基本内涵与外延，构建了以“华人、华语、华事、华史、华地”为基本框架的电影理论体系，出版了诸多学术论文和研究著作。2015年，他发起成立“国际华莱坞学

① 邵培仁、姚锦云：《从思想到理论：论本土传播理论建构的可能性路径》，《浙江社会科学》2016年第1期。

② 杜恺健：《探寻华夏意义之网，烛照本土理论建构之路——评〈华夏传播理论〉》，《浙江社会科学》2021年第6期，第151页。

③ Wilbur Schramm, *The Science of Human Communication: New Directions and Findings in Communication Research* (New York: Basic Books,1963), p.1.

④ Paul Cobley, Peter J. Schulz, *Theories and Models of Communication* (Berlin: De Gruyter Mouton, 2013), p.7.

⑤ 邵培仁：《新文科建设必须发起两场革命》，2019年6月18日，http://blog.sina.com.cn/s/blog_593d5d690102yn4m.html，访问日期：2022年2月23日。

会”（The World Huallywood Academy）并担任会长，为电影研究者搭建了一个面向国际的学术交流平台。随着影响力的不断扩大，“华莱坞电影”从一个纯粹的学术概念和理论话语，逐渐将电影产业、媒介空间、文化符号、传播愿景等多种因素吸纳进来，发展成为一个文化共同体，承载着中华优秀文化走向世界的使命与梦想。

着眼于亚洲在世界学术版图中长久以来被忽视的现状，邵培仁从2009年开始致力于建构“亚洲传播理论”，从传播学视角探究构建“亚洲命运共同体”的发展共识、促进人类文明对话的可能路径。2017年，他出版了学术著作《亚洲传播理论：国际传播研究中的亚洲主张》，从历史传统、西方经验、现代转型三个层面展开阐释，探索一种“面向洲际与洲内的对话、共享，结合了本土内部多样性并融会东西方理论”[①]的亚洲道路。

面对全球化深陷危机的世界图景，邵培仁提出了“新世界主义”的理论界定。“新世界主义”的理论话语不仅科学概括了当前正在生成的全球新秩序，同时也面向全球社会建构了一种展示中国、传播中国的方法路径。一方面，“新世界主义”理论为全球传播提供了话语资源，具有丰富、包容的理论阐释力；另一方面，该理论为国家形象的塑造提供了清晰的价值框架和行动路线，具有实践指导意义。

无论是“华莱坞电影”，还是“亚洲传播”，或者“人类整体传播学”“新世界主义”，邵培仁始终对人类命运、时代发展和国家需求保持着深刻洞见，其学术研究紧紧围绕国家建设的中心任务和社会发展的重要迫切需求来展开，对现实命题付出巨大的努力，以便建构逻辑、寻求共识、探索真理。他历来反对所谓精致、纯粹的“书斋式”研究，而是做到了脚踏实地、立足本土、挖掘中国特色，同时也做到了高瞻远瞩、面向亚洲、放眼世界，引领新闻传播学术共同体不断形塑和拓展人们理解中国、观察世界的视野。

五、结语

习近平总书记说：“这是一个需要理论而且一定能够产生理论的时代，这是一个需要思想而且一定能够产生思想的时代。”[②]怀着“胸中有丘壑、眼里

① 邵培仁、王昀：《亚洲主张：全球传播中的亚洲意识及其核心价值》，《广州大学学报（社会科学版）》2015年第12期，第37页。

② 习近平：《在哲学社会科学工作座谈会上的讲话》，2016，人民出版社，第8页。

存山河"的学术理想，邵培仁总是勇立时代的潮头、发思想之先声，在实践中提出真问题、发现新知识、发展新理论，为建构具有中国特色的新闻传播学科做出了重要贡献。放眼整个中国新闻传播学科，无论是早期的传播理论、媒介经济与管理还是媒介生态学、媒介地理学、文化创意产业，乃至晚近以来的华莱坞电影、新世界主义媒介理论，邵培仁在诸多研究领域都留下了卓著的研究成果，亦留下了他带领着学术共同体一起躬身探索、阔步前行的身影。正如浙江大学青年学者林玮在邵培仁荣休仪式上的发言中所说："邵培仁教授以其儒雅博大的胸襟，形塑着中国传播学派，乃至重构着世界传媒研究的学术版图。"人类的知识是层积性的，正是在以邵培仁为代表的一代又一代学人的共同努力下，新闻传播学科迎来了百花齐放、百家争鸣的中国化时代。沿着邵培仁的足迹，新闻传播学人已擎起文明的接力棒，学术的薪火必将亘古永续。

【作者简介】陈江柳，博士，浙江科技大学副教授，主要研究方向为传播学、媒介管理学、文化创意产业。

【文献来源】陈江柳、谢梦桐:《充实内涵　拓展外延——邵培仁新闻传播理论的探索与创新研究》,《浙江理工大学学报（社会科学版）》2022 年第 2 期，第 162—167 页。

演进、价值与展望

——邵培仁媒介管理学研究成果综述

袁 胜 何 源

20世纪末期，我国传媒业界经历了巨大变革。随着改革开放和社会主义市场经济体制改革的不断深化，我国媒体机构同样面临着管理体制机制的转变，逐步向媒介产业化经营过渡。同时，随着经济全球化趋势的扩大和信息产业的不断发展，原有媒介管理理念与制度已不能适应当下的发展，中国传媒产业急需一套新的与时代发展和我国传媒产业发展程度相匹配的媒介管理理论体系。

作为中国第一代从事传播学和媒介管理学研究的专家，以及这两块学术处女地的开拓者之一①，邵培仁凭借着敏锐的目光和强烈的责任感捕捉到了这一行业需求，对媒介产业管理这一议题给予特别关注。在此期间，邵培仁不仅先后出版了《媒介经营管理学》《知识经济与大众传媒》《媒介管理学》《媒介管理学经典案例》《媒介战略管理》《电影经营管理》《文化产业经营通论》《媒介管理学概论》等著作，还针对报业集团改革、媒介产业管理、媒介经营战略、媒介产业全球化等现象率先发表多篇论文，成果颇丰，影响深远。这一系列研究不仅开创了我国媒介管理学研究新方向，填补了相关领域的空白，同时还为媒介管理人员的实践提供了理论指导。基于此，笔者对邵培仁在媒介管理学研究中的理论成果和学术特点进行综述和总结，旨在为该领域的进一步探索提供借鉴。

一、理论的本土化：构建中国特色媒介管理学大厦

虽然传播学是“舶来品”，但是邵培仁一直强调在传播学研究中一定要避免“西方中心主义”，坚持“西为我用”“洋为中用”的原则。他曾在访谈

① 杲如：《访浙大传播研究所所长邵培仁教授》，《中国传媒海外报告》2012年第1期，第14页。

中指出，中国传播学的主要问题是西方化，传播学学科建设的着力点应是本土化，因此要结合中国的具体国情和媒介产业性质，构建具有中国特色的传播理论体系。[①]这样一方面可以避免传播学研究中的“拿来主义”和“移植主义”，促进传播学学科本土化研究的发展；另一方面，也可为深深根植于媒体本土实践的媒介管理学提供具有针对性和特色化的理论架构。在中国特色媒介管理学理论体系的建构中，邵培仁依据中国的媒介产业情况提出了许多深刻而中肯的论点。

邵培仁认为，我国媒体具有双重属性，即它既是党的事业，又是国家的企业。作为新闻宣传的事业，它是非营利性经营，以社会效益为中心；作为自负盈亏的产业，它则是以经济效益为中心，具有盈利属性，即“事业单位，企业经营”[②]。因此，从媒介管理的角度出发，中国的媒体机构不仅要把承担社会责任置于首要位置，将社会利益与企业利益有机结合，而且还要将党和国家的宣传任务纳入目标系统，发挥党的“喉舌”的功能，坚定维护社会主义制度。邵培仁主张中国新闻媒体的领导者必须既懂业务、技术，又会媒介管理；既有良好的政治素质，又有良好的知识结构，这是我国媒体机构与其他类型企业和西方同行的重要区别。同时，邵培仁与刘强还结合中国传媒业的具体实践和特点，确定了媒介管理的六大职能，即计划、组织、指挥、协调、控制、革新，并总结了两大规律和八大原则，即受众市场规律和媒介传播规律，以及导向性原则、整体性原则、互动性原则、民主性原则、法制性原则、程序性原则、专业性原则和发展性原则。[③]

邵培仁还在总结前人研究的基础上，依据我国具体国情提出了许多创新性的媒介概念和理论。例如，在探讨如何解决我国媒体所面临的经营管理问题时，他提炼出具有中国特色的“双元、双效、双赢”媒介经营导向，这既有别于传统的“以传播者为中心”的生产导向，又异于西方的“以受众为中心”的消费导向。[④]在我国媒介产业改革和媒介集团化发展的背景下，邵培仁和陈兵还规范了“中国媒介集团”的定义，即在党中央、国务院的领导下，以一个或若干个大中型媒介为核心，与有关联的媒介、企业、科研单位或经

① 林凯：《滴水观阳：中国传播学研究的个人记忆——访浙江大学邵培仁教授》，载谢清果《华夏传播研究（第5辑）》，九州出版社，2020，第227—228页。
② 邵培仁：《论新闻媒介的经营与改革》，《新闻知识》1994年第11期，第24页。
③ 邵培仁、刘强：《媒介经营管理学》，浙江大学出版社，1998。
④ 傅百荣：《系统·科学·新颖——评邵培仁、刘强的〈媒介经营管理学〉》，《浙江大学学报（人文社会科学版）》1999年第3期，第52页。

营组织，遵循平等、自愿、互利原则，进行多层次、多形式联合而形成的媒介。[①]在国内第一本具有开创意义的著作《媒介经营管理学》中，邵培仁和刘强创造性地引入“讯息”这一概念作为媒介管理的第四要素。[②]在以往有关媒介企业基本要素的研究中，其他学者往往直接参考现代企业三大构成要素——人、财、物，而邵培仁则认为还要重视对信息资源的管理，形成“四大资源并重”（人、财、物、信息）的局面。

为促进我国媒介产业化和集团化的发展，邵培仁依据我国具体国情和媒体实践提出“媒介商圈”和“媒介特区”的概念，认为长三角、珠三角、渤三角等城市群经济带可依据地域资源和地区优势形成相对应的“媒介商业圈”，建立媒介战略联盟和共享平台，进而开展全方位立体化的媒介竞争与合作，实行跨媒介、跨行业、跨地区的联合和兼并。[③]政府还应在我国“经济特区”模式的基础上建设“媒介特区”，允许特区内的媒体开展自由竞争和进行改革试验：一方面与跨国传媒集团开展多方位的合作，借助其经验和渠道使我国媒介产品进入国际市场；另一方面积极尝试管理体制创新，拓展我国传媒业未来发展空间，努力实现媒介国内市场和国际市场的“无缝”接轨。[④]诸多观点极大丰富了中国特色媒介管理学学术体系的内涵，并为后续研究奠定了坚实的理论基础。

二、观点的实践性：探索中国传媒产业的经营与管理

学术理论的实践性指的是理论观点能够为专业实践面临的具体问题提供指导。媒介经营与管理从新闻业诞生之日起就与媒体的实践相互依存，相互促进。邵培仁认为，传播学、媒介管理学与其他学科不同，它们必须密切关注现实变化和未来发展，对现实中媒介和传播活动的新现象、新问题、新科技及时做出反应。[⑤]但是，我国新闻界历来重传播、轻经营，重业务、轻管理，在学术研究中同样长期忽视对我国媒介管理现状与体制的探讨，这给我国传媒业的进一步发展带来了巨大的阻碍。在发现该问题后，邵培仁秉持着一名学者的强烈责任感，对我国传媒产业管理的实践给予了充分关注。

---

① 邵培仁、陈兵：《产业化背景下的媒介集团战略研究》，《商业研究》2002 年第 24 期，第 48—50 页。
② 邵培仁、刘强：《媒介经营管理学》，浙江大学出版社，1998 年。
③ 邵培仁：《论长江三角洲城市带的媒介改革与发展》，《广告大观（媒介版）》2006 年第 2 期。
④ 邵培仁、颜伟：《媒介特区：中国参与媒介全球化竞争的“实验田”》，http://www.aisixiang.com/data/25181.html，2009 年 3 月 4 日，访问日期：2022 年 2 月 6 日。
⑤ 杲如：《访浙大传播研究所所长邵培仁教授》，《中国传媒海外报告》2012 年第 1 期，第 14 页。

世纪之交，我国媒介产业在政治经济体制改革和经济全球化浪潮的推动下，正面临着剧烈的转型。因此，如何建立新的媒介产业模式并提出相应的管理对策成为传播学研究的重中之重。对此，邵培仁为各类型媒介提出指导。基于中国报业改革的六大困境，邵培仁和陈兵[①]指出，中国报业集团应敢于创新，积极建立新的管理体制机制，加快报业集团管理现代化步伐。具体而言，在报业规模上，“报业集团化”已成为媒介市场化发展的必然选择，我国报业应不断增强传播实力，积极组建报业集团，通过整合媒介资源产生规模效益，形成强势媒体；在经营结构上，报业集团在合理配置资源、优化产业结构的同时，也要避免集团结构趋同、媒介产品重复生产等恶性竞争和浪费资源的现象；在媒介发展战略上，全球化代表着时代发展的方向，本土化是报业集团生存的根本，实施全球化战略必先实施本土化战略；在多元化发展战略上，报业集团应先确立“相关多元化”的市场地位，再实施“不相关多元化”战略，在“营造核心竞争力”和“打造拳头产品”的基础上集中资源循序渐进。同时，在媒介产业转型过程中，中国的报业集团要想真正达到优化产业结构、实现媒介资本的扩张，就必须实现政企分开、政事分开、国有资本委托主体的明确以及产权关系的规范。[②]

随着流媒体的冲击和网络技术的发展，传统电视媒介面临着注意力资源的争夺、传播模式的改变等诸多挑战。为此，邵培仁和章东轶在生存对策层面提出，当下电视媒介应转变媒介经营和节目制作理念，实施多媒体联动品牌整合营销，确立“感测与响应”受众需要的服务意识，并转变媒体盈利模式，推动建立付费收视系统，加大“一专多能”复合型媒介人才的培养。[③]邵培仁和陈兵认为，当下电视的差异化竞争优势应立足于追求受众价值实现的品牌建构，而合理的电视节目编排策略和流程管理是实现品牌建构目标的两大有力筹码。[④]在广播节目的经营管理上，邵培仁认为，需要抓好人才资源、信息资源、听众资源、广告资源四大环节，进而形成能持久循环的“人才资源→信息资源→听众资源→广告资源→人才资源”良性资源链。[⑤]在电影领域，

---

① 邵培仁、陈兵：《论中国报业集团改革中的六大困境》，《浙江大学学报（人文社会科学版）》2004年第6期。

② 邵培仁：《资本经营：媒介聚变时代的利器》，http://www.cctv.com/cctvsurvey/special/08/20090421/108515.shtml，2009年4月21日，访问日期：2022年2月6日。

③ 邵培仁、章东轶：《流媒体时代的挑战与电视生存》，《新闻记者》2004年第4期。

④ 邵培仁、陈兵：《基于品牌建构的电视节目编排策略与流程管理》，《电视研究》2010年第2期。

⑤ 邵培仁：《广播节目的资源构成与良性循环》，《现代传播》2001年第4期，第59页。

邵培仁为探寻中国电影经营发展之道，编著了《电影经营管理》等图书，通过纵向勾勒展示中国甚至世界电影经营管理的“地形图”，并结合中国国情对电影经营管理中的电影市场调研、选题策划、剧本创作、影片制作、整合营销、影院放映以及后电影产品开发和电影战略管理、电影文化建构等基本问题进行了深层次的分析研究。[①]

在具体的媒介管理实践中，邵培仁总结提炼出许多具有指导意义的准则和方法。例如，根据我国国情和媒介产业发展现状，邵培仁和刘强提出在媒介购并中应遵循计划原则、稳妥原则、效益原则、人才保留原则、融合原则五项原则；总结出内制内售、外制外售、内制外售、外制内售四种媒介承包责任制；归纳出包括内部发展、兼并或合并、联合三种途径在内的媒介多角化经营战略。[②]在缺乏相关经验可供参考的情况下，邵培仁为我国媒介管理的改革与发展总结的经验对策，无疑是一份详尽的媒介管理应用宝典，指导着媒体管理工作在新时代背景下顺利进行。

三、思想的前瞻性：聚焦传媒业未来发展变革

我国改革开放的持续深化和社会主义市场经济体制的不断完善驱动着我国媒介产业的变革与转型，同时全球计算机信息技术的飞速发展促使信息产业成为21世纪的朝阳产业，媒介产业、媒介经济和知识经济成为新一轮的社会需求点和经济增长点，经济全球化、区域经济一体化发展也为媒介产业走向带来了新的趋势。内外经纬交织下，我国的传播学研究迎来了新的发展环境。在此背景下，邵培仁凭借着独特的远见卓识对当代媒介产业未来的发展趋势进行展望，前瞻性地提出变革之下的媒介管理对策。

邵培仁曾在2004年对未来媒介产业发展方向进行预测，提出媒介产业管理的十大趋势，即媒介产业将向国际化方向转变，新闻媒体将向做大做强和集团化方向发展，媒介人才将向专业化、职业化方向演变，媒介生产将向产品的个性化、柔性化、多样化方向倾斜，产业结构向多元经营迈进，媒介组织结构设计以小型化、扁平化、精干化为方向，媒介财务管理向战略型、集成化发展，媒介营销将以提高市场占有率、赢得受众信赖为目标，信息传播与发送将以快速满足受众需求为核心，媒介创新也将会是媒介取得竞争优势

---

① 张怡：《拯救电影：重新思索中国电影的经营之道》，《中国传媒报告》2005年第2期，第128页。
② 邵培仁、刘强：《媒介经营管理学》，浙江大学出版社，1998。

的根本途径。[①]相应地，在媒介经营策略上，未来媒介组织也需更注重媒介产品的大众化与专业化相结合，广播与窄播相结合，定位市场营销与全面市场营销相结合。[②]这些长远性和建设性的媒介思想，即便放在今天，也依然具有深刻的启发性和旺盛的生命力。

2001 年，我国加入世界贸易组织后，市场经济与对外交流得到进一步发展。基于此，邵培仁在准确把握媒介全球化发展趋势的基础上，提出未来媒介经营活动应是全球性的，中国媒介在固守本国市场的同时也要主动参与全球媒介经济竞争，媒介市场要逐步向国外开放，争取媒介全球化权益，大胆地“引进来”“走出去”，提高国际竞争力，赢得更大市场空间。[③]邵培仁还指出，我国的新闻传播改革应及时抓住当前市场经济大繁荣的有利时机，充分发挥新闻传播媒介的市场经济特点和功能，实行外引内联、整合集约和媒介多角化、经营多样化，推动我国传媒业现代化进程。[④]

对于传媒业相关行业的未来规划与学科建设，邵培仁同样提出了指导意见。例如，对于我国公共关系学的发展，邵培仁指出其必须既扎根传统又与时俱进，在充分吸收西方公共关系学优秀内容的基础上，结合中国国情构建具有多边主义、多元文化和整体全球化特征的公共关系理论经典范畴，并充分借助新科技、新手段，积极吸收其他学科知识丰富发展自己。[⑤]此外，邵培仁在《文化产业经营通论》中指出，大力发展文化产业是我国社会经济发展的必然选择，振兴文化产业需要坚守中庸、和合、谦逊、非侵略性的文化传统，不仅要尊重与理解不同文明之间的差异，还要以由衷的、喜悦的心情欣赏它们。[⑥]他进而提出继承和弘扬中华文化“三步走策略”：首先稳住中华文化市场，其次培育和发展亚洲文化市场，最后融入世界文化市场。[⑦]在电影业层面，陈静和邵培仁在对中国电影产业展望分析的基础上，提出中国电影业应善于挖掘电影品牌价值，围绕电影品牌开展多元化产业经营，这是把握当下电影改革机遇的当务之急。[⑧]

---

① 邵培仁：《媒介产业管理发展的十个趋势》，《中国广播电视学刊》2004 年第 2 期。
② 邵培仁、刘强：《媒介经营管理学》，浙江大学出版社，1998。
③ 邵培仁：《媒介全球化：是机遇还是挑战？》，《湖州师范学院学报》2001 年第 5 期，第 2 页。
④ 邵培仁：《互动共荣：市场经济与新闻传播》，《新闻知识》1995 年第 3 期。
⑤ 邵培仁：《中国公共关系学必须与时俱进、不断改革》，《公关世界》2021 年第 9 期。
⑥ 邵培仁：《文化产业经营通论》，四川大学出版社，2007，第 553 页。
⑦ 彭绍：《在文化软实力竞争中的中国选择——读邵培仁教授〈文化产业经营通论〉》，《山东理工大学学报（社会科学版）》2008 年第 6 期。
⑧ 陈静、邵培仁：《中国后电影产业分析》，《企业经济》2005 年第 4 期。

邵培仁学术理论的前瞻性还体现在对于未来可能出现的媒介危机的预判上。信息技术的飞速发展在给人们带来诸多便利的同时，也滋生出一些不良的媒介现象，如信息权益不对称造成的“数字鸿沟”[①]，诸多有害信息、虚假信息导致的“信息污染”[②]，对受众心理造成不良影响的“媒介恐慌论”[③]，还有伴随着媒介商业化而生的媒介内容过度娱乐化、庸俗化、粗鄙化等问题。邵培仁敏锐地意识到这些问题对传媒业发展带来的不利影响，经过深刻而冷静的探讨和分析，提出了独到的见解和对策。例如，针对我国“数字鸿沟”现象严峻的问题，邵培仁和张健康通过分析其产生的社会因素，提出全国上下应把信息化视为生产方式和生活方式的重大变革，加强政策的落实，理性消除“数字鸿沟”，并且应参考他国成功举措，走有中国特色的信息化之路，为建立国际信息新秩序而努力。诸多提议为我国传媒产业未来发展扫清障碍，铺筑基石。[④]

四、结构的系统性：搭建媒介管理学科的生态体系

邵培仁对中国媒介管理学科建构的系统性表现在两方面：一方面体现在吸收并结合其他学科知识，全方位地为我国媒介管理学勾勒完整轮廓和框架；另一方面体现在以媒介生态学、媒介地理学为基础，构建媒介管理产业的生态体系，极大地弥补了该领域的研究空白。

具体而言，小到媒介产品的价格策略、媒介经营的法律问题、媒介组织的财务管理与人力资源管理等，大到媒介战略计划的选择、媒介经营计划的制定或媒介公司的运作管理，在邵培仁为中国媒介管理学所撰写的各类专著中均得到了详尽的论述。并且，对于不同类型媒介管理中出现的许多特殊现象和具体问题，包括报刊业、出版业、广播电视业、新媒体业甚至电影产业等，相关图书也都进行了专门的研究与解析。[⑤]通过融合经济学、管理学、营销学、广告学、传播学等多种学科，邵培仁在自有媒介实践经验的基础上构

---

① 邵培仁、张健康：《关于跨越中国数字鸿沟的思考与对策》，《浙江大学学报（人文社会科学版）》2003年第1期。

② 邵培仁：《信息污染已成为新的社会公害》，《新闻与写作》2007年第2期。

③ 邵培仁：《媒介恐慌论与媒介恐怖论的兴起、演变及理性抉择》，《现代传播》2007年第4期。

④ 邵培仁、张健康：《关于跨越中国数字鸿沟的思考与对策》，《浙江大学学报（人文社会科学版）》2003年第1期。

⑤ 金成学：《加入WTO后的中国媒介管理宝典：评邵培仁主编的〈媒介管理学〉》，《新闻实践》2002年第2期，第78页。

建的新兴交叉学科——媒介管理学，既有宏观层面的理论鸟瞰，又有中观层面对各媒介类型产业经营方式与原则的概述，还有微观层面对媒介管理各具体流程环节的细微解析，体系完备而翔实。

邵培仁还创新性地将生态学的理论与知识引入媒介管理学中，从而构建媒介生态循环的良性系统。他曾在信息环境不断恶化的大背景下，为正确、科学地管理媒介，建立可持续发展的媒介经济而提出五大媒介生态观：媒介生态整体观、互动观、平衡观、循环观、资源观。该理论体系的核心在于将媒介管理中涉及的各种要素、资源与外部环境看成一个相辅相成、密不可分的整体，即一个由“人—媒介—社会—自然”组成的互利共生的系统。他还认为，在制订媒介相关发展战略规划和处理管理问题时应有整体观、系统观，通过科学协调各管理要素，合理配置媒介资源。并且，媒介市场的各要素之间存在共生共进、互动互助的关系，因此，各媒介在生产发展中应选择分工互助、互惠互利的战略，寻求在“竞争中合作、在合作中竞争”的新型竞合关系。邵培仁还对媒介管理中存在的资源链、信息链、循环链等进行创造性归纳总结。他指出，媒介的经营管理流程遵循着“人才资源→信息资源→听众资源→广告资源→人才资源”①的循环往复；一个媒体公司的发展遵循着“创办期→发展期→鼎盛期→衰退期→再生期”的循环规律。在这些循环中，前项要素制约后项要素，后项要素呼应前项要素，彼此相互联系、相辅相成。②媒介的管理者应准确把握各阶段的性质特点，制定合理的经营策略，建立科学的媒介管理机制。邵培仁还率先用“政治环境、经济环境、社会环境和技术环境”来分析媒介产业，认为环境的转变导致了中国媒体的转型。

邵培仁根据相应的生态规律为媒介产业的运营总结出启示。例如，从生态位规律出发，在经济不发达地区，由于资源紧缺，媒介宜采用较为宽泛模糊的泛化生态位，而在经济较发达的地区应采用窄小清晰的特化生态位。根据食物链规律，媒介组织不论发展到多大，都应首先集中力量和资源完成与自身目标最密切相关的任务（信息产品的生产与经营），而媒体机构的其他需求则通过市场上的交换行为来满足。此外，依据植物的最小量定律，在媒介经营过程中，一些特殊的“微量元素”往往会成为提高媒介员工工作积极性或媒介水平的限制因子，管理者应准确找出其最接近最小量的特殊元素，并

① 邵培仁：《广播节目的资源构成与良性循环》，《现代传播》2001 年第 4 期，第 59 页。
② 邵培仁：《论媒介生态的五大观念》，《新闻大学》2001 年第 4 期，第 20—22 页。

给予适当满足和调剂，才能使媒介产业得到长远的发展。[①]

此外，邵培仁还结合中国实际，提出要建立符合科学发展观的中国媒介生态系统，建构符合中国国情的绿色媒介生态理论体系。他认为，良性循环的媒介经济要求媒介产品在研发、生产、传播、流通、消费等全部过程中坚持走绿色、低代价和“减量化、再利用、资源化”的可持续良性循环发展之路，媒介生态建设也要以“绿色生态链”和“蓝色生态链”替代“灰色生态链”和“黑色生态链”，以循环发展模式替代传统线性增长模式。针对部分媒介生态系统由于超负荷的环境和压力等因素而产生的媒介生态退化、破坏等危机，如信息污染、新闻造假、暴力色情、媒介弱智化、媒介荒漠化、媒介资源枯竭，媒介管理者应尽快建立检测和保护机制，积极预测媒介生态未来可能面临的问题与风险，建设适宜清洁的媒介生态环境。[②]

由于我国传媒产业旧有体制缺陷、传媒产品结构与布局不合理等，我国的媒体产业集团从诞生之日起便具有先天不足、发展不充分的特点。在经济全球化不断推进、国外媒介入侵、社会变革加速、信息产业技术飞速发展等多重因素的影响下，中国传媒业的体制改革与经营管理面临着诸多挑战。邵培仁在学科发展“一穷二白”、毫无前车之鉴的基础上构建的媒介管理理论体系，不仅具有鲜明的中国特色，还有着巨大的应用价值和指导意义；不论是学术理论的丰富性，还是研究思路的逻辑性，都为未来媒介管理学的研究做出了示范与启示。当下，新一轮产业变革即将开启，面对周遭环境的变幻莫测，如5G时代的到来、人工智能技术的发展，媒介管理理论亟待进一步的拓展，只有与时俱进、勇于创新，媒介管理学的学科大厦才能更牢固、更宏伟。

【作者简介】袁胜，博士，温州商学院教授，主要研究方向为品牌传播、广告学、媒介生态与地理。

【文献来源】袁胜、何源：《演进、价值与展望——邵培仁媒介管理学研究成果综述》，《浙江海洋大学学报（人文科学版）》2022年第2期，第59—64页。

---

① 邵培仁：《传播生态规律与媒介生存策略》，《新闻界》2001年第5期。
② 邵培仁：《建设平衡和谐、良性循环的中国媒介生态系统》，《今传媒》2010年第7期。

邵培仁教育传播理论与实践探析

闫　欢

邵培仁的传播学研究始于20世纪80年代，1992年，传播学者杜骏飞就从邵培仁研究实绩的重要意义出发，详述了《传播学原理与应用》《经济传播学》《政治传播学》3本专著为建设有中国特色传播学理论所做出的贡献。其后近30年间，有关邵培仁传播思想研究的论文出现了几十篇①，一方面，这些研究成果以邵培仁的十几部著作以及近400篇论文为分析蓝本，较为全面系统地呈现出邵培仁在传播学以及政治传播学、经济传播学、媒介地理学、媒介生态学、国际传播学、华莱坞电影、华夏传播学等若干分支研究领域的开创地位与卓越学术贡献；另一方面，这些论文或著作也归结出邵培仁传播学思想的形成源流与传播学研究的鲜明特征，如范志忠探寻出邵培仁创造性传播理论思维的中国传统文化渊源及其对中国远古智慧的理性呼应；范红霞认为邵培仁传播学思想体现"融汇百家而成一家之言"的学术觉悟和中国传播学术领域"拓荒者"的学术担当；在王怡红、胡翼青主编的《中国传播学30年（1978—2008）》一书中，有近40处提及邵培仁，对邵培仁的学术成就予以充分肯定和高度评价。②

---

① 如：杜骏飞：《筚路蓝缕　以启山林——略论邵培仁同志传播学研究实绩》，《淮阴师专学报（哲学社会科学版）》1992年第1期；傅百荣：《系统·科学·新颖——评邵培仁、刘强的〈媒介经营管理学〉》，《浙江大学学报（人文社会科学版）》1999年第6期；陈兵：《邵培仁与中国当代传播学》，《徐州师范大学学报（哲学社会科学版）》2004年第6期；袁舟：《一部媒介管理学的扛鼎之作——评邵培仁新著〈媒介战略管理〉》，《新闻实践》2003年第10期；彭绍：《在文化软实力竞争中的中国选择——读邵培仁教授〈文化产业经营通论〉》，《山东理工大学学报（社会科学版）》2008年第24期；展宁：《关于传播学交叉研究的路径思考——兼评邵培仁教授〈媒介地理学〉》，《山东理工大学学报（社会科学版）》2011年第7期；郜书锴：《中国特色的媒介生态学理论——邵培仁教授媒介生态学最新研究述略》，《东南传播》2009年第10期；廖卫民：《冲锋在前线：一个传播学学派的崛起之道——解读邵培仁主著之媒介理论三部曲》，《山东理工大学学报（社会科学版）》2015年第3期；范红霞：《探微知著　烛照未来——评邵培仁教授学术散文集〈传媒的魅力〉》，《东南传播》2020年第5期；周颖：《邵培仁学术理念国际化进路及传播思想》，《山东理工大学学报（社会科学版）》2018年第5期；邵鹏、董佳琦：《华夏传播的在地经验与理论创新——评邵培仁、姚锦云〈华夏传播理论〉》，《全球传媒学刊》2021年第8期。

② 王怡红、胡翼青：《中国传播学30年（1978—2008）》，中国大百科全书出版社，2010，第460页。

邵培仁对传播学中国化曾提出四个研究目的，即让传播学成为中国大众的精神食粮、让传播学成为适应中国需要的科学、让传播学成为中国文化的有机部分、让传播学的理论建树与世界文化接轨。[①]邵培仁在中国传播学、国际传播学以及传播学交叉学科的理论与实践传播力和影响力，可谓广博而深远，系统而有致，理念创新而又接地气，涌现出持久的"理论母机"力量。

但也不难看出，仅有为数不多的研究对邵培仁的人格魅力、对传播学人的培养、传播学科的建制等教育传播研究略有提及，如陈兵在对邵培仁十几部著作和近百篇论文研读的基础上，认为邵培仁为我国创立了独树一帜的传播学研究体系，并首次指出邵培仁不仅致力于开拓传播研究的领域，更致力于"培育传播学人"[②]；周颖首次将邵培仁的学术人格、学术成就与传播学科的发展联结起来，指出邵培仁"严谨踏实，情致诗意；快乐学术，与人为善。丰硕的理论成就与独特的人格魅力大大推动了传播学科建设与发展"，并进而提出，邵培仁"更加注重扩展学科建制"[③]。显然，将邵培仁的传播学学术贡献研究延展至教育传播学范畴尤为重要，而无论是新闻传播学界，还是高等教育界都对之述及甚少，这与邵培仁在教育传播学界所获殊荣及其学科教育共同体在国内外所产生的重要影响是不相适应的。

邵培仁在教育传播理论与实践领域获得了丰硕成果和奖项，包括五项省级以上优秀教学成果奖，诸如《媒介地理学：媒介作为文化图景的研究》一书获第六届高等学校科学研究优秀成果奖（人文社会科学）新闻传播学类三等奖和第十六届浙江省哲学社会科学优秀研究成果一等奖；《传播学导论》获浙江省优秀成果奖（教材）一等奖；《媒介管理学》和《媒介经营管理经典案例》获浙江大学优秀教学成果奖（教材）一等奖和浙江省优秀教学成果奖（教材）二等奖。其个人荣获"浙江大学教书育人典型"称号、"浙江省有突出贡献的中青年专家"称号、第六届范敬宜新闻教育奖（良师奖）和教育部宝钢教育奖（优秀教师奖）。

系统性与历程性梳理邵培仁在教育传播理论与实践领域的贡献，清晰透视邵培仁在教育传播理论、教育传播规划、课程教育与教育方法上的特色，不仅能够呈现邵培仁现代传播教育思想演进的轨迹，而且对理解中国传播学

① 邵培仁：《论传播学研究的中国特色》，《徐州师范学院学报》1995年第3期，第62页。
② 陈兵：《邵培仁与中国当代传播学》，《徐州师范大学学报（哲学社会科学版）》2004年第6期，第135页。
③ 周颖：《邵培仁学术理念国际化进路及传播思想》，《山东理工大学学报（社会科学版）》2018年第5期，第81页。

教育发展的内生动力等重大问题背后的影响因素有所助益。

一、中国教育传播理论研究的开拓者

最早将西方传播学带入中国的余也鲁先生认为："传的艺术已深潜于中国文化中，流漾在中国人的血液里，只差做系统性的与科学性的发掘与整合。"① 与之相对应，20 世纪八九十年代的中国学者在尝试建构传播学体系，在对西方传播学理论有"强烈认同"的语境下，邵培仁提出，"要批判地继承和发扬古代思想家珍贵的传播学思想和本民族的学术传统，让传播学根植于中国学术土壤，消融于中国的学术氛围"②。邵培仁对中国传统传播思想进行了挖掘与建构，与当代连接、与世界沟通，并通过传播和教育深深扎根在中国学术土壤中，其贡献是巨大的。正是源于对中国传播思想与理论的根本性认识，邵培仁十分重视传播理论的"寻根"研究、分支研究与交叉研究，尤其重视教育传播领域里的理论与实践结合，主张既要上接"天气"，有理论高度，又要下接"地气"，有实践力度和人文情怀。可以说，无论是理论缘起的"深根性"、理论建构的"承接性"，还是理论与实践的"交融性"，都体现出邵培仁对教育传播理论与实践的探索、创新与开拓。

邵培仁长期从事教学、教学管理与研究工作，教育传播研究基础十分扎实厚重，应用性极强。早在 20 世纪 80 年代，邵培仁就对近代爱国教育家李更生先生的教育信念进行过深入的剖析，探寻其教育信念形成的主观因素和客观因素、教育传统与教育现状、教育理论与教育实践之间互感互动的过程规律③，已经体现出对教育传播学基本问题的深度观照。20 世纪 90 年代初期，邵培仁先后发表教育传播学系列论文：教育传播环境方面，如《论教育传播的环境》《教育环境：教育状况的显示仪》；教育传播管理方面，如《标准化建设研究》《明看软件 实窥硬功》《抓改革，创特色》；教育传播课程与教法方面，如《近现代史和国情教育：大学生的必修课》《通识教育课程体系的构建与实践》；教育传播教师技能培训方面，如《"六三二"师能训练工程科研项目》（获江苏省高校优秀教学成果二等奖）；教育传播对象主体方面，如《学生：教育信息的

---

① 邵培仁：《华夏传播理论》，2020，浙江大学出版社，第 85 页。

② 邵培仁：《我是怎样走上传播学之路的》，《淮阴师专学报（哲学社会科学版）》1992 年第 1 期，第 84 页。

③ 邵培仁、彭风仪：《试论李更生的教育信念及其形成》，《淮阴师专学报（哲学社会科学版）》1988 年第 4 期。

接受者》。正是基于对环境、管理、课程与教法、教师、学生等教育传播学基本要素的深耕和探索，邵培仁主编了中国第一本《教育传播学》，并于1992年在南京大学出版社出版，这本书对我国教育传播学理论来说极具开创意义。

“美国威尔伯·施拉姆教授和他的弟子余也鲁教授可以说是最早致力于教育传播学研究的学者，堪称创建该学科的重要代表人物。”而且“教育传播理论”概念也是他俩于1982年4月应邀来华讲学时首先在中国提出来的。[①]邵培仁的《教育传播学》采用的是传播学与教育学交叉融合的体系建构，既包括教育过程的核心要素，也包括传播过程的基本概念，是对施拉姆的传播学经验学派理论要素的融合和提升。国内教育学界研究教育传播通常是在电化教育的基础上发展起来的，强调电化教育技术，而且直到1995年南国农和李运林主编的《教育传播学》才由高等教育出版社出版[②]，较邵培仁的《教育传播学》晚出版3年，从而更体现出邵培仁在教育传播学研究的体系建构、理论建树、内涵提升、时间超前等方面的开创性和创新性。

针对教育学理论很难对教育传播做整体观、系统观把握，无法说明教育内容是怎样编码、译码的，无法说明教育传播中的干扰、过滤、把关、反馈和媒体制作的依据等问题，为解决因上述问题而形成的一定社会或阶级对受教育者（受传者即学生）的素质要求与受教育者现有素质之间的矛盾，邵培仁以其在传播学研究中所提出的“整体互动论”为核心理念，创建出教育传播学理论。《教育传播学》一书包括教师论、学生论、课程论、技巧论、媒体论、环境论、机构论、调控论和效果论这“九论”，将以教师与学生为两个教学主体，以感知、记忆、想象、情感能力等心理因素为主要内容的传统教育理论，拓展为以教师和学生为教育传播主体、以课程与技巧为教育传播过程、以媒体与环境为教育传播生态、以机构和调控为教育传播机制、以效果为教育传播目标的整体互动传播框架的教育传播学理论，不只是传统教育学理论的补充，而是构成既相对独立又浑然一体的教育传播学完整理论体系。值得一提的是，邵培仁重视教师和学生的传播主体性，注意突出学生的主体地位和主体作用，将其视为教育传播系统的重要因素来看待，并且还特别强调学生的发展性特点，把学生当作不断发展、变化着的教育对象来看待，确立了学生教育的长期性、渐进性观点。应当说，邵培仁的教育传播学不仅实现了

① 修平：《我国教育传播学的开山之著：读邵培仁主编的〈教育传播学〉》，《淮阴师专学报（高教研究专辑）》1993年第1期。
② 王怡红、胡翼青：《中国传播学30年（1978—2008）》，中国大百科全书出版社，2010。

理论创新，更是对教育学与传播学两个母体学科具有长足的启发作用。

作为教育传播学开拓者，邵培仁的教育传播思想是不断演进的。伴随着全球信息传播格局新形态所带来的教育传播实践新议题，邵培仁先后提出信息公平、信息扶贫、信息开放共享等概念与理论。“以东方生态智慧为基础，坚守整体互动和可持续发展的媒介生态观，追求媒介生态的平衡发展、良性循环、有机互动，在充满诗意的追寻和栖居中选择简朴、节约、公平与恰到好处的信息生活方式”，“建成包括所有人在内的真正意义上的信息公平和信息均衡的和谐社会已成当务之急”。①为了构建和实现包括所有人在内的真正意义上的信息公平，邵培仁进而提出，“须明确信息低保对象，认清信息低保目标，切实履行信息获取、信息分配和信息利用的最低保障机制，实施信息扫盲，推进信息扶贫，倡导慈善文化，弘扬人文精神”②等具体落实措施。他采纳“信息开放共享”的概念，指出“不断充实供全球用户免费享用的海量信息资源，开放无限链接的共享通道，从而不仅能无限延伸和丰富人类的知识，而且将深刻改变全球信息传播和文化交流格局，甚至可以让中华文化传播‘弯道超车’”的信息传播愿景。③

可以说，邵培仁所强调的“信息公平论”教育传播思想，既超越于受经济藩篱、政治规制下的“教育公平形式”改进框架，又建构出作为宏观信息环境与微观信息资源相融合的“教育公平”本质理论。④不仅如此，与邵培仁在传播学、华夏传播学以及华莱坞电影研究等颇多创新理论建设的学术纵横力与实践融通性一致的是，“信息公平论”并不只是对信息时代下教育欠公平征候的专论，其理论目标指向的是“建立世界信息传播新秩序”的全球功效；其理论基础能够透过“媒介公平论、媒介正义论、媒介生态论”来加以形构；而在其践行原则上，是汲取中国传统传播思想的精髓，由“天之道，损有余而补不足，人之道则不然，损不足以奉有余”而提出信息公平的平等、共享原则。

二、教育传播规划的设计师

中国传播学教育与人才培养体系的发展过程，与传播学科从无到有、从

---

① 邵培仁：《信息公平论：追求建立世界信息传播新秩序》，《浙江传媒学院学报》2008年第2期，第25页。

② 邵培仁、彭思佳：《信息低保：构建信息公平社会的基本保障》，《现代传播》2009年第5期，第28页。

③ 邵培仁：《开放共享：构建全球信息传播新模式》，《现代视听》2019年第8期，第86页。

④ 褚宏启：《关于教育公平的几个基本理论问题》，《中国教育学刊》2006年第12期。

外国引入本土建构近乎同步。邵培仁的学术理论影响了一代又一代传播学人的同时，他在教育传播规划上更是成就斐然，受益者颇多。1994年，邵培仁从江苏到浙江，于原杭州大学新闻传播学系任教，之后在四校合并后成立的浙江大学人文学院和传媒与国际文化学院先后担任系主任、副院长，学院党委书记和人文学部副主任以及浙江大学对外宣传领导小组副组长等职务，积累了丰富的教育教学经验和研究成果。在邵培仁的主持下，学校建设了成熟的传播学科本科、硕士、博士培养规划与培养体系，这不仅使浙江大学新闻传播类人才培养质量得到学界、业界称道，也使之成为浙江省乃至国内教育传播培养体系样板之一，形成具有广泛影响力的“浙江学派”①。这些教育传播规划成就与邵培仁重视调研、关注前沿、联系实际、紧跟时代的战略性把握与科学践行密不可分。

在原杭州大学及后来的浙江大学新闻传播学科本科人才培养计划制定过程中，邵培仁曾对海内外30余所大学新闻学系的教学计划进行研究，动员教师和管理者参照这些高校的教学计划，重新制定自己的本科教学计划。在经过充分调研，了解“他山之石”优势的基础上，结合网络传播的时代特征与网络传播人才的迫切需求，制定出以“宽、交、专”兼备为特色，以KAQ（知识、能力、素质）并重为标准，② 压缩传统新闻学课程，大幅增加传播学和网络及新媒体课程。在此基础上，针对新版培养计划中新开课较多的具体情况，邵培仁带头开设“传播学概论”“媒介经营管理”等新课。他还提出将年轻教师备课课时计算为上课课时，给予备新课奖励等办法，使得新计划中的新课顺利开课。这项改革在全国新闻传播学系中是领先的。③

在传播学科本科人才培养计划有效调整的基础上，在邵培仁引领下，学校的硕士、博士、博士后的学科培养体系陆续完成。1996年，原杭州大学获立传播学硕士点，1997年开始正式招收传播学硕士研究生，同年，兰州大学、复旦大学和中国人民大学也开始招收传播学硕士研究生；其后又拿到新闻学硕士点。2005年，邵培仁和吴飞、卫军英等一起申报传播学博士点，并于2007年正式招收传播学博士；2010年，浙江大学在传播学博士点的基础上审核增

---

① 陈江柳：《立足本土　走向整体　走向世界——略论邵培仁及其传播学研究的中国化探索》，《东南传播》2021年第4期，第22页。

② 邵培仁、颜治茂：《高质量文科人才培养模式探索——以浙江大学竺可桢学院文科综合班培养方案为个案》，《中国成人教育》2004年第12期。

③ 注：面对网络传播带来的社会变革，复旦大学、中国人民大学等在2012年秋季学期进行了较大规模的培养计划调整。

列新闻学一级学科博士点。从 2002 年到 2014 年，邵培仁都在中国语言文学博士后流动站传播学专业招收传播学专业博士后，2014 年获立新闻传播学科博士后流动站。与国内诸多新闻传播院系的学科点发展轨迹是先有新闻学，再发展出传播学学科点，或先在其他学科下设置传播学相关博士培养方向再获立传播学博士点有所不同，原学校的硕士、博士、博士后学科点均是从传播学到新闻学，或从传播学到新闻传播学的。由此可见，邵培仁不仅清晰勾勒出传播学及其交叉学科的理论疆域，更在传播学培养规划体系上实现教育实践联动，对这种真正意义上的“教研互动共赢”模式的深入探索，对我们理解“浙江学派”学科教育共同体的整体发展规律是非常必要的。

与此同时，邵培仁在浙江传媒学院、浙大宁波理工学院、浙江工业大学之江学院等学校的新闻传播学科建设方面起到了不可替代的作用。他在这些高校兼职新闻传播学院（系）院长期间，既为解决新闻传播学科长期规划和传媒学科发展中出现的问题提供规划路径和理论指南，也为新闻传播学科专业发展一体化提供指导建议。例如，他在浙大宁波理工学院兼任传媒与设计学院院长期间，浙江省重点学科——传播学、浙江省“十三五”特色专业——网络与新媒体、宁波市重点学科——新闻学、宁波市重点创新团队（文化创意类）和宁波市文化产业重点研究基地建成，新闻传播学科在宁波市乃至浙江省同类高校中的优势地位确立。在浙江传媒学院兼任新闻传播研究院院长前后，组织团队成功申报两项国家社科基金重大招标项目和浙江省哲学社会科学重点研究基地，打响了华莱坞电影研究的品牌，扩大了新闻传播学科的传播力和影响力。

以本科教育传播规划为基础，不断向硕士、博士、博士后学科点发展，建构起传播学教育培养体系，再由传播学科教育拓展至新闻学、新闻传播学科教育体系，并发挥辐射动能助力省内其他本科院校形成并改进教育传播规划。在新文科背景下，邵培仁进一步强调，“让学生既要深入了解中国文化、中国国情，知晓国际前沿知识和最新传播科技，也要懂得多学科理论和方法，能深切体味新闻传播学科的人文情怀和价值关切，成为有创新精神的复合型人才”[①]。实际上，这也是作为传播学教育家的邵培仁一直以来所坚持的教育传播规划目标，在邵培仁对自己的弟子、国内诸多传播学科学人教育规划的历

① 赵允芳:《“新文科背景下，新闻传播学应回归‘人’的本质维度！”——访著名传播学家邵培仁教授》,《传媒观察》2021 年第 9 期，第 19 页。

程影响中均有所观照。邵培仁认为："一篇优秀论文一定是长期大量的阅读积淀而成的。"①在引导学生不断挖掘并探索传播学研究的"中国智慧"的同时，邵培仁让自己所带的硕士生和博士生每人负责阅读和跟踪5种新闻传播类SSCI国际顶尖刊物，通过数字图书馆数据库了解英语国家博士论文情况，探知学术进展，不断接受最新的学术前沿信息，闯出一条独特的人才培养之路。许多弟子毕业之后，邵培仁持续指导其项目申报、科学研究，甚至连生活都要关心。"要像爱自己的孩子一样爱自己的学生，要像管朋友的孩子一样管自己的学生。"邵培仁是这样说的，也是这样做的。袁靖华说："爱学问如爱生活，爱学生如爱亲子，无论是治学还是做人，邵导都有真魅力、大智慧。在工作、学习中遇到疑惑，跟邵导聊几句，哪怕是几分钟之短，也总能有'拨开云雾，豁然开朗'之感，深受启发，倍增力量。从本土传播理论到媒介生态学、媒介地理学、整体互动传播论等等，都给我很大启迪……十二年来跟随邵导研习传播学，我的体会是：学问亦修行，用心越专，得缘越深，是为福分。"宁海林说："我在访学期间，邵老师多次告诉我要与国外的学术界多交流，这为我日后获得的国家社科基金中华学术项目奠定了基础。导师那种宏大学术视野的熏陶与在重要事情决断的指导上，尤其是关键时刻点拨一下、拉一把，可能就能起到'给点阳光就灿烂'的效果。"廖卫民说："师父就是我们的楷模！师父他自己在培育学生的同时，也在铸就一座座学术的高峰，至今依然乐此不疲！有目共睹。"范红霞说："2015年我们举家南迁，移居杭州。白手起家，诸事困顿时，也是得蒙师父照拂襄助，在极寒天气里给我们一家最明亮、最温暖的关怀扶助，在异乡的第一个春节里让我们体会到珍贵的温情，帮助我们一家站稳脚跟，适应新生活。"②邵培仁不论是为学还是做人和育人，均已达到相当高度，是我们学习的榜样。

三、重视教材编写与建设

教材是学科教育的剧本，教材好，教育质量才能得到基本的保障。邵培仁重视人才培养，也十分重视教材的编写与建设。作为中国第一代传播学家，邵培仁已出版6种国家级、省级教材，这在国内外传播学界都是不多见的。

---

① 王汉斌、郑恩：《敬畏知识、求是创新、敢于挑战：邵培仁教授谈如何写好本科毕业论文》，《浙江大学报》2009年3月27日第3版。

② 《师门佳话：弟子眼中的邵培仁教授》，2017年10月8日，https://mp.weixin.qq.com/s/p2zGCcCsRQ6pf3N0fXMUrg，访问日期：2018年5月7日。

在传播学教材方面，邵培仁先后获得 2 个浙江省重点教材建设项目和 4 个教育部重点教材建设项目。他早在 1985 年就与戴元光、龚炜合作撰写了传播学讲义，经试用修改后，出版了国内第一部传播学教材《传播学原理与应用》（兰州大学出版社，1988 年）；1997 年，邵培仁的《传播学导论》由浙江大学出版社出版，这本教材于 2000 年获得浙江大学优秀教学成果奖（教材）一等奖，2001 年获得浙江省优秀教学成果奖（教材）一等奖；《传播学概论》的多媒体课件在省自学考试委员会项目资助下得以完成和上线。2000 年，《传播学》作为"面向 21 世纪课程教材"建设项目在高等教育出版社出版，被全国 200 余所高校选用。许多传播学家对《传播学》予以高度评价，认为"该教材注重从中国传统文化和现代学术中寻找具有本土化传播思想、智慧，创新观点和论述在书中随处可见"，"体现了马克思新闻理论研究的最新成果，体现了中国传统文化知识积累和当代传播学术研究创新"，"能够将西方传播理论与中国国情和具体传播实践结合……有助于培养学生的民族自信、文化自信和学术自信"。[①]与国内同类传播学教材相比，邵培仁的《传播学》一书在总体框架、理论内涵与案例列举等方面均有所创新，是一部集"本土性、创新性、现实性、系统性、易读性"于一体的优秀教材。

他不仅在传播学基础理论方面影响巨大，在传播学交叉学科方面，邵培仁也著述颇丰。"面向 21 世纪课程教材"系列中的《媒介管理学》和《媒介经营管理经典案例》于 2004 年获得浙江大学优秀教学成果奖（教材）一等奖、浙江省优秀教学成果奖（教材）二等奖，《媒介管理学概论》是"十一五"国家重点教材建设项目，于 2010 年经高等教育出版社出版，此书"浓缩了作者 15 年来在媒介管理学教学科研中的经验、成果，充分反映了国内外最新研究动态"[②]。面对近年来我国媒介管理学存在发展稍显迟缓、创新有待进一步加强的问题，邵培仁认为："媒介管理学研究必须植根于中国的传统文化和学术土壤，结合中国国情，联系中国媒体实践。如今的媒介管理学需要适当借鉴政治学、外交学、社会学等学科的研究理论和研究方法。此外，中国媒介经营管理必须遵循受众市场规律和媒介传播规律，加快传统媒体与新媒体的融合发展。""在中国媒介管理学的视野中，社会价值与经济价值是不可偏废的平衡关系，只有占据足够的媒介市场才能发挥更大的社会价值，也只有发挥更加积极的正面的

① 参见张涛甫、陈昌凤、韦路：《教材评审意见》2020 年 12 月。
② 蔡姬煌：《搭建媒介大厦的脚手架——读〈媒介管理学概论〉》，《中国传媒报告》2011 年第 1 期，第 128 页。

社会价值，中国媒体才能在经济上获得长期的良性的发展。”①

网络传播将人类带进一个全新的社会，它标志着人类将从此面临一种新的文化传播模式。如果说纸与笔、阅读与说写是人类社会具有悠久历史的第一种传统文化传播模式，那么，我们今天正迎来一种集声光电于一身、聚音字像于一体、汇采传受于一线的第二种模式，即光与电、电脑与网络的新型文化传播模式。《媒介管理学概论》应当说是中国媒介理论与传媒实践结合最为紧密的智库之一，为传媒实践确立了发展的指南针，以此媒介管理理念进行的浙江各地以及国内他地传媒的现象级实践成果颇多，其理论与实践的内在关联性尚待进一步去发现。

此外，值得一提的是，伴随数字化、网络化生存时代的到来，邵培仁敏锐觉察到“人与人之间的竞争不仅局限于身体素质和知识水平，还表现在传播技术和传播能力上”②。在此理念下，邵培仁组织并主编的“网络传播研究丛书”于2001年在复旦大学出版社正式出版，这套丛书由中国人民大学童兵、复旦大学李良荣担任顾问，邵培仁撰写总序，丛书包括《时空隧道：网络时代话传播》《无网不胜：网络传播与战争》《众人狂欢：网络传播与娱乐》《数字家园：网络传播与文化》《市场精灵：网络传播与广告》《逐鹿键盘：网络传播与商业》《空中校园：网络传播与教育》等。丛书从网络技术应用、网络时代特征到网络娱乐、网络文化、网络广告、网络商业以及网络教育等议题入手进行探讨和研究，引导人们来审视网络现象，分析网络问题，理解网络社会的复杂关系及其所施加于我们的影响。这套丛书也是邵培仁教育传播思想的延续和拓展，从传统教育学到教育传播学，再到网络传播教育理论的发展，其思想演进的脉络一目了然，也在传播界和教育界产生了较大的学术影响。

四、重视教学过程与效果

教育传播的精深思想需要良好的教学传播过程来彰显传播效果。只有重视有效的教学过程，方能实现人才培养的目标。邵培仁曾先后在浙江省传播学年会和“罗山求知共同体”微研会中强调指出：“不论是科研还是教学，内容一定要‘三向结合’，即‘纵向’追根溯源，深挖文化之基因和脉络；‘横

---

① 段丹洁、孙美娟：《深化新时代媒介管理学研究》，《中国社会科学报》2020年7月27日第1版。

② 邵培仁：《.COM时代的智者宝典——与读者谈〈网络传播研究丛书〉》，《今日科技》2001年第7期，第45页。

向'无边无际，审视世界之历史和潮流；'竖向'顶天立地，上接理论之'天气'，下接实践之'地气'。"科学研究与教育教学互动互助、相辅相成。邵培仁的这一教育传播思想，不仅明确科学研究成果与教学实践应用能够"学用融合"的机理，更在内容"结合向度"上指明科研与教学融会贯通的路径。可以说，邵培仁的这一教育传播思想既具有学科特性，又兼具高等教育教学普适属性。在这一"向度融合"教育传播思想的指导下，邵培仁进一步提出，教学过程要抓好"开头三板斧"，即要重视教学大纲制定、教案编写和课堂讲授。"教学大纲可以反映教师对专业课程内容了解、掌握的深度、广度和高度，也是测试教师专业知识基础、文化综合素质和课堂教学能力的基本尺度。"一门课的"执行纲领"一旦确认，教学过程就有了"战略性"的导向与标准，站在讲台上的教师将以"此深度"把控教学难度，以"此广度"拓展知识范畴，以"此高度"驾驭教学重点。而仅有"教学大纲"尚不能将一门课落实为具体的授课内容，邵培仁也尤为重视优秀教案和精彩讲授，认为这不仅是教师教育思想、智慧、动机、经验、个性、内容和教学艺术性的综合体现，更是实现教学效果的重要环节。邵培仁还认为："教学革命是需要的，但更需要学习革命。我们尽一切努力改善教师教学，但实际上最需要的可能是改善学生学习。""教师要引导学生从'要我学'向'我要学'转变，从'被动学'向'主动学'转变。最有效的学习不仅是'主动的'，而且是要精心设计的"，即一定要努力解决好教学过程的"最后一公里"问题。①

邵培仁是这么说的，也是这么做的。早在原杭州大学新闻传播学系任副系主任的第一年，他"就搞了教学改革"，不仅极为重视本科专业人才培养计划的先进性和科学性，而且极为重视优化教学传播全过程。"教学改革成功之后，国内好多高校新闻系来取经、学习，有的直接想方设法找人复印我们的教学计划。"②

对于研究生教育也是一样。邵培仁弟子姚锦云在博士学位论文的后记中写道："我听了邵老师三年半的课，也算'创纪录'了。尽管是同一门课，他每年讲的内容似乎不太一样，即使是一样的内容，第二次听、第三次听时所受的启发也不一样。"张梦晗写道："我可以毫不夸张地说，没有邵培仁先生，就没有今天的我！每一次课内课外的指导、每一个悉心关照的瞬间、每一处

① 邵培仁：《探索和开拓新闻传播教育的新路径》，《现代视听》2019年第11期，第86页。
② 何扬鸣：《邵培仁：在西子湖畔打出传播学的一面旗帜》，载何扬鸣《浙江大学新闻传播学科发展口述史》，浙江大学出版社，2017，第257页。

用心良苦的提携，每每想起，我都无法平静。”[①]邵培仁还能与时俱进、因材施教，主动指导和帮助学生设计科学的个性化学习方案，要求学生使用新型的、科学的混合学习、智能学习和网格学习方式，激发学生学习兴趣和潜能，让传播科技在学习中发挥更大的作用。

五、言传身教：生活即教育，天地皆课堂

学养深厚、温厚亲切、慈祥善良，是邵培仁给人的基本印象。在他的学生写的文字中，我们还读到他更加生动、丰富、立体的形象。邵培仁是一位“博学、宽厚、慈爱”的“宝藏学者”，具有对“对学的谦和、对世事豁达与淡定的大师风范”，主张“让学术的兴趣和爱好牵引自己慢慢前行，在阅读中静心享受求知的无穷乐趣”。[②]他的学生说：“邵老师提倡‘快乐学术，快乐生活’。邵老师积极乐观的治学和生活态度，让我深刻领会了孔子的那句‘知之者不如好之者，好之者不如乐之者’中所传达的乐观主义学习精神。”“他用他的大智慧，用他自身的行动，告诉我们如何对待学习、工作和生活。”和邵老师在一起，总让人如沐春风一般，他的谦和温厚，是君子气度、学者风范，这几近成为每一位学人后辈的切身感受。邵老师鼓励学生：“学术养心，自信养颜。”“读书让男士更高贵，读书让女士更美丽。”“读书是知识的汲取，著书乃生命的延续。”“邵老师善用启发和激励式的指导，让课堂充满了智慧的碰撞。”[③]邵培仁乐观的人生态度、积极的人格特质以及“爱生如子”般温馨、亲切的教育智慧与教育方法，既是他教育传播思想形成的内在动力，也是他产生正向人格魅力的磁场和源泉。

邵培仁的积极人格、富有智慧的人生态度与理念的形成与其父辈影响不无关系。父亲在文章中写到的亲身参加革命战争中的几次战斗对少年时期的邵培仁产生了很大影响；父亲爱读书，家中不仅有藏书，也有《新华文摘》《群众》等杂志，对邵培仁也有潜移默化的作用；父亲很早离世，临终交代了他三句话：“要听党的话，要把红旗扛到底，不要让妈妈穿带补丁的衣服。”

---

① 《师门佳话：弟子眼中的邵培仁教授》，2017年10月8日，https://mp.weixin.qq.com/s/p2zGCcCsRQ6pf3N0fXMUrg，访问日期：2018年5月7日。

② 赵允芳：《“新文科背景下，新闻传播学应回归‘人’的本质维度！”——访著名传播学家邵培仁教授》，《传媒观察》2021年第9期，第18页。

③ 《师门佳话：弟子眼中的邵培仁教授》，2017年10月8日，https://mp.weixin.qq.com/s/p2zGCcCsRQ6pf3N0fXMUrg，访问日期：2018年5月7日。

也正是从父亲身上所传承的英雄气概、刻苦钻研与忠孝两全的美德，促发并养成了邵培仁不怕困难、勇攀学术高峰的执着品格，以及敢为人先、不断进取的创新精神。

邵培仁说："对任何一位想有所作为的学者来说，合作、信任、友谊都是必不可少的，是不断创新的催化剂。一个人闭门造车永远不会有进步。我一向提倡真诚待人、广交朋友。"与学生们一起聊天，和老师们多加交流，相互启发与合作，会产生意想不到的"整合效应"。邵老师还说："天地人合一，诗书画一体，教学、科研、艺术和生活是相互促进的整体关系。人若一辈子只研究一个人、一本书，没有一点兴趣爱好，人生就是苦役。"他自己在教学、科研之余，也会写点散文、练字习画、养花种草，陪孙子玩，生活丰富多彩。

学术即生活，生活即教育，天地皆课堂，优秀的老师一言一文、一举一动，都是言传身教、思想传播。受邵培仁教育传播思想的启迪与浸染，优秀的后辈学子学人层出不穷，恰是邵培仁集华夏古今教育传播思想精髓与创新发展所积淀出的教育传播成就。纵观邵培仁的教育传播历程与实绩，可谓"乐耕四十载，华冠满教坛"。上文也仅是对邵培仁在教育传播理论与实践方面所做的初步探索，对作为教育传播学家的邵培仁及其成就研究，还只是刚刚开始，对邵培仁在教育传播学思想、教育传播规划、教材建设、课程建设以及作为教育传播学家的积极人格与智慧的深入研究，对教育传播各要素之间的关系探究，以及教育传播实绩与传播学学术成就的关联研究等问题，还有待进一步展开。

【作者简介】闫欢，博士，温州商学院教授、副院长，主要研究方向为舆论心理、媒介素养、国际传播等。

【文献来源】闫欢：《邵培仁教育传播理论与实践探析》，《湖州师范学院学报》2021 年第 11 期，第 98—105 页。

世界电影格局视野中邵培仁华莱坞电影理论的创新体系建构研究

刘秀梅　刘思聪

在世界电影的发展历程中，许多电影人通过不断的创造性实践，为世界电影理论的创新性研究提供了坚实的基础。在世界电影格局中，中国百余年的电影创作，形成了具有中国特色的电影风格和特色，为有志于研究中国电影理论的专家、学者提供了建构具有中国特有的电影研究新思路、新观念和新理论的机遇。

自 2001 年始，浙江大学邵培仁开始从传播学向电影领域拓展研究[①]，时刻关注中国电影的发展与变化，心系中国电影的未来与命运，将对中国电影的深厚情怀与美好愿景融注在对中国电影理论的探索之中。本文依托扎根理论研究法[②]，在适当使用邵培仁及其后的研究者所创造的华莱坞电影研究成果基础上，融入笔者的个人理解，实现原始资料、笔者个人的前理解以及前人的研究成果之间的互动关系，阐明 20 多年来，邵培仁站在历史的潮头和时代的前沿，疏通中国电影发展脉络，宏观审视世界电影发展的历史景观和世界格局中的中国现象，直击中国电影发展痛点，准确定位中国电影发展的地位和价值，探讨中国电影发展的目标和方向；在多维立体的散点探索与整体互动体系下，创新性发掘华莱坞电影的模式和框架，探寻中国电影发展的新路径，建立中国电影理论研究的新范式，试图打造并巩固世界电影发展与研究的第

---

① 邵培仁：《论媒介产业全球化与中国的对策》，《新闻通讯》2001 年第 1 期；邵培仁、潘祥辉：《论全球化语境下中国电影的跨文化传播策略》，《浙江大学学报（人文社会科学版）》2006 年第 1 期。

② 扎根理论研究法是由哥伦比亚大学的安塞尔姆·斯特劳斯（Anselm Strauss）和巴尼·格拉泽（Barney Glaser）两位学者于 1967 年在其专著《扎根理论之发现：质化研究的策略》（*The Discovery of Grounded Theory: Strategies for Qualitative Research*）中首先提出来的。扎根理论（grounded theory）是指在经验资料的基础上建立理论，研究者之所以可以“理解”资料是因为研究者带入了自己的经验性知识，从资料中提升理论，其所生成的理论实际上是资料与研究者个人解释之间不断互动和整合的结果，只有从资料中产生的理论才具有生命力。

四股力量，用华莱坞电影描绘出中国电影发展的未来图景，拥抱中国电影发展的4.0时代，打开世界电影发展的新格局，形成世界电影研究的几大阵营：好莱坞、华莱坞、宝莱坞、瑙莱坞等。

一、宏观思索的广度：经纬式编织华莱坞电影研究的国际学术格局

邵培仁在学术研究领域始终关注国际学术研究动态，在全球性发展和国际化传播的好莱坞、宝莱坞、瑙莱坞等多维电影话语体系的竞争与共生趋势下，积极地将中国电影的理论思考置于更大的语境中，提出“华莱坞电影”的研究命题，为中国电影理论打开世界电影格局提供了新方案、新视野、新范式，“华莱坞电影”符合现阶段中国电影发展的现状，适应当代世界电影格局竞争下的新环境，明确强调了电影发展中的中国声音和中国力量，展现了中国电影发展的远大抱负和全球视野，饱含了中国电影人的深切企盼和伟大情怀，描绘了中国电影发展的美好愿景和宏伟蓝图。

（一）“华莱坞”电影理论研究的新起点

20世纪以来，电影产业发展迅速、影响巨大，诸多电影人在不断实践创作的过程中，探索出一系列具有重要推动价值的电影理论，诸如“电影的艺术性”“蒙太奇理论”“电影美学”“电影本体论”“长镜头理论”“结构主义—符号学电影理论”。电影创作启发电影理论发掘与延展，推动、指导电影创作实践，这是世界电影向前发展的真谛。贝拉·巴拉兹（Béla Balázs）曾说，电影理论应该作为一种启发性的理论指示未来，能够激发起未来新世界探求者和新艺术创作者的想象力。

中国电影创作发展史已有百余年，从20世纪20年代早期的“影戏理论”，到30年代随着西方电影理论的相继译介，中国电影理论出现了对电影艺术形式和技巧理论方面的探索，并将研究视角聚焦于电影与文学、电影与时代、电影与民族、电影与社会等一系列关系上。自20世纪80年代以来，对华语电影的研究虽然日益丰富，取得了相应的成果，但其尚未形成中国电影理论研究的体系化、整体性。特别是学界对“华语电影”的争论日渐加剧，其矛盾点主要是“华语电影”的界定不够明确、对于“国家”“族群”“语言”等划分没有合理的标准等。

作为“中国传播学领域的先行者和开拓者”的邵培仁，始终把握国际电影学术研究前沿，在媒介全球化趋势下提出中国电影发展的对策。自20世

纪90年代开始，邵培仁积极系统梳理华夏传播的理论概念与思维模型，同时致力为华夏传播思想寻找现实落脚点。2001年，邵培仁在《媒介全球化与中国的对策》中关注到了电影发展问题。①随后，他率领团队着眼于中国电影产业②、跨文化传播③以及媒介地理视域下的电影研究④、电影经营管理⑤等问题的探索上，宏观观照世界电影发展模式，探索中国电影产业的发展战略，将中国电影产业作为一个体系化整体，提出科学、长远、全局性的动态管理模式。

2013年，邵培仁针对华语电影研究的种种桎梏和困境，结合好莱坞、宝莱坞及瑙莱坞的启发与激励，率先提出"华莱坞电影"⑥这一新的术语，开启了"华莱坞电影理论"研究新篇章，以新的理论体系，打破了原有华语电影研究的空间、国族、语言等局限，发展了西方电影理论研究的话语和概念，开阔了华语电影研究的视野，打开了中国电影研究的世界格局。邵培仁教授将华莱坞电影作为一个整体、一个体系，试图建立中国电影研究的新范式，打造了不同于西方中心主义的科学化、体系化的研究新体系，凝聚成世界电影研究的第四股力量，引起世界范围内主流电影产业和电影研究的广泛关注，引发多个学科领域的讨论与争鸣，成为中国社会科学研究的"现象级"概念。2015年，邵培仁因"华莱坞"这一创新性学术构想荣获"中国传媒经济年度观点奖"，确立了"华莱坞电影"研究的学术地位。同年，他发起成立"国际华莱坞学会"并担任会长，为华莱坞电影研究者提供了一个国际化的学术交流平台。"华莱坞"电影逐渐发展成为一个文化共同体，融汇了电影产业、媒介空间、文化符号、传播愿景等多种元素，承载着中华优秀文化走向世界的

---

① 邵培仁：《论媒介产业全球化与中国的对策》，《新闻通讯》2001年第11期。

② 陈静、邵培仁：《中国后电影产业分析》，《企业经济》2005年第4期，第113—115页；邵培仁：《论中国影视基地的媒介景观》，《媒体时代》2011年第5期，第9—13页；邵培仁、廖卫民：《中国电影产业集群的演化机制与发展模式——横店影视产业集群的历史考察（1996—2008）》，《电影艺术》2009年第5期，第21—28页；邵培仁、廖卫民：《横店：中国影视文化产业集群发展的一个样本——基于共享性资源观理论的案例分析》，《浙江师范大学学报（社会科学版）》2009年第5期，第20—30页。

③ 邵培仁、潘祥辉：《论全球化语境下中国电影的跨文化传播策略》，《浙江大学学报（人文社会科学版）》2006年第1期，第65—73页。

④ 邵培仁、方玲玲：《流动的景观——媒介地理学视野下公路电影的地理再现》，《当代电影》2006年第6期，第98—102页；邵培仁、杨丽萍：《电影地理论：电影作为影像空间与景观的研究》，《河南大学学报（社会科学版）》2010年第5期，第111—118页。

⑤ 唐榕、邵培仁：《电影经营管理》，浙江大学出版社，2005。

⑥ 邵培仁：《华莱坞的想象与期待》，《中国传媒报告》2013年第4期，第1页。

使命与梦想。[①]

“华莱坞电影”是超越“中国电影”研究和“华语电影”研究的学理性升级。“华”和“莱坞”相互陪伴、加持，以“缠绕”为理念和方法，实现“华”与“莱坞”的主体间互动，以“流动”为主体和历史观，开启以“中华性”为核心的全球性“理论旅行”，在全球性与中华性之间找到彼此对话沟通的“中间领域”，[②]将“中华性”与“全球性”交织联结生成一种新世界主义话语。这是邵培仁把脉中国电影生产的当下和过往以及预判未来之后做出的理性概括。而在此命名的导引下，“华”和“莱坞”的丰富影像得到了真实还原，海内外的中国电影研究者和中国电影之主体性也有了呈现空间，重写中国电影史也具有了新的方向。[③]邵培仁引领随后的研究者开始了对华莱坞电影的全方位、立体的、多视维研究，逐渐丰富和完善华莱坞电影理论体系，并着重关注体系内部的整体互动、动态平衡，宏观把握华莱坞电影发展全局，为华莱坞电影产业发展、影视创作、管理模式以及国际化传播提供了有力支持和创新路径。

（二）“华莱坞”电影的线性图景与文化景观

自 19 世纪末世界电影诞生之日起，电影经历了 100 多年的发展变革，经历了从无声到有声、从黑白到彩色、从记录到表达、从单一的二维时空到多元的立体时空等多种变化，不断丰富着电影艺术的呈现方式，并逐渐成为一种语言、一种媒介、一种新的文化表达样态，映射出整个社会的时代变迁与发展。回望中国电影的发展历程，邵培仁在其界定的华莱坞电影研究范畴基础上，即华莱坞以华人为电影生产的主体，以华语为基本的电影语言，以华事为主要的电影题材，以华史为重要的电影资源，以华地为电影的生产空间和生成环境，[④]将中国电影划分为四个电影发展时代，分别是华莱坞电影发展的 1.0（1905 年到 1949 年民国电影时期）、2.0（1949 年到 1979 年民族电影时期）、3.0（1979 年到 2012 年华语电影时期）、4.0（2013 年至今的“华莱坞”电影时期）时代，以鲜明的电影特征变化和时代背景描绘出华莱坞电影发展

① 陈江柳、谢梦桐：《充实内涵　拓展外延——邵培仁新闻传播理论的探索与创新研究》，《浙江理工大学学报（社会科学版）》2022 年第 2 期，第 163 页。
② 刘秀梅、刘思聪：《引领华莱坞电影研究的开山之作：〈媒介地理视阈下的华莱坞〉电影理论价值研究》，《中国传媒报告》2021 年第 4 期，第 121 页。
③ 文娟：《一个理论生命体的进路——论“华莱坞电影”的生成与播撒》，《文艺研究》2019 年第 2 期。
④ 邵培仁：《华莱坞的想象与期待》，《中国传媒报告》2013 年第 4 期。

的线性图景和四个纪元截然不同的文化景观。[①]

在“互联网+”和电影技术的探索上，在中国电影的“本土化”创新和“国际化”传播上，在国产电影的产业升级和市场开发上，以及人才培育和理论探索上，“华莱坞”电影都表现出强大的生命力和巨大的发展潜力。2020年中国首次跃升世界电影票房榜首，国产电影份额超过80%，共有四部国产电影进入全球年度电影票房排名榜前十（《八佰》《我和我的家乡》《姜子牙》《金刚川》），各项指标均居世界前列，成为世界电影发展的主引擎，“华莱坞”电影在全球电影的“至暗时刻”实现弯道超车，在国际输出和制作水准上都有了突破性进展。在世界电影展会和文化交流方面，“华莱坞”电影更是积极探索和组织新型合作交流模式，引领世界电影发展新风尚。

邵培仁从“华史”视角，综合思考“华人”“华语”“华事”“华地”等因素，予以“华莱坞”电影从1.0跨越至4.0的新时代定位，为中国电影的学术研究确立了清晰的线性图景与文化景观。纵观全球电影格局，“华莱坞”电影以全新的姿态和不断探索的精神适时调整发展战略，逐渐成为世界电影发展的引领性力量，形成世界电影研究的四大阵营——好莱坞、华莱坞、宝莱坞、瑙莱坞，打开了中国电影研究的新局面，促进了世界电影研究的多极化发展。

二、中观探索的厚度：绿荫式布局华莱坞电影理论的全方位传播理念

2013年，邵培仁在《华莱坞的想象与期待》一文中表达了对华莱坞电影的发展期望，传达了华莱坞站在全球发展视野的广阔胸怀和远大抱负，将华莱坞精神和华莱坞目标作为未来电影研究的核心主线。

（一）华莱坞电影研究的新启示

邵培仁时刻关注中国电影产业发展和国际电影传播态势。华莱坞是电影、产业、空间，也是符号、文化、精神和愿景。[②]华莱坞以好莱坞为目标、为参照，并不是为了实现文化霸权，而是为了促进文化的多元化发展。以此定位为目标，邵培仁带领其团队开始了华莱坞电影研究的新探[③]，他们认为，“华莱

---

① 邵培仁：《拥抱中国电影4.0》，《中国传媒报告》2015年第3期；邵培仁、陈江柳：《华莱坞：拥抱中国电影4.0——兼论历史、现状与未来》，《江苏师范大学学报（哲学社会科学版）》2016年第4期。

② 邵培仁：《华莱坞的想象与期待》，《中国传媒报告》2013年第4期，第1页。

③ 郭小春：《好莱坞电影对华莱坞电影的启示》，《中国传媒报告》2013年第4期；王冰雪：《“华莱坞”：华语电影共通体的传播构想与可能》，《中国传媒报告》2013年第4期。

坞电影研究意味着范式的转换，这个范式涉及了对于当前整个民族电影产业的再认识，对于过去历史的重新认识，对于现状问题的重新考察，对于未来趋势的重新思量”①。

2014年，华莱坞电影研究有了突出性进展，在散点探索、理论深入、微观思索、体系丰富以及学术交流上都有了相当成就，例如，有学者综合分析华莱坞电影中的本土化转化、功夫电影、城市景观、公路景观、灾难影像、中华美食等微观话题，从全球性宏观视角俯瞰华莱坞电影的多重镜像，还有学者开始关注港台电影以及世界其他三股电影力量的发展镜像，并从多学科的立体交叉研究中开拓华莱坞电影研究媒介生态学视角、地理空间视角等多重视域。在《华莱坞的机遇与挑战》中，邵培仁从全球视野下总结了华莱坞的发展现状，敏锐地洞察到华莱坞电影发展的机遇与挑战，准确把握创意策划和推广营销的发展困境，提出创新的新思路、营销的新路径，激励华莱坞电影人充满自信地迎接挑战。②

（二）华莱坞电影研究的新体系

2013年以来，邵培仁带领其团队秉承着初心与宗旨，肩负着责任与使命，时刻把握电影发展动态，关注影像技术革新，不断扩展华莱坞电影研究的方法与路径，更新华莱坞电影研究的内容与热点，挖掘华莱坞电影研究的深度和细节，丰富华莱坞电影研究的视角和层次，并通过“跨莱坞”等一系列的衍生性话题不断丰富“莱坞”之内涵，开拓更广泛的华莱坞电影研究视野，以帮助建立更加全面的华莱坞电影研究体系。华莱坞电影研究以新世界主义的包容视域引领“中华性”电影生产融入全球化市场，走向世界电影发展的前沿。

华莱坞电影研究的第一大特色：对中国电影产业经济保持关注，对电影业界的新动向保持高度的洞察。首先，在邵培仁的引领下，学者们积极关注

---

① 邵培仁等：《华莱坞电影理论：多学科的立体研究视维》，浙江大学出版社，2014。

② 邵培仁：《华莱坞的机遇与挑战》，《中国传媒报告》2014年第1期。

华莱坞电影的网络营销模式与路径及其产业链创新发展研究①，探讨华莱坞电影生产及发行②等，形成了一股华莱坞电影理论研究新潮流。其次，从2009年起到2017年，连续9年发布的中国娱乐与创意产业发展报告，精准聚焦电影产业发展新问题，剖析问题缘由，为华莱坞电影生产、制作、发行、营销、传播、展映等环节制定新策略，为中国电影产业发展提供新的理论支持和行动指南，从而确认了华莱坞电影研究的历史地位。

华莱坞电影研究的第二大特色：全球视野和国际传播视角。不管是国内的电影生产还是海外华人的电影生产，以及中国与其他地区的跨国跨地生产，都离不开中华文化的影响和中华文明的滋养，都与中华民族有着千丝万缕的联系，其本质都离不开与“中华性”的血脉联结。传统的本土电影理论研究往往忽略了中国电影生产中的跨国主体性，在地域、国族、语言等问题上存在局限，在概念的包容性和统合性上稍显不足，难以在中国电影迈向现代化、国际化、“多元一体”化的进程中给予指引。而以华人、华语、华史、华事、华地五要素建构的“华莱坞”电影概念③，打破了传统的“民族—国家”框架，将以“中华性”为核心的世界范围囊括其中，将本土电影理论研究拓展至全球视野。并在此概念导引下，以中华之特色为核心，将“莱坞”之法则融入其中，试图以民族与世界的共通价值打造“中华性”与“全球性”的共享意义空间，从而打通华莱坞电影的国际化传播道路，将华莱坞电影建成具有强

---

① 邵培仁、王誉俊：《现代战争与社会冲突中的好莱坞电影产业的发展和流变——以三个历史阶段为例》，《浙江大学学报（人文社会科学版）》2017年第1期；顾杨丽：《华莱坞电影网络营销的模式与路径创新》，《当代电影》2016年第2期；刘秀梅、邵慧：《转型与重构：“互联网+”对华莱坞电影工业的影响》，《新闻爱好者》2016年第6期；刘秀梅、邵慧：《泛娱乐视角下华莱坞电影IP生态研究》，《西南民族大学学报（人文社科版）》2017年第6期；邵静：《“互联网+电影”：互联网与华莱坞电影产业关系之深层探讨》，《江苏师范大学学报（哲学社会科学版）》2016年第4期；邵静：《互联网媒介视角下的华莱坞电影产业研究》，《新闻爱好者》2018年第5期；张胜利：《基于“互联网+”视角的华莱坞电影产业链创新发展业态试析》，《浙江艺术职业学院学报》2015年第2期；王誉俊、蔡馥谣：《论好莱坞电影产业的系列文化对于华莱坞的借鉴意义》，《兰州大学学报（社会科学版）》2016年第5期；邵鹏、童禹婷：《再谈华莱坞影视产业发展的“胡焕庸线”——中国影视基地的媒介地理学探析》，《未来传播》2019年第6期；周根红：《华莱坞：中国电影的产业构建与未来发展》，《中国传媒报告》2018年第1期。

② 邵培仁、周颖：《论华莱坞电影生产主体与体制流变》，《江苏师范大学学报（哲学社会科学版）》2017年第3期；戴哲：《新世代受众与华莱坞电影生产范式的转移——以新世纪以来的华莱坞都市爱情电影为例》，《当代电影》2017年第2期；王锦慧、卜彦芳、李念：《华莱坞电影票房预测模型的实证分析》，《新闻大学》2016年第1期；付永春：《从“学舌”到“成蝶”：早期华莱坞电影发行制度的确立（1925—1934）》，《浙江师范大学学报（哲学社会科学版）》2017年第3期。

③ 邵培仁：《华莱坞电影概论》，浙江大学出版社，2017。

大传播力和影响力的世界电影，从全球视野俯瞰华莱坞电影发展格局，关注跨文化传播以及本土化与国际化之间的互动融通。

邵培仁认为，“华莱坞电影在全球推动形成一个多元化与多极化的和谐与友好的电影”[①]，应从地理、文化和生态三重维度探索华莱坞电影的国际化生存之道，打通华莱坞电影的国际化传播道路离不开“本土性”与“全球性”尺度平衡，增强华莱坞电影的国际竞争力不能抛弃中华文化的诗性特色，要从中华文化中找寻原创灵感、并在绿色生态、和谐共生的价值追求中达成审美共识[②]；美国纽约州立大学洪浚浩又以超链接的方式提出，“将华莱坞电影与好莱坞、宝莱坞对比性思考如何打造华莱坞梦想的问题”[③]；美国罗德岛大学马焰认为，随着华语电影在全球范围的影响力增长，世界华语电影应该有一个共同文化的母体，有一个共同文化价值的追求，“华莱坞”概念的提出，展现了世界华语电影挑战美国“好莱坞”电影的雄心壮志[④]。至此，有越来越多的中外电影学者纷纷将目光投向了东方的华莱坞[⑤]，不断拓宽研究视野[⑥]，助燃华莱坞电影理念的创新之举繁衍生辉，为民族电影工业和海外电影产业的发展带去各自希冀的启发与灵感。邵培仁认为，华莱坞电影应在保持其文化特色的基础上，积极探索与世界的共通价值，构建具有本土原创性的话语体系，以电影实践“中国梦”[⑦]，使华莱坞电影成为世界电影舞台上的闪耀明珠，推动世界电影传播的多极化发展[⑧]。

---

① 邵培仁：《中国梦：作为世界电影的华莱坞》，《东南传播》2015年第7期，第7页。

② 邵培仁、周颖：《华莱坞电影国际化生存的三重维度》，《湖南师范大学社会科学学报》2017年第2期，第1—7页。

③ 洪浚浩：《打造华莱坞，我们能向好莱坞和宝莱坞学些什么？》，《中国传媒报告》2014年第1期。

④ 马焰：《华莱坞电影——视觉教育的实践范本》，郭小春译，《中国传媒报告》2014年第4期，第77页。

⑤ 周鸿铎：《华莱坞与好莱坞比较研究——打造具有华人特点的华莱坞》，《中国传媒报告》2014年第1期；欧阳宏生、李茂华：《艺术与商业共舞：华莱坞整体产品价值实现的路径之一》，《中国传媒报告》2014年第1期；何镇飚：《权力景观与地方精神：媒介地理学视野下的国际电影节与华莱坞研究》，《中国传媒报告》2014年第1期；廖卫民：《宝莱坞对华莱坞的启示：媒介生态位的理论模型与实测分析》，《中国传媒报告》2014年第2期。

⑥ 王冰雪：《力·度之间：“华莱坞”电影国际化生存空间的延伸与拓展》，《浙江传媒学院学报》2014年第1期；张梦晗：《“媒介生态学视野中的华莱坞电影”学术研讨会会议综述》，《中国传媒报告》2015年第1期；张梦晗、邵超琦：《“盒子里的大使”：华莱坞电影对外传播的现状审视与路径优化》，《电影评介》2019年第2期；曹怡平：《华莱坞的觉醒——以英国好莱坞、苏联好莱坞的失败为参照》，《电影艺术》2016年第4期。

⑦ 袁靖华：《何以为“华”如何“莱坞”？——华语电影与“华莱坞电影”命名再思考》，《当代电影》2017年第2期，第43页。

⑧ 邵培仁：《从模仿走向创新的华莱坞》，《中国传媒报告》2016年第2期，第1页。

华莱坞电影研究的第三大特色：全方位覆盖的研究方法。邵培仁始终坚持运用多学科、多视维的、立体交叉式分析方法，以传播学、心理学、地理学、生态学、哲学等多个学科为理论基础，展开对华莱坞电影研究与思考①，确立了华莱坞电影研究的理论体系，并将其研究进一步拓展到媒介生态学和媒介地理学的两大领域②，前者以媒介生态学为切入视角，将华莱坞电影内容及华莱坞电影产业作为研究对象，从整体上探索华莱坞电影生态系的形成、演变、内容结构及未来发展及华莱坞电影生态的环境要素及受众生态等；后者在"立足地理、回归生态、聚焦本土、走向世界"原则的指导下，以跨学科视角对华莱坞电影展开多视角的研究，践行华莱坞电影理论研究的跨学科转向，探讨华莱坞电影研究的时空建构、尺度平衡与景观重塑，在复杂的人地关系与时空序列中探寻华莱坞电影产业、类型、历史、心理、文化等领域的发展现状与未来趋向等，为华莱坞电影理论确立了广度、宽度、高度、深度等多维立体的研究体系性。

邵培仁在华莱坞电影相关的电影配乐③、电影叙事④、时空建构⑤、地域景观⑥、本土化与国际化的尺度平衡⑦等问题上都有了新的突破，体现了华莱坞电影研究的全方位观照，彰显了华莱坞电影研究的创意与特色，构建了独立的具有中国特色的科学、立体、全面的华莱坞电影研究体系，为世界电影理论研究提供了"中国范式"。在邵培仁的影响和带领下，华莱坞电影理论体系逐

---

① 邵培仁等：《华莱坞电影理论：多学科的立体研究视维》，浙江大学出版社，2014。

② 邵培仁：《走向绿色：华莱坞电影生态研究》，首都经济贸易大学出版社，2019；邵培仁、周颖：《媒介地理视阈下的华莱坞》，首都经济贸易大学出版社，2018。

③ 邵培仁、周颖：《华莱坞电影配乐类型及国际化生存路径研究》，《浙江传媒学院学报》2016年第1期。

④ 邵培仁、张梦晗：《新世纪以来华莱坞高票房电影的叙事规律研究》，《现代传播》2015年第3期；王昀、邵培仁：《华莱坞作为跨国媒介实践：兼论"一带一路"的全球传播叙事》，《江西师范大学学报（哲学社会科学版）》2018年第5期；邵培仁、陈江柳：《"凝视"与"景观"：新世纪华莱坞电影"乡村叙事"聚焦》，《电影评介》2019年第1期。

⑤ 邵培仁：《华莱坞电影研究的新视界——〈华莱坞电影研究丛书〉总序》，《山东理工大学学报（哲学社会科学版）》2015年第1期。

⑥ 邵培仁、杨丽萍：《电影地理论：电影作为影像空间与景观的研究》，《河南大学学报（社会科学版）》2010年第5期。

⑦ 邵培仁、王昀：《亚洲电影在中国：华莱坞的跨地方生产与本土现代性实践》，《新闻爱好者》2016年第6期。

渐走向成熟，一大批华莱坞电影研究成果新鲜出炉①，探索出华莱坞电影价值实现的新路径②、新方法③，发掘了华莱坞电影研究的新思路④、新坐标⑤，形成了一种全方位、放射性的华莱坞电影研究的新体系。

华莱坞电影的观点在诸多国内外电影人和研究者的心中积淀、聚集、发酵、升华，逐渐成为一种新的电影研究范式，一种新的话语体系，在世界电影多级格局中，整体力量开始彰显。

（三）华莱坞电影研究的新力量

自2013年“华莱坞”电影概念提出伊始，华莱坞电影研究已经走过近10个春秋，在此概念前，中国华语电影的研究一直以鲁晓鹏、陈犀禾、李道新、周蕾、张英进等学者的观点为争论焦点。近10年来，在邵培仁的带领和号召下，华莱坞电影研究完成了从拓荒到扩张的巨大突破。在一批又一批优秀学者的辛勤播种下，越来越多的学者、专家、青年学子加入华莱坞电影研究的队伍，在华莱坞电影研究的土地上不断耕耘，积累了丰硕的研究成果，使得华莱坞电影研究这片土地逐渐肥沃而广袤。2015年之后，华莱坞电影研究相关论文、著述发表数量激增，逐渐得到更多权威和主流认可，学术舞台上出现越来越多的“华莱坞”电影研究的声音，自《新世纪华莱坞高票房电影的

---

① 杨晓茹：《华莱坞电影品牌构建研究》，中国传媒大学出版社，2017；王冰雪：《都市映像：21世纪华莱坞电影媒介景观与全球化想象》，首都经济贸易大学出版社，2018；付永春：《跨国与跨文化视角下华莱坞电影理论与历史》，首都经济贸易大学出版社，2019；周根红：《构建华莱坞——21世纪中国电影产业发展研究》，首都经济贸易大学出版社，2019。

② 欧阳宏生、李茂华：《艺术与商业共舞：华莱坞整体产品价值实现的路径之一》，《中国传媒报告》2014年第1期；邵培仁、王冰雪：《华莱坞电影研究：电影传播本土化的落地与发展》，《中国传媒报告》2014年第2期；张亮宇：《华莱坞国际竞争力的现实矛盾与实现路径：基于文化折扣和产业演进的分析》，《中国传媒报告》2015年第1期。

③ 潘祥辉：《灾难影像的历史建构与表达困境——华莱坞电影〈1942〉的传播社会学分析》，《中国传媒报告》2014年第1期；姚锦云：《〈周易〉作为华莱坞电影分析的新框架：以“经”解“影”之〈一代宗师〉》，《中国传媒报告》2015年第1期；廖卫民：《华莱坞电影票房与网络口碑的关系模式探析：基于豆瓣网的数据及文本分析》，《中国传媒报告》2015年第1期。

④ 方玲玲：《华莱坞功夫电影的跨文化传播力：影像美学、明星与迷群》，《中国传媒报告》2014年第2期；王冰雪：《“华莱坞”：华语电影共通体的传播构想与可能》，《中国传媒报告》2013年第4期；周岩：《华莱坞电影中的光明之城——论新时期改革题材影片的城市想象》，《中国传媒报告》2014年第1期。

⑤ 王昀：《华莱坞电影研究的新坐标：评〈华莱坞电影理论：多学科的立体研究视维〉》，《中国传媒报告》2015年第2期；刘洋：《华莱坞电影理论：定义、模式与政治之维》，《中国传媒报告》2015年第2期；张梦晗：《华莱坞电影视野下的台湾图景与困境思考》，《中国传媒报告》2014年第1期。

叙事规律研究》一文首次发表在传媒类权威刊物《现代传播》[①]以后，华莱坞电影研究的论文多次发表至《当代电影》[②]、《当代传播》[③]、《电影艺术》[④]、《新闻大学》[⑤]等权威期刊上，迎来了华莱坞电影研究的繁荣期。

目前，华莱坞电影研究的队伍遍布海内外，海外已建成多家华莱坞电影中心，邵培仁已在国际上发表英文论文10余篇，专著英文文献评介5篇，相关中英文专著、编著在海外的图书馆馆藏量达20本，被收藏至14个国家的图书馆，华莱坞电影研究不断扩展自己的学术版图，将其研究成果传播到更多的国家和地区，在国际上具有一定影响力、知名度和认可度。华莱坞电影研究逐渐成为世界电影研究中不可忽视的第四股力量，同好莱坞、宝莱坞、瑙莱坞一起，有力推动了世界电影研究的多极化发展。

三、微观求索的深度：播种华莱坞电影理论的世界级传播愿景

华莱坞电影研究作为世界电影研究中的第四股力量，不断吸纳来自海内外对华莱坞研究怀有热情的专家学者，屡次在国际上发声，播种华莱坞电影理论的世界级传播愿景，逐渐确立了华莱坞电影理论的科学性、系统性、体系性创新理论的历史地位，成为世界电影研究的新生力量。

① 邵培仁、张梦晗：《新世纪以来华莱坞高票房电影的叙事规律研究》，《现代传播》2015年第3期。

② 洪长晖：《华莱坞电影与民族现代性——一个个案的生命史进路》，《当代电影》2016年第2期；李婷：《中日美动画影像风格形塑——兼论华莱坞动画电影的破壁》，《当代电影》2016年第2期；顾杨丽：《华莱坞电影网络营销的模式与路径创新》，《当代电影》2016年第2期；王冰雪：《去往唐人街的旅程：华莱坞电影全球化想象中的跨国景观与身份建构》，《当代电影》2016年第2期；邵鹏、左蒙：《泛金融化与华莱坞背后的潜在风险》，《当代电影》2017年第2期；袁靖华：《何以为"华" 如何"莱坞"？——华语电影与"华莱坞电影"命名再思考》，《当代电影》2017年第2期；戴哲：《新世代受众与华莱坞电影生产范式的转移——以新世纪以来的华莱坞都市爱情电影为例》，《当代电影》2017年第2期；郭晶：《"华莱坞"的概念"演化"脉络》，《当代电影》2018年第8期；文娟：《视觉奇观的可能与限度——论21世纪以来华莱坞功夫电影的美学呈现》，《当代电影》2018年第8期；王蔚：《从固化到升华：华莱坞体育电影中残疾运动员的身体政治》，《当代电影》2018年第8期；刘秀梅、姜博：《"新世界主义"视阈下的认知传播模式——华莱坞电影媒介叙事策略研究》，《当代电影》2019年第12期。

③ 邵培仁、周颖：《百年导演梦：1905—2015华莱坞导演人种志研究》，《当代传播》2016年第2期；邵培仁、王昀：《华莱坞电影研究的基本内涵、方法取径与实践展望》，《当代传播（哲学社会科学版）》2017年第1期。

④ 曹怡平：《华莱坞的觉醒——以英国好莱坞、苏联好莱坞的失败为参照》，《电影艺术》2016年第4期；倪祥保：《"华莱坞"命名商榷》，《电影艺术》2017年第1期。

⑤ 邵培仁、周颖：《全球化语境下华莱坞电影题材选取问题探究——以2015年华莱坞电影为例》，《新闻大学》2016年第1期；王锦慧、卜彦芳、李念：《华莱坞电影票房预测模型的实证分析》，《新闻大学》2016年第1期；王冰雪：《全球风险中的华莱坞生态电影与地方想象》，《新闻大学》2016年第1期；戴哲：《作为"类型"的华莱坞都市爱情电影及其文本拆解》，《新闻大学》2016年第1期。

有多强的创新意识，就有多大的收获。邵培仁通过著作《华莱坞电影理论：多学科的立体研究视维》及其相关论著提出的“华莱坞电影”研究新思路、开辟的“华莱坞电影”研究新路径、建立的“华莱坞电影”研究新模式、采用的“华莱坞电影”研究新范式等逐渐得到学界和业界的认可。研究华莱坞电影的新理论、新理念可以应对华莱坞电影时代的新机遇、新挑战、新局面，以形成一个更适合于中国文化语境和中国电影发展的更为科学化、综合化、体系化的创新性“华莱坞”电影理论体系。

（一）华莱坞电影理论的创新性突破之一：多元化、交叉化、综合化

邵培仁关于媒介传播、文化传播的学术研究是一脉相传的，华莱坞电影研究中多元化、交叉化、综合化的体系架构在媒介生态学、媒介地理学、媒介管理学、华夏传播等研究中都有所体现。他将这一观念思路同样应用到华莱坞电影的研究中，并加以拓展、延伸，不断完善这一体系架构。华莱坞电影与华夏传播有着千丝万缕的联系，本土电影研究范式的打造以及本土电影研究理论话语体系的建构都离不开“华夏传播理论”的内核，同时华夏传播的“整体传播观念”也影响了华莱坞电影研究的体系建构，为华莱坞电影研究提供了系统整体的生态视角，启发了华莱坞电影研究在多维、多元上的串联、发散。

电影是一个多元混合体，是时间、空间、影像、文本、媒介、产业、景观、语言等多重身份的杂糅体，包含着时空的运用、文化的表达、景观的展现、美学的建构、生态的互动等多个切面。因此，华莱坞电影研究者应该意识到电影史学的杂糅性，关注电影接受史中的批判史与观众史，应该意识到电影元素中的文化杂糅性，通过全景式的目光，扩大研究视野①，植根于音乐、美术、地理、生态等跨学科知识深入研究，综合运用传播学、媒介学、社会学、心理学等多学科知识联动分析②，发掘华莱坞电影研究中的新热点、新切面，更加多元化、交叉化、全方位地探索华莱坞电影的多维领域。

① 邵培仁：《华莱坞电影理论》，浙江大学出版社，2017。

② 郭小春：《奏响华莱坞电影国际传播的美好乐章：浙江大学国际传播视野中的华莱坞电影学术研讨会暨博士论坛综述》，《中国传媒报告》2014 年第 1 期；张梦晗：《星星之火已成燎原之势：浙江大学“媒介生态学视野中的华莱坞电影”学术研讨会综述》，《中国传媒报告》，2015 年第 1 期；沈珺：《用国际华莱坞平台，讲华夏电影学术——浙江大学“身份认同与产业期许的双重变奏：华莱坞电影史观的新探索”学术研讨会暨国际华莱坞学会 2016 年年会综述》，《中国传媒报告》2017 年第 1 期。

（二）华莱坞电影理论的创新性突破之二：独立的体系建构

华人的华莱坞电影要实现自己的“中国梦”，需以地理为坐标，重建华莱坞电影与地理的亲缘关系；以文化为资本，重振华莱坞电影与文化的诗性色彩；以生态为根基，重启华莱坞电影与生态的审美共识。[①]邵培仁及其引领的华莱坞电影研究者，试图将华莱坞电影作为一门独立学科，建立科学的研究架构和学科体系，从而提高其社会认可度和国际影响力。

在世界电影全球化、多极化发展的趋势中，华莱坞电影作为世界电影的一个组成部分，电影创作者与学者应该积极思考华莱坞电影如何与好莱坞、宝莱坞、瑙莱坞电影之间展开互动联结，如何实现本土化转化与国际化传播发展的问题。

华莱坞电影试图构建不同于西方电影研究独立的中国电影研究话语体系。邵培仁在其《华莱坞电影理论——多学科的立体研究视维》《华莱坞电影概论》《媒介地理视阈下的华莱坞》等著述中都有志于建立一个独立的电影研究理论体系。邵培仁认为，华莱坞电影研究不是学术孤立也不是西方理论体系的附属品，它强调国际化的互动交流，同时也强调一种独立自主的态度，因为中国电影有其文化特殊性和历史独特性，本土化的过滤能更好地解释中国电影发展中的现象和问题。因此，华莱坞电影体系的建立为中国电影研究话语权奠定了基础，强调中国电影发展的本土性和主体性，强调中国电影研究的特殊性和独立性，强调华莱坞电影研究中的中国地位。它为世界电影研究提供了中国范式，为华语电影研究提供了新思路、新方法，体现了世界电影格局下华莱坞电影研究的价值和地位。

（三）华莱坞电影理论的创新性突破之三：互动联系的动态体系的建立

华莱坞电影强调研究的整体性，以多个视角，展开多学科、多视维的立体化分析，在更大的视野中囊括更多的视点，将尽可能多的散点囊括在内，进行全面而广泛的分析研究，各散点间错综复杂、互动联结，由此及彼、不断发散，因而形成一个较为体系化的整体。在华莱坞研究的许多理论中都渗透着邵培仁关于媒介生态学动态联系、融会贯通、和谐均衡的可持续发展思

---

① 邵培仁、周颖：《华莱坞电影国际化生存的三重维度》，《湖南师范大学社会科学学报》2017年第2期，第1—7页。

想，犹如千高原中的块茎结构[①]，通过“多元异质链接”形成多元联结、流转多变的有机整体，块茎结构是包容的、开放的，充满流变的。“华莱坞电影”作为中国电影理论的拓展性研究，已然体现了其与各学科间理论相互交融的“块茎”思维模式，凸显了包容性、创新性、适应性等特点。[②]块茎结构的研究方法使得华莱坞电影研究的每个微观话题在具有独立研究性的同时[③]，相互之间又存在着千丝万缕的联系[④]，从而总体上呈现出一种交叉立体式的整体性。

在数字化和全球化发展的浪潮中，互联网技术、视听技术日新月异，电影制作手段、放映技术、传播方式不断更新换代。依托于电影发展而形成的电影理论，是电影研究和电影发展的工具和指南，应与行业发展速度相匹配，不断更新思想、调整内容，跟进新潮流、适应新情况。而多样联系、动态开放的华莱坞电影研究体系正巧满足了当下对电影理论研究适应性和包容性的需求，“在华莱坞电影漫长的发展历程中，地理环境一方面制约、影响着电影资源，另一方面又存放、呵护着电影资源。具有主观能动性的电影人总是能发挥积极作用，实现电影活动与地理环境的协调发展”[⑤]，紧跟时代发展潮流，洞悉媒介发展趋势，敏锐捕捉华莱坞电影产业发展的新变化、新现象，以新问题、新热点，展开华莱坞电影研究的新思考、新探索，彰显出华莱坞电影研究体系的强大生命力和时代优越性[⑥]。

华莱坞电影理论体系的开放包容性和多样联系性，使其能够在瞬息万变

① 德勒兹、加塔利：《资本主义与精神分裂（卷 2）：千高原》，姜宇辉译，上海书店出版社，2010。

② 刘秀梅、刘思聪：《引领华莱坞电影研究的开山之作：〈媒介地理视阈下的华莱坞〉电影理论价值研究》，《中国传媒报告》2021 年第 4 期，第 118 页。

③ 王冰雪：《都市映像：21 世纪华莱坞电影媒介景观与全球化想象》，首都经济贸易大学出版社，2018；王誉俊：《国际眼光：电影的内容分级之于华莱坞的可持续发展》，首都经济贸易大学出版社，2020。

④ 邱子桐、徐艳蕊：《为大时代留影——历史进程中的华莱坞》，首都经济贸易大学出版社，2019；文娟：《商业美学的可能与限度：21 世纪的华莱坞功夫电影》，首都经济贸易大学出版社，2019；何镇飚、张侃侃：《作为国家软实力的华莱坞电影》，首都经济贸易大学出版社，2022。

⑤ 邵培仁、周颖：《重绘电影地图：突破华莱坞电影产业发展的“胡焕庸线”》，《暨南学报（哲学社会科学版）》2016 年第 10 期，第 44—45 页。

⑥ 李赛可：《华莱坞之提出及其文化创意内核——基于易智慧对中国电影产业发展的思考》，《浙江传媒学院学报》2014 年第 2 期；戴哲：《21 世纪以来都市爱情电影的文化阐释与产业分析：以华莱坞作为研究视角》，首都经济贸易大学出版社，2019；周根红：《构建华莱坞：新世纪中国电影产业发展研究》，首都经济贸易大学出版社，2019；邵静：《互联网媒介视角下的华莱坞电影产业研究》，《新闻爱好者》2018 年第 5 期；王誉俊：《华莱坞影视产业盗版生态环境的浅析》，《东南传播》2015 年第 3 期；王誉俊：《华莱坞电影的营销重点剖析——以市场导向的视角》，《东南传播》2014 年第 3 期；付永春：《跨国与跨文化视角下华莱坞电影理论与历史》，首都经济贸易大学出版社，2019；杨晓茹：《华莱坞电影品牌构建研究》，中国传媒大学出版社，2017。

的发展中经受住时间的磨炼和时代的考验，在变化中丰富自我、调整自我、发展自我，在发展中拓宽视野、增加视点，逐渐形成动态、多元、科学、系统的可持续发展体系。

综上所述，我们从宏观、中观、微观三个层面，全面分析了世界电影格局视野中邵培仁华莱坞电影理论的探索与创新，从宏观思索中俯瞰华莱坞电影的世界性格局，由此看到华莱坞电影研究之于世界电影理论研究的意义和价值；从中观探索中展开华莱坞电影理论的全方位观照，由此纵观华莱坞电影研究从质疑到认可的求索历程；从微观求索中总结出华莱坞电影理论的创新性突破，由此透析华莱坞电影研究的具体成就。

邵培仁作为一位勤于思索、勇于践行、大胆创新、不断开拓的华莱坞电影理论研究学者，在国内外学术舞台上播种了华莱坞电影理论的世界级传播愿景，实现了华莱坞电影理论全方位传播的绿荫式布局，为世界电影理论的研究贡献了中国力量、中国方案和中国智慧，经纬式编织出华莱坞电影的多极化、世界性研究体系。

【作者简介】刘秀梅，华东师范大学新闻传播学院教授、博士生导师，国际华莱坞学会副会长，主要研究方向为影视传播、华莱坞电影；刘思聪，华东师范大学硕士研究生，主要研究方向为影视传播、华莱坞电影。

【文献来源】刘秀梅、刘思聪：《世界电影格局视野中邵培仁华莱坞电影理论的创新体系建构研究》，《东南传播》2022 年第 8 期，第 12—20 页。

下 编

学术访谈、报道类

邵培仁：擦亮传播学的中国底色

蒋亦丰

每到考研季，浙江大学传媒与国际文化学院邵培仁所著的《传播学》就会被各大考研论坛的新闻传播学板块广泛推荐。这部著作已出版20余年，全国两百余所高校将其选用为课程教材。相较于海外译文教材的艰涩语言，此书的精髓在于凸显本土语境、挖掘中华优秀传统文化中的传播思想渊源。

对作为“舶来品”的传播学进行中国化探索和学理创新，培养出一代代放眼世界、讲好中国故事的传媒人，这就是邵培仁穷尽大半生心血孜孜以求的学问。

一、家国情怀描绘中国底色

改革开放初期，邵培仁进入复旦大学新闻学院学习。彼时国内的传播学盛行“西方中心主义”，教材、教法、学术资料多照搬西方。然而，用西方的传播理念来讲中国的故事，行得通、走得远吗？课堂内外，邵培仁不时与同学进行辩论。就一些学术问题不断交锋后，他们突发奇想：“别吵了，有种的写本书出来！”

1987年，邵培仁与同学戴元光、龚炜撰写的《传播学概要》作为试用教材面世，受到广泛好评。1988年，他们以《传播学概要》为基础，正式出版了国内首部传播学专著《传播学原理与应用》。邵培仁在这本书中主张将西方传播理论同中国文化结合。譬如，把《宋史》中的“贤路当广而不当狭，言路当开而不当塞”归纳为“排气阀理论”；用“凡人贱近而贵远，亲见扬子云禄位容貌不能动人，故轻其书”来论证信息传播过程中的“晕轮效应”；借助“揠苗助长”“秦伯嫁女”等典故来追溯古老的传播思想。国学经典与西方传播学经典相互交融，能让学生在学习中触发更多的“共情点”。据统计，邵培仁共出版了6种国家级、省级教材。

邵培仁的中国情结，源自其特殊的家庭背景。父亲是抗日战争中单枪匹马英勇擒敌的老兵，这对邵培仁产生了很大的影响。

多年来，邵培仁致力于建构中国特色的本土传播理论体系，尤其在华夏传播研究中倾注了颇多心血。他创新性地提出的“寻根主义”“传播的接受观”“传播辩证论”等理论概念与模型，解答了什么是传播学中国化、怎样进行传播学中国化的基础命题。2001 年，在他的带领下，《中国传媒报告》创刊，开启了华夏传播面向世界的一个窗口。如今，这本刊物已发展为展示海内外华人传播学者思想风采、繁荣和推进华夏传媒理论与实践的学术阵地。

二、交叉研究重构学科版图

传播学从诞生之初就面临着一种身份焦虑，中西方学者对其的判断从交叉学科、边缘学科到实践性学科、综合性学科等不一而足。

邵培仁认为，传播行业作为社会经济发展的一个领域，可以与其他行业相融相生。在发展本学科的同时为其他学科赋能。对此，他率先提出了“学科交叉”的思路，即传播学与其他学科实现教学融合。在其他学院的院长办公室里，时常能看到邵培仁的身影，他从零开始一步步跨界到不同的学科领域。他的孜孜探索，也成就了《新闻传播学》《经济传播学》《教育传播学》《政治传播学》等学术著作。这些国内同领域的首创性成果，构建起了一整套传播学作为交叉学科的学理框架。

更让邵培仁欣慰的是，大学课堂的“整合效应”也逐渐显现。在他的课堂上，经常会有学生展开热烈讨论，其中有传播学、中国文学、美学乃至哲学专业的学生。如果大家意犹未尽，邵老师还会自掏腰包办“学术午餐会”，时间一长，参加学术讨论的学生越来越多。后来，“学术午餐会”还获得了浙江大学院系文化建设优秀成果奖。

在邵培仁的治学路径上，交叉、跨界、融合串起了一条不间断的主线。20 世纪 90 年代，市场经济蓬勃发展，他投身传媒经营管理研究，出版了国内首部理论专著《媒介经营管理学》。进入 21 世纪后，新兴科技高速发展，他率先在国内建立了较为完整的媒介地理学和媒介生态学理论体系。有人统计过，邵培仁在 2009—2018 年的国内新闻传播学科 h 指数和学术迹在浙江大学排名第一，论文被引用 1.4 万余次，篇均被引 21.14 次，在业内被誉为“万引学者”。

三、"华莱坞"辟国际传播新路径

2021年，邵培仁主编的"华莱坞电影研究丛书"中的10多本书被美国国家图书馆和哈佛大学图书馆等许多海外图书馆收藏。

邵培仁2013年在国内首次提出"华莱坞"的理论命名。其意为，以华人为电影生产的主体，以华语为基本的电影语言，以华事为主要的电影题材，以华史为重要的电影资源，以大中华为电影的生产空间和生成环境。有学者认为："中国的文化软实力急需'华莱坞'这样的概念来提振和加强。"

"华莱坞"一经提出，很快便发酵为学术研究的"现象级"理论。邵培仁带领团队走进浙江多个影视基地，从一线的导演、编剧、演员处获取大量的产业数据，并结合自身研究，从概念层面研发了多个产业参考模型。比如，就华莱坞中的中华古建筑美学，邵培仁提出，要将人的心理体验与意念作用投射到建筑中。他从知名华语电影中的"门""屋檐"入手，详细阐述了古建筑如何在华语片中做到意、象、境的合一。他以在北美热映的华语片为例，分析其背后的文化符号营销理论，为中国电影如何从文化上打开西方市场寻找"金钥匙"。

此外，邵培仁还提出了"亚洲传播""人类整体传播学"等理论、概念，进一步拓展了中国传播学国际化研究的路径。为深化国际社会对中国提出共建"一带一路"倡议的基本认知，他还提出了"整体全球化"这一新的学术话语，引发了中外学界的广泛关注。

正如人们所看到的，无论在传播学科的哪个领域，学科发展史上都留下了邵培仁躬行示范的身影。浙江大学青年学者林玮感叹道："邵培仁老师不但声名卓著，建树极丰，更以其儒雅博大的胸襟，形塑着中国传播学派，乃至重构着世界传媒研究的学术版图。"①

四、以仁爱之心培育中国传媒人

"父亲给我起名培仁，是要我做仁厚之人，用仁爱之心教育培养人才。"2018年，在第六届范敬宜新闻教育奖颁奖仪式上，获奖的邵培仁感慨道。

---

① 陈江柳、谢梦桐：《充实内涵　拓展外延——邵培仁新闻传播理论的探索与创新研究》，《浙江理工大学学报（社会科学版）》2022年第2期，第167页。

在学术方面，邵培仁是位“严师”。对于学生培养，他有着自己的要求。无论是硕士生还是博士生，只要收到录取通知书，就同时也会收到导师邵培仁的“入学考验通知”——开学时带两篇论文来报到。对于交上来的论文，他总是仔细提出修改意见，“打回去”让学生修改，同时附赠几句“邵氏教育格言”——“学习不怕慢，就怕站”“读书宜广，撰文宜专”等。许多论文“脱胎换骨”后成功发表，让刚入学的学生信心大增。

在教书育人上，邵培仁也有自己独到的方法——他研究了海内外30余所大学新闻学系的教学计划，再结合网络传播的时代特征，制定出以“宽、交、专”兼备为特色，压缩传统新闻学课程，大幅增加传播学和电脑、网络课程的浙大传播学科本科人才培养计划。邵培仁还创新提出，要将年轻教师备课课时计算为上课课时，给予备新课奖励等办法，使得新计划中的新课顺利开课。在他的领衔下，学校的硕士、博士、博士后的学科培养体系陆续完成。

在学界，邵培仁尤以关爱学生、后辈而广受赞誉。他常说：“要像爱自己的孩子一样爱自己的学生，要像管朋友的孩子一样管自己的学生。”邵培仁经常带着学生们一起登山、观展、游园，师徒几人席地而坐就是一场小型的学术研讨会。在他的学生当中，还流传着很多温情故事：哪位学生结婚了会请邵老师做“证婚人”；有些弟子直到毕业还弄不明白，为何自己卡里总是每月比别的同学多几百元……

学术即生活，生活即教育。邵培仁躬身垂范、言传身教，培养了数以百计的硕士、博士、博士后。他们中的许多人，如今已成长为传媒学界和业界的中流砥柱，在传播学的理论研究和实践探索中贡献着中国力量。

【文献来源】蒋亦丰，《中国教育报》浙江站站长、高级记者。

【文献来源】蒋亦丰：《邵培仁：擦亮传播学的中国底色》，《中国教育报》2022年5月20日第7版。

“新文科背景下，新闻传播学应回归‘人’的本质维度！”

——访著名传播学家邵培仁教授

赵允芳

邵培仁先生，浙江大学传播研究所教授、博士生导师，中国新闻史学会中国传播学会副会长，中国传媒经济与管理学会副会长，原浙江省传播学会会长，美国中国传媒研究会主席。作为国内传播学研究大家，邵培仁从中国改革开放引进传播学以来，在近四十年的学术研究中取得了丰硕的成果，先后发表论文360余篇，已撰写或主编出版30余部专著。他富有创新性的成果填补了国内传播学研究的多项空白，丰富了中国传播学研究的学术体系，在传播学研究领域具有风向标的意义。近日，本刊记者就如何更好地实现对外传播、新文科建设背景下的新闻传播学重构等问题，采访了邵培仁先生。他结合自己多年的研究心得提出，无论是新闻传播业界还是学界，都需要内外兼容、古今贯通。唯其如此，才能真正解决当前所共同面临的问题，建构具有中国特色的学科体系、学术体系和话语体系。

一、是“作为技术的传播”，还是“作为文化的传播”

赵允芳（以下简称“赵”）：邵老师好！最近一直在认真研读您的几部传播学专著，由衷感到，您是当代传播学领域的一位“宝藏学者”。这不仅是指您学术研究范围之广、成果之多，更是指您融通古今、中外历史文化的大手笔、大视野与大格局。可否和大家分享一下，您在把握和平衡学术研究的“专”与“博”方面的体会和建议？

邵培仁（以下简称“邵”）：我的确涉猎了多个领域，但并非有意为之，而是循序渐进的结果。就阅读与写作来说，我跟大部分研究者差不多，从读第一本“精彩的书”开始，被书中的精彩论述所折服；随着阅读量的增加，我逐渐发现一些作者彼此“惺惺相惜”，在某一个问题上相互接引、发挥，发人深省但“意犹未尽”。他们聚合在一起，成为一条深厚的脉络，也成为自己思考路径和知识结构的组成部分，当自己面对各种现实情境时，往往也能“有感而发”，跟前人形成“呼应”。此时，如果说已经具备了相当的“博”和一定程度的“专”，那么也意味着他或许正进入一个新的瓶颈期——只对“似曾相识”敏感，却对矛盾和张力反应迟钝，尤其是要对各种不尽相同甚至相互抵触的观点做出选择和判断时，自身知识结构的漏洞便凸显出来。

庄子说：“吾生也有涯，而知也无涯。”（《庄子·养生主》）严耕望认为：“专不一定能精，能精则一定有相当的专；博不一定能通，能通就一定有相当的博。”（《治史三书》）这是人认识能力的有限性和知识无限性之间的矛盾。“鹪鹩巢于深林，不过一枝；偃鼠饮河，不过满腹。”（《庄子·逍遥游》）。人有时候需要忘记“专”与“博”的张力，让学术的兴趣和爱好牵引自己慢慢前行，在阅读中静心享受求知的无穷乐趣。

赵：您在《华夏传播理论》一书的前言中论及“薪尽火传”时，提出了一个非常有现实意义的传播学命题，即如何在不同类、群之间打破隔阂，避免冲突，实现交流与融通。您由此提出了一个非常重要且具有个性特色的学术观点，即在交通发达、传播迅速、东西方文化思想相逢甚或交融之际，我们依然应该“向古人请教”，因为“资讯往来仅属浮面，若无深层的智慧，终难提供终极洞见”。您这里提到的“中国智慧”，对今天我们想要摆脱的“有理说不出”“说了传不开”的对外传播困境，有非常重要的启示意义。您认为，今天我们的青年记者和学者，该如何以古为师，从中国传统文化中提炼和汲取具有现代性甚至未来性的思想成果，来更好地实现对外传播和全球传播研究？

邵：对传播学科来说，“以古为师”的路径在很长时间里都像“异端”，似乎与年轻的、现代化的传播学格格不入。背后的深层逻辑在于传播的定义——将传播看作技术还是文化？从“作为技术的传播”看，古代世界似乎是一个过时、落后和原始的存在，是陪衬现代世界的背景；从“作为文化的传播”看，古代世界却是一个生动、活泼和智慧的存在，是启示现代世界的钥匙。“以古为师”，首先就要破除成见、放低姿态，让自己向中国古代的文化世界敞开胸怀。

中国传统文化主张宽容、平和、开放、交流、兼收并蓄，而不是隔阂、封闭、斗争、对抗。这种“和而不同，感而遂通”的人文主义品质，集中体现为儒释道互补并存的历史文化景观，也是进行对外传播和跨文化传播研究“中国智慧”。

“对外传播”本质上是“跨文化传播”，即一种文化对另一种文化的传播。单纯依赖媒介技术不足以支撑跨文化传播或对外传播的效果。我们要像克利福德·格尔茨（Clifford Geertz）所提倡的“用别人的眼光看我们自己”，并且“在别的文化中间发现我们自己”①。跨文化传播研究也要换位思考，站在对方的立场，充分认识和理解对方的价值观、认知水平和文化需求，以一种人性化的平等交流的姿态告诉他们：我们曾经、正在和即将是什么？想什么？做什么？会成为什么？

二、“要建立一个整体互动的新闻传播学”

赵：特别感叹您惊人的阅读量，尤其是您善于从传播学的视角，对大家熟知的古代典籍加以重新解读和系统阐述，令人耳目一新。您对于中西传播文化的对比交叉研究也是俯拾皆是，风趣幽默。如您由管子的“遍知天下”联想到西方的“受众理论”，把《宋史》中的“贤路当广而不当狭，言路当开而不当塞”归为“排气阀理论”，将鲁定公的“一言而可以兴邦”比作古代的“魔弹论”，您还从东汉恒谭的“凡人贱近而贵远，亲见扬子云禄位容貌不能动人，故轻其书”的历史记载中读出了“晕轮效应”……在当前新文科建设背景下，新闻传播学的学科体系到底该如何重构？理想的新闻传播学人才教育是怎样的？

邵：从传统文科到新文科，一个重要的思维方式转变是打破现有学科壁垒，既主张自然科学与社会科学的交叉融合，也主张人文学科与社会科学的有机融合，破除“碎片化”“条块分割”“画地为牢”“只见树木不见森林”“隔行如隔山”等一系列弊端。新闻传播学科的起步得益于现代媒介技术的发展，因而融入自然科学早已成为一项“自觉”的传统。但人们往往忽视了人作为传播研究的核心要素，忘记人文情怀才是我们传播研究的出发点、动力源和目的地。

在新文科背景下，新闻传播学应该回归“人”的本质维度，走向技术与文化的结合。不仅要在原有的与社会学、心理学、政治学等社会科学交叉的基础上，继续融入大数据、物联网、虚拟现实、移动互联、人机交互等新技

① 格尔茨：《地方性知识——阐释人类学论文集》，王海龙、张家瑄译，中央编译出版社，2000，第19页。

术，还要进一步与传统的人文学科如哲学、历史学、文学以及人类学联姻，建立一个整体互动的新闻传播学。

新闻传播教育同研究一样，要认同国际理念、追求国际标准、争取国际认同、进行国际交流，这样才能培养出具有跨文化背景的优秀新闻传播人才。但是，目前中国的新闻传播教育问题比较多，需要进行一场深刻的教学和学习方面的改革。在新文科背景下，理想的新闻传播教育需要让学生既深入了解中国文化、中国国情，知晓国际前沿知识和最新传播科技，也懂得多学科理论和方法，能深切体味新闻传播学科的人文情怀和价值关切，成为有创新精神的复合型人才。

赵：习近平总书记指出："只有以我国实际为研究起点，提出具有主体性、原创性的理论观点，构建具有自身特质的学科体系、学术体系、话语体系，我国哲学社会科学才能形成自己的特色和优势。"[①]您的很多研究，如华夏传播理论、华莱坞电影研究等，都扎根中国本土文化，同时又能融通西方思想成果，具有鲜明的学术独创性。您认为，作为人文社会科学重要组成部分的新闻传播学，其新文科建设之路应该有着怎样的学术自觉和时代担当？尤其是中国新闻传播学的本土化突破口在哪里？

邵：您的问题指向了本土性与全球性的张力，蕴含着费孝通所说的"文化自觉"，但很多新闻传播学学者往往缺乏这种自觉——将全球性视为理所当然，却对本土性"视而不见"。学术当然需要批评和争鸣，但几乎没有人意识到，"批评"本身也是话语的产物。借用庄子的思维方式，谁来判定批评话语本身的合理性？在这个意义上，对批评的"批评"、对反思的"反思"就更加难能可贵。

传播本土性是具有国际视野、全球内涵的文化本土性；传播学本土化是一种对"根"的追寻，也是一种对"干"的审视；是对世界文化和传播思想的涵纳，也是华人传播学者的一种文化自觉、文化自省和文化自信。中国新闻传播学的本土化面临的首要问题，仍然是如何将西方传播理论以及传播要素与中国的传统文化和社会现实相结合，如何在厘清西方学术脉络、借鉴中外学术精华的基础上，在中国进行传播学术的寻根、探流和据实、创新。就像我在《华夏传播研究（第 1 辑）》的贺词中所写："不应执拗于内，而应内外兼

① 习近平：《在哲学社会科学工作座谈会上的讲话》，人民出版社，2016，第 19 页。

容；不要执意于古，而要古今贯通。”①

三、中国传播学研究并非“越土越好”

赵：您在论及传播学本土化建设时，还着重提到了急需注意的另外一个层面的问题，即：“越是本土的，就越是世界的吗？”②这是非常具有前瞻性的一问。您能否简要地介绍这方面的思考心得？

邵：这个问题的背后有不少争论。从根本上说，这其实是一个有问题意识的“问题”。在传播学研究中，李金铨曾说：“他们的问题也许‘不完全是’我们的问题，我们的问题几乎‘完全不是’他们的问题。”因为，西方人是“团体格局”，中国人则是“差序格局”。③对于西方传播学，我们需要系统了解、虚心学习，但更需要批判吸收、自主创造、为我所用，切不可照抄照搬。对于西方传播学的态度应该是“迎而又拒，拒中有迎”，亦即“迎新不迎旧，排污不排外”。中国传播学研究也不是“越土越好”，因为过度“本土化”极易成为“井底之蛙”，为世界所嫌弃。因此，本土传播学要真正走出国门、走向世界，参与国际交流与对话，必须尺度适中、张力合理、富有弹性，必须在坚持学术主体性的同时，关注和适应当代传播学和媒体的脉动和特点，关注和适应全球化和国际化趋势和需求，从而使得本土传播学不仅为中国学界也为世界学界所接受，成为充实和丰富世界传播学的重要资源。

赵：您曾分别将文学、新闻与学术的功能定位进行过形象生动的比较。如您所说：文学是用一根针挖一口井，学术是将一桶水变成一杯茶；新闻的责任在于揭露真相，学术的使命在于揭示真理。这应该是指一种较为理想的境界。您认为，目前的学术研究距离“揭示真理”的成效和境界还有多远？

邵：“揭示真理”的一个重要指标是提出新的概念和理论。但是，中国传播学界往往只甘心做概念和理论的搬运工，仅满足于“应用真理”，而不是“揭示真理”。我从事传播学研究近40年，发现“就地搬砖”的多，“添砖加瓦”的少。在中国，如果谁提出了传播学研究中的新概念或新理论，随之而来的往往不是欣赏和赞扬，而是冷漠和嘲讽。相反，学界对于西方传播学的新概念、新理论甚至旧概念、旧理论却亦步亦趋、趋之若鹜。如果某一天

① 谢清果：《华夏传播研究》，中国传媒大学出版社，2018，第12页。
② 李金铨：《视点与沟通：中国传媒研究与西方主流学术的对话》，《新闻学研究》2003年第77期。
③ 费孝通：《乡土中国》，上海人民出版社，2013，第27页。

中国传播学界“文人相轻”变成了“文人相亲”，那么中国传播学研究的春天就来了。中华民族是一个富有智慧的民族，中国科技界的巨大成就举世震惊，中国人文社科研究包括传播学研究也应该让世界刮目相看。

四、从“学术生产力”向“学术影响力”转变

赵：您在繁重的教学和研究之余，还主办了《中国传媒报告》和《中国传媒研究》杂志。对于学术期刊的创办和期刊的价值担当，您曾在《专家学者，您凭什么牛》一文中有过深刻的论述。您在文中提到的中国“无用论文”数量之惊人与零引用占比之高（近 1/4 的论文未被下载或引用），很震撼。我们在办刊过程中也有诸多困惑与瓶颈，比如，如何破解新闻业界和传播学界的话语隔阂。尤其是当前新闻业界正在进行的媒体深度融合，可谓一次前所未有的艰苦探索，学界的相关理论研究与业界的媒体融合实践却总感觉是“两张皮”。您认为应如何从期刊的角度来改善这种现状，推动实践与理论的深度融合？

邵：新闻业界和传播学界的话语隔阂由来已久，俗称“两张皮”，其形成原因可能有三点。一是传播学界与媒体界互不来往、互不买账。二是传播理论脱离实际。有的沉湎于西方传播学研究而“食洋不化”，有的热衷于传播学的“玄学”研究而“不接地气”，有的崇尚“数据说话”的量化研究而导致“宏文微义”。传播学研究热火朝天的背后是思想的贫穷和知识的匮乏。三是媒介生态飞速变化。过去传统媒体是单向传播，相对封闭，媒体和受众界限分明；现在由于传播科技飞速发展、新旧媒介融合日新月异、商业模式瞬息万变，受众成为信息和新闻的生产者和传播者，媒体已不是传播学研究的唯一焦点，而变成了多焦点、多社群、全媒体、全社会的研究。在“理论追赶实践”的过程中，滞后的传播学像一张不断膨胀的“学科之网”，布满各种“节点”，但彼此却间隔很大，没有形成整体互动的理论架构。

因此，对传播学期刊来说，需要从“守株待兔”走向“主动出击”，从“听之任之”走向“积极引导”。积极向传播学、媒体融合研究的专家学者约稿、组稿，甚至可以“命题作文”或“以问寻解”；积极参加各类新闻传播学术研讨会，从会议论文中挑选高质量文章；积极同作者沟通，“物色”、培养有潜力的年轻学者。总之，从选题策划、组稿、座谈、研讨到编辑、发行，都需要“主动出击”和“积极引导”，保持与学界、业界的积极联动。

赵：我们在工作中普遍感到当前的学术论文问题意识淡薄，甚至不乏动辄

几十条注释却唯独看不到作者自己见解的现象，如何发挥学术期刊的导向作用，助推实现您所倡导的“从学术生产力”向“学术影响力”的转变？

邵：这的确是一个需要仔细思考的问题。旁征博引只是手段，究竟是“温故知新”“推陈出新”，还是“为引而引”“人云亦云”，关键要看有没有形成学术对话和在前人研究的基础上提出新的观点、方法或认识。中国传统文化中将那些读书很多但不善于应用、没有自己见解的人及行为贬为“两脚书橱”和“掉书袋子”，过去不被待见，如今却颇有市场。这是学术界的悲哀啊！

过去三十年传播学研究没有出现任何新的激动人心的宏大理论，一些所向披靡的研究方法已精疲力竭，整个学科支离破碎、人心涣散，没有凝聚力和方向感。现在迫切需要立即着手“解决人文学科面临的危机”，既要重视基于问题的原创性、开拓性、议程性的学术生产力，也要重视学术传播力和影响力，反对生产学术垃圾和污染学术环境。

五、新闻无学？“传播有学”！

赵：对于当前传播格局下的媒体演变，您曾多有反思。如您总结认为，在全球范围内，“新闻媒介正在蜕变为娱乐媒介、大众媒介正在蜕变为小众媒介、严肃媒介正在蜕变为草率媒介、正义媒介正在蜕变为势利媒介、先锋媒介正在蜕变为尾随媒介……”在当前的社会媒介化以及媒介的社会化进程中，媒体尤其是主流媒体应该进行怎样的价值重塑？对于当前的自媒体发展和由此而来的诸多乱象，您有什么样的看法和规范治理建议？

邵：由于大众媒介的飞速发展，我们曾经自豪地认为自己进入了信息时代。但现在才意识到，媒体很多时候只是扮演了一个“万事通”的角色，当你撩起它的面纱，暴露的却是致命的“软肋”：真相匮乏、知识短缺、科学贫瘠和思想危机。

在信息时代，首要污染物其实就是信息本身，而媒体正是污染大户。例如，面对新冠疫情，一些媒体尤其是自媒体既有无休止的惊慌失措，还有反复无常的碎片化信息，再掺杂社会上的各种道听途说、街谈巷议和流言蜚语，让受众心力交瘁，甚至形成信息“雪崩”、信息“洪水”和信息“病毒”，引发信息“疾病”和信息“瘟疫”，危害社会和人类自身。不仅如此，又出现了“看到”打败“听到”、视觉优于听觉、影像压倒文字的现象，使得人们眼花缭乱而无所适从。

面对这一乱象，主流媒体反而更需坚守自己的传统——视事实如生命，坚持用事实说话，忠实、客观、公正地报道事实真相。这既是新闻报道的铁则，是对新闻传播者最起码的要求，也是为现实担当、对历史负责。

赵：您的传播学论著有着“立德树人”的深远考量，而不是追逐一个又一个表象和热点。最近看到《中国青年报》时评作者曹林反思新闻业的一篇文章，他提到新闻业虽冠以“新”字，却离“新知”很远，常常为信息过载所累，并再次提到了所谓“新闻无学”的问题。他主张“把过去邀请到现实中来”，回溯经典文本，让头脑向不同经验开放，如此才能拥有用未来引领当下的能力。新闻是否真的“无学”？这是一个老话题，但也是一个一直被搁置的话题。一是想听听您对此说的看法，二是想向您讨教：当代新闻人如何才能超越认知局限，真正能够传播“新知”、提供睿见？

邵：我们看到，一些媒体人重回校园“充电”，他们自称不是因为缺技术，而是因为缺理论。信息不等于理论，更不等于智慧。哪怕是天天跟信息打交道的媒体人，也依然要从经典文本和文化宝库中获得智慧。在媒体时代，信息主宰了人的注意力，而且远远超过了人的吸收能力，因而人需要具备一种理论素养和心智品质，以便看清时代、理解社会，找准自己的坐标和方向。如果说“新闻无学”、没有经典，那么“传播有学”、有自己的经典文本，当今许多传播问题都可以在华夏传播理论、亚洲传播理论和现代传播学说中找到分析和解决的路径和答案。

近年来，传播学界出现了一股读书新潮，一些知名教授通过组织各种读书会、微研会将年轻学者与学生组织到一起，或线下或线上，立足当下、回顾经典、展望未来，而且时常会提供各种形式的书单。没有什么新思想是从天而降、没有传承的。从古至今，读书历来是汲取知识的路径和生产知识的基础。通古今之变，览世界之势，只有坚实的知识结构才能帮助我们穿透信息与流量的表层，用宏观、中观和微观结合的视角来审视、认识世界和自己。

六、“除了网上的风花雪月，还有生活的柴米油盐”

赵：上次联系您时，您说正在修订两本书，一是《媒介地理学：媒介作为文化图景的研究》，二是《媒介生态学：媒介作为绿色生态的研究》。网络上这两本书的读者评价说，这两本是“非常扎实的书”。您一直倡导传播学交叉研究，在这方面也取得了很多开创性的成果。正所谓站在不一样的地方，才能看到不一样的风景，但开辟新路的艰辛也是可以想象的。能否简单介绍一下您当初面临的阻力和困难？在中国文化语境中，这样做又有何现实意义？

邵：1988年，我与两位朋友合著出版了国内第一部传播学著作《传播学原理与应用》，引起了巨大反响。我当时就预感到，传播学总论与分层传播研究可能会成为热点，而交叉传播研究虽潜力巨大、宝藏丰富，却可能会被学界忽视。这也正是中国传播学研究的突破口和创新点。于是我立即着手进行传播学交叉研究，先后主撰、主编出版了十几部相关著作，其中包括有较大学术传播力和影响力的《媒介生态学：媒介作为绿色生态的研究》和《媒介地理学：媒介作为文化图景的研究》。

交叉研究或跨界研究是传播学与生俱来的品性和特点，也是人文社会科学发展繁荣的基本趋势。传播学交叉研究犹如小鸡破壳，意味着旧的事物被改变、颠覆、破坏，新的事物出现、生长、做大、做强。但是，有些人不愿意看到世世代代辛苦建立的知识大厦因为交叉研究而支离破碎或土崩瓦解。因此，交叉研究必然有来自观念、制度、学科、组织等方面的阻力、干扰、嘲笑和批评。可以说，人若没有一定的闯劲、韧劲和勇气，很难在创新研究的路上坚持下来。

交叉研究也是理论联系实践的需要。在全球治理风险不断扩大的今天，重大社会问题难以透过单一主体和学科领域来予以回应，必须纳入多元协商的社会决策体系。传播学研究讲究应用性、实战性和可操作性，其遇到的许多现象和问题（如疫情、危机传播等）并不是本学科能够圆满解决的，必须采用多学科交叉融合的方法共同因应。

赵：您在书中曾引用了塞缪尔·P. 亨廷顿（Samuel P. Huntington）关于文化差异何以加剧分裂和冲突的经典之问。同时您认为，正是传播使人得以发展人性而远离生物性，它让人反思“物竞天择，适者生存”的丛林法则，并试图通过交往与沟通，建立一个人类价值的理想世界。现在的问题是传、受边界日益模糊、媒体类型最为多元，乃至人人皆是传播主体，整个社会都呈现出深度媒介化的特征，但似乎人们的观点反而越来越难有共识，既有的文化隔阂也有不减反增的趋势。在当今百年未有之大变局下，您认为传播是否还有可能改善甚至改变当下的交流困境？

邵：在建立理想世界这个问题上，很多传播学者都表达了悲观的看法。约翰·德拉姆·彼得斯（John Durham Peters）认为，依靠大众媒介实现“心连心”不切实际，转而提出“手拉手”的现实主张。雷吉斯·德布雷（Régis Debray）主张，将信息传递的时间和空间层面区分开来，依靠媒介技术实现空间中的传播，却发现难以实现时间中的传承。媒介技术可能加剧“代沟”的隔阂，从手机和社交媒体中成长起来的一代，与电脑和网站中成长起来的一代可能大为不同，与看电视甚至看报纸成长起来的那一代区别就更大了。社交媒体的“众声喧哗”已经显示出病态：人们可以借助媒介技术迅速实现“志趣相投”，由此出现了各种趣缘群体和“圈”，但“话不投机半句多”的现象也很常见，甚至有人“势不两立”“互撕”和谩骂，或者“借题”发泄情绪，或者借流量、蹭热度而“为所欲为”。互联网是一把双刃剑，它放大了“情感”的力量，本应有的理性讨论却姗姗来迟，甚至越来越难。

媒介技术的不断发展造成了一个越来越明显的结果——线上生活与线下生活、私人生活与公共生活、肉体真身与符号替身的分裂。媒介既是优势也是劣势，能让我们了解世界，也能让我们看不见真正的世界。我相信，技术与文化在今后依然会继续磨合，因为生活还要继续，除了网上的风花雪月，还有生活的柴米油盐，一旦成家立业，线上生活与线下生活、私人生活与公共生活、肉体真身与符号替身的张力便需要再次缝合。

【作者简介】赵允芳，博士，《传媒观察》主编，高级编辑，主要从事新闻与传播学研究、现当代文学批评以及历史文化散文写作等。

【文献来源】赵允芳：《“新文科背景下，新闻传播学应回归‘人’的本质维度！”——访著名传播学家邵培仁教授》，《传媒观察》2021年第9期，第17—22页。

滴水现阳：中国传播学研究的个人记忆

——访浙江大学邵培仁教授

林 凯

一、传播学的启蒙与个人研究

林凯（以下简称“林”）：邵老师您好！感谢您花费宝贵的时间接受我的访谈！我访谈的目的，既是想为中国传播学研究留下珍贵的当代记忆，也是想借此更全面、系统地了解您学术研究的历程及独到的传播学研究思想，以启示和指导后学。您作为当前中国传播学研究的专家，是中国传播学第一代学者，在近40年的学术研究中取得了丰硕的成果，形成了富有特色的传播学研究理论，为中国传播学研究做出了巨大贡献！您也见证了中国传播学从引进到发展的艰难曲折的全部过程，目睹、参与了中国传播研究中的热点事件、学术争辩和改革创新。那么，我们的访谈就开始了。

邵培仁（以下简称“邵”）：你客气了。好吧！我也正好通过这个访谈总结、反思一下自己走过的学术道路。

林：您是在何时接触到的传播学？当时谁是您的启蒙老师，您当时又是如何理解传播学的，是什么让您决定投身到传播学的研究中？

邵：现在你们年轻人做学问比较幸福和方便，可以及时获取国内外最新的、最前沿的学术论著和信息，因为随着传播科技的发展和“互联网+”人工智能的介入，学术生产的效率提高了，学术媒介与受众之间的时间距离越来越短了，通过网络读取越来越便捷了。我们在读书时可没这么好的条件。我所阅读的第一本传播学方面的书，好像是1983年人民日报出版社出版的国内学者介绍西方大众传播研究的文集《传播学（简介）》[①]，十几万字，通俗易懂，我在书店看到立即买了，看了两三遍。我对这里面的新概念、新观点和

---

① 中国社会科学院新闻研究所、世界新闻研究室：《传播学（简介）》，人民日报出版社，1983。

新思想很着迷。当时复旦大学办了助教进修班，因为新闻学科教师队伍人才质量急需提升。但是，这个助教进修班和其他进修班不一样，它是要考试的，同今天的研究生考试一样，有考试科目和参考书目，上课很规范、严格，本校的几位老师通过答辩都获得了新闻学硕士学位。当时，丁淦林讲中国新闻史，李良荣讲新闻学概论，居延安讲大众传播理论，祝建华讲传播研究方法，周胜林讲新闻写作，师资队伍很强大。名师出高徒。这个班的 23 个人，后来大多是新闻传播学界的教授级甚至博导级人物，如戴元光、刘海贵、程士安、尹德刚、芮必峰、龚炜等。

1986 年，《中国大百科全书·新闻学卷》主要编委在复旦开会，就是讨论居延安撰写的"传播学"条目。我在会议现场，很羡慕能在大百科全书里面撰写一个条目。当时想，如果我哪天能在大百科全书里面撰写一个条目就好了。谁能想到，我在多年前已在英文中国大百科全书里面撰写过"期刊"条目，如今在《中国大百科全书·传播学卷》中担任跨文化传播分卷的主编。这从侧面反映出传播学科发展太快了，由过去的一个"传播学"条目，发展成"传播学卷"。人世沧桑，学术之树常青。

我们 1986 年在复旦读书时开始撰写《传播学原理与应用》书稿时，还有人对传播学存在不同的意见。特别是 20 世纪 80 年代，一些研究传播学的人有的去了国外，有的放弃研究了，而我居然能在江苏出版《政治传播学》《经济传播学》《艺术传播学》和《教育传播学》等书。这是很不容易的，这得感谢当时江苏人民出版社和南京大学出版社领导和编辑的眼光和胆识。所以，我后来有两本书还在江苏出版，有的到上海、北京出版。有的地方经济发达，思想却比较保守。我们搞传播学研究的真是不容易，回首过去，我觉得自己能够走到今天，是值得庆幸的。

林：您认为翻译介绍到中国来的传播学著作中，哪些比较有代表性并有效地反映了西方的传播学研究进程，从而推动了中国的传播学研究？

邵：我认为，比较经典的有代表性和有影响的西方传播学著作主要有：本·H. 巴格迪基安（Ben H. Bagdikian）的《传播媒介的垄断：一个触目惊心的报告》（1986），麦奎尔和温德尔的《大众传播模式论》（1987），J. 赫伯特·阿特休尔（J. Herbert Altschull）的《权力的媒介》（1989），梅尔文·L. 德弗勒（Melvin L. DeFleur）和埃弗雷特·E. 丹尼斯（Everette E. Dennis）的《大众传播通论》（1989），施拉姆和威廉·E. 波特（William E. Porter）的《传播学概论》（1994），维尔纳·J. 塞韦林（Werner J. Severin）和詹姆斯·W. 坦卡德（James W. Tankard，Jr.）的《传播理论：起源、方法与应用》（2000），赫伯特·马歇尔·麦克卢汉（Herbert Marshall McLuhan）的《理解媒介：论人的延伸》（2000），李特约翰的《人类传播理论》（2004）和《人类传播理论》（2004），埃弗里特·M. 罗杰斯（Everett M. Rogers）的《传播学史：一种传记式的方法》（2005），麦奎尔的《麦奎尔大众传播理论》（2006），等等。这也可以从译著引用率检索中看出来，我自己引用得也比较多。最近十几年还有几本译著也蛮好，但引用率还没有上去。

林：您认为自己最杰出的传播学作品是什么，主要的理论创新又是什么？

邵：我认为，那本高等教育出版社出版的“面向21世纪课程教材”——《传播学》，是我最满意的作品。我认为这是一部推进自主创新、形成本土特色的作品，与其他教科书相比，具有自己的特色和风格，主要体现在以下几个方面。

第一是本土性。我在书中谈到，作为“舶来品”的传播学，要与一定的社会历史条件相结合，也要结合特定的民族文化语境，而且也需要与所在国家的传播实践相结合并为其服务，而不只是简单地贩卖和照搬，否则必然会遭到人们的拒绝，甚至反对。我认为，对待西方传播学的态度应该是“迎新不迎旧，排污不排外”。在这本书中，我对西方的传播制度理论、媒介理论、受众理论进行审视与批判，对中国传统文化和现代学术中的传播思想、传播观念进行挖掘和整理。例如，用“近朱者赤，近墨者黑”来说明传播环境对人的影响；用“凡人贱近而贵远，亲见扬子云禄位容貌不能动人，故轻其书”来论证传播中的“晕轮效应”。

第二是创新性。中国传播学研究长期处于西方传播学“话语霸权”的控制之下，一些传播学者的理性思维和创造才能在受到这种“话语霸权”的影响之后，落入了既定的话语空间和思维陷阱，成了思想的俘虏往往还浑然不知，有的人甚至对一些创造性幼芽横加鞭挞。我一再呼吁人们坚持学术个性、力争超越创新。我在书中对传播学研究体系、人类传播、信息时代的各种传播问题、传播策略、受众心理等都进行了分析，阐释了五次传播革命、阳光模式、整体互动论等理论。这些都得到了传播学界的肯定。

第三是现实性。看过这本书的读者一定会发现，这本书是以崭新的分析模式和表述方法来关注和阐述丰富多彩的现实活动、当下社会问题和前沿理论的。比如，如何应对“信息爆炸”“信息匮乏”，如何抵御“信息污染”“信息侵略”，如何适应受众的动机和需要，如何构建符合信息社会特点的传播模式，如何合理发挥大众传媒的功能与作用，如何营造和构建媒介组织的传播环境，传播者如何才能取得较好的传播效果，等等，具有很强的可操作性和现实意义。

第四是系统性。全书从阐明传播和传播学的基本概念入手，对传播流程的基本环节，以及目前传播学研究的主要范畴和领域进行考察和梳理。我在深入分析传播学五大传统研究内容的基础上，提出了学科论、本体论和传播符号、传播环境、传播技巧等研究内容，并且整合和介绍了近年来传播发展的相关知识和最新信息，使研究体系更加系统和科学。这样做一方面有利于科学地揭示传播活动的内在规律，便于学生循序渐进地认识和把握这些规律；另一方面有利于全面地展示当前传播学研究的基本框架、知识构成和国际背景，从而让学生在此基础上生成和发展新的知识，提高学生的创造力。

第五是易读性。我认为，要想让学术著作真正取得理想的社会效果，就必须让它简明易读。这不仅是站在人本立场上为传播对象考虑，而且也是为了提高传播效果，替传播者自己考虑。

除了《传播学》一书，对《华夏传播理论》《媒介生态学：媒介作为绿色生态的研究》《媒介地理学：媒介作为文化图景的研究》这三本书，我也倾注了大量心血，是我比较满意的著作。

林：您作为华夏传播研究的主要推动者，始终站在华夏传播研究的最前沿，根据您的经验，应该如何界定华夏传播研究的这一领域呢？您认为当前华夏传播研究这种本土化研究存在的主要问题是什么？我们还需要在哪些方面进行改进？

邵：传播学本来就是“舶来品”，自传播学引入国内以来，中国学者遵循的研究思路和方法都逃不脱西方中心主义的传播学研究范式，以至于在研究中国本土的传播现象与问题时忽视了中国独特的文化传统。基于这一“病症”，20 世纪 70 年代海峡两岸暨香港的学者发起了中国传播研讨会，专门探讨传播学的本土化研究，试图从历史文化脉络中挖掘出传播学的中国基因，这便是华夏传播研究的起点，也是初衷。经过几代学者的努力，华夏传播研究现已经取得了一定成绩，让世界看到了基于中国本土的经验与理论。

但是，我们华夏传播研究的目的并不是刻意创建与西方传播学分庭抗礼的中国传播学，而只是探究传播研究的本土化理论资源和学术特色，是立足中国社会分析和解决中国的传播现实问题，同时也为世界贡献中国的传播智慧。对于华夏传播研究的目的，我在《传播学导论》一书中就提出：一是为了让传播学成为中国大众的精神食粮；二是为了让传播学成为适应中国需要的科学；三是为了让传播学成为中国文化的有机部分；四是为了让传播学的理论建树与世界文化接轨。[①]我随便举个例子，有人说，西方传播学最重视受众，并最先提出了“受众理念”。其实孔子就十分重视听者的反应。他说：“未见颜色而言，谓之瞽。”（《论语·季氏篇》）瞽，意指盲人。一个人讲话一定要注意察言观色，否则就和盲人没什么两样。讲得多好啊！唐代白居易写诗注意征求听者意见，让“老妪能解”；元代金牌编剧关汉卿重视研究观众，认为杂剧语言应“入耳消融”。中国具有重视受众的优秀传统。学术研究一定要有文化自信，千万别崇洋媚外。

一般来说，华夏传播研究的基本指导思想可归纳为“发掘、整理、研究和扬弃”。不过，我认为华夏传播研究过程中应该注意以下一些问题。第一个是：华夏传播研究与史学研究中涉及的传播问题考察有什么不同？第二个是：在研究方法上对历史史料的整理是否准确和规范？第三个是：要注意历史与现实结合的问题，将古代的思想作为现实的参考是否具有逻辑性，是否合理？第四个是：如何把握中西方传播学的内涵和精髓？

针对上述问题，我认为要有相应的对策来解决。第一，华夏传播研究在问题发掘层面，不但要继续深入探究中国传统文化中蕴含的传播理论胚胎，而且应从传播结构、内容、符号等方面着手，提出华夏传播研究的独特问题。第二，在研究方法上要利用史学等跨学科的研究方法，同时结合传播学自身的研究方法和技巧，从传统文化中梳理出基本的传播观念。第三，在具体研究的落地上，应该从当下社会现实问题出发，结合古代传播体系、媒介、活动的演进历史与社会变革，探讨中华传统文化的现代价值及其与当代价值理念的互通机制。最后，应持续探索中西传播文化中的共通价值与差异化的表现，从共性中总结经验与对策，从差异中思考态度与立场，以不偏不倚的整体性思维来考量中西方传播学的精髓，由此才能做到真正地去粗取精、去伪存真，让真正有价值的内容得到保存并传承下去。

林：您的研究涉及媒介理论建构、媒介经营管理、华夏传播研究、华莱坞电影等诸多领域。在这些研究领域您都取得了大量的创新性的成果，这些领域的研究之间是否有内在的关联呢？您能跟我们谈谈这些研究之间与传播学本土化研究有什么内在的联系吗？

---

① 邵培仁：《论传播学研究的中国特色》，《徐州师范学院学报》1995年第3期，第62页。

邵：我认为，媒介的传播规律与媒介内容及其性质离不开一定的文化背景，所以多年来我看似在许多领域探索，实则万变不离其宗，我的研究落脚点始终在挖掘传播学的中国特色。传播学被引入中国以来最初还被批判，不被中国大众所接受，更谈不上学习它了。而我之所以研究传播学，是因为它是渗透入生活细微之处的学科，也就是所谓的“万物皆媒，人媒共生”，同时也是一门能够对国家发展产生深远影响的精深学问。

于是从20世纪90年代初期开始，我率领弟子，以媒介为轴线，把中国社会的切实需要与大众的精神旨趣相关联，用现在流行的话来说，就是将学术论文写在祖国大地上，用现代学术话语来表达中华文化的深厚的历史底蕴。20世纪80年代末到90年代初，对于传播学初步融入中国学科体系时的懵懂与混沌的局面，我致力于向中国学界推介并尝试建构该学科的合理范式，于是联合当时同在复旦求学的戴元光、龚炜一同编写、出版了国内首部传播学专著《传播学原理与应用》，此后我又作为主编出版了“当代传播学丛书”，其中包括《经济传播学》《政治传播学》《教育传播学》《艺术传播学》《新闻传播学》等首创性的学术专著，以跨学科的视角与方法尝试勾勒出传播学与其他学科的关联意义，借此融入中国社会发展和现代化的方方面面。同时，我还撰写了《传播学导论》这本书，尝试对传播学中国本土化的范式进行创新。20世纪90年代以来，中国改革开放迈入新的历史阶段，而中国传媒业随着市场经济的迅速发展而异常活跃。于是我毅然投入媒介经营管理研究中，想从这场新闻、经济与文化的新兴博弈中，探索传播学在当下社会变化发展的核心要义。

2000年以后，在中国传播学者们持续耕耘下，传播学的本土根基越来越深厚，初步建立了学术自觉与自信，中国的传播学研究开始呈现分域化、小众化、专业化趋势，而我在这一阶段开创的媒介生态学、媒介地理学等一系列媒介学研究，一方面顺应了此阶段中国的传播学研究的分域化、小众化、专业化趋势，另一方面，也承接了我在传播学研究中一以贯之的生态观、时空观与整合观，从而提高传播学的学科科学性和运用价值，并将其纳入中国有机文化的一部分。而近两年，随着全球化深入发展中呈现出的种种危机，中国政府积极对外交往的姿态又触动我将传播学的理论建树与世界文化相接轨。于是我发起华莱坞研究，目的在于整合“华人、华语、华事、华史、华地”等力量，将中华电影打造成世界性的文化品牌。此外，我倡议“新世界主义”媒介研究，呼吁以中华文化的和谐统一思想来化解本土性与全球性、民族性与世界性的二元对立冲突，以和平、非战、德行的战略首选的化解媒介文化与权力意识之间的隔阂。而在当前万物互联、万物皆媒的时代背景下，我呼唤以整体的思维重构中国传播学，这也是对于传播学何以有中国特色，以何为中国特色的回顾与展望。可以说，近40年的学术研究历程，我将精力都倾注于传播学的中国化、本土化的实践与创新之中。

林：您近两年高瞻远瞩地提出了“新世界主义”理论，强调构建人类整体传播学。这与您之前提出的“传播理论本土化的中国主张”和“国际传播研究的亚洲主张”有什么关联吗？这一创见与华夏传播学的内在联系又是什么？

邵：从“传播理论本土化的中国主张”到“国际传播研究的亚洲主张”，再到“新世界主义传播研究”，这些理论主张的提出都是围绕“传播学本土化”这个学术研究主题。在我看来，传播学本土化研究立足中国，从本土传播入手，逐渐扩大视野、走向亚洲、面向世界，探讨的核心问题应该是如何处理好本土性与全球性、民族性与世界性的关系和张力。在传播学本土化道路上，既要观照中国，又要关注亚洲；在传播学国际化进程中，既要考察世界对于中国与亚洲的意义，又要强调中国在亚洲及世界的地位和作用，避免本土传播学研究走进“病房”。

在传播学研究中，有一种“病症”，就是“西方中心主义”或“过度西方化”。换句话说，中国传播学研究对西方传播学有一定的依赖性，特别是一些从西方学成归来的专家学者，他们用的传播理论和方法是西方的，思维是西式的，表达也是西式的，甚至论著的参考文献都是西方的，有的论文中几十个注释看不到一个中文文献。我推崇传播学研究中的中国主张和亚洲主张，目的就是“治病”，防止“过度西方化”，但不是反对西方，对抗西方。我们不仅要尊重与理解不同文明之间的差异，而且要以由衷喜悦的心情欣赏它们，学习它们，与它们交流，同它们共舞，从而才能最终赢得应有的地位、尊严和荣耀。

从媒介地理学的角度来讲，相对于世界，亚洲同中国一样也是本土，是比中国更大的本土，因而也存在传播学本土化问题。亚洲传播学本土化就是要将研究视野拉回亚洲，关注亚洲声音和亚洲意识，重视亚洲的传播智慧与传播经验，既探讨亚洲古典传播理念的丰富价值，又研讨亚洲传播的情境、问题和发展趋势。这就是华夏传播和亚洲传播研究之间的内在关联和必须共同面对的问题。

但是，传播学中国化、传播学亚洲化与西方传播学并非完全对立，并非要搞学术民族主义或者提出另一个学术中心主义，而是要向世界强调自身的价值、权利和相互交流、对话、共享的重要性和必要性。换句话说，传播学本土化需要换位思考，需要回到中西对话、交流的立场上来，需要有“新世界主义”的传播理念和视野。

新世界主义是对世界和人类文明现状及其发展趋势所持有的创新性的系统性认识、论述、主张及其行动方案。这一理论主张既反对“西方中心主义”，也不搞“中国中心主义”；既反对“美式全球化”，也不搞“中式全球化”；而是搞世界多极化，文化多样化和整体全球化，是用“人类整体传播学”来统领各种各样的本土化传播学。

我在《新世界主义视野下的中国传媒发展》这篇文章中指出，中国传媒在推动“一带一路”的建设中应扮演好四种角色：历史性的世界主义、本土化的世界主义、现代化的世界主义和地缘化的世界主义。其中，“本土化的世界主义”强调本土化也是传媒研究一个重要构成维度，因为“新世界主义”的宗旨也是强调多极化和文化的多元性，而本土化是世界主义的落地表达。①此外，我在另一篇文章《构建基于新世界主义的媒介尺度与传播张力》中，具体阐释了这种“新世界主义”媒介研究范式中所关注的全球化与本土化之间的关系。我们知道，传媒特性与国家意识形态和本国文化特性紧密联系在一起，这也表明了“新世界主义”这种宏观理论可以与媒介学这种相对中观和微观的研究联系起来，由此也联系到了我所倡导的本土传播、华夏传播。②正如我在《媒介生态学：媒介作为绿色生态的研究》中提到的，媒介学的研究离不开外部环境的制约与互构，政治传播的研究自然离不开政治政策环境，更离不开孕育其身的文化环境。这便是我由华夏传播，发散到国际传播（“新世界主义”）的题中之义。

中国提出的人类命运共同体理念，不是以民族主义、本土主义或孤立主义、利己主义为战略考量，而是以国家根本利益和人类命运共同体整体利益为核心出发点，而我此后提倡的构建人类整体传播学，也是基于上述考量。2018年我在《国际新闻界》上发表的《携手共同构建人类整体传播学》中提出，我们需要综合运用多学科知识和方法，以多角度、多层面的和宏观、中

---

① 邵培仁、王昀：《新世界主义视野下的中国传媒发展》，《编辑之友》2017年第1期。
② 邵培仁、沈珺：《构建基于新世界主义的媒介尺度与传播张力》，《现代传播》2017年第10期。

观、微观相结合以及古今中外相融通的分析视维，研究世界各民族的一切传播行为和传播过程发生、发展的规律以及信息与人、社会、世界的复杂互动关系，进而建构一个和谐包容、开放合作、共进共演、共赢共享、良性发展的新型传播世界。①

所以，“新世界主义”的辩证思考整体意识对于当前全球化时代的华夏传播是有警示作用的。一方面，共建“一带一路”国家的传媒交流必然会影响其他文化景观，这就要求传媒的宣传求同存异，在尊重本土民俗风情的前提下，调动本土媒体的积极性，从而相互取长补短，更准确全面地传达出中华民族与世界各族相互协作的典型事迹。另一方面，中华传统文化在海外传播的时候也将面临更大的传播障碍和不同的甚至批判的声音，因此，这也要求中国传播学正确处理文化“中国性”与世界文化多样性的关系，也就是要正确认识二者相容相伴的相互依存的关系结构。

林：那您提出的这个“新世界主义”传播观念与我们进行华夏传播研究有什么联系，具体会产生哪些影响呢？

邵：第一，全球化语境下华夏传播的基本问题之一，是探索如何将全球文化本土化，对此我曾提出运用“三义转换”模式来化解本土不能消化吸收西方文化的困境。“三义转换”模式是我在《传媒的魅力——邵培仁谈传媒的未来》一书中提出来的。“三义”即指“原义——文法层面的本土化，格义——语义层面的本土化，创义——思想层面的本土化”②。在“新世界主义”的传播观念中，我用的是“格创结合”原则，思考的是如何将本土文化全球化。反过来，我们可以反向使用本土传播的“三义转换”模式，这与华夏传播研究的逆向思考有点相似。所以，在这里，“原义”指的是将输出国的语言、符号转换为输入国的语言、符号，而基本内容和思想观点不变的传播策略。“格义”则将输出国的文本用输入国文化精粹加以重新阐释、解读、转化和升华，形成不同于原有的具有输入国文化特色的文本。“创义”就是依据国际视野、全球精神，在中华文化基础上直接提炼、生成或创造出具有普遍性和世界特点的理论与思想，并让世界接受和认同。这是二者最直观的联系之一。第二，“新世界主义”遵循的“混合咖啡原则”与“宝塔糖策略”，为解决国际传播中非此即彼、非黑即白以及对立性、单一性、矛盾性、偏执性等问题提供了

① 邵培仁：《携手共同构建人类整体传播学》，《国际新闻界》2018年第2期。

② 邵培仁：《传媒的魅力——邵培仁谈传播的未来》，首都经济贸易大学出版社，2014，第67页。

思路，也为面向海外的华夏传播提供了一种更灵活多样的策略。针对国际受众不一样的文化背景，以及由此产生的不一样的价值观念，“新世界主义”主张具体问题具体分析：一方面，保留最具活力的文化基因和民族精神；另一方面，有针对性地使用“格创”结合原则，来改善华夏传播“自说自话”的病症。正如我在《构建基于新世界主义的媒介尺度与传播张力》一文中所说，我们应当在中国传统文化中适当融入西方文化和当代元素，用普适的传播技巧来诠释中华传统文化和核心理念，借助国际化的渠道、平台传播中国故事、中国方案、中国模式，顺应世界潮流，输出中华文化。①

二、个人关于传播学的教学与教育

林：您在江苏任教时主编和写作了传播学学科相关的专著和教材，这些书具有开创性的意义，您当时为什么要策划这些书？

邵：20 世纪 80 年代初，传播学在国内还是一块处女地，而它在欧美等发达国家的发展可谓如火如荼。此时，我看出了传播学的无限生机和活力，看到了它广阔的应用领域和美好的发展前景。1985 年前后，我在复旦大学新闻学院读书时就与同学一起查资料、拜名师，经过近 3 年的努力，合作撰写了国内首部传播学专著《传播学原理与应用》。此书在 1988 年一问世，即在学术界引起强烈的反响，成为当时高校新闻院系普遍选用的教材。论者纷纷称此书是集理论研究与应用研究、史料介绍与学术创新于一体的优秀之作，并被此后出版或发表的许多传播学著作和论文反复引用。但是，传播学研究必须理论联系实际。当时我考虑，传播学同政治、经济、新闻、教育、艺术之间的关系最为紧密，也为社会之急需，于是就着手主持研究和编写了 5 本书，在国内都是首创性的成果，有的书在国外特别是英语国家也是没有的。

林：我觉得当时您的传播学研究的思路特别开阔，包括现在，您依然如此，比如华夏传播理论和新世界主义媒介理论的构建等。您为什么能有那么开阔的研究思路和学术敏感性？

邵：我认为从事传播学、媒介管理学研究，首先必须对国内外学术界的前沿信息和媒体界的新变化，始终保持着高度的学术敏锐性，要为时代及时提供当下的声音，对现实迅速做出理性的回应。其次，要对学术始终保持一种

① 邵培仁、沈珺：《构建基于新世界主义的媒介尺度与传播张力》，《现代传播》2017 年第 10 期。

执着、韧性和耐力，要拒绝诱惑，耐得寂寞。再次，学术研究要有一种敢于冒险、敢为人先的精神。学术研究也要“学术占位”，要力争第一，你看人们往往只记得冠军，亚军都很少有人知道。我喜欢在学术上做前人没做过的事，不喜欢跟在别人后面亦步亦趋。亦步亦趋的研究不是学术“创造”而是“制造”。最后，学术研究不应是个人特立独行的沙漠之旅，而应是一群知识分子进行的智力竞赛。今天已经不再是个人英雄主义的时代。随着学科导向转变为问题导向，分散研究向整合研究转变，单科研究向多科研究和交叉研究转变，我们必须倡导优势互补、知识共构、学术合作。这些既是我的学术心得和体会，也是我的学术追求和探索。

林：您和您的弟子在2013年以来撰写了一系列高水平的华夏传播研究的论文，所以想请教您应该如何写出具有创新性的华夏传播研究论文？

邵：首先要密切关注国内外最前沿的学术成果和信息；其次要密切跟踪国内外最先进的科研团队及其研究；再次要不惜重金、下大力气搜集相关研究资料。这些是最基础的工作。对于学生管理要宽严结合，方法得当。

第一，学生做研究应该抱有更大的理想，追求更高的起点。学生在科研过程中要与学校的水准相适应，要与本学科在国内外的科研地位相吻合，还必须跟时代的发展、社会的进步息息相关，不能写无病呻吟之作。即使目前因能力所限，写的东西未必能对民族对国家对世界产生重大影响，也一定要树立这样的目标，脚踏实地去思考、探究，不断提高自己的实践技能和科研能力。

第二，要鼓励学生拓宽思维，多学科交叉进行研究。打个比方，假如现在手上有一个盒子，以往人们只能看到正面，如果转一下，我们就会看到另一面，倘若再转一下又有一面，不停翻转，就能拥有一个立体的、多维的视角，而不再是单一固定的。每个朝代有其标志性的文学体裁，如唐诗、宋词、元曲，每个大学也有其文化和学科特色。一些学科，经过前人多年的苦心探索，已经到达一定高度，如果我们一直跟着前人的方向，只从一个角度去思考，是很难有创新的，但问题不会消失，这就需要我们用学科交叉的思维去审视问题。比如用生态学、地理学等学科的角度研究媒介，以前解释不通的，现在可以解释了。新闻与传播研究中的许多理论进化已经停滞不前，但如果换个角度、思维和方法进行研究，就可能立即生机勃勃。学者眼中的世界一定要开放、多元、变化。

第三，学生一定要学会“榨干自己”和“自我造血”。比如，在论文写作中就要有一种榨干自己的精神，在“榨干”的过程中会不断涌现新的力量，我们称之为“造血功能”。造血的过程，也是创新论文凝练的过程。曾经有不少学生问我：论文写不出怎么办？我跟他们说，没有其他办法，看书去。因为一篇优秀论文一定是经过长期大量的阅读积淀而成的。我曾经让我所带的10个博士生每人阅读5种国际最新的期刊，让他们不断接受最新的学术前沿信息。

第四，学术诚信是立道之本。目前学界存在一些学术不端的问题，浙大对待学术造假等学术不端行为一向是旗帜鲜明的，决不姑息。我认为，应当在新生入学时就重点加强学术道德建设，学生应当常怀着对知识的敬畏之心，这样才能真正做出学问。探求知识，要具备一种科学严谨的态度，从苏格拉底到亚里士多德，他们对真理的探求无一不是孜孜以求，谨小慎微。这反映了探索真理的过程应当是“上下而求索”，应当怀揣对真理的敬畏。学术道德与学术成果好比“源”与“水”的关系，没有了诚信，再大的成果也只能是“无源之水”。

林：华夏传播研究是立足于中国传统文化，试图建构属于中国自己的传播理论。您在《华夏传播研究》集刊创刊号的贺词中说：“祝贺《华夏传播研究》创刊。华夏传播研究不应执拗于内，而应内外兼容；不要执意于古，而要古今贯通。”① 也就是说，华夏传播研究应该“内外兼容，古今贯通”，您能给我们具体阐释一下吗？

邵：“内外兼容，古今贯通”，实际上是华夏传播研究或者传播学本土化的基本要求。孙旭培曾于20世纪90年代在《新闻与传播研究》上发表了《中国传播研究资助项目招标启事》。他说要用辩证法的思想来看待传播研究中国化的过程，通过大量挖掘中国文化（包括传统文化和现代文化）中关于传播方面的财富，促进传播学的发展，最终创造出集东西方文化精华之大成的传播学。我很赞同。一方面，发现问题的焦点与解决问题的立场可以是本土的，但研究方法可以舶来，中西合璧，取长补短，内外兼容，才能将华夏传播理论真正建成为西方传播学界所认同、接受甚至欣赏的理论成果。另一方面，我之前发现针对传播学本土化研究的路径，有的学者侧重从中国传统文化中探讨人类传播的原理，所用资料“以古为主”；有的学者多从中国具体

① 谢清果：《华夏传播研究（第1辑）》，中国传媒大学出版社，2018，第12页。

国情和传播实际出发来探讨人类传播理论，所用材料“以今为主”，没有注意在时间轴线上将古今贯通；还有学者的传播学本土化研究只展示古代的传播思想和智慧，但没有同世界其他国家先哲的思想和智慧进行比较研究，看不出其先进和宝贵之处。如果我们的研究做到了“内外兼容，古今贯通”，学术成果就会不仅有深度和厚度，而且有宽度和长度，就会让其他学科佩服。所以，我们的学术研究不仅要有历史纵深感，还要有空间广阔感。不仅要与时俱进，还要放眼世界。不仅要迎新不迎旧，排污不排外，努力把内面和外面两个世界的优点和精华都收归己用，还要注意继往开来、承前启后，亦即研究现实，不要割断历史，研究历史，也要联系现实，使开放的传播学有着深厚的本土根基。以史为镜，连贯古今，才可为华夏研究固本清源、守正创新。中国传播学只有针对中国国情，联系传播实际，从中国传统文化和现代学术中汲取营养，适应中国的社会特征、文化积淀和受众的心理态势、意识取向等条件，才能真正在中国大地上生根、开花、结果，才能真正融入中国的主流文化而成为一个有机组成部分。

林：您 2018 年获得第六届范敬宜新闻教育奖（良师奖），实至名归。我们经常听谢清果老师说起您指导了一批优秀的博士生，能否跟我们谈谈您是如何带领出一批有影响的学生的？

邵：荣获这个奖项是范敬宜新闻教育基金委评审专家对我的鼓励和肯定，这是我同弟子们共同努力的结果。提到指导研究生，我的确有一些自己的土办法。我相信每一位优秀的导师都有一套指导学生的绝招。

林：想请问您，浙江大学是从什么时候创办新闻学专业的？

邵：浙江是我国最早从事新闻与传播教育与研究的省市。早在 1922 年，之江大学（Hangchow University）就创办了新闻科，后因经济困难停办。1946 年，之江大学恢复新闻学系，系主任为詹文浒。1952 年夏，全国高等院校调整院系，之江大学建筑工程系并入上海同济大学，商学院工商管理财经系并入上海财经学院，工程学院各系并入浙江大学；浙江大学文学院及理学院的一部分、之江大学的文理学院和浙江师范专科学校合并，成立浙江师范学院，1958 年又和新建的杭州大学合并，定名杭州大学，并在这一年创办新闻学科。1998 年，浙江大学、杭州大学、浙江农业大学和浙江医科大学合并组建为新的浙江大学。浙江大学传媒与国际文化学院现在已经拥有新闻传播学一级学科博士点、硕士点，新闻传播学博士后流动站，新闻与传播专业硕士点，是国内最先拥有传播学硕士点、传播学博士点授权的高校之一；同时，拥有一个国家教学研究基地、两个省级重点研究基地、两个省级重点学科、一个省级文化创意产业重点创新团队，有中英文学刊《中国传媒报告》《传媒与公共性》和《中国传媒研究》。浙江大学传播与媒介研究在QS世界大学学科排名中排在150名之内。

林：那么浙江大学的新闻传播教育、教学与研究有些什么特点？

邵：我认为有这几个特点。第一个特点是，我们不左不右，比如同北方一些高校新闻系比，我们不太左；而同南方一些高校新闻系比，我们又不太右。基本上居于两者之间，不偏不倚，不土不洋，公正守中。我们处在中间的一个恰到好处的位置。这点我们做得应该是比较好的。第二个特点，就是我们比较扎实，始终秉承浙大求是创新的精神，老老实实、踏踏实实做学问、做事情。但是，我们在竞争比较激烈的环境中把事情做出来了，做得还比较漂亮。有人说，浙大传播学科搞传播研究的人，最不重视传播了。但它从一个方面说明我们就是要少说多做。表面上我们是不重视宣传，其实我们是不张扬、不嚣张，做事低调。"求真务实"也是同我们浙大传统一致的，就是实事求是，做实事，求实效。第三个特点，就是我们基本上是团结的，抱团，有集体荣誉感。同事之间开开玩笑，营造一种宽松、和谐友好的环境。第四个特点是，我们一直在创新。我们的教学科研一直都注重创新。我们的学术成果，很少有炒冷饭的，很少是重复生产的。基本上都是从不同层面、角度和维度研究和创造出来的新的东西，特别是在本土化研究、交叉化研究、国际化研究方面，我们是走在前面的。比如，在本土化研究方面，我们在华夏传播研究方面发表了很多C刊论文，赵晶晶编译了一本书，我也有一本。交叉化研究积累的成果比较多，除了我自己，吴飞、李岩、李杰、卫军英、李东晓、邱戈、章宏、卢小雁、林玮等老师都是这个方向的主力军，都有不俗的表现和成果。这些年引进了不少海归博士，韦路、李红涛、洪宇、章宏、高芳芳、黄清等老师在SSCI等国际英文刊物上发表了许多联系中国实际、紧追国际前沿的学术论文，加上研究所主办的3种中英文刊物有较大的海外发行量和传播面，我们基本上把国际化研究这一块做上去了。浙大新闻传播学科在国际上的知名度和美誉度大大提高。

三、中国当代传播学的总结与展望

林：您对中国传播学的30年应当说既有理性认识，又有感性认识。在您看来，当时为什么中国学界要研究引进传播学？传播学的研究进程可分为几个阶段？您认为其中最具里程碑意义的事件是什么？当前传播学的研究处于哪个阶段？

邵：传播学的引入与发展是一个西学东渐的过程。西方传播学第一次被引入中国大约在20世纪初，以芝加哥学派的传播研究范式为主，涉及宣传与民意测验等内容。当时正是五四运动，一些进步青年本着科学精神与社会实用效应，从西方汲取零星的有关传播理念与应用研究的知识，但这并未形成完备的学科意识与学科体系。第二次引进是在改革开放以后，典型的事件是传播学大师施拉姆的访华，这次亲密接触让中国各界对“传播学”有了清晰的观念，并逐步建立起学科意识。这次来访，还直接触发学界的震动，并引发了第一次全国传播学研讨会，这也是中国传播学的本土化探索中具有重大意义的里程碑事件。此后大量的传播学著作被引进中国。同时，以全国传播学研讨会为主打阵营的华夏传播范式也逐渐兴起。中国传播学逐渐建立华夏传播、经验学派、批判学派等多种范式并立的繁荣景象。中国传播学的进路从引进西方理论，到本土化范式革命，大致经历了好奇—摸索—自觉的发展过程，这一由量变到质变的过程，既是学术界的积累与求索的进程，也是中国政治文化的现代性追求的结果。当下的传播学正处于回顾与展望的关键节点。

近2年，学界对于反思传播学的呼声也比较大。2017年浙江大学传媒与国际文化学院就组织了一场反思传播学的圆桌论坛，其间我也提出了自己的观点，认为传播学的“病症”在于对西方理论思维与方法表达的依赖性，这也显示出内生理论与原创方法的动力不足。这就要求我们在做传播学研究时，在方法上不光要平衡定量与定性研究的比例，更要善于融合多学科知识与混合验证方法，透过多层次视角抓准传播学研究的命脉。在问题立意上应该立足本土，放眼全球，并博古通今，融会贯通，从而构建一种全球性、跨文化、能为全人类共同接受的具有包容、开放、自由、民主、善良、慈爱、和平、安全、和谐、平等、对话、协商等特质的人类整体传播学。

林：在您的理解中，中国的传播学目前取得了什么成绩？

邵：我认为当前中国传播学的研究在本土化、交叉化和国际化研究上取得了一定的成绩，或者说在这些方面形成了自己的特色，在理论联系实际和对策性研究方面也取得了不俗的成绩。

其一是本土化研究特色。中国传播学的主要问题是西方化，传播学学科建设的着力点是本土化，突破点是交叉化，目标是国际化，但最佳的学术生态是自主、多元与平衡。中国传播学界“崇洋媚外”的现象由来已久，现在依然比较严重。其实，好的学术研究应该既接轨国际前沿，又立足本土实际，适应本土需求。一些西方有识之士已经看到了学术过度“西方化”的危害，有的甚至提出了要“去西方化”和破除“西方中心主义”，认为多元多样才能繁荣学术。对于西方传播学，我们需要虚心学习，深入了解，但不能忘记自己从哪里来、到哪里去。传播学研究不能采取“历史虚无主义”的态度，漠视中国传播学的文化基因和现实根据以及传播学本土化的需求与主张。中国新闻传播学研究依据验证主义、寻根主义、融合主义、问题主义、改良主义、创新主义等本土化路径，已经产生了许多优秀的成果。在这方面，厦门大学、浙江大学、中国人民大学、南京大学做得都蛮好。

其二是交叉化研究特色。传播学本身就是一门具有综合性、交叉性的人文社会学科，它是一个融合了许多学科相关理论和知识的多元化、跨学科研究的产物，在借用、移植、改造了其他学科的研究方法和技巧的基础上，形成了自己的研究特色。交叉融合，嫁接杂交，是自然界生物优化的基本法则，这同样适用于社会科学研究的思想、观念的创新。同时，传播学交叉研究更能培育新的学科增长点。当前，中国传播学也是充分运用西方的传播学理论，还有其他学科的知识和研究方法进行交叉研究，这是中国传播学“短道超越”“先声夺人”“后发制人”的重要路径和基本策略。当然也有人担心“传播学交叉研究会肢解传播学基础研究”，导致“传播学泛化”，事实上，它恰好丰富、充实甚至激活了传播学研究，拓展和扩大了传播学研究的领域。

其三是国际化研究特色。提倡国际化研究就是主张“取法于上”。但国际化不等于全球化。国际化是指大家认同国际理念，参照国际标准，从而获得国际认同、进行国际对话的过程，也是一个质的提高过程。国际化的标准比较高，要求比较严格。而全球化则是一个追逐全球市场、资源全球共享、产品全球流通、信息全球传播的过程。这个过程是一个高效率大流量的过程，意味着量的扩张。中国传播学研究中的国际化，不是屈服于“西方中心主义”，接受“西方话语霸权”，而是要积极构建中国传播话语体系，充分表达中国的历史经验、现实需求和传播智慧。我认为，当前中国传播学正在国际化研究过程中逐渐确立自己的学术坐标和学术地位。中国传播学国际化的研究特色，需要我们积极地向世界展示并使用能与西方兼容的中国学术话语体系和学术规范，还需要积极营造良好环境、培养国际化的优秀传播人才，自信且耐心地在国际社会讲述中国故事，向世界贡献有影响力的中国学说。

林：中国的传播学研究中出现过哪些学术争论，其焦点和热点问题是什么？

邵：关于这个问题，我和弟子廖卫民在合写的《中国新闻与传播研究学术论争的历史考察：1978—2015》一文中做过专门回顾和总结。这篇文章是对1978年中国社会进入转型期以来到2015年中国新闻传播学界关于学术问题论争的梳理和总结。①我们根据论争涉及的焦点话题分为十大系列，比如新闻与传播学学科建设的系列论争，其中就包括传播学本土化的论争。其他还有新闻理论探讨、新闻业务探讨、新闻史与传播史相关研究、传媒与司法关系、广播电视研究、媒介经营管理和媒介经济研究、互联网新媒体研究、跨学科相关研究问题、研究方法与学术规范的系列论争等。学术界应该欢迎学术论争，但又应该坚守人文情怀，而不要摆出"不食人间烟火"的架势，也不要发表"站着说话不腰疼"的高论，更不要动辄上纲上线，扣帽子，打棍子，欲置人于死地而后快。人文情怀是我们进行传播研究的出发点、动力源和目的地。

林：我想请您专门谈谈传播学研究本土化争论的来龙去脉，您是见证人，也是参与者。

邵：我在1999年曾撰写过《传播学本土化研究的回顾与前瞻》一文，回顾了当时传播学界对于传播学研究本土化的主要争论过程。②传播学研究本土化，实际包括了"传播学研究的中国化"和"传播学研究的中国特色"两种说法。关于传播学研究本土的争论主要集中在"中国化"的研究上。对于中国特色的传播学研究的反对，基本上不是"学理的争论"，而是没有诉诸文字的某种"感情的宣泄"。

虽然国内传播学研究的本土化始终受大多数传播学者的理解与支持，但也总有一些反对的声音。就在最近还有人否定华夏传播研究的必要性，撰文提出"庄子没有传播思想"的论断，不仅有偏颇，而且感觉在说气话了。

对于这些反对的声音，施拉姆的弟子余也鲁曾间接进行反驳，他认为国内有许多传播学者赞成传播学研究本土化，国外学者中也大有人在。余也鲁认为，研究人的传播，不应该把自己局限在时间的地方主义里。在余也鲁看来，研究传播、建立理论，如果不靠我们祖先已积累的经验，而仅仅靠新的

---

① 邵培仁、廖卫民：《中国新闻与传播研究学术论争的历史考察：1978—2015》，载唐绪军《中国新闻传播学年鉴》，中国社会科学出版社，2016，第37—60页。

② 邵培仁：《传播学本土化研究的回顾与前瞻》，《杭州师范学院学报（哲学社会科学版）》1999年第4期。

文献和新近的经验是不可能成功的，也就是说，研究中国的传播理论从历史着手是一个十分有用的途径。

其实，传播学与物理学、化学等自然科学不同，传播学有国界。传播学研究的对象是人。中国化或中国特色的传播学，研究的对象就是中国人，中国人的性格与思维方式、文字与传受行为不同于外国人；中国的尊“长”贵“和”、崇“礼”尚“忍”等传播观念也是“本土性”的。中国传播学者的世界观、文化积淀、知识传承、社会背景等均是“中国化”的。因此，中国的传播学研究根本无法阻止“中国化”的全面渗透和强行框定；否则，那只能是对西方传播学的“照抄照搬”。

的确，在传播学本土化研究方面，中国传播学者不必自卑！因为，从国内研究来看，经验研究方面实际上已有长足的进步。我们不能老是处在“边陲”的地位，不停地去“依附”人家。“中国化”在这里的意思是要促使一种本土意识的觉醒，不要像以往某些研究者，只是在套用西方的理论，模仿西方的研究方式和方法。我们要能随时把自己的社会文化背景反映在研究活动中，配合历史情境，研究中国独特的问题，恢复独立批判力，才能对世界的新闻与传播理论体系和学术宝库做出一份特殊的贡献。

林：那您如何理解传播学本土化，能否给我们做一个概括和总结？

邵：传播学研究本土化不论是以古为主、以今为辅，致力于中国文化中传播理念和传播智慧的展现和弘扬的本土研究，还是以今为主、以古为辅，着力于中国当代传播活动中现象分析和问题解决的本土研究，它们虽各有侧重，但并不互相排斥。它们都以“本土”为研讨核心，以“本土”作为主要的研究范畴。二者之间互相包容、互相渗透、互相支持、相互靠拢、协调共进。传播学是一个开放的体系，具有全球化和国际化的特点。但是，这一特点并不意味着我们可以照抄照搬西方的传播学，也不能说明我们不要进行传播学的本土化建设。传播学本土化研究首先应该表现为一种学术使命感和社会责任感。传播学本土化研究应该植根于中国传统文化和现代学术的土壤，适应中国国情需要，紧密联系中国社会和媒体实际，同时它还应该体现在中国人的思维特征和文化传统中，体现在对相关学术问题作辩证唯物主义的科学探求上。

林：实证研究是否符合中国的国情？您如何看待当代中国的传播学的实证研究？您又如何看待批判学派（广义）的传播研究？

邵：实证研究是传播学经验学派的研究路数，通常以媒介控制为研究视角，来验证媒介与社会结构、传播制度、公众认知与行为等之间的关系问题，从而了解媒介对社会行为调控的作用和功能等。很明显的是，实证研究需要将理论转化为一些可以测量的指标，也就是说，实证研究要求提出的理论是可以具体运用和操作的。而在传播学发展早期，很多理论缺乏有效实验手段与工具，所以很难做到实证性研究。但随着传播技术与计算科学的进步，人类的传播行为留下了越来越多可被追踪、测量、评估的数据，于是实证研究在传播学领域开始崭露锋芒，早年施拉姆的破冰之行开启了中国传播学者的实用主义探索之路，而之后又有芝加哥学派开展的佩恩基金会研究项目，为后来的实证效果研究提供了早期的范本。实证研究无疑为一些哲学思辨的学说提供了验证的渠道，加固了理论的科学性与可信性。然而，我们看到，一些学者刻意追求实证研究的新方法、新技术，沉迷于数字与模型的推论，认为"任何人都要以数据说话"，只有实证研究才是有效而合理的研究方式。可是，他们却没有意识到，这种做法以及过多的实证研究或量化研究，不仅会导致理论层面的空洞脱节，而且会导致学术研究的"宏文微义"。我们往往会见到有些实证研究用了很多资源、花了很大力气，得出的结论却是公认的常识。

批判学派的研究路数主要受到法兰克福学派与英国批判文化的影响，侧重对社会文化、传播现象的反思与批评。其实，传播学在"东渐"的过程中，批判学派与经验性学派是并行不悖的两条主线，而之所以学界呈现出重实证轻批判的倾向，是因为以政治经济学为主要研究哲学的批判范式对于中国学界显得较为熟悉，而实证研究却为后起之秀，因此更易受关注与追捧。对于批判研究，我认为看似宏观概括，实则更难把握。进行传播学的批判研究，不但要对理论的历史渊源与发展方向都具有明晰的了解，更要紧密联系宏观社会环境，而其中最难的地方还在于研究尺度的拿捏。也就是说，在做研究的时候，个人立场不可太左也不可太右，且批判反思之后，还得生成些实质性的建议，否则一味批判而无任何建设性意见，容易背离学术研究的初衷。总之，我认为，对于实证研究，我们要注意把握经验性研究的内涵，要注重实证性研究与理论的紧密联结，谨防落入"精致的平庸"的圈套。而对于批判性研究，既要有反思、批判的视维，也要有积极的建设性的面向，有破有立，"上接天气，下接地气"，才能使学问做得更加扎实。

林：改革开放和传播学引进中国已有40多年，今天，您对传播学这一学科又有哪些新的认识？今天的传播学遇到的最大的机遇和挑战是什么？为什么它在人文社会科学中并不具有很高的学术地位？出路何在？未来的发展方向是什么？

邵：从当前来看，传播学发展正处于十字路口。传播学一方面呈现出研究对象分众化、精准化，研究内容的多样化、跨领域的特征；另一方面又呈现出研究手段整体化、融合化的趋势。随着中国综合国力的飞速提升，中国学术界自强、自主、自信的社会心理随之而起。这是传播学本土化遇到的最大的机遇，必须抓住不放。传播学本土化不仅是为了让它成为一门中国化的学问，成为中国大众的精神食粮，成为适应中国需要的社会科学，乃至成为中国文化的有机组成部分，最重要的是要让中国传播学走出去与世界传媒对话、同全球文化交流，为共同构建人类命运共同体、建设美好世界贡献力量和智慧。

传播学如何本土化？如何同西方传播学保持合理的尺度和张力？这是一种挑战，也是一道难题。处理好了，传播学就可以在人文社会科学中享有较高的学术地位。传播学研究中的妄自菲薄、自惭形秽或妄自尊大、目空一切，都不利于学科资源的共享，不利于与世界对话和交流。当下，中国传播学界面临的首要问题，仍然是如何将西方传播理论以及传播要素与中国的传统文化和社会现实相结合，如何在厘清西方学术脉络、借鉴中外学术精华的基础上，在中国进行传播学术寻根和传播理论创新。传播学本土化既是一种对根的追寻，对干的审视，也是对世界文化和传播思想的敬重，更是华人传播学者的一种文化自觉、文化自省和文化自信。但是，在溯祖寻根时，又要防止传播学科视野的“内卷化”。我曾经在《华人本土传播学研究的进路与策略》一文中指出，要防止对传播学本土化做狭窄化理解，而应该宽泛一点。正是出于这种想法，我提出了传播学本土化的六种路径。[①]我认为本土传播学研究应该努力将本土化与多元化、全球化的矛盾关系放在一种互动互助、共进共演、和谐协调的恰到好处的张力状态中。从纵向来看，要立足本土、古今联通；从横向上看，要扎根本土、中外共通，贯穿历史、现实与未来，兼顾全球化、亚洲化与本土化。这样做的目的在于，一方面整合全球化语境中的价值多元化与本土化，为传播全球化与学术本土化的共进共演采取积极行动；另一方面为本土文化与传统文明在解决各种全球性重大传播问题时及时提供对策和智慧，从而共同促进中国传播学与世界传播学的发展与繁荣。

林：华夏传播理论能被世界所了解和接受吗？如何才能做到？

---

① 邵培仁：《华人本土传播学研究的进路与策略》，《当代传播》2013 年第 1 期。

邵：我认为，华夏传播理论是可以被世界所了解和接受的，因为它既是华夏的，也是世界的；既是历史的，也是当下的和未来的。我们可以从几个方面来看。

第一，华夏传播理论是不断发展和变化的，而不是静止的、一成不变的。它能够在具体的历史传播环境中，针对具体的历史传播现象进行不同层面的阐释和表达，而且对来自不同国家、民族和语言背景的讨论给予回应。所以说华夏传播理论是具有较强解释性的理论。第二，华夏传播理论对不同国家、民族的文化具有开放性、包容性和对话性的特点。它在研究中主张研究者保持开放、包容的心态，排除民族主义、地方主义的狭隘观念，拆除语言、学科间的障碍。也就是说，不同国家、民族和不同学科、专业的学者都可以从不同的角度、不同层面进行挖掘和探索，从中汲取知识和营养。第三，华夏传播理论本身的建设也是既不“执拗于内”，也不“执意于古”，而是本着“内外兼容，古今贯通”的原则，进行跨时代、跨文化、多学科、分层次的研究。第四，华夏传播理论具有很强的实践指导作用。也就是说，当人类面临各种危机传播时，华夏传播理论不仅可以为中国、为亚洲而且可以为世界文明传播、全球文化对话和繁荣提供理论支撑和精神资源，因为华夏传播理论所具有的历史、根基、资源、知识和话语特色，是其他国家和地区的传播理论所没有的，这是我们理论的优势。

【作者简介】林凯，博士，集美大学马克思主义学院讲师，主要研究方向为媒介文化、华夏传播、传播思想史。

【文献来源】林凯：《滴水现阳：中国传播学研究的个人记忆——访浙江大学邵培仁教授》，载谢清果《华夏传播研究（第5辑）》，九州出版社，2020，第213—233页。

邵培仁：书写传播学的中国底色

李思敏

在浙江大学有这样一位教授，在学界同人眼中，他是传播学领域的先行者和开拓者之一，为新闻传播学的发展做出了重要贡献；在学生眼中，他是一位严师，对学生的论文总是认真审读并提出宝贵意见。他就是邵培仁。

邵培仁是最早进行传播学本土化反思与探索的学者之一，他为传播学本土化的研究做出了重大贡献，他的学术研究汇聚着浓厚中国文化色彩。

邵培仁从传播学的视角，对大家熟知的古代典籍加以重新解读和系统阐述，如由管子的“遍知天下”联想到西方的“受众理论”，把《宋史》中的“贤路当广而不当狭，言路当开而不当塞”归为“排气阀理论”，将鲁定公的“一言而可以兴邦”比作古代的“魔弹论”……邵培仁的研究作为一种寻根式的学术探索，“以古为师”，但并非执意于古，他认为本土化研究不是“越土越好”，而是要贯通古今，兼容中外。他指出，“传播本土性是具有国际视野、全球内涵的文化本土性，传播学本土化既是一种对‘根’的追寻，对‘干’的审视，也是对世界文化和传播思想的涵纳，更是华人传播学者的一种文化自觉、文化自省和文化自信”。

在全球化进程不断走向深入的背景下，要在传播学的本土化研究上有所突破，邵培仁认为，必须警惕“就传播谈传播”的思维定式，适时跳出传播研究的学科层面。一方面，以古为主，是用现代传播学观念研究中国古文化，泛活传播的中国渊源；另一方面，以今为主，使中国智慧融入中国当代社会语境，解决中国社会现实。他认为，“这两个层次虽各有侧重，但互不排斥”。

进入智能互联时代，媒介以锐不可当之势绘制了一个万众皆媒的图景，本土传播理论研究在追赶全球媒介实践的十字路口上显得些许迷茫。2016年，邵培仁在《返本开新：从20世纪中西学术交流看传播学本土化》一文中主张：“华人本土传播学研究应该努力将‘返本’与‘开新’结合起来，即返传统思想和现实经验之‘本’，开现代传播理论之‘新’，在时间经线上立足本土、古今联通，在空间纬度上扎根本土、中外勾连。”“返本”与“开新”为处于本土化困境中的传播学者进一步明晰、修正和调适了方向。

邵培仁认为，媒介是全球性的、世界性的，但文化不是。在全球化传播的新语境下，识别文化秉性、掌握媒介技术两者对于谱写中国文化全球叙事新篇章同样重要。不同于西方理论强调二元对立，依靠开阔的研究视野与极具创新的学术思维，邵培仁倡导以融合促学、以交流促研，为传播学的本土化发展描绘了浓厚的中国底色，更为中国传播话语走向世界、融入全球语境注入强力。

和合的理念，中庸的色彩，寻根式的文化探索，于细微处见真知；务实的脚步，积极开放的研究视野，于宏大中获灼见。可以说，邵培仁的学术论述正在为古老的中国智慧注脚。在百年未有之大变局中，如何在全球传播格局中构建具有中国特色的学科体系、学术体系和话语体系显得尤为重要。现有学科壁垒呈现出“碎片化”“画地为牢”“只见树木不见森林”“隔行如隔山”等一系列弊端，在新文科背景下，新闻传播学的学科体系面临一个如何重构的难题。梳理邵培仁的学术路线，可以发现，他最先以华夏理论研究为底色，进而提出国际传播研究中的亚洲主张、“华莱坞电影”理论，并创造性地提出了“新世界主义”“人类整体传播学”“整体全球化”等概念。2020 年，邵培仁在这一领域的集大成之作《华夏传播理论》正式出版面世。“善问者如攻坚木”，其学术研究可谓从寻根文化之立足本土、挖掘文化内驱力，再到循序渐进建立体系、走向世界。

近年来，随着新文科建设的提出，邵培仁鼓励建立一个整体互动的新闻传播学，警惕相关研究走向封闭、逼仄之地。处于 21 世纪的人文社科将会不断走向跨界、交叉，邵培仁认为，具体到传播研究本身，跨学科性质将成为理论创新的生长点和学科进化的重要驱力。“在新文科背景下，新闻传播学应该回归‘人’的本质维度，走向技术与文化的结合；不仅要在原有的与社会学、心理学、政治学等社会科学交叉的基础上，继续融入大数据、物联网、虚拟现实、移动互联、人机交互等新技术，还要进一步与传统的人文学科如哲学、历史学、文学以及人类学联姻，建立一个整体互动的新闻传播学。”

秉持学科交叉融合的理念，邵培仁带领研究团队，从 20 世纪 80 年代开始不断开辟媒介管理学、媒介生态学、媒介地理学、华莱坞电影研究、新世界主义媒介理论研究等多个新兴领域，并通过著述构建了媒介经营管理理论体系，形成了极具特色且影响广泛的“浙江学派”。交叉、互动、融合等这些具有创新性的底色，本质上可以说是由广博学识所孕育、激荡的一种想象力。

唯有厚积，方能薄发、广发，这种想象力，根植于邵培仁思维的开阔性、视角的多元性、研究的典范性。

从概念创新到理论建树，再到体系建构，邵培仁不仅在学术研究上高屋建瓴，对后来者产生了广泛的影响，还致力于推动理论和实践结合。他于2007年荣获教育部宝钢教育奖（优秀教师奖）；2018年荣获第六届范敬宜新闻教育奖（良师奖）；先后被浙江大学评定为教师九级最高岗位和国家二级教授。他在传播学的教育事业上花费了大量心血，十分重视教材的编写和学科体系建设，长期从事教学、教学管理与研究工作，教育传播研究基础十分扎实厚重，在实践中形成了系统的教育传播学理论，应用性极强，这种"教研互动"模式大大促进了中国传播事业的发展。

作为一名传播学教育者，凭借高度的学术敏感性，邵培仁根据时代的发展变化不断更新教育传播规划目标。在新文科背景下，他强调，"让学生既要深入了解中国文化、中国国情，知晓国际前沿知识和最新传播科技，也要懂得多学科理论和方法，能深切体味新闻传播学科的人文情怀和价值关切，成为有创新精神的复合型人才"。面对新闻业界和传播学界"两张皮"的困境，他呼吁传播学界需要"主动出击"和"积极引导"，保持学界、业界的积极联动，进一步推动"学术生产力"向"学术影响力"转变。

【作者简介】李思敏，天津师范大学新闻传播学院硕士研究生，主要研究方向为新闻传播。

【文献来源】李思敏：《邵培仁：书写传播学的中国底色》，《海河传媒》2021年第4期，第2—3页。

以仁引路　传播学术的灯塔

——传媒与国际文化学院邵培仁

钟　莹

一、传一把火，让学生体味学术的热

邵培仁醉心学术数十年，曾言“我视学术如命”。面对前来求学的学生与后辈，他在悉心指导的同时，也惯于提出高标准、严要求。他的学生，无论是硕士还是博士，只要一收到录取通知书，就会同时收到来自导师的入学考验通知——“假期多看书，开学时带两篇论文来报到注册”。他担心同学们在收到录取通知书放纵自己，疏于学习，因此用这种提供压力的方式，让学生沉下心来。

压力不仅仅在开学之前，对于交上来的论文，邵培仁也会仔细审阅，提出修改意见和建议，再“打回去”让学生修改。几回合后，许多论文得以“脱胎换骨”，成功发表，学生们的信心也随之大增。他的博士曾形容他是“金牌压力锅”。学习是辛苦的，学子们抱着一腔热血而来，在邵培仁的压力下体会到学术的热，并在这热中不断锻造自己，最终百炼成钢。

二、传一束光，让学生感受生活的暖

邵培仁曾说：“要像爱自己的孩子一样爱自己的学生，要像管朋友的孩子一样管自己的学生。师生情同手足，互动互助，共进共演。”在日常生活中，邵培仁温和宽容，与学生交流紧密。他常带一众弟子爬山、喝茶，有时还去探寻难得的新出美食。弟子们说，很多写文章的思路、想法与观点正是在喝茶、爬山、探寻美食的途中聊出来、听进去的。

有时学生在压力下情绪不太好，他也会包容地安慰引导，有学生回忆说：“跟随师父读书，学的不仅是学问，更是做人。记得在毕业前那些煎熬的日子里，只要给师父打电话，他总是放下手中繁忙的工作，听我激动万分地‘胡言乱语’。没有半句指责，总是耐心地引导我，并以慈父般的疼爱叮嘱我要注意身体，劳逸结合。”

邵培仁的家人也十分支持他对学生的付出，他的夫人曾在浙江大学党委宣传部工作，有着丰富的新闻实践经验，所以在指导学生时，往往也能从实践方面提出建议。邵培仁说："培养研究生，我主要负责传播理论，夫人负责指导学生的新闻实践。"除此之外，家人为他在教育、教学、科研上所取得的成绩付出了很大辛劳。"其实我的时间主要用在学术研究和培养学生身上了，家务等一般都是夫人在操持。学生们也经常到家里来吃饭。"理论与实践相结合的培育模式，让邵培仁的学生能够多一层视角，效果更佳。

三、火光聚灯盏，培育后学，以仁化人

2018 年，邵培仁荣获第六届范敬宜新闻教育奖（良师奖），全国仅两人获此殊荣。颁奖词写道："邵培仁教授是我国传播学领域的先行者和开拓者之一，在学科建设、教育教学等方面为新闻传播学的发展做出了重要贡献。他长期致力于传播理论、媒介管理与文化产业等领域的研究和教学，筚路蓝缕，勇于创新，其学术成果具有重要影响。他出版了多本国家级规划教材，推出了'金字塔式课程建设模型'等，教学成果多次获教育部和省优秀成果奖。他为人谦逊宽厚，提携后学，爱生如子，培养的学生中已有一大批成为媒体行业和学界的中坚力量。邵培仁教授与他的'良师'美名，是评委的选择，更是师生的众望。"

在邵培仁的敦促下，弟子中已有 40 余位教授，不少学生养成了良好的学习和研究习惯，成为社会各界的中流砥柱。他的博士生回忆说："犹记得毕业后邵导赠书，扉页写着'著书是幸，读书是福'，当时接过邵导新著，就想起当年往事，感动良久。2007 年毕业后，有回在书店买书时偶遇邵导，我当时觉得好开心，把刚选好的一套书随手放桌台，就来与老师聊天，浑然不觉邵导一边与我谈着话，一边不声不响替我付了全部书款。12 年来跟随邵导研习传播学，我的体会是学问亦修行，用心越专，得缘越深，是为福分。"

在这样的导师身边，学生既学做事，又学做人修身，良师益友，终将学术的灯盏代代传递。

【文献来源】钟莹：《以仁引路　传播学术的灯塔——传媒与国际文化学院邵培仁》，载《浙江大学教书育人典型案例选编》，浙江大学党委教师工作部编印，2020，第 4—6 页。

爱生如子、爱校如家、视学术如命

——记浙江大学传媒与国际文化学院邵培仁教授

金云云

不久前，浙江大学传媒与国际文化学院邵培仁荣获“第六届范敬宜新闻教育奖——新闻良师奖”，全国仅两人获此殊荣，这也是浙江大学教师首次获得该奖项。如同颁奖词所说的，从事新闻传播教育40余年，邵培仁用热情与汗水成就了一段段“传媒佳话”。

颁奖词这样写道：“邵培仁教授是我国传播学领域的先行者和开拓者之一，在学科建设、教育教学等方面为新闻传播学的发展做出重要贡献。他长期致力于传播理论、媒介管理与文化产业等领域的研究和教学，筚路蓝缕，勇于创新，其学术成果具有重要影响。他出版多本国家级规划教材，推出‘金字塔式课程建设模型’等，教学成果多次获教育部和省优秀成果奖。他为人谦逊宽厚，提携后学，爱生如子，培养的学生中已有一大批成为媒体行业和学界的中坚力量。邵培仁教授与他的‘良师’美名，是评委的选择，更是师生的众望。”

一、爱生如子：甘做学生前行路上的“铺路石”和“引路灯”

“父亲给我起名培仁，是要我做仁厚之人，用仁爱之心教育培养人才。”2018年12月22日，第六届范敬宜新闻教育奖颁奖仪式上，邵培仁发表获奖感言时这样说道。他把学生的成长成才当作自己人生的追求和价值的实现，甘做学生前行道路上的“铺路石”和“引路灯”。

在学术方面，邵培仁是个不折不扣的“严师”。对于学生培养，他有着自己的要求。无论是硕士生还是博士生，只要一收到录取通知书，紧接着他们就会收到来自导师邵培仁的“入学考验通知”——假期多看书，开学时带两篇论文来报到、注册。“很多同学收到录取通知书后一直到开学，都会疯狂地玩。我要他们拿论文来见我，他们就不会过于放松，会好好学习，努力完成任务”，邵培仁说。

对于交上来的论文，邵老师总是仔细看过，并提出修改意见和建议，再“打回去”让学生修改。如此往复，许多论文“脱胎换骨”，得以成功发表。这让刚入学不久的学生立即信心大增。

“严师”邵培仁坚持向学生讲授国际国内新闻传播领域最前沿的学术信息和科研成果，鼓励他们撰写创新性、开拓性的课程论文和学术论文，并时常督促他们多看书和论文，不要拖延懈怠。

在生活方面，邵培仁却更像“慈父”，温和而亲切。“要像爱自己的孩子一样爱自己的学生，要像管朋友的孩子一样管自己的学生。师生情同手足，互动互助，共进共演。”邵培仁真诚关爱学生，久而久之，很多弟子甚至亲切地喊他“邵爸爸”。

有一次，一个学生的父亲来杭州出差，到学校探望孩子和邵培仁。学生自然而然地脱口而出：“邵爸爸。”结果孩子父亲瞬间蒙了：“你叫谁呢？！”学生解释道：“我叫邵老师啊，我们都是这样叫的。”听完，学生父亲释然，看来大家打心眼里喜欢这位老师。

桃李不言，下自成蹊。邵培仁带的硕士、博士以及指导的博士后，名单就记了整整 21 页纸。媒体界、学界、政界……他们中的许多人，早已成为各行各业的中流砥柱。

二、爱学术如命：深耕数十载，而乐此不疲

1985 年至 1987 年，邵培仁在复旦大学新闻学院读研期间，觉得当时上课所用的书本“太过简单，看得不过瘾”，便开始与室友合作撰写传播学专著。1988 年，人称“传播学三剑客”合作的《传播学原理与应用》一书出版，成为国内第一本传播学专著与教材。

邵培仁喜欢另辟蹊径，不愿意因循守旧。紧接着，他又开创性地先后主撰、主编了《经济传播学》《政治传播学》《艺术传播学》《教育传播学》《新闻传播学》《传播社会学》，引起广泛反响，他因此被称为中国传播学界的“一匹黑马”和“第一个吃螃蟹”的人。

邵培仁至今已经撰写或主编出版传播学、媒介管理学、华莱坞电影研究等著作 30 余种，其中《传播学》《媒介管理学》《媒介管理学经典案例》《媒介管理学概论》是国家级重点教材；先后发表论文 300 余篇。邵培仁是位忙碌而多产的学者。根据以发文量和被引频次作为统计指标的“高校人文社科学

者期刊论文排行榜（2006—2018）”，邵培仁在新闻传播学领域的综合指数位列全国第15位。

从事新闻传播学研究以来，爱书成癖的邵培仁广采博搜，藏书甚丰，一些书实在买不到，他就花钱复印。许多年前，他甚至花了当时自己两三个月的工资，只为复印一本图书。有一次因复印较多还曾闹出过“乌龙”：复印店老板怀疑他“搞情报”，竟然报告了他借阅书的当地图书馆。而今邵培仁家中，每个房间都有书柜，存放书籍的“领地”甚至“一路扩张”到阳台。几次搬家，老家具基本丢光，书却一本不少。为了让更多人受益，他专门编写了《中国大陆传播学著译要目》，放在网上供人研究参考。

深耕新闻传播学领域数十载，邵培仁孜孜不倦、乐此不疲。他家中的床头柜上总是放着笔和小本子，有时半夜突然来了学术灵感，他就会立马开灯将其记录下来。“有时一开灯就把夫人吵醒了，我就摸黑在纸上写。第二天早上一看，就跟‘鬼画符’一样。好记性不如烂笔头。烂字能帮助回忆就行”，邵培仁说道。随手记录的习惯，他保留至今，只是现在纸笔更多地被手机备忘录取代。“我视学术如命”，邵培仁说。

三、爱校如家：一家浙大人，求是情缘深

从1994年作为优秀人才引进原杭州大学新闻与传播学系至今，邵培仁在浙大已走过25年光阴，他早已把学校当作自己的家，深深扎根于求是园。邵培仁教授令人羡慕的小家，亦是带有深深的新闻传播印痕和浓得化不开的求是情缘：妻子曾在浙江大学党委宣传部工作，有着丰富的新闻实践经验；儿子则在浙江大学获得博士学位，并继承父亲的“衣钵”从事相关领域的研究与教学；现在小孙子也在浙大上幼儿园。

“以善心待人，凭良心做事。”邵培仁说，“浙大待我不薄”，他对浙大亦是爱得深沉。为培养学生爱校情感，也为支持妻子的工作，邵培仁曾两次个人资助《浙江大学报》在全校举办“感恩浙大”“情系浙大”征文比赛活动，资助拍摄宣传浙江大学的短片并将其放在网上。

“邵导获奖后，我曾想写一篇家庭散记，标题是：嫁给了良师。说出来让大家乐一乐，正文小标题打算写：读书、写书、教书，‘三书’为伴；学生、学术、学科、学派，‘四学’合流；师徒互动互助、共进共演的‘人生大戏’，”邵夫人不无幽默地补充道，“咱是邵导身边的永不毕业、绝不出站的‘博士前’。”

邵培仁说，家人为他在教育、教学、科研上所取得的成绩而付出了很大辛劳。“其实我的时间主要用在学术研究和培养学生身上了，家务等一般都是夫人在操持。学生们也经常到家里来吃饭。”说起另一半时，邵培仁眼底泛起柔情。“培养研究生，我主要负责传播理论，夫人负责指导学生的新闻实践。”理论导师配上实践导师，所以每年学生的毕业论文鸣谢时，除了感谢导师邵培仁，也常常记有感谢师母的一笔。

说起未来，邵培仁笑言，“2018 年底已经退休了，要轻‘踩刹车’慢下来，但学术研究肯定不会停的，因为我现在除了读书、写书，啥也不会干了”。

治学育人，静水深流。

【文献来源】金云云:《爱生如子、爱校如家、视学术如命——记浙江大学传媒与国际文化学院邵培仁教授》,《浙江大学报》2019 年 1 月 25 日第 2 版。

在历史与全球视野中开拓传播研究的本土路径

——邵培仁的学术历程访谈录

王学敏

邵培仁作为中国第一代传播学学者，见证了传播学的引介、学科建制、学科大发展近40年的中国传播发展史，在传播理论、媒介管理、媒介地理学、亚洲传播理论等众多领域取得了丰硕的成果，填补了国内传播学领域的众多空白。邵培仁在华夏传播研究领域的深耕形成了传播学本土化研究的历史取向路径，并提出了“寻根主义”的研究范式。他撰写的《华夏传播理论》从元理论的视角出发重新思考华夏传播研究的困境和理论建构目标，具有重大的历史价值。但是华夏传播研究自诞生以来就缺乏问题意识。[①]冀望与邵培仁历时两个月往返不断的深度访谈，挖掘学者个人生命历程与学科发展背后的联系，为传播研究本土化发掘问题意识，为建构历史取向的传播学本土化研究提供新的解读视角。

一、深耕学术：传播学研究的平台创建

王学敏（以下简称“王”）：在您看来，还有哪些转折点对您的人生轨迹产生了影响？您在自述中提到，您踏入传播学领域充满了偶然性，但是历史的车轮总是在偶然中充满必然。

邵培仁（以下简称“邵”）：1985年，进入复旦大学新闻学助教进修是我学术历程的重要转折点。这个时段正好是西方传播学引进不久、中国传播学发展尚未有明确方向的重要时期。传统与现代交织，挑战与机会并存。在这里，我如饥似渴，也如鱼得水，不仅在新闻系听几位优秀的老师上课，还去

① 李金铨：《视点与沟通：中国传媒研究与西方主流学术的对话》，《新闻学研究》2003年第77期。

中文系、哲学系听许多优秀老师的课，以及各种学术报告和学术研讨。第一次比较系统地学习传播学等新兴学科，深切感受改革开放对学术冲击的独特魅力。最后还大胆地与住同宿舍的戴元光、龚炜合作撰写出版了国内第一部学术专著《传播学原理与应用》，产生巨大反响，好评如潮，是当时几乎所有高校新闻与传播学系的选用教材。

王：在 1993 年之前，您已经主撰出版了 5 本专著，发表了许多论文，《光明日报》《新华日报》等报刊对您都做了人物专访或评论，在学界影响很大，这也是一个新的起点吧？

邵：是的！但确切地说，这是转折前的铺垫，真正的转折点是 1994 年 3 月，我被引进原杭州大学新闻系。竺可桢老校长教导说："不要当大官，要干大事。"作为知识分子，我要求自己"做物质的中农，精神的富翁"。金钱如风，虽能兴风作浪，却过而无迹；学术似籽，虽不华丽热烈，却能传之久远。

我喜欢做学问，而杭大的环境又特别宜人、宜居、宜学。读书、教书、写书，以书为伴；家、教室、图书馆，三点一线。1996 年底，我评上了教授。紧接着，我又当了新闻系副系主任，分管教学工作。

1998 年 10 月，四校合并组建新的浙江大学。1999 年 7 月，四校的文史哲和新闻、艺术等学系合并成立了人文学院，我被任命为副院长，依然分管教学工作。2006 年，新闻系和国际文化系共同从人文学院独立出来，成立了传媒与国际文化学院。我成了学院首任党委书记，同时兼任学校对外宣传领导小组副组长。2009 年，学校成立了 7 个学部，我又到人文学部做了副主任。

我 2018 年退休，此前一直任传播研究所所长。1994—2018 年，我们研究所不断发展壮大，先后建成了省传播学重点学科，省哲学社会科学重点研究基地——传播与文化产业研究中心，省文化产业重点研究基地——娱乐与创意产业研究中心，省重点创新团队——国际影视产业发展研究中心，负责人都是我。我们办了两本学术刊物——《中国传媒报告》和《中国传媒研究》，我和赵晶晶分别是刊物主编。出版了中国传媒报告蓝皮书《中国娱乐与创意产业发展报告》，我和李杰是主编。李杰还联络新华社成立了浙江大学海洋文化研究中心，兼任中心主任。可见，平台也需要自己积极、主动地去创建，从无到有，由小到大。

王：四校合并成立新的浙江大学，对学校发展来说肯定是一个新的起点和转折点，但是对您个人是不是一个新的起点和转折点呢？

邵：是的！校长潘云鹤院士搞了许多改革，其中一项就是要求不同学院、学科联合成立交叉研究中心，浙江大学学科交叉预研基金给予立项和资助。传媒学院与计算机学院共建了的学科交叉研究中心，由我和耿卫东任中心双负责人。于是我在前些年出版的《经济传播学》《政治传播学》《艺术传播学》《教育传播学》《新闻传播学》《传播社会学》等交叉研究成果的基础上，开始探索新的传播学交叉研究领域。

二、回应时代：中国传播学者的人文情怀

王：从传播学本土化研究的历程来看，我发现您在《传播学原理与应用》一书中就提出了这个问题①，不仅持续呼吁，而且身体力行，取得了许多颇有分量的学术成果，得到学界好评。②请您谈谈：您为什么持续关注传播学本土化？您在学术研究中是如何实现个人关怀与时代议题相结合的？

邵：我出生在贫苦的家庭，这对我产生了很大影响。1970年，尚在高中读书时，我就提交了入党申请书，4年后正式成为中国共产党党员。党员身份要求我们在学术研究中关注国家前途、民族命运、社会需求，将学术研究同人才培养、社会服务结合起来，不做“假大空”的常识性的无用学问。我认为，中国传播学建设的着力点是本土化，突破点是交叉化，目标是国际化，最佳的学术生态是自主、多元与平衡。中国传播学研究要始终保持着浓厚的人文情怀、敏锐的社会洞察力和敢为人先的学术创新精神，及时回应社会现实，不断拓展研究领域，构建与全球传播联通的中国传播话语体系，确立中国传播学的学术坐标与学术地位。

传播学者要实现个人关怀与时代议题的结合，将个人困扰转化为公共议题，还要具有学术的鸟瞰性、前瞻性和预见性，要能在不同的历史阶段根据国际学术潮流、中国国情和现实需要，有针对性地及时地提出上接“天气”下接“地气”的具有本土性的学术概念和研究主题，不必跟在西方传播学后面亦步亦趋。

中国拥有5000多年的悠久历史和博大精深的文化，蕴藏了十分宝贵的传播思想和传播智慧，这是西方国家特别是只有几百年建国史的美国无法相比的。因此，我们必须树立文化自信和学术自信，昂首挺胸、理直气壮地进行

---

① 戴元光、邵培仁、龚炜：《传播学原理与应用》，兰州大学出版社，1988年，第213—224页。

② 林凯：《中国传播学领域的先行者和开拓者——邵培仁传播学研究成果述评》，《东南传播》2020年第3期；李思敏：《邵培仁：书写传播学的中国底色》，《海河传媒》2021年第8期；陈江柳：《立足本土 走向整体 走向世界——略论邵培仁及其传播学研究的中国化探索》，《东南传播》2021年第4期。

本土化传播学研究。有许多数据已经表明，中国人民特别是“80后”“90后”和“00后”的年轻人，他们已经不再仰视西方，对国家、民族和社会充满强烈的认同感和归属感，拥有极其饱满的正能量和文化自信。我相信，本土传播学研究的春天正在到来！让我们一起拭目以待。

三、华莱坞电影：传播学本土化的试验田

王：您曾经苦恼本土传播研究找不到一种媒介作为试验田，后来您发现电影较其他媒介更适合用来作为理论联系实际的落脚点。于是您从2012年向浙江大学社会科学院提出华莱坞电影研究计划，于第二年亲自主持召开了“浙江大学国际传播视野中的华莱坞电影学术研讨会”，并在会上作了题为“华莱坞的想象与期待”[①]的主题讲演，接着主编出版了多部华莱坞电影研究专著[②]以及“华莱坞电影研究丛书”和“国际华莱坞译丛”。我们十分好奇，您怎么会率领一支队伍突然杀入了一个陌生的学术领域？

邵：的确，这容易给人造成一种“大象冲进瓷器店”的感觉，尤其是我们所采用的不是电影研究常见的方法，而是有意使用了学科交叉研究的路径和研究方法，具有某种颠覆、重构、更新的意味，使得许多代电影学人苦心建筑的知识大厦岌岌可危、摇摇欲坠，让一般电影研究者难以接受，招致一些人的批判、批评甚至嘲讽。这恰恰是学术创新遭遇的常见状态，必须以平常心、同理心正确对待。

其实，我不仅自小喜欢看电影、喜欢搜集电影海报，还购买了大量国内外电影研究书籍，比如我有全套的“电影艺术译丛”（后改名为“世界电影”）和“中国电影剧本选集”等。我也尝试过写电影剧本，而且为本科生开设了“电影文学与艺术”选修课，为博士生开设了“影视传播理论”选修课；成立了影评协会，为市电影公司提供宣传资料；在原杭州大学中国现代文学博士点招收当代中国电影传播方向博士生，在传播学硕士点和博士点也招收和培养影视传播研究方面的人才。因此，当我找到了本土传播研究的落脚点、决定举起华莱坞电影研究的旗帜时，才能够振臂一呼，应者云集。2014年，我们申报建成浙江省重点创新团队（文化创新类）——浙江省国际影视产业发展

① 邵培仁：《华莱坞的想象与期待》，《中国传媒报告》2013年第4期。

② 《华莱坞电影概论》，浙江大学出版社，2017；《华莱坞电影理论》，浙江大学出版社，2015；《媒介地理视阈下的华莱坞》，首都经济贸易大学出版社，2018；《走向绿色：华莱坞电影生态研究》，首都经贸大学出版社，2019；《电影经营管理》，浙江大学出版社，2005。

研究中心，我是中心主任；注册成立了国际华莱坞学会，任会长；获准成立中国高校影视学会华莱坞创研中心，任主任。至今已成功举办了9次华莱坞电影国际国内学术研讨会，发表了数百篇学术论文，出版了近20种学术专著，在国内外产生了较大的传播力和影响力。①

四、新世界主义：全球传播研究的新愿景

王：作为与本土传播研究相对应的全球传播研究，您以新世界主义媒介理论②描绘和建构了一幅全球传播的新愿景，发表了一系列论文，主编出版了著作，还提出了打造“整体全球化”③和建构“人类整体传播学”④的主张，让人觉得您的新思想、新观念、新主张层出不穷。您能帮助我们梳理一下新世界主义媒介理论的来龙去脉和基本构架吗？

邵：首先，新世界主义媒介理论同“整体互动论”⑤有着某种内在的联系。我曾在《政治传播学》的“政治传播学的未来”一章中提出并论述了“整体互动论”。传播学研究应把研究对象看作一个有机的相互联系的传播整体，多层面、多角度观照审视传播的全部过程，努力把握和认真分析整体互动中的各种要素和相互关系。⑥这种理论贯穿于我的全部的学术研究的过程之中，包括新世界主义媒介理论研究。

“新世界主义”（New Cosmopolitanism）既植根于中国传统文化中“天人合一”“协和万邦”的“大同”“天下”思想，又继承和发扬了中国革命的优良传统和国际主义理念。新世界主义媒介理论不但倡导“整体全球化”和建设“人类整体传播学”，而且要顺应时代潮流和历史趋势，努力成为建构全球

---

① 周颖：《华莱坞电影研究的现状与发展趋势》，《东南传播》2019年第8期；羊晚成：《我国华莱坞研究领域知识图谱分析——基于CNKI文献计量》，《中国传媒报告》2020年第2期；《华莱坞电影研究“走出去”，研究丛书被海外多家高校图书馆馆藏》，2021年10月19日，https://mp.weixin.qq.com/s/A5o6UkErB3RSXo1taj1HZw，访问日期：2021年12月20日。

② 邵培仁：《作为全球战略和现实考量的新世界主义》，《当代传播》2017年第3期；邵培仁：《新世界主义媒介理论的构想与愿景》，《教育传媒研究》2020年第6期。

③ 邵培仁、陈江柳：《整体全球化：“一带一路”的话语范式与创新路径——基于新世界主义的分析视角的再阐释》，《暨南学报（哲学社会科学版）》2018年第11期；沈珺、邵培仁：《整体全球化与中国传媒的全球传播》，《当代传播》2019年第1期。

④ 邵培仁：《走向整体的传播学》，《中国传媒报告》2013年第1期；邵培仁：《携手共同构建人类整体传播学》，《国际新闻界》2018年第2期。

⑤ 肖容：《整体互动论：独树一帜的传播模式——略论邵培仁的传播学研究》，《徐州师范学院学报》1992年第3期。

⑥ 邵培仁：《政治传播学》，江苏人民出版社，1991，第373—383页。

传播新秩序、共同建设美好世界的规划者。同时，它还包括时间、空间、尺度、文化、机制、话语、模式、平台等体系结构要素。①我们应通过规划和确立新世界主义媒介理论及实践路线，大力传播中国坚持和平发展和推动构建人类命运共同体的国际情怀和深刻内涵，大力宣传中国解决国际热点问题及全球经济发展问题的新理念、新倡议、新举措，积极开展不同文明、不同文化之间的对话与交流，使新世界主义尽快为世界各国政府与大众理解和接受，成为全球的共识和行动。

【作者简介】王学敏，博士，厦门大学新闻传播学院博士后，主要研究方向为媒介考古学、华夏传播研究。

【文献来源】王学敏:《在历史与全球视野中开拓传播研究的本土路径——邵培仁的学术历程访谈录》,《传媒论坛》2022 年第 18 期，第 3—5 页。

① 邵培仁:《新世界主义媒介理论的构想与愿景》,《教育传媒研究》2020 年第 6 期。

放宽传播学研究的视野

——访浙江大学人文学院副院长邵培仁

韩运荣

韩运荣（以下简称“韩”）：这次约请您的目的就是请您谈谈我国传播学研究的情况。

邵培仁（以下简称“邵”）：是的，这是个好时机，这也是一个好话题。这几年，北京广播学院的学术研究犹如进行了一次大规模的地毯式轰炸，成绩辉煌，气势逼人。而我国的传播学研究也是形势喜人，成就非凡。传播学作为二级学科的学术地位已得到国家认定，较为稳定的理论体系已初步形成，高级传播研究人才已经开始培养，研究机构相继成立，学术刊物纷纷创办，科研队伍也不断壮大，每年都有大量的著作和论文面世，也有一系列的科研课题立项或通过鉴定，开拓了许多崭新的研究领域。如果施拉姆仍然健在的话，他一定会对传播学在中国的繁荣景象大感意外、惊喜不已。你知道的，他在 1982 年曾携弟子余也鲁来国内“推销”传播学，但当时市场疲软。

韩：现在的情况的确大不一样了。您和戴元光、龚炜合著的《传播学原理与应用》（1988）一书，被认为是国内第一部全面、系统地介绍和论述传播学的著作，多次重印，影响很大。您能谈谈当时的写作情况吗？

邵：那是 1985 年。当时，我们三人一起在复旦大学读书，合住在南楼留学生宿舍，比较安静，没有干扰，课程不太紧，因此，有时间就学术问题进行无休止的交锋，而争论最多的就是刚引进不久的传播学。后来，争论累了，突发奇想：“别吵了，有种的写本书出来！”当时，要把这想法告诉同学，他们肯定会把大牙笑掉。我们自己也觉得，有点不知天高地厚。因此，我们根本不敢声张，只是悄悄地搞。买书、借书、复印、做卡片、拟大纲……一切都是“偷偷摸摸”的。1986 年底初稿完成时，同学们都不知道。1987 年，作为试用教材，印成《传播学概要》，试用反响很好。1988 年正式出版，很快一售而空，而后多次重印，在很长时间内一直是许多高校新闻学系和社会学系的选用教材，据说在中国港台地区和东南亚也有一定影响。

韩：据我所知，继主编“当代传播学丛书”之后，您目前又在主编第二套丛书——“跨世纪传播研究丛书”，请您谈一谈这两套丛书先后贯穿的创作设想。

邵：首先，传播学的发展有一种分支化的趋势，而且分支越来越细，在向细密方向发展，我主编的这批书就是适应这一趋势的。以往我们研究传播学，主要是从人际传播、组织传播、大众传播这些角度观照的，后来我们拓宽了传播研究的视野，出版了“当代传播学丛书”，从新闻传播、艺术传播、教育传播、政治传播和经济传播的角度来研究。在国外虽然有政治传播学和教育传播学，但当时没有经济传播学和艺术传播学，有新闻传播学但不是从我们那种传播研究角度来谈的。后来我又觉得光换一个视野是不够的，还应该从学科交叉的角度审视和分析传播学，把其他学科的营养带到传播学中来，还要研究大众传播活动中的现象和问题。比如大众传播中的社会问题、法律问题，大众传播中的伦理问题、审美问题。所以，我在设计“跨世纪传播研究丛书”时就设计了大众传播社会学、大众传播心理学、大众传播经济学、大众传播审美学、大众传播法学、大众传播伦理学、媒介经营管理学、大众传播生态学、大众传播文化学等十几本书。

其次，我们做研究注重创新。“跨世纪传播研究丛书”中，只有两本书是国内已经有的，一本是我主编的《传播社会学》，另一本是北京广播学院刘京林写的《大众传播心理学》，我计划中也有这两本书，但这两本书一定要有大的突破，否则宁可不出版。你知道的，刘京林搞新闻心理学和传播心理学已有多年，影响很大，那本书学术性、理论性很强，有很高水准，不易超越。所以，至今没人敢接这一本书。这套书以浙江大学的研究力量为主，个别的，我们认为校外的专家学者在这方面研究得比较深的，也会请外面的学者来写，比如大众传播法学，我们请了上海社科院新闻研究所的所长魏永征和上海广电总局总编室的沈莉博士来合写。

再次，大众传播中也确实存在着这样那样的现象和问题，需要我们去研究和解决。比如大众传播法学中关于大众传播侵权，如著作权、隐私权、肖像权，等等。这些实际上是与大众传播有关的法律问题，需要我们集中起来加以讨论。当然，我们不是简单地去谈论法律，也不是去制定法律，而是讨论问题和提出解决问题的办法，告诉媒介从业人员如何合理合法地操作而不犯法。实际上，我们是从传播的角度去考虑，最终也是从人本的角度去考虑问题的。我们研究大众传播伦理学也同样如此，当然首先是大众传播里也有很多伦理问题，如暴力、色情、虚假信息、反科学信息等，都涉及伦理；但最主要的，研究是一种人文关怀，是完善人性和人格，是为人考虑的；同时，也是完善社会，造福人类。比如，去年江西发大水，一个八岁的小女孩被困在水中的树上，援救人员把她抱下来，下身赤裸。从人文关怀的角度来看问题，镜头可不可以抬一抬，可不可以虚晃一下，这种暴露在显示救人的动人场面的同时，好像也对女孩子构成了某种伤害，实际上就违反了一种传播伦理。像这种涉及伦理的问题，在大众传播中有很多。

韩：通过近些年的研究，您认为在全国范围内来说，浙江大学在新闻与传播学的研究和教学上有何特色？

邵：特色不敢当，但特点是有的。第一，正如我前面所说的那样，我们的研究视野相对而言要开阔些。我们有一个很好的合作群体，大伙有拼劲，有创新精神，有的很有才气。第二，课程设置可能比较先进。我们目前的本科生课程设置借鉴美国、中国港台地区等大学的课程设置，比如本科生课程中不仅有传播学概论，还有传播研究方法、大众传播与社会、大众传播与文化、传播与科技、网络传播等课程。而后我们又把这些课程中较前卫的课程或主干课程引入研究生课程进修班的课程中，很有吸引力。我认为，传播研究和教学是不能画等号的，不是说我们写出的书一定要拿到课堂上去讲，但学生可以去看，而有些课程像大众传播伦理学、大众传播法学是需要开设的。在现实的新闻传播教育中，过分地理论化，媒介不需要；但过分地实用化，大学又会认为学术性不强，不屑办这种专业。所以，一定要在两者之间找到最佳平衡点。第三，重视传播学分支研究和本土研究。我们在研究的过程中注重结合中国的国情、联系中国的实际；注意从中国传统文化和现代学术中吸取营养；注意尊重中国读者的思维惯性和阅读心理；注意从现实的传播活动中寻找鲜活的数据和例证。第四就是关注传播学的前沿课题、新兴课题和交叉课题，注意推动传播学向其他领域扩张，或与其他学科联姻以孕育新的学术生命。然后，在此基础上，形成自己的研究特色，建构自己的理论体系。

韩：我曾见过两篇论文，认为您的“整体互动论”独树一帜，颇有特色。童兵、李良荣、张允若也都给予了肯定。请您具体地谈一谈“整体互动论”可以吗？

邵：首先我要感谢几位老师对我的鼓励和肯定。但是，这不应看作“我”的，而是“大家”的，我只是归纳、概括出来。其实，对于传播学研究中出现的种种传播模式，如果用优秀传播模式的五条标准去衡量，那么在惊叹模式提出者的新思维、新观点的同时，也会发现西方的传播模式都试图通过透视三五种传播元素来回答、解释所有的传播问题和传播现象，因而常常顾此失彼，出现片面性，因为传播学研究所面对的不只是支撑信息传播过程的几种要素和一些单纯的信息传播现象，而是从一定的角度和层面面对整个世界，即它应向自己要解决的那个任务的所有现象开放。整体互动模式就是在充分考虑本系统与外部世界的复杂联系的同时，重视传播过程中各种要素和因素共同构成的整体关系以及人类传播的全部现象。就是说，它的基本任务始终是再现整体，始终把各种要素和因素有意识地归并到整体之中，在各种要素的整体互动过程中努力找出传播的本质和规律，同时再进一步“认识”它，“适应”它，“支配”它。

具体来讲，整体互动模式包括了三个系统，即人际传播系统、大众传播系统和网络传播系统。这三个系统不存在谁取代谁的问题，它们协同并存、互动共进。

整体互动模式还包括了构成传播活动的四大圈层因素，即核心要素、次级要素、边际因素和干扰因素。首先，核心要素是整体互动模式中最基本的要素，即拉斯韦尔在《传播的社会职能与结构》（1948）一书中提出的“五W模式”，即谁（传播者）；说什么（信息）；通过什么渠道（媒介）；对谁（受传者）；取得什么效果（效果）。据此引申出传播研究的五项内容，即控制分析、内容分析、媒介分析、受众分析、效果分析。

其次是次级要素。这是模式中仅次于核心要素的一系列要素。它包括传播的或反馈的信息从哪里来（现实或事件）；以什么形式传播（编码或符号）；怎样传播（谋略与技巧）；谁参与了信息互动（参与者、决策者、咨询者、守门人、中介者等）；受者接受讯息（译码或读解）；谁回话（反馈）。据此引出的穿插在五项分析内容之间的七项分析内容为来源分析、符号分析、谋略分析、技巧分析、参与分析、接受分析、反馈分析。

再次是边际因素。它包括每个传播活动的参加者所追求的分别是什么（价值）；传播活动在哪儿完成（环境）；有没有一系列传播和接受的规则（规范）；传受两者之间有没有大体相同的经验（经验指符号编译、思想意识、经验体察等）。这四种因素或问题也都可以成为相应的研究内容。

最后是干扰因素。任何阻塞有用信息通过的障碍和不属于信息来源原意的附加物，都是信息传播中的干扰因素，或者说是噪声。干扰因素主要有人为干扰、机械干扰、自然干扰和内容干扰等。

因此，整体互动模式要求传播学者在研究中自觉地和正确地将整体与局部、要素与因子、内在结构与外在关系等有机结合起来，不要忽视问题的任何一个方面。从而，在单纯的传播要素中看到全部因素，从研究局部的传播行为进而研究全部的传播活动；或者在整体的全部关系中突出部分的要素，在研究整体传播活动的结构中分离、演绎某一单纯传播行为的可能结果。

总之，整体互动模式的特点是强调传播过程和传播研究的整体性和全面性，强调辩证性和互动性，动态性和发展性，多向性和复杂性。

韩：传播学的产生和发展以及理论体系的构建，与众多的相关学科对它的影响和推动是分不开的。从您个人的研究特色来看，您研究传播学的视野是极其广阔的，那么请您谈一谈您对传播学与其他学科的见解。

邵：以往，传播学得到的其他学科的馈赠的确大大超出它的回报。相信它的大规模回报将在已经来临的信息社会和知识经济时代开始。

其一，传播学与社会学的关系。在西方，人们曾将传播学看作社会学的分支学科。我们知道，社会学以社会组织、社会行为、社会问题为研究对象，范围较广泛；而传播学着重研究传播过程、传播行为、传播意识和传播关系等现象，对象较集中。社会学诞生于前，而传播学产生在后。传播学在形成中吸取、借用了社会学的一些知识和方法（如调查方法，统计方法），但也从其他许多新兴学科中汲取养料。如今，社会学和其他学科也开始用传播学的成果来丰富自己的研究内容。这种研究范围的部分重叠、交叉和研究成果的相互借鉴是完全正常的，也是应该的，但它们终究是具有各自特性的、相互独立的学科。

其二，传播学和心理学的关系。在传播学的形成过程中，心理学曾经助一臂之力。作为研究心理活动规律的心理学，是通过挖掘传播现象发生的内在动力和情感因素来充实和丰富传播学研究的内容的，从而使偏重宏观研究和过程研究的传播学能够从微观研究和心理研究方面得到取长补短，显得更具活力。传播作为一种最富有人性和人情的社会活动，也为心理学研究增添了新的研究内容和话语空间，而传播活动中的传播者、守门人、中介者和受众的心理现象及其活动规律，也是人们想了解的，这也使得心理学研究更具有现实感和实用性。这两者的相通之处就在于传播心理。

其三，传播学与人类学的关系。传播学与人类学都是“关于人的科学”，目的都在于描述和解释人类这一特殊的横跨整个地球和贯穿整个历史的自然和社会现象。但是，人类学的主题是研究人类的躯体和文化的各个方面，传播学的主题是研究人类的传播行为和文化的世代流传。以往，人们过多地注视这两门学科的不同，而很少注意两者的互动互补。传播是人类的特权和标志，是文化载体和“社会水泥”，又是人类文明和社会进步的助推器。人类学中的语言学派、文化学派和传播学派的理论可以给传播学者许多启示，而传播学中的符号理论、接受理论、功能理论也可以让人类学家大开眼界。总之，我们既要了解传播学与人类学的区别，又要设法找到两者的契合点。这样才能科学解释和揭示人类传播的现象和规律。

其四，传播学与宣传学的关系。传播学与宣传学之间有着某种“血缘”关系。因为早期的传播研究有很大一部分是宣传研究。但是，这两者的区别也是明显的，不可以混同。传播学把人类社会中的一切信息传播现象都作为自己的研究对象，其中自然也包括宣传现象；而宣传学只把劝服性、观念性的传播现象看作自己的研究对象。传播学能够从更高的层次、更广的视野来揭示一般信息传播的本质和规律，从而可以更正确地指导包括宣传活动在内的一切传播活动；而宣传学只能从它自身的角度和层面来分析宣传现象，揭示宣传规律，进而指导自己的传播活动，并且只能从某些方面深化和丰富传播学的内容，而不能简单地用来指导一般的传播活动。后来居上的传播学已成了各门分支传播学科的“统帅”，而宣传学说到底只是传播学的一门分支学科。

其五，传播学与新闻学的关系。施拉姆在 1982 年访华期间曾说“传播学就是大众传播学，而大众传播学就是广义新闻学”。这一观点曾产生过广泛影响。这两者在其演进过程中的确有密切的关系，而新闻学对传播学的诞生也确实起过催产的作用，但它们之间既非“母子关系”，也非“父子关系”，新闻学至多只是个“助产士”的角色。一般认为，新闻学是报刊新闻时代的产物，偏重业务研究或“术”的研究；传播学是电子新闻时代的产物，侧重理论研究或“学”的研究。新闻学以古老的“报学”研究为基础，偏重微观研究、局部研究和单向研究；传播学以新兴学科的知识为基础，侧重宏观研究、整体研究和双向研究。新闻学的研究对象是新闻信息的现象；传播学的研究对象是传播活动的现象。新闻学是具体科学的研究，对传播学研究有提供材料、充实内容的作用；传播学是一般科学的研究，对新闻学研究的内容和方法有规范、指导的作用。也有人认为，新闻学是一种专业研究，传播学是一种社会研究。总之，两者各有特点。

其六，传播学与历史学的关系。作为研究和阐明人类社会发展过程的历史学，它可以帮助传播学来研究已经过去的传播活动，探寻传播现象发生的先后次序和历史因素，揭示传播媒介变革的历史过程和基本规律，从而使传播学能够“论从史出”，使传播者能够“以史为鉴”，获得历史知识、历史智慧和历史经验，进而提高传播效果。作为以追求和提升人类传播智慧为宗旨的传播学，它也可以让历史学者看到在人类社会发展过程中所起的“社会水泥”和“人际润滑”的作用，以及在政治、宗教、教育、文学、艺术等历史活动中的主导作用，进而在“以论观史”中发现，传播既是人性的建筑材料，也是历史的建筑材料；人类一切与精神活动或精神文化有关的历史，其实都是传播的历史。历史学是一种静态的内向的研究，通过关注和分析已逝的历史事实为现实服务；传播学是一种动态的外向的研究，通过关注和分析正在发生的传播活动现象为现实服务。

此外，传播学还常运用符号学、语义学、信息学、接受学等相关学科的知识或近似主题研究的成果，不断丰富和完善自己的研究内容和研究体系。

可见，在传播学的四周，有众多的学科尤其是新兴学科在支持它、丰富它，源源不断地向它输送着新鲜的养料。这给传播学创造了兼收并蓄、融汇综合的条件，也给传播学提供了确定对象、构筑体系、明确坐标的重要参照系。

韩：您是较早开始传播学研究而且卓然有成的专家，能谈一谈中国当代传播学研究的发展历程吗？

邵：“古老的传播论，年轻的传播学。”用这句话来形容中国悠久的传播现象研究和新兴的传播理论研究，可以说是十分贴切的。作为对人类传播现象的论述，中国的传播论大约已有近3000年的历史；而作为一门传播学科的研究，从拉斯韦尔等人在《宣传、传播和舆论》（1946）一书中首次提出“大众传播学”（The Science of Communication）这一名词算起，美国传播学的历史只有五十年，而中国传播学的历史更短。中国学术界引进西方传播学，若从“大众传播”（mass communication）一词的首次汉译算起，距今只有20年的历史。此间经历了引进、研究、创新三个历程。

从20世纪50年代开始，郑北渭、张隆栋、王中等就有运用传播学有关知识的先例。但直到1978年7月，郑北渭在复旦大学新闻系内部编印的《外国新闻事业资料》第1期上所发表的《公共传播学的研究》和《美国资产阶级新闻学：公众传播学》两篇文章，才算传播学的研究的真正开始。此后，国内相继出版了一批西方传播学著作，如《报刊的四种理论》（1980）、《传播学概论》（1984）、《传播学的起源、研究与应用》（1985）、《传学概论：传媒、信息与人》（1985）等。这些著作的出版发行很快将国内传播学研究由引进与介绍阶段推向了评介与研究的阶段。

在评介与研究阶段，国内的传播学者一方面依据1982年第一次全国传播学研讨会上提出的“系统了解、分析研究、批判吸收、自主创造”的研究原则，围绕1986年第二次全国传播学研讨会上提出的“建立有中国特色的传播学”的目标，从中国的具体国情和传播实际出发，坚持实事求是的态度，一方面开展大规模的全国的或地方的大众传播效果调查和民意调查、受众调查，以及一系列专题调查，如陈崇山和弭秀玲的《中国传播效果透视》、赵水福的《中国社会心理的轨迹：亚运会宣传效果调查报告集》等；另一方面，运用科学的世界观和方法论，对西方传播学理论进行汇集梳理、分析研究，弄清来龙去脉，辨明是非得失，而后写成著作出版。这一时期的代表作主要有居延安的《信息·沟通·传播》(1986)，我和戴元光、龚炜的《传播学原理与应用》(1988)，范东生和张雅宾的《传播学原理》(1990)，周晓明的《人类交流与传播》(1990)，张咏华的《大众传播学》(1992)，张隆栋的《大众传播学总论》(1993)，李彬的《传播学引论》(1993)，徐耀魁的《大众传播学》(1993)等。中国台湾的传播学进入评介与研究阶段明显早于大陆，且实力雄厚，成果丰硕。

值得指出的是，传播学在国内的发展一波三折，充满艰辛。现在的情况正像陈韵昭1988年在《传播学原理与应用》一书的序言中所描述的那样，“不仅开设传播学的大学日渐增多，还有传播学专业、传播学研究所亦相继建立。”[①]许多读者拿着书单四处寻购传播学书籍。

如果审视中国传播学界在探索和创新及建立新体系阶段的学术成果，我们会感到：低水平的重复劳动仍在进行，学术探索步履蹒跚，而自主创新也很难跟上迅猛发展的传播实践。中国传播学研究缺乏那种争先恐后、万马奔腾的竞争态势，更缺乏一种深厚的传统文化根基和执著的探索精神。当然，其间也不乏出现一批有影响有深度的著作。像“当代传播学丛书”“跨世纪传播研究丛书”“新闻与传播学丛书”“大众传播学丛书”等都对中国传播学研究起了很大推进作用。像沙莲香的《传播学》、戴元光的《现代宣传学概论》、张学洪的《舆论传播学》、明安香的《信息高速公路与大众传播》、童兵的《新闻传播学原理》、陈力丹的《精神交往论》、孙旭培的《华夏传播论》，还有《经济传播学》《政治传播学》《艺术传播学》《教育传播学》《知识经济与大众传媒》

---

① 陈韵昭：《序言》，载戴元光、邵培仁、龚炜《传播学原理与应用》，兰州大学出版社，1988，序言第1页。

等，这些著作不是照搬西方传播学的理论体系和研究模式，也不是“言必称希腊”，处处在西方学术中寻找理论依据，而是以中国文化为背景，以中国国情为坐标，整合了许多学科的知识，采用了科学合理的研究方法，紧紧联系实际，努力服务于实践，展示了中国传播学者的开拓勇气和创新精神。

韩：您对中国的传播学发展走向持什么样的观点？

邵：其一是科学化的趋势。传播学要想确立其与一些传统学科平等的地位，就要大力加强传播学的科学化建设。其科学化的趋势主要表现在两个方面。一是积极探讨传播规律的态势。我们知道，规律所在，科学所托。传播学若没有自己的明确对象和范围、从貌似紊乱无序的偶然现象中探寻出必然规律，那么它是不能作为一门学科而存在的。所以，积极探索传播规律应是传播学者首先要解决的问题之一。二是积极构建理论体系的态势。传播学不是零星、杂乱知识的拼凑和剪贴，而是由一系列传播学的基本概念、范畴、判断、原理构成的具有严密逻辑性的知识体系。西方传播学界关于传播模式的种种理论和观点，其关注焦点仍是理论体系的构建问题。预计关于传播学体系的探讨还将继续下去。但是，走向开放，走向多元，走向普及，应是传播学研究走向繁荣和科学的基础。

其二是融合化的趋势。传播学大师施拉姆 20 世纪 80 年代初在北京讲学期间就做过大胆的预测：在未来的一百年中，分门别类的社会科学经过综合都会成为一门科学。在这门科学里面，传播学的研究会被各门学科的学者格外重视，会一跃成为所有这些科学里面的基础。在这种情势下，传播学研究将继续发挥自己融汇、综合的优势。它不仅要综合运用各种研究方法，而且要综合运用多种先进的技术手段，以不断增强传播学研究的客观性和科学性。融合化趋势既反映了传播学者要对已有的知识和成果予以进一步系统的融化、整合的态势，又表明了对其他学科知识的强烈渗透和合理移植所采取的一种宽容、开放的姿态。

其三是鲜活化的趋势。未来的传播学要十分重视对活生生的实践活动的分析，即要特别注意观照和考察信息传播的动态过程，并注意着力解决传播活动中遇到的具体的实际问题，传播学研究不能抱着那些陈旧的资料不放，流于观点的引用和资料的堆砌，而应关注和研究生生不息、丰富多彩的现实的传播活动。活动是永恒的。现实的传播活动，既是传播理论的发源地，也是传播理论的实验场。离开活生生的传播活动，传播理论就会枯竭，就会窒息，就会成为空中楼阁而失去存在的前提和基础。所以，要关注鲜活的动态的现实，这也符合传播学研究的客观性要求。

其四是操作化的趋势。由于传播理论是对传播实践及经验的鸟瞰与把握，是一种源于实践又高于实践的概括与总结，因而它可以反过来指导实践活动，使某项传播在它的指导下能直奔某个预定的目标。未来的传播学研究将从两个方面提出具有实用性和可操作性的传播建议或观点。一是依据传播规律提出传播对策。传播规律具有客观性、必然性和普遍性的特点，它贯穿于传播活动的始终，制约和影响着传播活动的成败。传播者要求人们按照传播规律、联系具体实际，合理、科学地运用传播媒介、符号、谋略和技巧，使传播方法符合规律。二是通过分析传播问题提出解决方案。在传播活动中，传播者肯定会遇到这样那样的传播问题，而受传者也会碰到各种各样的接受问题，而传播学研究正是始于问题的提出，终于问题的解决。

其五是分支化的趋势。现代科学的发展趋势是既高度综合又高度分化，传播学也不例外。个别反对搞分支研究的人认为：传播学的分支研究会肢解基础研究。这种担心是多余的，传播学的基础研究和分支犹如心脏与血管、树干与树枝，它们相辅相成，互生互动，缺一不可。基础研究可以推动、促进分支研究，而分支研究也可以丰富、充实基础研究。

最后是本土化的趋势。传播学是“舶来品”，如果不同一定的历史、社会、文化条件相吻合，不在一定的民族土壤上生长出来，不与所在国家传播相结合并为其服务，而只是简单地贩卖和照搬，那必然会遭到人们的拒绝，甚至反对。本土化趋势，既不是一概排斥西方的传播学，也不是照抄照搬西方传播学，它实际上是“迎而又拒，拒中有迎”。对于中国传播学来说，本土化建设既可以增强其学科个性和民族特点，也可以推动其走出国门、走向世界，更重要的是可以为中国大众所接受，成为他们的精神食粮。因此，中国传播学只有针对中国国情，联系传播实际，从中国传统文化和现代学术中汲取营养，适应中国的社会特征、文化积淀和受众的心理态势、意识取向等条件，才能真正在中国大地上生根、开花、结果，才能真正融入中国的主流文化，成为它的有机组成部分。否则，就可能是短命的。

韩：既然谈到传播学本土化的研究趋势，您可以谈一下对传播学本土化的争论的看法吗？

邵：关于传播学本土化的争论，主要集中在“中国化”的研究上。对于“中国特色的传播学”研究的反对，基本上不是“学理上的争论”，而是没有诉诸文字的某种“情感的宣泄”，传播学界只能把它当作一种“学术噪声”而不予理睬。实际上，在国内传播学界，本土化研究始终得到了大多数传播学者的理解与支持。我认为，传播学与物理学、化学等自然科学不同，传播学有国界。传播学研究的对象是人，中国化或中国特色的传播学研究的对象就是中国人。中国人的性格与思维方式、文字与传受行为不同于外国人；中国的尊“长”贵“和”、崇“礼”尚“忍”等观念也是“本土化”的。中国的传播学者的世界观、文化积淀、知识传承、社会背景等均是“中国化”的。因此，中国传播学研究根本无法阻止“中国化”的全面渗透和强行框定；否则，那只能是对西方传播学的“照抄照搬”。

韩：在您看来，我们过去的传播学本土化研究有哪些特色？

邵：从研究过程看，传播学研究本土化的特色有：学科由窄到宽；论题由浅入深；范围由小到大；沟通由难到易；方法由单一走向多元；国内的学术交流由封闭转为开放，由单向变为双向，由非正式变为正式，由交流发展为合作；研究人数由少到多，队伍由小到大，学者素质提升，并趋向年轻化。

从研究内容看，其特色主要有几点。一是纵向的寻根的中国传播现象和传播思想的研究已经或将要取得显著成果。除了赖江临的《中国新闻传播史》（1978），吴东权的《中国传播媒介发源史》（1988），徐培汀、裘正义的《中国新闻传播学说史》（1992），李敬一的《中国传播史》（先秦两汉卷，1996）等著作之外，国内学者正在抓紧撰写出版一套中国传播断代史和一部中国传播思想史。二是横向的中国传播学理论和传播问题研究已经或即将获得长足发展。如关绍箕的《中国传播理论》（1993）和《沟通100：中国古代传播故事》（1989）、孙旭培主编的《华夏传播论》（1997）、王洪钧主编的《新闻理论的中国历史观》（1998）等许多著作已经面世。预计在一两年内还将有更多专题论著和一大批论文出版和发表。三是从中国具体国情和传播实际出发，进行具有中国特色的传播学研究，其成果也很乐观。当然，这方面成果虽多，但在“中国特色”的认定上和具体著作的归类上，人们的看法还不一致，还需要历史河流的进一步冲刷。

韩：那您又是如何看待传播学本土化研究中所遇到的一些困惑和问题的呢？

邵：一是港澳台与内地（大陆）的传播学者对“传播学研究本土化”意蕴的理解与解释并不一致，这使得研究目标有点模糊混乱。港澳台地区多数学者认为要从中国传统文化中探讨人类传播的原理，所用资料“以古为主”；内地（大陆）多数学者认为要从中国具体国情和传播实际来探讨人类传播理论，所用材料“以今为主”；而新近的一些观点认为，要“上下联通，古今并用”。

这一折中观点，有利于消弭分歧、求同存异、整合力量，估计会得到大多数学者的认同。二是港澳台地区的传播学者在语言沟通与资料交流方面存在一些困难。三是得到政府和企业赞助的“行政型”“实用型”传播研究在与本土化传播研究的竞争中，处于明显有利位置，挤占了后者生存、发展的空间。本土化研究成了一项“有名无利”“投入多产出少”和颇为悲壮的事业。四是从事传播学本土化研究的人士基本上局限在大学和研究机构，而且以新闻与传播专业的学者为主，人数虽逐年增加，但总量仍显稀少。传播学研究本土化研究盼望文学、历史、哲学、教育学、社会学、心理学、人类学、政治学等各门学科的学者参加进来，也盼望得到社会各界的广泛关注。五是从事传播学研究的一些人由于功利、价值观念走偏或者是阅读古籍能力薄弱，在研究上付出的艰苦努力还不够。

我认为，传播学本土化研究是建立在熟悉中国传统文化和西方传播学基础上的研究，但我不主张像有人说的，要把西方传播学的书都看过之后再来搞本土化研究。这实际上是设置了一个很大的难题，让你无法解决，让你放弃它。全部吃透实际上是不可能的，每年光我们国内的传播学著作就有很多本面世，外国的著作就更多了，何况还有语言的障碍。所以，建立在对国外的传播比较熟悉的基础上就可以了。不要设置障碍，提一些不切实际的过高要求。所以，应该边引进、边吸收、边创新。

韩：许多学者对您的新著《传播学导论》给予了极高的评价，您对于今后的学术研究还有哪些新的打算呢？

邵：的确有很多专家学者对这本书给予了很高评价，有的专家甚至认为《传播学导论》是国内传播学研究的极致，对于这些认可我不敢全部接受，而只能当作鼓励，当作我继续奋斗的目标，争取做得更好。我下一步的研究将把主要精力放在媒介经营管理研究方面，我现在已经出版了《媒介经营学》，接下来我将进行一个一个小专题的研究，比如报业的经营管理、广播电视的经营管理、出版业的经营管理，我想一个一个地搞深一些，我们国家缺乏这方面既有很强理论性又有很强操作性的研究成果。

韩：您与刘强合写的《媒介经营管理学》被国内学术界看作适应当前媒介市场竞争需要、既有理论性又有实用性的媒介管理图书，您可以介绍一下此书的一些情况吗？

邵：我们写《媒介经营管理学》，是把它既当作专著又当作教材来写的，共40余万字。此书宏观上从学科的方面将媒介当作第四产业来看；中观上具体研究媒介的经营管理问题，既然要经营管理就应该有经营管理者，领导就有领导行为，领导者和领导行为研究，而后就是人力资源的管理、产品的管理、产品销售的管理、媒介财务管理，媒介的法律。

媒介经济和媒介经营学不是一回事。我所做的工作不是组合，而是整合，即把知识糅合在一起而后进行提炼、升华、创新。因此，我们在书中提出了自己的观点，比如，我们创造性地提出媒介经营管理的“四M要素”（人、财、物、信息）；在媒介经营导向上，我们提出双元双效双赢的经营导向，既有别于以传播者为中心的生产导向，又不同于以受众为中心的消费导向，同时又解决了中国媒介经营中的两难困境；我们还提出媒介经营管理必须遵循的两大规律（受众市场规律和媒介传播规律）、八项原则（导向性原则、整体性原则、互动性原则、民主性原则、法制性原则、循序性原则、专业性原则和发展性原则）等等。所以，《媒介经营管理学》在体系上比较系统、严密，架构也比较合理，比较多地吸收了西方媒介的很多知识。我们不仅从媒介经营管理的实践中搜寻到大量的第一手资料，而且从美国大学图书馆、国际互联网和港台地区的图书馆等地搜集到大量的专门资料，绝大部分是第一次在内地（大陆）披露或使用。目前此书的反响和销路都不错。

韩：您在进行媒介经营研究的时候，一直关注着国内这方面的进展，那么您能否对这一领域的研究给予整体的评价？

邵：我认为，首先是有一部分媒介从业人员，从具体的工作实际出发对媒介经营进行研究，当然，从业人员的研究中也不乏佳例，像广州日报报业集团有一些经营是不错的，《北京青年报》总结的一些经验也是有深度的，上海也有的做得不错。但从总体上讲，这种研究大多数是就事论事，缺乏理论性和学术性，也缺乏思想高度，就更不要说有国际视野了。其次是高校的研究，这是媒介经营研究的主力军，也是目前国内走在前面的科研群体。虽然有些学究气和书生气，但他们很容易站在一个比较高的高度来看待研究对象。但这些研究也参差不齐，有的人对媒体的实际情况不是很了解，理论也是隔靴搔痒；而有的人熟悉媒介，所以研究成果既有理论高度，又能深入实际，提出的观点和意见很有指导性。目前在高校中报业经营管理研究比较深的，比如，中国人民大学的宋建武、写过《报业经营管理》的华中理工大学的屠忠俊，但不足的是由于写得早，市场经济意识不浓。在广播电视管理研究方面，北京广播学院黄升民和丁俊杰的《媒介经营与产业化研究》很有特色，他们进行了案例分析，在定量研究上挖得比较深，很有说服力，但缺憾是把下一步怎么进行经营管理给忽略掉了，我相信他们可能是有解决方案和对策的，而且也是有用的，但不知道是什么原因略掉了。再次，就是专门的社科研究机构，比如社科院新闻研究所、地方的一些研究机构，也有人在研究媒介经营管理。例如，中国社会科学院唐绪军写的《报业经济与报业经营》，写得不错，比较深刻，观点也比较有见地，具有指导意义，但其中也有空泛的东西。

我认为，媒介经营管理研究的总体不足是借鉴的国外的知识和成果不够。如果关起门来自己研究，免不了会出现简单嫁接和拼凑的情况，把管理学的东西和传播学的东西加以简单的组合，结果把媒介管理学与企业管理学画了等号，同国外的同类著作相比差距很大。我们一定要把国外精品书找来看，认真琢磨，结合中国实际进行研究。

韩：您的研究获得这么大的成就，在研究方法上有什么可以介绍给大家的吗？

邵：浙江大学新闻和传播学科招收新闻学和传播学专业研究生，其中传播学设立的方向有传播理论、广播电视学、广告学和媒介管理，我是带传播理论和媒介管理方向的研究生。我常跟我的研究生讲，学术研究是一场智力活动的马拉松。一旦你进入这一领域，并准备以此谋生，那么你就必须准备面对寂寞和辛苦，有时甚至准备面对贫穷。传播学研究的目的是求真、求新。真正的学者应该是独立而自由的。他不应该为了某种利益而放弃真理，或者把学术研究的现实性庸俗化为单纯的证明工具，把自己变为“宣讲员”。当然，也不应该把传播学研究局限在幽静的书斋之中，远离火热的生活，闭门造车，孤芳自赏。不要重复前人的劳动成果，炒冷饭不好；不要“言必称希腊”，过分迷信西方的学术成果；也不要“新瓶装陈酒”，把旧的东西贴上新的标签高价出售；更不要狂妄自大、自我膨胀，要学会欣赏别人，尊重别人的劳动成果。这些是研究方法的核心内容，其他具体方法都应服从这些内容。

【作者简介】韩运荣，博士，中国传媒大学教授、博士生导师，主要研究方向为舆论学、国际传播、媒介与女性。

【文献来源】韩运荣：《放宽传播学研究的视野——访浙江大学新闻与传播学院副院长邵培仁》，载袁军、龙耘、韩运荣《传播学在中国——传播学者访谈》，北京广播学院出版社，1999，第 218—233 页。

邵培仁：学术呼唤良知

章东轶

找邵培仁老师不是一件容易的事。他在浙江大学人文学院分管教学工作，加上科研、教学和指导研究生工作，是学院里最忙碌的人之一。在杭州五月里天气最好的一天，我终于在邵培仁老师的办公室“逮”到了他。一排书架、一台电脑、两张办公桌、一对沙发，邵老师的办公室简单整齐，秩序井然。与其说这是一次对传播学者的采访，倒不如说它是一场愉快的精神旅行。坐在邵老师简单整洁的办公室里，听他谈理想、谈人生、谈治学，谈为人之道，窗外天高云淡，绿树和风。

一、治学：与时代的标志性媒介相匹配

章东轶（以下简称“章”）：邵老师，作为您的学生，我们都是从您的《传播学导论》开始接触传播学的。这本书可以说是很多希望了解传播学的人的一把入门的钥匙。作为教材，这本书写得深入浅出，生动流畅，没有给人以“隔”的感觉。“兴趣是最好的老师”，一本好的启蒙书应该能够使人对这一学科产生渴望了解的亲近之感。您能谈谈您理解中的传播学吗？

邵培仁（以下简称“邵”）：传播学是人类在信息社会和知识经济时代的“护照”和“通行证”。在未来，如果一个人对传播学一无所知，那么他即使身在信息社会，也是一个不合格的公民。

人类是传播的动物和主体，传播是人类相互联系的桥梁与纽带，也是人类认识世界、反映世界和主宰世界的工具和武器。历史反复证明，一个新媒介的诞生即标志着一个新时代的开始，意味着一种新文化和新生活的出现。只有那些与这一时代的标志性媒介相匹配的人和事物才能获得飞速发展，而那些与之不匹配的或相抵触的人和事物将因此而受到损害并在竞争中处于劣势。因此，掌握传播学的基本知识和传播的基本规律，了解和熟悉媒介的特点和需求，使自己的心理与行为与其吻合和匹配，就成了当代人的必修课。

传播学是人民大众的学问，它应该放下架子、深入实际、直面现实，以普通读者为传播对象，而不能钻进象牙塔和牛角尖，在一个很小的圈子内玩弄情调。

章：自从您进入传播学领域以来，可谓著作等身，百余篇论文和十余部著作就是最好的说明。您如何看待自己过去的学术成就？

邵：这是历史了，而历史只能说明过去，既不能代表现在，也不能代替未来。因此，不论是辉煌的历史，还是灰暗的历史，对于人生都是包袱和锁链。特别是当人们只知道收藏与把玩、诅咒与责难，却不知道创造和丰富历史时，历史就成了射线，只指向无限的过去，而根绝了美好的未来。因此，对于自己过去的学术成果，我认为应该忘记，向它告别，因为历史已在一个个单独的瞬间完结了，只有抓住现在、创造未来才是最重要的。歌德曾说过："凡是只教训我，而不丰富或直接激励我的行动的事物，我都憎恨。"我们必须丢掉包袱、砸碎锁链、轻装上阵，只让能丰富并激励行动的"历史"与我同行。

章：但凡有志于在学术上有所作为的人，都把文思泉涌、灵感不断视为一种很高的境界来追求。您在持续保持自己的探索精神和科研热情方面，有自己的秘诀吗？

邵：没有秘诀，只有喜爱。我喜欢、热爱传播学，她犹如我在精神世界里的永久恋人。我欣赏她，阅读她，研究她，废寝忘食，乐在其中。如果一定要说有什么秘诀的话，那么我认为对一个希望在自己钟爱的领域不断探索的人来说，保持学术上的敏感性和恒久性是至关重要的。传播学、媒介管理学与哲学、历史学、文学不同，它密切关注着现实的变化和未来的发展。传播学必须为时代提供当下的声音，对现实做出理性的回应。因此，如果一位传播学者对传播活动中的现实问题和当下境遇失去热情、不置一词，对身边火热的传播生活视而不见、充耳不闻，其学术责任感和学术存在的合法性是可疑的，他也不大可能在学术上有所作为、有所成就。真正的传播学者还必须有韧性和耐力，要能拒绝诱惑、耐得住寂寞，敢于面对辛苦甚至贫穷。学者固然需要金钱，否则他不能潜心学术，但赚太多的钱的欲望有时会成为思想旅途上的沉重包袱，而且它往往与思想的深度成反比。

章：您常对我们说，做学问要把自己的视野放得宽一些，学术领域的探讨贵在有自己的创见。视野放宽，胆子放大，敢于争论，才可能有新的东西出来。您认为这种精神是学术研究必需的吗？您能在多大程度上做到讲自己的话？

邵：著名学者胡适曾经提出“大胆假设，小心求证”的治学方法，近几十年来在海内外影响颇大，争议颇多。在科学研究中，“假设”（hypothesis）的地位并不是很容易取得的。凡是能提升到“假设”地位的问题，都预设研究者对于本行的研究现状和问题的背景知识有了通盘的了解之后，才能判断怎样建立“假设”，以及建立什么样的“假设”。所谓“大胆的假设”必须理解为在有限可能的范围内尽量“冒险”，而不是漫无边际的即兴联想。大胆假设、说自己的话，对于学术研究绝对是必要的。

创新是人类的精神特权，是人类由野蛮进入文明的重要标志。创新是对现状的突破和对现实的勘误，也是对权威的挑战和威胁。在更深的层次上，是多数人害怕在新思维的冲击之下，世代艰苦建成的知识大厦会土崩瓦解。在传播学领域，不要受太多固有陈规的束缚，这样那样的顾虑对于学术创新是有害的。我想强调的是，在提倡大胆创新的同时，提倡严谨作风也是相当重要的。我很赞同原台大校长钱思亮先生所说的：“学理、工、农、医的人应该注重在上一句话‘大胆假设’，因为他们都已养成了一种小心求证的态度和习惯了；至于学文史科学和社会科学的人，应该特别注重下一句话‘小心求证’，因为他们没有养成求证的习惯。”

我不敢说我的每一篇论文都是想怎么讲就怎么讲的，但可以说都是在深思熟虑之后讲出的真话，尽管也因此被人批判过、嘲笑过，然而从未后悔过。

章：您常鼓励我们做学问要做第一个吃螃蟹的人。这是您的性格使然，还是一种竞争需要？

邵：在现实生活中，人们能记住的往往是冠军。我喜欢做前人没做过的事，不喜欢跟在别人后面亦步亦趋。1985 年前后，我们用了将近 3 年的时间合作撰写了国内首部传播学专著《传播学原理与应用》。这本书在 1988 年一问世，就在学术界引起了强烈的反响，成为当时高校新闻院系普遍选用的教材，被学者们称为集理论研究与应用研究、史料介绍与学术创新于一炉的优秀之作，此后并被出版或发表的许多传播学著作和论文反复引用。此后，我主撰或主编出版的《经济传播学》《政治传播学》《艺术传播学》《新闻传播学》《媒介经营管理学》等书，都算是国内首创性的专著成果。

如果学术研究没有敢为人先的精神，其“创造”过程就会蜕变为“制造”过程，学术就不可能有真正的进步。虽然我在传播学研究中取得了一点成绩，但只能算是刚刚踏上崎岖而漫长的传播学道路，就像一个进山淘金的人刚走到大山的脚下，深知真正的攀登还在后头。

章： 传播学是一门由西方传入的学科，因为它很年轻，所以相对少了历史的桎梏和陈规的束缚，像一个充满活力的孩子，谁也不知道它会变得多么好。那么，在如今这个孩子的成长过程中，您觉得还存在哪些问题？它缺“钙”吗？会长不高吗？

邵： 传播学大师施拉姆曾经说过：在未来的一百年中，分门别类的社会科学都会成为综合成一门学科。在这门学科里，传播学的研究会被各门学科的学者格外重视，会一跃成为所有这些科学里面的基础。21 世纪将是传播学大有作为的一个世纪。传播学作为一个开放的体系，具有全球化和国际化的特点。

但是，传播学的这一特点，并不意味着我们可以照抄照搬西方的传播学，也不能说明我们不要进行传播学的本土化建设。我认为，本土化研究首先应该表现为一种以国情符合性为宗旨，不以“言必称希腊”为满足的学术使命感。传播学本土化研究绝不能仅仅体现在形式和口号上，而应该紧密联系中国的社会实际，植根中国的学术土壤，适应中国的国情需要，同时它还应该体现在中国人的思维特征和文化传统中，体现在对相关学术问题所做的辩证唯物主义的科学探求上。

21 世纪的社会是一个信息社会、知识社会，也是一个传播社会。作为中国的传播学者，我们就必须既看到世界范围内知识整体化、综合化、交叉化的趋势，也看到中国文化以我为主的内聚性和兼容并蓄的吸纳性。同时，我们还要变“文人相轻”为“文人相亲”，变“竞争关系”为“竞合关系”，拓宽研究视野和信源取向，避免重复劳动和学术依赖，要继承与创新齐举，定性与定量研究并重。若能如此，中国的传播学不愁长不高。

章： 任何事情的成功都离不开恰当的方法。您平时也常强调研究方法对于学术研究的重要意义，那么您能不能给我们谈谈如何找到适当的研究方法来完成特定的研究课题？

邵： 我始终认为，在做学问这件事情上，“厚积”才能做到“薄发”。很多学生常常问到研究方法这个问题，事实上，研究方法是体现一位学者研究能力的重要指标。学术研究中，没有通行的、一以贯之的研究方法可以套用，不同的研究方法可能会产生不同的研究成果。学会在特定的研究课题上迅速准确地掌握恰当的研究方法，这是一种思维能力，也是一种经验积累，这种能力和积累可能会对下一个研究课题产生不可低估的影响力。

就拿我本人来说，很多人都说我“食性”颇广。在成为传播学领域的

"职业选手"之前，我就像一个拳打脚踢而又没有正规套路的拳击手，今天搞写作学、美学，明天搞文艺学、影视学，后天又搞心理学、新闻学，同时又对管理学、经济学等有兴趣。这左冲右突、东一榔头西一棒、无固定目的的折腾，竟使我受益匪浅，啃下了古今中外许多大部头的理论书籍，从而为学术研究开拓了视野，奠定了基础，积蓄了能量。如果说研究方法的问题一开始是我感到困惑的问题，那么随着不断的学习、积累和沉淀，这种困惑慢慢开始变成一种自然释放的能量，似乎自己站的位置也开始发生变化，这时你会发现你的视角与立足点开始变得不同。

章：如何处理好学习中读书与研究、论文的数量与质量、理论与实践、继承与创新、投入与产出的关系？

邵：国外有学者提出，在研究生培养训练中要"追求数量、放弃批评"。国内也有人认为，论文必须先有量的保证，才可能有质的飞跃。我认为，这里所指的量，是一种思维训练的要求，大量的思考、酝酿和练习，是出高质量的学术成果的一种前提和保证。所谓的"十年磨一剑"，这一剑必须由量的训练来加以保证。大量的阅读、大量的资料收集、大量的思考，以及大量的写作，练就思维敏捷、感觉准确、出手快的研究素质，这种训练方式对于培养高校研究型人才是有好处的。至于说到理论与实践、继承与创新、投入与产出，这些与质和量的关系是一样的，相辅相成，互动互助。

二、为人：合作、信任、友谊必不可少

章：您当年在复旦大学读书期间，曾经与志同道合的朋友共同撰写了一本传播学专著。这既是实力的体现，也是友情的见证。在您眼中，合作、信任和友谊，对一个人的成长和成功的意义是什么？

邵：学术研究不应该是个人特立独行的沙漠之旅，而应是一群知识分子进行的智力竞赛。学术研究也要与时俱进，提倡优势互补、资源共享、学术合作。对任何一位想有所作为的学者来说，合作、信任、友谊都是必不可少的，是不断创新的催化剂。一个人闭门造车永远不会有进步。我一向提倡真诚待人、广交朋友。在日常工作和生活中，我不仅喜欢与学界同人、本校教师交友，也喜欢和学生们一起聊天，因为每个人都有自己的学术盲点和弱势，不去交流，你永远看不到一些新的东西。很多新的思想和观点就是聊天聊出来的，加上互相启发和合作，会产生出意想不到的"整合效应"。

我主持或主编的"当代传播学丛书""跨世纪传播研究丛书"和"网络传

播研究丛书”等系列，就是各位学者真诚合作的见证。目前，我正在组织和联络包括本校教师在内的国内新闻与传播学界专家、学者，编写、出版一套面向21世纪、面向新闻与传播学界和媒体的大型学术性丛书，旨在鼓励以人文的、文化的、思辨的学术精神进行多元的、立体的、独特的理论研究，努力让传播学广泛介入政治、经济、文化、艺术、教育、生活等各个领域，这同样也离不开众人的互相信任与合作精神。

章：邵老师，当您处于巨大的压力下面，您自己的减压方式是什么呢？

邵：每个人都会有压力，但每个人对压力的承受能力不尽相同。之所以有些人比较优秀，是因为他（她）面对压力通常具有更强的承受能力。对于压力，每个人的理解不同。我们常说的将压力转化为动力，其实是一种减压的良好方式。美国有本畅销书《对生活的一点小小建议》，里面讲到这样一个故事。有一位讲师在压力管理的课堂上拿起一杯水，然后问听众，各位认为这杯水有多重？听众有的说20克，有的说500克不等。讲师则说，这杯水的重量并不重要，重要的是你能拿多久。拿一分钟，各位一定觉得没问题；拿一个小时，可能觉得手酸；拿一天，可能得叫救护车了。其实这杯水的重量是不变的，但是你若拿得越久，就觉得越沉重。这就像我们承担的压力一样，如果我们一直把压力放在身上，不管时间长短，到最后我们就觉得压力越来越沉重而无法承担。我们必须做的是，放下这杯水休息一下，然后再拿起这杯水，这样我们才能拿得更久。

章：因为身兼多个行政职务，您平时工作非常繁忙。那么，您如何来平衡行政工作与自己的学术研究呢？因为学术研究需要耐住寂寞，而行政工作相对纷繁，这两种状态之间的转换您是怎么调节的呢？

邵：一流大学是理论创新、制度创新、科技创新的前沿；是新知识、新思想、新理论的生产基地和传播基地；是信息社会和媒介时代精神领域里的“发电厂”和“加油站”；是培育具有创造精神和实践能力的综合性人才的摇篮。而一流大学中的专家学者就应该是教书育人、科研育人的标兵。他们要在自己的科研和教学领域有所建树，其他的一切才有依托，领导也才有权威。我常说，学术研究是一场智力活动的马拉松，你必须以超出常人难以忍受的坚韧和艰辛奋力前行，才能成功。我基本上是将白天交给行政，将夜晚留给科研，而双休日和寒暑假也是我搞研究工作的最佳时间。我不是早晨的“百灵鸟”，而是夜间的“猫头鹰”。夜深人静，是我最佳的写作时机和写作环境，看书学习的效果也特别好。

合格的大学老师除了要自己生产知识，还要传播知识和教会学生生产知识。教师必须对学生的成长负责，不能误人子弟。我主张大学教学要“以学生为友”“以内容为王”。教学相长、师生互动才能齐头并进、共进共荣。教师要虚心教，尽量保证每一堂课都有新的内容和知识；学生要虚心学，认真听好每一门课，保证每门课均有所得。这就是教与学的最佳境界。我同学生关系较为融洽，当然要求也比较严格。我指导的研究生通常都是同年级中发表论文最多的。在2002年浙江大学“学术十杰”评比中，我指导的研究生榜上有名，这打破了多年来文科研究生在评比中零的记录。

章：我个人越来越有这种感觉，一个人越成功，在性格上就越完善，大师级人物往往有普通人所不具有的大胸襟和高眼界。小事上计较得越多，大事上失去的也越多。性格和心态是决定一个人能不能更往上发展的重要因素。不知道您对此有什么看法？我想知道您是怎么定义成功的？

邵：我很同意这样的看法。一个人可以关注的东西总是有限的，把目光过多地停留于一个方面，必然会在另一个方面失去同样多的东西。一个人的眼光始终应该放得长远一些，再长远一些，不能被眼前的蝇头小利所诱惑。我常要求我的研究生，立志做学问就要志向高远，多看书，多思考，真正地把研究生学习的这几年时间充分地利用起来。要知道，一旦踏上社会，就很少有这样纯粹的大量的思维训练和书本理论学习机会了。不要把目光放在眼前的一点蝇头小利上面，而牺牲了你最年轻、精力最充沛的读书时间，牺牲了最好、最不受打扰的思想之旅。性格和心态会决定一个人未来的发展，急功近利的心态往往会妨碍一个具备较强能力的人进一步发展。要我说，成功是一种对自己价值的预期，是具有阶段意义的。对自己的要求与期望，永远都是没有终点的。每个人都要努力做得好些，再好些。什么时候算是成功，更多时候是别人的一种评价。

章：在您的学者生涯中，有没有让您感觉特别难忘，或者对您影响特别大的人或事？

邵：在我的成长生涯中，对我影响最大的是父亲和母亲。父母是孩子最好的老师，也是人生中最重要的航标。父亲教我勤苦，母亲教我善良。父亲是抗日战争时期的新四军战士，对党忠诚，任劳任怨，对子女要求极其严格。每次同母亲打电话，她总是反复叮嘱我要保重自己、厚待他人。在母亲的眼里，我似乎永远是一个长不大的孩子。我们是在父母亲期盼的目光中成长起来的。

章： 古人曾说，明窗净几，笔砚纸墨，皆极精良，亦自是人生一乐。快乐可以是一个小细节，一段小插曲，也可以只是一瞬间的感觉。对您而言，生活里最快乐的事情是什么？

邵： 快乐有时候很主观，没有固定的标准。读书写作，在有些人眼里看来是多么枯燥乏味的事，在有些人心目中却是非常快乐的事，所谓“子非鱼，安知鱼之乐”。对我来说，我选择了传播学作为我事业人生的一个方向，是因为我把它当成了对自己的一种挑战。兴趣是最好的老师，如果你对一件事情真正地有了兴趣，你就绝不会出于各种各样的原因而放弃它。书斋生活必须耐得住寂寞，这种寂寞带给你沉静、遐思和无尽的想象力，也带给你成就感和满足感。快乐有各种形式，巨大的惊喜是快乐，安然的收获也是快乐。我所享受的是书斋生活的快乐，无忧无虑的生活、宽敞明亮的书房、功能齐备的电脑、畅通快捷的网络。学术是快乐的，像钱锺书先生说的，是一种“温淡的快乐”。

章： 如果可以重新设计您的人生，您愿意照您现在的样子继续，还是更愿意做一些改变？

邵： 人不可能两次踏进同一条河流。一个人遇到什么人，碰见什么事，往往会对你的将来产生巨大的影响。虽然人生是由无数的偶然组成，但却存在着很多必然。如果给我一个重新设计自己的机会，我可能还是会选择学术研究，本人性格可能只适合搞学术研究。

三、展望：开辟传播学研究本土化的新天地

章： 您在论文中提出以“媒介特区”来应对中国参与媒介全球化竞争的要求，从一个全新的视角为我国的新闻传播领域的学术和实践活动提供了一个大胆的建议。在传播全球化的趋势日益明显的今天，您认为中国的传媒业应该做好哪些准备？

邵： 我觉得建立媒介特区，是对中国传媒业在全球化背景下所要采取的一种“实验”和“检测”形式。在媒介特区内，传媒业可以着重在这几个方面进行探索：（1）建立媒介职业经理人制度。我反对将媒介交给商人管理，他们往往将赚钱作为首要目标甚至唯一目标；当然也不能将媒介交给不懂媒介经营，不顾媒介经济效益和媒介的生存与发展，没有长远眼光和规划的人。未来的媒介领导者应该既是优秀的政治家、传播者，又是精明的企业家，他们应该既懂政治又懂经济，既懂传播学又懂媒介管理学。（2）要搞新闻传播

者资格证制度。（3）在媒介特区内实行跨媒介、跨行业、跨地区的联合和兼并，开展全方位的立体化的竞争和合作，打破地区保护主义。（4）允许媒介企业上市筹资金，也允许国有企业、集体企业投资媒介、介入媒介经营领域。（5）建立媒介集团董事会，积极尝试管理体制创新，拓展我国传媒业未来发展空间。（6）与跨国传媒集团开展广泛合作，充分引进、学习、消化其先进的传播技术和管理经验，但暂时不应将引进资金、搞合资等作为重点。（7）借助国外传媒集团的经验和渠道，积极、稳步地进军国际媒介市场，在国际媒介市场占有一席之地。（8）加紧新闻立法和传媒市场规则的建立，营造有利于传媒长远发展的良好市场环境，努力实现国内传媒市场和国际市场的"无缝"接轨。

章：您能对传播学在中国的发展做一些展望吗？

邵：传播学是"舶来品"，但在中国浩如烟海的文化典籍中，也不乏对传播现象和问题的精彩描述和深刻论析。对此，西方传播学者常羡慕不已。传播学大师施拉姆就曾深情地写道："我们在西方的文化背景中学习科学研究方法与理论的人，看见中国长春的文化和她悠久的传的艺术传统，总免不了会肃然起敬。我们常想，中国人那种深邃的智慧与洞达，要是有一天能用来帮助西方人多了解自己的工艺智识，加深我们在实验方面的体会，该是多么好的事。许多人已注意到现代中国人在传的学问上认识的深刻与精到，不但反映了悠久的历史传统，且常能推陈出新。"①我们要客观、冷静、全面地看待中国悠久历史和灿烂文化，既不要自高自大，也不要妄自菲薄。在虚心吸收、消化西方传播学知识的同时，要潜心探究、搜寻中国文化宝库中关于传播原理与理念的珍藏，努力向世界展示和返送中国人特有的传播思想和智慧，进而完全有可能开辟一个传播学研究本土化的新天地。

随着大众媒介与最新的传播科技进一步联姻、生子，不仅会彻底改变传播形态学的面貌，还将全面更新媒介地理学的版图。人类面临的将是地域媒介的消亡和全球媒介的崛起，往日习以为常的传播形态学和媒介地理学将被颠覆或改写。

章：有句话叫"非淡泊无以明志，非宁静无以致远"，虽然宁静和淡泊可以让人接近自己的内心，但还是想请您谈谈您在学术研究上的愿望和抱负。

---

① W. 宣伟伯：《新订本序》，载W. 宣伟伯《传学概论：传媒·信息与人》，余也鲁译述，中国展望出版社，1985，第VI页。

邵： 在一个新兴学科发生、发展的初期，需要从别的学科吸收、借鉴营养。的确，在传播学的发展初期，它汲取了很多相关学科的养分，使它不断成长起来。但在它成熟之后，就应该回报其他学科。要说到在学术研究上的愿望，那么就是希望能够在传播学领域继续一步一个脚印地走下去，力求能有新的学术成果出来，希望这些学术成果既能成为对传播学发展的一种贡献，也可以对其他学科起到反哺和回报的作用。更希望可以通过学术上的不断进步，为现实中的传播活动提供更多的理论依据和实践价值。

章： 在新的社会环境下，您对您的学生有什么新的要求和希望吗？

邵： 在现在的社会环境下，面对那么多诱惑，学生不浮躁，不骄纵，踏踏实实学习，认认真真思考，是最重要的事情。我对我的学生反复强调的就是，珍惜时间，好好看书。虽然非常简单，但真正能做到这点并不容易。我希望学生不要迷信权威，要有独立与自由地进行学术研究的本领。我相信这能唤醒人的生命感和价值感，能激发人的生机与活力，能诱导人的创造力量和潜在力量。还希望学生不要为了眼前利益而放弃真理，或者把学术研究的现实性庸俗化为单纯的证明工具，把自己变为今天的或未来的“宣讲员”。

章： 请您用一句话概括您对自己生活的理解（座右铭）。

邵： 待人以诚，与人为善。

【作者简介】章东轶，浙江日报报业集团经营管理部副主任，主要从事媒介管理与研究。

【文献来源】章东轶：《邵培仁：学术呼唤良知》，载王永亮、成思行《传媒论典：与传媒名家对话》，中央编译出版社，2004，第187—196页。

邵培仁：传播学应进行本土化建设

陈怡群　朱贤勇

邵培仁是国内第一代从事传播学研究的学者。在近20年的传播学研究中，他取得了丰硕的成果。一位文献统计学者最近发表的两篇中国传播学10年发展的量化研究报告的数据显示，邵培仁出版的著作数在全国排名第一。

1985年前后，邵培仁在复旦大学读书时就与3位同学一起用近3年时间合作撰写了国内首部传播学专著《传播学原理与应用》。此书在1988年一问世，就在学术界引起强烈的反响，成为当时高校新闻院系普遍选用的教材。在此后的研究中，邵培仁连续出版了《经济传播学》《政治传播学》《艺术传播学》《新闻传播学》等国内具有首创性的专著。

传播学是一个开放的体系，具有全球化和国际化的特点。邵培仁认为，这一特点并不意味着我们可以照抄照搬西方的传播学，也不能说明我们不要进行传播学的本土化建设。本土化研究首先应该表现为一种以国情符合性为宗旨，不以"言必称希腊"为满足的学术使命感。传播学本土化研究决不能仅仅体现在形式和口号上，而应该紧密联系中国的社会实际，植根于中国的学术土壤，适应中国的国情需要，同时还应该体现在中国人的思维特征和文化传统中，体现在对相关学术问题作辩证唯物主义的科学探求上。

在邵培仁1988年出版的著作中，可以看到传播学本土化研究的初期探求，他在《政治传播学》《艺术传播学》等书中则对传播学本土化有了进一步探索和总结，而被评为浙江省优秀教学成果奖（教材）一等奖的《传播学导论》一书则是本土化研究的集中体现，也是传播学本土化与全球化的有机融合。

邵培仁主编出版的《媒介经营管理学》《媒介管理学》和《媒介战略管理》等专著，由于将本土化与全球化的张力处理得恰到好处，既紧追世界学术潮流，又直击中国媒介实际，获得了学界的一致好评和市场的广泛欢迎，其中"面向21世纪课程教材"《媒介管理学》在一年多时间内多次重印。

回首自己在传播学和媒介管理学方面所取得的成绩，邵培仁在归纳他的研究方法时强调了学术敏感的重要性。他认为，传播学、媒介管理学与哲学、历史学、文学不同，它密切关注现实变化和未来发展。

因此，一个传播学者如果对现实的媒介和传播活动中新现象、新问题、新科技等视而不见或没有及时做出反应，那么他就不可能有所作为、有所成就。这种学术敏感性也同样体现在邵培仁的研究风格中。同时，他又主张学术的独立与自由，因为它能唤醒人的生命感和价值感，能激发人的生机与活力，能诱导人的创造力量和潜在力量。

他要求我们不要为了眼前利益而放弃真理，或者把学术研究的现实性庸俗化为单纯的证明工具，把自己变为“宣讲员”。他是这样来教导他的学生的，也是这样要求自己的。

至此，我们就不难发现邵培仁取得这么多成就的原因所在了。

【文献来源】陈怡群、朱贤勇：《邵培仁：传播学应进行本土化建设》，《光明日报·教育周刊》2003年5月29日。

政通人和：中国政治传播研究从何处来、向何处去

——邵培仁教授访谈

张梦晗

张梦晗（以下简称“张”）：邵老师好！十分荣幸受到《中国政治传播研究》编辑部邀请进行本次访谈。感谢您花费宝贵时间接受我的采访。时值中国政治传播研究40年，作为我国传播学领域的先行者和开拓者以及中国传播学第一代学者①，您在近40年的学术研究中取得了丰硕的成果，形成了特色鲜明的传播学思想，见证了中国传播学从引进、发展到创新的艰难曲折的全部过程。本次访谈的目的，一方面是为中国传播学40年留下珍贵的当代记忆，另一方面也是想请您贡献智慧，审视和预估中国政治传播研究40年的发展脉络、理论推进和未来走向，以启后学。

邵培仁（以下简称“邵”）：感谢《中国政治传播研究》主编、政治传播学科带头人荆学民组织这次采访活动。感谢你在百忙中接受这项采访任务。我也正好借此机会回顾和总结一下自己走过的学术道路。

张：您是国内最早引介“政治传播”这一学术概念的学者之一。您在1991年出版了国内首部《政治传播学》，当时是基于何种考量？能否具体说一说当时的情况？

邵：在1991年撰写和出版《政治传播学》一书是需要胆识和勇气的，出版过程更是困难重重。20世纪80年代末90年代初，国内的新闻传播学科还处于蹒跚学步的阶段。之后的较长时间，一些搞传播学研究的人，有的去了国外高校，有的另搞研究，有的下海经商，而我居然能在江苏这个地方出版《政治传播学》《经济传播学》《艺术传播学》和《教育传播学》等书。这

---

① 袁靖华：《邵培仁：躬耕传播学的先行者》，《中国社会科学报》2022年5月11日第12版。

套“当代传播学丛书”能够出版，首先要感谢当时江苏人民出版社和南京大学出版社领导和编辑的眼光和胆识，也要感谢当时的合作伙伴。估计当时在其他地方这些书是很难出版的。我被引进到原杭州大学后主撰的《新闻传播学》和《传播社会学》也是在江苏出版的。江苏与其他地方不同，它经济发达，思想开放。

在引介“政治传播”概念的初期，我就坚定地认为，当今，政治已经日益生活化，生活也日益政治化了。整个世界正在形成人与政治、生活、传播相互感应的整体系统，它们相辅相成，密不可分。我同时确信，政治传播学一定会被中国文化所接受、吸收，成为中国现代文化和学术的有机组成部分。但是，我也认识到，引介政治传播学在一开始就要与中国传统文化相承接，同中国的社会历史条件相适应，同中国的具体国情和传播实践相结合，并为国家的“政通人和”出谋划策、贡献智慧。否则，会行之不远。

我们不必视西方文化如洪水猛兽。文化态度很重要。我们对待西方传播学的态度应该是“迎中有拒，拒中有迎”，即所谓“迎新不迎旧，排污不排外”，从而实现“系统了解、分析研究、批判吸收、自主创造、为我所用”的学术目标。

张：郁建兴与何子英在《政治交往：一种政治沟通的新分析路径》一文中指出，在我国政治沟通领域，“最具影响的研究当属俞可平的《西方政治分析新方法论》（1989）和邵培仁的《政治传播学》（1991）”，“两位学者的政治沟通（传播）分析，对后来的研究产生了较大影响，并逐渐形成了两种不同的分析路线”。[①]请问您的《政治传播学》的主要特色是什么？跟俞可平相比，您对政治传播学的阐述有何不同？

邵：《政治传播学》以服务国家“政通人和”为核心主旨，以“生活即政治，政治即传播”为主要观念，以政治传播学本土化为基本追求，立足中国，放眼世界，多角度、多层面地考察和阐述政治传播过程以及同其他意识形态和社会系统之间相互影响、相互制约、相互作用的复杂现象与基本规律，结合中国传统文化、现有国情和传播实践，提出和揭示了政治传播学在中国政治选举、经济建设、行政管理、国际政治等领域的合理开发、利用的可行路径和基本趋势。江苏省社科院原院长徐福基在序言中谬赞：“《政治传播学》

① 郁建兴、何子英：《政治交往：一种政治沟通的新分析路径》，《社会科学辑刊》2009年第4期，第6页。

拓宽了传播学者和政治学者的著述领域，突破了西方学者的研究模式、研究范畴和研究方法……提出了一个新的传播理论模式——整体互动论。”[①]

俞可平是我学习的榜样。他的大作《西方政治分析新方法论》（1989）从国外学者的“政治沟通分析”中，归纳出政治沟通的两种含义及各自的研究主题，并对这两种含义下政治沟通分析的理论渊源、一般原理和重要概念进行了解读，学术影响很大。拙著《政治传播学》在本土化方面用力较多，从传播学的基本观念和传播过程出发，在“三结合”的基础之上，试图在阐述和分析政治传播的学科、功能、要素、类型、方式、效果等范畴中建立具有中国特色的政治传播理论体系。

张：您提出的“整体互动模式”，被学界认为搭建了“独树一帜的具有中国特色的研究体系”[②]。在您看来，对政治传播而言，西方化与本土化、理论普遍性和中国特色之间是一种什么样的关系？

邵：“整体互动模式”从中国传统文化的整体观和互动观的视角出发，将人类社会的所有传播现象及其传播过程囊括和整合在一个整体互动的大系统之中，采用唯物的、整体的和辩证的方法进行分析研究，这样既可避免学术研究中唯心主义，也能防止出现学术上的技术决定、传播万能等片面性观点。同时，传播研究要内外兼容、古今贯通、继往开来，既要积极回应“为什么要研究传播学、怎样在中国研究传播学”等学术问题，也要重视用现代学术话语来剖析和回应中国的现实问题和传播实践，努力做到“上接天气，下接地气”。

张：2017年，您极具前瞻性地提出“新世界主义”媒介理论，强调构建人类整体传播学。这与您之前在政治传播领域提出的“整体互动模式”和“传播理论本土化”之间有什么关联吗？

邵：新世界主义是对世界和人类文明现状及其发展趋势所持有的创新性的系统性认识、论述、主张，也包括行动方案，是对当今世界局势和走向的深入洞察和准确把握，也是一种内涵丰富、思想深邃、系统完整的新型理论体系。新世界主义不以民粹主义、孤立主义、利己主义为战略考量，也没有被旧“世界主义”乌托邦式的幻象所迷惑，而是以国家根本利益和人类命运共

① 徐福基：《序言》，载邵培仁《政治传播学》，江苏人民出版社，1991，序言第2页。
② 肖容：《整体互动论：独树一帜的传播模式——略论邵培仁的传播学研究》，《徐州师范学院学报》1992年第3期。

同体利益为考量，既植根于中国传统文化中“天人合一”“协和万邦”的“大同”“天下”思想，又继承和发扬了中国革命的优良传统和国际主义理念。这一理论主张既反对“西方中心主义”，也不搞“中国中心主义”；既反对“美式全球化”，也不搞“中式全球化”；而是搞世界多极化、文化多样化和整体全球化，是用“人类整体传播学”来统领各种各样的本土化传播学。①

新世界主义媒介理论受到“整体互动论”的启发，但它以“立足中国、面向亚洲、放眼全球”的学术定位超出了“整体互动论”的学术胸怀、研究范畴和分析视野。今天我们搞传播学本土化需要换位思考，回到中西方对话和跨文化交流的立场上来，需要有新世界主义的全球视野和传播理念，需要遵循媒介尺度、混合咖啡、格创结合的三项原则，正确处理好本土性与全球性之间的关系与张力。②新世界主义媒介理论具有宏观的现实的政治传播学色彩，研究中要防止其出现非整体互动的学术偏向，这就要注意将历史与现实研究兼顾，宏观与中观、微观研究结合，纵向与横向研究联通，本土传播与亚洲传播、全球传播研究贯穿，使得传播研究能够在立体的多元的跨文化的时空中自由生长，无微不至，无远弗届，进而无极。

张：当今世界政治秩序正在发生前所未有的变化，我们称之为“百年未有之大变局”，您如何看待这一背景下的政治传播研究？

邵：其实全球传播秩序也正在发生前所未有的变化，这对中国而言既是挑战也是机遇。特别是在全球政治传播领域，随着西方传媒信用的崩溃和形象的坍塌，西方中心主义受到挑战，传播学的本土性得到张扬，东方传播学者已经不再狂热关注西方传播学界和业界的一举一动，开始关注本土性与全球性之间的合理张力和尺度关系，而西方传播学者也逐步由传统的内向研究转向外向研究、由西方传播转向东方传播，一些西方学者甚至开始思考如何在传播研究中“去西方化”。人们几乎都在思考如何用全球的或多元的视角去审视和分析全球传播现象和问题，以便在多样化视角和跨文化背景中通过精确分析，找到比较客观、公正、中立和平衡的能被不同国家传播学者共同认可和接受的认知和观点，而那些过于偏激的、感性的、不够严肃的观点往往被学界轻视和讥笑。

---

① 林凯：《滴水现阳：中国传播学研究的个人记忆——访浙江大学邵培仁教授》，载谢清果《华夏传播研究（第5辑）》，九州出版社，2020，第213—233页。

② 邵鹏、邵培仁：《全球传播愿景：新世界主义媒介理论研究》，浙江大学出版社，2022，第100—103页。

张：那么面向未来，我们应该构建一种怎样的政治传播理论呢？

邵：面向未来，我们既要反思过去，也要认清当下，审视和分析政治传播的基本转向。我们看到，西方有识之士已经在反思资本主义的制度缺陷和僵化的管理机制了，中国应该继续根据文化传统与具体国情创新社会主义政治传播的特色；传统的意识形态和冷战思维可能会逐步淡化、退场，现实主义、国家利益和人民至上的理念在国家交往和政治决策中可能会逐渐占据上风；政治传播中的传统角色和套路可能不再具有绝对优势，必须逐渐褪去封闭且坚硬的外壳，尝试以一种温情的、富有爱心的和生活化的形象打动人心；主流新闻媒体已经没有过去的号召力和影响力，政治传播开始尝试与流行文化互动、同日常生活沟通，但又必须防范过度戏剧化的危险；政治传播的主导权和主动权已经发生变异，守门人、监管者已不能总是在第一时间在信息传播的前端发挥作用，而政治传播者只能自求平安无事；政治传播的受众看似拥有了更多的参与权和选择权，其实也面临着理性公民主体性缺乏的尴尬。

那么未来政治传播变革的方向在哪里？我们在《全媒体时代政治传播的现实特征与基本转向——基于政治传播实践的观察》①一文中有过讨论。

第一，政治传播要贴近民众，为民服务，切实关心民众的现实需求。但是，当政治传播以一种日常化、生活化的形象存在时，也要注意同消费主义、商业取向保持距离，防止过度综艺化。“政治脱口秀”可能迎合了部分受众的娱乐化、感官化的趣味，让一些人获益，其实大多流于低级趣味，缺乏正面变革意义。如果让浸泡在娱乐世界中的民众失去关心政治的兴趣，那么他也就失去了判断是非的能力，落入“政治疏离”的境地，于是政治传播也就可能变成一种“没有公民”的游戏。

第二，理性主体的公民性建构是实现政治传播“公共偏向”的重要途径。在网络信息过剩的时代，受众参与政治传播的自主性和可能性确实增强了，但很多政治议题在群情的关注下，经过一番轰轰烈烈的网络讨论之后，往往很快被遗忘，或被新的议题淹没，或逐渐淡出人们的视线，这都反映出参与者缺乏成熟和理性的主体性。因此，建构冷静的、反思性的理性主体，是形成良好的政治传播生态的重要举措。

---

① 邵培仁、张梦晗：《全媒体时代政治传播的现实特征与基本转向——基于对政治传播实践的观察》，《探索与争鸣》2015年第3期。

第三，政治传播要“不拘一格，各显神通”。既要构建多层次的话语体系，也要建立全媒体融合的话语平台，还要探索一对一、多对一的话语模式，推动构建合作共赢的话语方式。[①]政治传播不仅要对内，也要对外；不仅要自己讲好中国故事，还要想法让别人来讲中国故事。中国文化“走出去”的最好状态，是让中国文化之水“涨起来”，然后“漫出去”和“流出去”。[②]

第四，政治传播要与艺术传播、知识传播等结合，共同构建开放共享的全球传播模式和平台。“分享信息是人类的天性，没有信息分享就没有人类社会的存在、发展和繁荣。在全球实行信息开放共享，既是构建人类命运共同体、建设美好的传播世界的需要，也是建设和美化人类社会更加幸福美满的明天。”[③]中国应该率先示范，主动建立联通全球的先进的强大的信息存贮与传播平台，不断充实供全球用户免费使用的海量信息资源，开放无限链接的共享通道，这样不仅能无限延伸和丰富人类的认知，而且将深刻改变全球信息传播和文化交流格局，甚至可以让中华文化传播“弯道超车”。

张：您总是能站在传播学术的最前沿，直面最新的传播现象和传播问题。从出版国内首部传播学著作《传播学原理与应用》，出版国内第一套“当代传播学丛书”，积极投身媒介经营管理学理论与实践的探索，大力开拓媒介地理学、媒介生态学的研究领域，到构建华夏传播理论、亚洲传播理论和新世界主义媒介理论等，您勇于探索的精神激励一代代学人奋力向前。请问您是如何做到一直保持如此开阔的研究视野和高度的学术敏感的？

邵：第一，兴趣和爱好是最重要的。因为爱好，所以喜欢，而喜欢可以让人沉浸其中、乐此不疲、废寝忘食。第二，要对国内外传播学界的前沿信息和媒体业界的新变化保持高度关注，为时代及时提供当下的声音，对现实迅速做出理性的回应。第三，要对学术始终保持一种执着、韧性和耐力，要拒绝诱惑，耐得住寂寞。第四，要有一种敢于冒险、敢为人先的精神。要学会“学术占位”，力争第一。我喜欢在学术上做前人没做过的事。重复性学术不是“创造”而是“制造”。第五，学术研究应是一群知识分子进行的智力竞赛，而不是特立独行的沙漠之旅。今天已不再是个人英雄主义的时代。随着学科导向转变为问题导向、分散研究向整合研究转变、单科研究向多科研究

---

① 邵鹏、邵培仁：《全球传播愿景：新世界主义媒介理论研究》，浙江大学出版社，2022，第 137—142 页。
② 邵培仁：《打造中国文化全球传播新景观》，《现代视听》2019 年第 2 期，第 85 页。
③ 邵培仁：《开放共享：构建全球信息传播新模式》，《现代视听》2019 年第 8 期，第 86 页。

和交叉研究转变，学术生产和传播的速度也在不断加快，现在需要顺应时代要求，倡导知识共构、优势互补和学术合作。这些既是我的学术心得和体会，也是我的学术追求。

【作者简介】张梦晗，博士，苏州大学传媒学院副教授、硕士生导师，主要研究方向为传播学理论、新媒体与社会发展。

【文献来源】张梦晗:《政通人和：中国政治传播研究从何处来、向何处去——邵培仁教授访谈》，载荆学民《中国政治传播研究（第5辑）》，中国传媒大学出版社，2023，第11—17页。

访浙大传播研究所所长邵培仁教授

果　如

邵培仁是个很努力的人，光看他林林总总的头衔，就可窥其忙碌人生之一斑。他既是浙江大学人文学部副主任，又是浙江大学传播研究所所长。按说这两个职务就应该够忙了，但他同时又是浙江大学传媒与文化产业研究中心主任，《中国传媒报告》杂志主编，《中国娱乐与创意产业蓝皮书》主编，中国传播学会副会长，中国传媒经济与管理学会副会长，浙江省传播学会会长，浙江省会展学会理事长。他是一个多产的专家学者，公开发表论文 260 余篇，出版著作 20 余种，主编国家重点教材 4 种。不言而喻，在现代管理中，媒介信息传播有着极其重要的地位。而站在《世界经理人》的角度来看问题，我们则特别容易注意到在邵培仁的著述中，仅媒介管理学著作就有 7 种之多。

采访是在浙江大学紫金港校区邵培仁的人文学部办公室进行的，外间是接待室，内间是办公室，简单整洁，书香扑鼻。采访前曾听邵培仁的同事说：作为领导，他平易近人；作为学者，他学风严谨；作为老师，年轻的研究生喜欢叫他“邵老爸”。这位性情平和、温厚可亲的学者，是中国第一代从事传播学和媒介管理学研究的专家，是两块学术处女地的开拓者。

一、传播学必须为时代提供当下的声音

邵培仁一般不愿意接受媒体采访自己的过去。他认为，在某种意义上，历史记忆对于人生的创造是包袱和锁链。特别是当人们只知道收藏与把玩，却不知道创造和丰富历史时，历史记忆就成了卤水缸，只会锈蚀而不会磨亮开辟未来的宝剑。历史已在一个个单独的瞬间完结了，只有抓住现在、创造未来才是最重要的。我说，那我们就只让那些能够丰富现实并激励未来的历史，来与《世界经理人》的读者们同行，他微笑着点头。

邵培仁接着说，创新是人类的精神特权，是人类由野蛮进入文明的重要标志。在学术研究中，他不愿亦步亦趋，更愿在尚未开垦的学术领域辛勤耕作。他认为，作为致力于建设世界一流大学的高校的教师，要有创一流、争

第一的理念和胆识。

20世纪80年代初，传播学研究在欧美等发达国家已是如火如荼，而在国内却还是一块处女地。其时，邵培仁看出了传播学的无限生机和活力，看到了它广阔的应用领域和美好的发展前景。1985年，在复旦大学新闻学院读研时，他就与同学一起合作撰写了中国首部传播学专著《传播学原理与应用》，并在1988年出版。此书出版后，在中国新闻传播学界引起强烈的反响，成为当时高校新闻院系普遍选用的教材。论者纷纷称此书是集理论研究与应用研究、史料介绍与学术创新于一炉的优秀之作，多次获奖。2000年，他又独自撰写出版了国家重点教材《传播学》，并于2001年获浙江省优秀教学成果奖（教材）一等奖。

邵培仁强调要不断创新，要有一种敢于探求未知的学术精神。他回首自己在传播学和媒介管理学方面所取得的成绩，在归纳他的研究方法时强调了学术敏感的重要性。他认为，传播学、媒介管理学与哲学、历史学、文学不同，它密切关注现实变化和未来发展。因此，传播学必须为时代提供当下的声音，对现实做出理性的回应。一个传播学者如果对现实的媒介和传播活动中新现象、新问题、新科技等视而不见或没有及时做出反应，那么其学术责任感和学术存在的合法性就是可疑的，他也不可能有所作为、有所成就。

创新是对现状的突破和对现实的勘误，也是对权威的挑战和威胁。在更深的层次上，则意味着在新思维的冲击之下，世代艰苦建成的知识大厦会土崩瓦解——这是多数人所害怕而不敢面对的。邵培仁说，在传播学领域，不要受太多固有陈规的束缚，过多的顾虑对于学术创新是有害的。如果学术研究没有敢为人先的精神，其“创造”过程极易蜕变为“制造”过程，学术就不可能有真正的进步。“在现实生活中，人们能记住的往往是冠军。”正是在敢为人先的信念指导下，邵培仁先后主撰或主编出版了《媒介经营管理学》《经济传播学》《政治传播学》《艺术传播学》《新闻传播学》《媒介生态学：媒介作为绿色生态的研究》《媒介地理学：媒介作为文化图景的研究》（此书已获得浙江省第十六届哲学社会科学优秀成果奖一等奖和第六届高等学校科学研究优秀成果奖三等奖）等专著，这些都是国内具有首创性的学术成果，有些书具有填补学术空白的意味。

二、教授要有长度，有宽度

作为管理类杂志的采访者，我最感兴趣的当然是与管理学最具直接关系的话题，所以我特别请他给我们先谈谈媒介经营管理研究。经邵培仁回忆，他是从1993年开始进入这个领域的。他说，在很长时间内，金钱好像是一朵不祥的乌云，笼罩在中国媒介组织的上空。人们害怕谈钱，羞于谈钱；谈政治，讲奉献，是恒久不变的话题。中国媒介管理研究就像“戴着镣铐的舞蹈”。当时，他在论文中大声疾呼，中国媒介要重视经营管理，要主动探讨和遵循媒介经营管理的规律。他认定，中国媒介改革必然要与经济社会改革相适应，而且这是一个渐进的持续的过程，不可逆转。

1998年，邵培仁出版了中国第一部媒介经营管理学方向的专著——《媒介经营管理学》。此书不仅填补了中国学术研究的空白，更重要的是解决了中国媒介机构和高校教学的燃眉之急。与国外同类书相比，有关评论说，此书不仅合理吸收了古今中外媒介管理理论的精华，而且理论体系更加完备、科学，内容结合中国国情、适合中国实际，是“中国媒介经营管理研究的理论范本”。

1999年，邵培仁与江潜出版了《知识经济与大众传媒》一书。紧接着又主持完成了教育部“面向21世纪课程教材”《媒介管理学》和《媒介管理学经典案例》的编写任务。2002年，《媒介管理学》和《媒介管理学经典案例》被合并评为浙江省优秀教学成果奖（教材）二等奖。2003年，邵培仁撰写出版《媒介战略管理》；2009年，撰写出版“十一五”国家重点教材《媒介管理学概论》，从而在媒介管理学研究领域开拓了新的空间，占领了前沿位置。

面对自己丰硕的科研成果，邵培仁总是委婉地拒绝评论自我，认为这已是历史，而历史只能说明过去，既不能代表现在，也不能代替未来。

问他的成功经验，邵培仁笑着说，功到自然成。从时间上讲，教授要有长度（长寿），学术是时间的累积；从空间上说，教授要有宽度（博通），学术是知识的累积。他说自己在成为媒介管理学和传播学领域的“职业选手”之前，就像一只忙碌而又没有明确目标的蜜蜂，看到书就像蜜蜂见到花，对中国传统文化、美学、社会学、心理学、管理学、经济学、新闻学、传播学等方面的书都饶有兴趣，读得废寝忘食。这种左冲右突、无固定目的的折腾，竟使自己受益匪浅，啃下了古今中外许多大部头的理论书籍，从而为学术研究奠定了基础，开拓视野，积蓄了能量。随着不断地学习、积累和沉淀，学术研究才会慢慢开始变成一种自然释放的能量，而研究者审视问题的位置和高度开始发生变化，分析问题的视角与立足点也开始变得不同。这也是文科与工科在“专与博”上的不同，文科通常要求先博（博览群书）而后专（研究方向），工科呈现的是先专而后博。故文科博士在30岁前还不能断定其学术前途，而工科博士在30岁前可以大体确定其科研潜能。

邵培仁身兼数职、角色多样，本硕博的课都上，科研成果却呈现出不减反增的趋势，成为成果最丰硕的专家之一，这是为什么呢？关于此，邵培仁的解释是自己的成果其实不算多，只能说不是太少而已。面对这些成果，一定要找出原因，或许在于惜时如金、勤奋刻苦、方法得当。行政工作与学术研究有矛盾但并非不可协调。当领导要有服务意识、分权意识和时间意识，不要沉溺于它，不要将它作为一种享受。否则，你的时间和精力都会消耗在与主题和学术无关的事情上，这对真正的学者来说是不值得的。

中国传播界公认邵培仁是传播学术领域里走在最前沿的开拓者之一。但是，他自己却认为，学术研究不应该是个人特立独行的沙漠之旅，而应是一群志同道合的知识分子共同进行的思想冒险、智力竞赛和人文工程。学术研究也要与时俱进，提倡优势互补、资源共享、学术合作。近年来，邵培仁将主要精力和时间用于学科建设、人才培养和学刊编辑上，已经与学科同人一起建成了新闻传播学一级学科博士点和博士后流动站，一个省级传播学重点学科，两个省级重点研究基地，一个教育部本科特色专业，主编出版教育部“面向21世纪课程教材”和国家重点教材10余种；带领科研团队和自己的博士后、博士生，在媒介身份论、媒介演化论、媒介公平论、媒介人种论、媒介愿景论、媒介崇拜论、媒介认同论、媒介恐慌论、媒介恐怖论、媒介记忆论、媒介排斥论、媒介正义论、媒介怀疑论等媒介理论和媒介管理研究领域，把握时代脉动，紧追学术前沿，异军突起，攻城略地，取得了一系列开创性研究成果。

邵培仁说，纵观自己的学术之旅，其实就是碰撞、发现、探索、行走与耕耘之旅。他深知学术研究犹如人生的马拉松，前方的路很长、山更高、水更深，只有百折不挠、不遗余力地去探求。我想，他的辛勤拓荒确实是不会停止的，这也是作为先行学术领头人的最难能可贵之处吧。

【文献来源】果如：《访浙大传播研究所所长邵培仁教授》，《中国传媒海外报告》2012年第1期，第14—17页。原文标题为《让有价值的历史记忆同行——访中国传媒经济与管理学会副会长邵培仁教授》，载《世界经理人》2011年第11期。

邵培仁：本土化、交叉化、国际化是建设世界一流传播学科的三个维度

徐　峰

徐峰（以下简称“徐”）：目前，中国正在全力、加速建设世界一流大学和世界一流学科。但是，“双一流”建设也是一项复杂浩繁的系统工程，需要较长时间的建设，也需要有足够的韧劲和耐心。那么，您认为，中国的传播学能建成世界一流学科吗？应该如何建设？

邵培仁（以下简称“邵”）：您这个问题有点“高大上”，回答这个问题虽然有点困难，但也不能“低小下”。纵向看，这是中国教育发展进程中特定历史阶段的必然抉择，如果在十年或二十年前讲这事也许还不太合适；横向看，也是中国教育水平整体提高、具有比较优势情况下的理性取向，当然，在二三流学校建一流学科的难度更大，因为缺乏整体高水平支撑；在学术交流和合作层面，国家没有世界一流学科就难以同世界高水平学科同行进行对话、交流和合作，更别说超越和引领国际前沿了。从历史、现实和未来发展趋势来看，中国的传播学科一定也能够建成世界一流学科。至于如何建设世界一流传播学科，我认为需要从本土化、交叉化和国际化三个微观的研究维度入手。

一、本土化：建设世界一流传播学科的着力点

徐：您是国内最早从事传播学研究的学者之一，也是第一本传播学专著的作者和“传播学三剑客”之一。您认为中国传播学的主要问题是什么？中国传播学学科建设的着力点在哪里？

邵：中国传播学的主要问题是西方化，传播学学科建设的着力点是本土化，突破点是交叉化，目标是国际化，但最佳的学术生态是自主、多元与平衡。中国传播学界“崇洋媚外”的现象由来已久，现今更甚。其实，好的学术研究应该既接轨国际前沿，又立足本土实际，适应本土需求。一些西方有

识之士已经看到了学术过度“西方化”的危害，有的甚至提出了要“去西方化”和破除“西方中心主义”，认为多元多样才能繁荣学术。

传播学是一个开放的体系，具有全球化和国际化的特点。但是，这一特点并不意味着我们可以照抄照搬西方传播学，也不是表明我们不要进行传播学的本土化建设。对于西方传播学，我们需要虚心学习，深入了解，但不能忘记自己从哪里来、到哪里去。不能漠视中国传播学的文化基因和现实根据，以及传播学本土化的需求与主张。

传播学本土化研究首先应该表现为一种以国情符合性为宗旨、不以“言必称希腊”为满足的学术使命感。传播学本土化研究决不能仅仅体现在形式和口号上，而应该紧密联系中国的社会实际，植根于中国的学术土壤，适应于中国的国情需要，同时它还应该体现在中国人的思维特征和文化传统中，体现在对相关学术问题做辩证唯物主义的科学探求上。

在传播学研究中，如果一位中国学者不了解自己学术的立足之地，不知道中国传播学的祖源、历史和身份，不知道中国传播学的出发点和目的地，却在学术资源、学术思维、学术行为上“他者化”，是缺乏文化自觉和文化自信的表现，极易造成学术主体性和学术方向性的偏离和丧失。

重视本土传播学建设，既不是一概排斥西方传播学，也不是完全回归本土传播学，而是“迎而又拒，拒中有迎”，亦即“迎新不迎旧，排污不排外”；对于传统文化，也是“取其精华，去其糟粕”。在时间经线上立足本土、古今联通，在空间纬度上扎根本土、中外共通，让历史、现实与未来贯穿，不仅使中国传播学的历史根基和现实成就得以彰显，而且也使中国学术得到尊重和共享。

重视本土传播学建设，也是因为传播学必须密切关注脚下的现实变化和未来发展。因此，中国传播学者必须对中国现实的媒介和传播活动中的新现象、新问题、新科技等保持高度的敏感，并且要及时做出反应和分析，否则就不可能在学科建设中有所作为、有所成就。

重视本土传播学建设，也是彰显有别于他国的中国传播学本土宝藏、本土特色和本土优势。我们承认各国传播学都有其优秀传统和特殊价值，当然也希望全球学术界都认同世界传播学的多元性和差异性，都能意识到不同区域和国别的学者之间就传播学研究成果进行对话和交流不是单方面的索取，而是双方的互通有无、互利互惠。相信只有全球传播学者彼此信任，相互尊重，承认多元和差别，才能进行平等对话、交流合作和共建共享。学术研究上的妄自菲薄、自惭形秽或妄自尊大、目空一切，都是不利于学术对话、资源共享和学术繁荣的。

徐：那么，传播学本土化研究的路径主要有哪些？

邵：我认为本土传播学研究的正确路径归纳起来主要有六条：验证主义、寻根主义、融合主义、问题主义、改良主义、创新主义。这在我的《华人本土传播学研究的进路与策略》一文中有分析解释。此外，拿来主义和移植主义虽然也是本土传播学研究必经的一步，学术本土化的初级阶段，但由于只是简单地照搬、移植和拷贝，只是将西方的传播理论、发现和方法直接应用在本土社会，因此它并不是本土传播学研究的有意义、有价值的路径。

二、交叉化：建设世界一流传播学科的突破点

徐：随着现代科学的发展，许多学科出现了大变革、大发展和不断分化与融合的态势，科学研究的学科范围已经不再单一，而是朝着交叉性、综合性、多元性方向发展。但是，在传播学研究中，交叉性研究的必要性和重要性主要体现在哪里？

邵：交叉性研究与传播学研究是与生俱来、共生共荣的。在传播学诞生和发展的每一阶段，它都曾以开放性姿态受益于人文社会科学以及理工学科的理论和方法，其学科交叉性的特点与生俱来，如今仍然需要取长补短，兼容并包，继续以开放性的姿态进行多学科交叉和多元化共建。可以说，没有交叉化就没有今天的传播学。交叉、融合、多样、差异，既标志着传播学科的生机与活力，也反映了传播学科的丰富度和均匀度，预示着可持续的发展与繁荣。

徐：我曾在一篇论文中见到这样的观点，即“传播学交叉研究会肢解传播学基础研究”，导致“传播学泛化”。而您却认为交叉化是建设世界一流传播学科的突破点，请问您是如何看待这种矛盾的？

邵：这种提醒是有意义的，但是担心会肢解传播学基础研究则是不必要的。要求重视传播学交叉研究不是放弃传播学基础研究，也不是用前者取代后者。其实，基础传播学本身就是一门具有综合性、交叉性的人文社会学科，是一个绚丽多彩的多面体，也是多元化、跨学科研究的产物，即它糅合、包容、吸纳、内化了许多学科的相关理论和知识，借用、移植、改造了不少传统的和其他学科的研究方法和研究技巧。

传播学所面对的也不是孤立的、个别的传播现象和传播问题，而是从一

定角度、窗口审视和研究“整个世界”，即它向自己要解决的那个任务的所有现象开放。因此，凡是同传播学的研究任务有关的各种因素（理论、方法和工具等），都可以从特定角度和各种窗口进入传播学者的研究视野和研究范围。传播学研究需要依据研究目的和对象的特点，综合运用、借鉴多种知识、多种方法和多种手段，对研究对象做多变量、多层面的立体观照与分析。否则，我们就无法正确地分析传播现象和科学地解决传播问题。

现代科学的发展趋势是既高度综合又高度分化和交叉。现代社会遇到的许多问题（如和平、暴恐、环保、气候、健康、危机事件等）不是单一学科能够圆满解决的，而必须通过多学科交叉融合、共同因应。当今世界许多新思想、新观点和发明创造也往往是交叉科学研究的结果。因此，传播学交叉研究不仅不会肢解基础研究，导致“传播学泛化”，而且能够丰富和充实传播学基础研究，同时也能够推动和促进相关学科的发展和繁荣，成为传播学与其他学科之间交流、沟通的桥梁和纽带。

徐：那么，我们应该怎样进行传播学交叉研究呢？

邵：交叉融合，嫁接杂交，是自然界生物优化的基本法则，也是社会科学研究寻求新思想、新观念和新创造的基本路径。传播学交叉研究是培养新的学科生长点，实现中国传播学“短道超越”“先声夺人”“后发制人”的重要路径和基本策略。在中国传播学交叉研究中，人们创造了许多交叉研究方法和路径：有的是传播旧元素的最新组合，有的是新兴学科对传播领域的强力渗透，有的是传播学对新概念的合理移植，有的是两种学科的联姻生子，有的是传统传播理论在无能为力之后奇思妙想的结晶，也有的是重大社会事件和现实问题共同促进的结果，还有的是多学科理论和方法同时介入、一起发力的成就。

但是，我们也必须指出，真正的成功的传播学交叉研究，并不是两种以上的元素、概念、学科之间的简单相加，而是多种元素、多种学科在理论和方法上的优化、融合和化合，是通过交叉研究、跨学科研究、整合研究创造出来的观察问题、分析问题和解决问题的新思想、新思路、新方法。

从事传播学交叉研究，需要有多学科的知识背景，也需要高度的学术敏感性和混合的发散性的思维能力，更需要有敢于打破学科界限和突破自我封闭、勇于尝试和创新的勇气。在传播学自我发展、逐步完善的过程中，不但要不断地进行内部元素组合优化，而且要积极与其他学科和领域交流互动、相互渗透、彼此结合和共进共演，共同迎接一系列具有时代标识的根本性转变，即学科导向向问题导向转变，知识导向向方法导向转变，分散研究向整合研究转变，单科研究向多科研究和交叉研究转变，单一研究方法向活用多种研究方法转变。

三、国际化：建设世界一流传播学科的坐标

徐：古人云："取法于上，仅得其中；取法于中，不免为下。""双一流"的一个重要标志就是要有国际水平的研究人才和研究成果。传播学学科建设瞄准国际化是否就是"取法于上"？"国际化"是否等同于"全球化"？

邵：提倡国际化的确就是主张"取法于上"。但国际化不等于全球化。国际化是指大学认同国际理念、拥有国际标准、获得国际认同、进行国际对话的过程；而全球化则是追逐全球市场、资源全球共享、产品全球流通、信息全球传播的过程。前者是高标准严要求，意味着质的提高；后者是高效率大流量，意味着量的扩张。在传播学研究中的国际化，也不是屈服于"西方中心主义"，接受"西方话语霸权"，而是要积极构建中国传播话语体系，充分展示中国的历史经验和传播智慧，确立中国传播学的学术坐标与应有的学术地位。不仅要积极地向世界展示并使用能与西方学术话语体系兼容的中国版本，而且要营造良好环境培养国际化的优秀人才，耐心地在国际社会讲述中国故事，向世界贡献有影响力的中国学说。

徐：教育部在《高等学校哲学社会科学繁荣计划（2011—2020年）》中明确提出中国哲学社会科学"走出去"的目标，并将此列为全面提升中国学术国际影响力的重要举措。那么，中国传播学如何在国际化层面"走出去"同国外同行进行交流和合作？

邵：中国传播学要在国际化层面"走出去"，必须先"知己知彼"。"知己知彼"就是以一种以诚实、谦逊的态度对自己也对别人做出专业的、理性的、客观的和定量的分析和认识，既充分认识到自己的不足和局限，也客观分析别人的优势和特长，详细了解两者之间的相同和不同、差距和特点。要追赶和引领学术潮流，全面提升中国学术国际影响力，还要知道国际传播学术潮流的动态和走向，知道国际传播学术研究的历史和现状，了解国际传播学界领军人物、学术重镇及其代表性的前沿性的成果。要在全面学习西方、追赶西方的基础上，紧盯前沿学科的一举一动，在某些学科积聚力量、寻找突破口，争取做到成果首发、局部超越，发挥先声夺人的首因效应，特别是在交叉化学科（如媒介生态学、媒介地理学）、本土化学科（如中国传播理论研

究、亚洲传播理论研究）和批判性研究、实证性研究方面，完全可以发挥自己的优势，形成自己的学术特色，让自己处于引领学术潮流的地位，从而赢得国际同行的认可和主动合作。从某种意义上说，没有中国特色的传播学国际化是无意义的和危险的，而没有国际化视维的中国传播学研究又是盲目的和空洞的。只有坚持中国本位、中国特色，融入国际元素和国际视维，才能真正实现传播学研究国际化。

四、创新性：建设世界一流传播学科的关键

徐：您在上面所讲的内容其实都在强调学术创新，本土化、交叉化和国际化三个维度都是学术创新的路径。

邵：您说得很对！本土化是学术创新的土壤和根基，交叉化是学术创新的策略和方法，国际化是学术创新的准星和坐标。创新是中国学术的灵魂，质量是中国学术的命根。中国传播学研究只有不断进行学术创新、提高学术质量，才能在国际学术竞争和发展中处于有利位置，也才能赢得主动权、发言权和平等对话、受人尊重的权利。一部世界学术史，就是一部学术创新史。学术创新是学术研究的最高境界和核心竞争力。没有学术创新，不追求学术质量，学术创新就会停滞和衰退，“学术创造”就会沦落为“学术制造”。

学术创新就是颠覆旧范式、创立新范式，旧范式向新范式持续变化是成熟科学通常的发展模式。但是，在中国传播学界，有不少重复性研究和“同质化成果”，学术抄袭、侵犯知识产权的现象不绝于耳，许多课题指南也是大同小异，整体的学术环境、学术质量和学术水准让人有种下行的隐忧。创新是建设世界一流传播学科的关键。我们应该比以往任何时代都更加强调和保护创新性研究。

【整理者简介】 徐峰，内蒙古新媒体研究中心研究员，《新闻论坛》杂志研究员，主要从事新闻传播研究和编辑。

【文献来源】 徐峰：《邵培仁：本土化交叉化国际化是建设世界一流传播学科的三个维度》，《新闻论坛》2016 年第 4 期，第 23—26 页。

传播学研究需要新世界主义的理念和思维

王军伟

一、什么叫“新世界主义”？

王军伟（以下简称“王”）：邵老师您好！最近新世界主义传播研究成为学界热议话题，您不仅率先对“新世界主义”进行了科学定义，率领科研团队发表了一系列学术论文，而且发起并组织召开了中国新闻传播研究领域最具影响力的年度盛典——2017 中国传播学论坛“新世界主义视野下的传播与人类命运共同体”学术研讨会，有 230 多位专家学者与会研讨，在新闻传播学界产生热烈反响。您关于新世界主义系列论文及核心观点在 2017 中国传媒经济与管理年会上获得 2017 中国传媒经济年度观点奖、2017 中国传媒经济与管理研究年度最佳成果奖。您能给我们解释一下什么叫“新世界主义”吗？

邵培仁（以下简称“邵”）：我认为，新世界主义是一种内涵丰富、思想深邃、系统完整的新世界主义理论体系，体现了对当今世界局势和走向的深入洞察和准确把握的政治智慧。正如毛泽东主席早就指出的那样：“这种世界主义，就是四海同胞主义，就是愿意自己好，也愿意别人好的主义，也就是所谓社会主义。”[①]此前有学者在论述新世界主义时，不仅没有进行定义，而且是沿袭“天下主义”和“世界大同”等传统思维，没有跳出“中国中心主义”的思考路径进行论述，没有从人类文明的现状、世界格局和时代潮流的变化及发展趋势进行整体思考和把握，缺乏思想高度、全球视野和长远战略谋划。新世界主义不是以民族主义、本土主义或孤立主义、利己主义为战略考量，而是以“构建人类命运共同体、共同建设美好世界”为核心理念，以“共商、共建、共享”为基本原则，超越零和博弈，顺应时代潮流，倾听人民呼声，接过历史接力棒，继续走和平与发展的道路。

“构建人类命运共同体、共同建设美好世界”的核心理念及其行动方案的

---

① 毛泽东：《毛泽东书信选集》，人民出版社，1983，第 3 页。

提出、论述和传播过程，呈现出的是逐步深入、层层递进、不断探索和创新的思维特点和空间镜像。其范围由小到大，先后提出中国—东盟命运共同体、周边命运共同体、亚洲命运共同体、中非命运共同体、人类命运共同体；又由中国外交层面上升到了国家安全高度，即提出既重视自身安全，又重视共同安全；还从现实世界延伸到虚拟空间，提出构建全球网络空间命运共同体。随着时间的推移和空间的变化，新世界主义的内涵和外延必将更加清楚明晰，更具可行性。

二、“美好世界”应该是什么样子？如何建设？

王：“构建人类命运共同体、共同建设美好世界”，这样的“美好世界”应该是什么样子？应该如何建设？

邵：2017 年，“习近平主席在瑞士日内瓦万国宫出席‘共商共筑人类命运共同体’高级别会议，并发表题为《共同构建人类命运共同体》的主旨演讲，深刻、全面、系统阐述人类命运共同体理念，主张共同推进构建人类命运共同体伟大进程，坚持对话协商、共建共享、合作共赢、交流互鉴、绿色低碳，建设一个持久和平、普遍安全、共同繁荣、开放包容、清洁美丽的世界。”[①]可以说，持久和平、普遍安全、共同繁荣、开放包容、清洁美丽是共同构成以“人类命运共同体”为核心理念的“美好世界”的复合体，“一心五体”，互动互助，共进共演，共存共荣，缺一不可。建设这样的美好世界符合全世界人民的共同利益，大概除了极少数极端自私的利益集团和反人类势力外，人类的绝大多数都拥护、支持实现这个美好理想。

“羔羊虽美，众口难调。”要建设“美好世界”，作为“人类命运共同体”理念的倡导者、引领者和践行者的中国，必须充分认识国际格局的复杂化、多极化，世界经济调整的曲折性，国际矛盾斗争的尖锐性，国际秩序之争的长期性和中国周边环境的不确定性；必须居安思危，警惕和防范国家被侵略、被颠覆、被分裂的危险，改革发展、社会稳定大局被破坏的危险，中国特色的社会主义进程被打断的危险，做清醒的新世界主义者。

自从习近平主席提出“构建人类命运共同体”的宏大愿景以来，这个理念已经得到国际社会的广泛关注、讨论与认同，联合国有关机构已经多次将

① 《习近平出席“共商共筑人类命运共同体”高级别会议并发表主旨演讲》，《人民日报》2017 年 1 月 20 日第 1 版。

“构建人类命运共同体”写入相关决议。这些具有重要世界意义和历史价值的决议得以顺利通过，体现了国际社会对新世界主义的认可和赞同，彰显了中国的新世界主义的理念和方案对全球治理的重要意义，也标志着这一理念已经融入了国际社会的价值体系和话语体系，并成功登临人类道德的制高点，其影响力也必将向政治、经济、外交、贸易、文化、安全以及传媒等各个领域延伸、扩展，甚至有可能渗透进人们的日常工作和生活之中。

但是，“构建人类命运共同体、共同建设美好世界”毕竟是一项长期的复杂的世界性工程，需要世界各国同心协力、携手共建，特别是在一系列重大问题上更要立场坚定、旗帜鲜明：反对霸权主义和西方中心主义，主张世界多极化和文化多元化；反对地域保护主义，主张人、财、物、信息的自由流通和开放合作；反对利己主义，主张共商共建、共赢共享、共生共荣；反对干涉他国内政，主张和谐包容、市场运作、和平发展；反对否认、歪曲、篡改历史，主张牢记历史，防止历史悲剧重演。

三、“整体全球化”或许是新的选择

王：新世界主义和人类命运共同体理念，可否说是一种主张，是一种构建“世界新秩序”的努力？

邵：过去世界各国特别是发展中国家曾经对“英式全球化”（Anglobalization）、“美式全球化”（Americanization）保持警惕，持有质疑，甚至提出批判，表示反对，现在有学者提出“中式全球化”（Chiglobalization），出发点是好的，听起来振奋人心，仔细一想又是欠考虑的和有问题的。怎么可能让世界各国特别是西方大国认可、赞同“中式全球化”呢？接受或提出这些说法对中国显然是不利的，所谓“捧得越高摔得越重”“出头椽子先烂”。近年来，西方一些国家本来就在不断地制造和宣扬“中国威胁论”，围堵、制约和遏制中国发展，现在我们自己讲“中式全球化”，不是正好提供了某种口实吗？事实上，西方已有质疑和反对的声音了。

新世界主义致力于同国际接轨、与世界对话、同全球共命运，致力于与世界各国、各国际组织和区域组织互动互助。新世界主义意味着包容性、发展性、层次性、策略性、弹性和张力，意味着需要用一种内外结合、上下互动、左右联通、多方呼应的统筹协调、包容互动、互利共赢的原则或理念处理和应对世界变化和时局挑战。

在新世界主义的理念下，一种更容易被世界各国和人民接受和认可的新

全球化模式——“整体全球化”正呼之欲出。“整体全球化”就是以“构建人类命运共同体”为核心理念，以“共商、共建、共享”为基本原则，不论东西，无论南北，不分中外，古今联通，坚持走和平发展、共同繁荣之路，着力构建相互尊重、公平正义、合作共赢、整体互动的新型国际关系。在“共同构建人类命运共同体”和“整体全球化”的过程中，中国必须秉承共赢主义。显然，“整体全球化”模式无疑为解决国际关系中非此即彼、非黑即白以及对立性、单一性、矛盾性、偏执性等问题，提供了一种灵活的理性的综合的思维面向。

四、构建人类整体传播学以服务于人类命运共同体

王：最近您又提出要“共同构建人类整体传播学”，认为传播学正在“走向整体统一”。这是受“构建人类命运共同体”思想和“整体全球化”模式的启发吗？人类整体传播学与构建人类命运共同体有怎样的关系？它能不能成为新时代中国传播学研究，乃至世界传播学研究的核心主题之一？

邵：当前世界正处于大发展、大变革、大调整的关键时期，面临着一系列前所未有的新挑战和新形势，从而不仅迫切需要世界各国共同打造全球安全治理的新秩序和新机制，而且也迫切需要共同构建一种具有全球性、包容性、开放性、综合性、安全性特质的人类整体传播学，以服务于“构建人类命运共同体”的伟大使命。

人类整体传播学以“共同构建人类命运共同体”为核心出发点，以“整体全球化”为学术背景和研究指向，综合运用多学科知识和方法，以多角度、多层面的和宏观、中观、微观相结合以及古今中外相融通的分析思维，研究世界各民族的一切传播行为和传播过程发生、发展的规律以及信息与人、社会、世界的复杂互动关系的学问和科学，目的是共同建构一个和谐包容、开放合作、共赢共享、良性发展的新型传播世界。

人类整体传播学的建构应该致力于探讨人类整体传播的本质和规律；应该致力于打造一种不分高低贵贱、社会成员相互尊重、开放共享、平等交流的传播氛围和社会环境，坚持文明对话、文化平等的思想，鼓励跨文化对话和批评；应该鼓励采用一种内外结合、上下互动、多方呼应的统筹协调、包容互动、互利共赢的原则，处理和应对传播世界的变化和挑战；应该致力于与世界各国媒体、各国际组织和区域组织及高校传播学术组织开展全方位合作与交流，共同推进人类整体传播学走向健康的良性发展轨道；应该致力于构建一种

既有纵向的时间久远性、又有横向的空间广阔性，还有竖向的层级高低性的理论分析模型；应该致力于建构一种第一、二、三世界融通，东西南北各方兼顾，宏观、中观、微观结合的良性互动，和谐发展的世界传播新格局；应该致力于推崇世界的多极化、经济的全球化、文化的多样化，使人类传播中的世界性与地方性、全球性与民族性、普遍性与特殊性、整体性与个体性等各种对立关系得到有机化解、协调融合。

在“构建人类命运共同体”的历史进程中，人类整体传播学必须积极服务于新世界主义。

第一，要加强国际传播战略统筹谋划，为新世界主义的国际传播提供全方位、多渠道、全媒体服务。要大力传播中国坚持和平发展和推动构建人类命运共同体的深刻内涵，大力宣传中国解决国际热点问题以及全球经济发展问题的新理念、新倡议、新方案，积极开展不同文明、不同文化之间的对话与交流，使新世界主义尽快为世界各国政府和大众理解和接受，成为全球共识和行动。

第二，要积极构建信息传播的命运共同体，推动全球传播治理朝着更加公正合理的方向迈进。搭建资源互惠、技术共通、人员共作、渠道共享的传媒共同体平台，携手发展中国家媒体共同推进国际新闻的生态平衡，携手世界各国传媒集团或机构进行新闻联合报道，建构分工协作、优势互补、合作共赢的传播模式，更高效、客观、全面地报道世界。

第三，要努力建构全球媒体伦理规约。1997 年通过的《人类责任宣言》将“所有人必须被人道地对待”和“己所不欲，勿施于人”认定为人类伦理的“黄金定律”。同时达成四个不可违反的誓约：（1）反对暴力与尊重生命；（2）团结与公正；（3）宽容与真实；（4）男女平等的权利与共同劳作。此外，客观、诚实、忠诚、责任、自由、切忌伤害等新闻伦理，也都可以从特定窗口进入全球媒体伦理规约制定的视野。

第四，要积极建构兼容本土性和全球性的价值体系和话语体系。新体系应该既不是西方中心主义的，也不是东方中心主义的，而是以跨文化交流为基础的世界各国都能接受的包容性和开放性体系。坚持文明对话、文化平等的思想，鼓励跨文化对话和批评。

第五，要努力构建科学有效、层次分明的传播结构和机制。新的传播机制的构建是一项从硬件到软件、从体制到流程的深刻变革，也是一项由浅入深、由内到外、由下到上的迭代交融的系统工程，还是一种你中有我、我中有你、合作生产、共传共享、互利共赢的新型市场运作模式。

未来社会是信息社会、知识社会、智能社会，亦是传播社会。在这个社会中，万物感知，万物互联，万物智能，万物一体。人类整体传播不仅是人类的特权和表征，是社会关系的整合和呈现，而且还将是全球性的人与人、人与物、人与天地勾连互动的神经和大脑，是千门学科、万种行业互联互通的桥梁与纽带。可以预期，人类整体传播学将在服务于构建人类命运共同体的进程中发展成为中国传播学研究乃至世界传播学研究的重要领域，其发展前景是十分广阔而辉煌的。

五、“华莱坞”是电影多极化、文化多样化的生动体现

王：您在2015年还曾获得“中国传媒经济年度观点奖”，获奖是因为您在多篇论文中不仅提出了“华莱坞”的概念，而且提出了一系列创新性观点。当时学界已有“华语电影”概念的流行，您为什么又提出了“华莱坞”的概念，这个概念和“新世界主义”之间有没有内在联系？

邵：“好莱坞”是美国的，“莱坞”是世界的。我们把“好莱坞”当作一个专属名词，但将“莱坞”只视为一个普通的概念，一个既没有霸权意味也没有殖民色彩的概念。我们提出“华莱坞”（Huallywood）的概念，就是要通过使用“莱坞”的概念，解构“好莱坞”，建构“华莱坞”，努力将华莱坞电影建成具有强大传播力和影响力的世界电影，进而在全球推动营造一个多元化与多极化、和谐与友好的电影传播新格局。从2013年开始，中国电影逐步进入4.0时代，亦即华莱坞电影的新时代。与此相应，中国电影也在由一个“混杂的”“分散的”甚至是“多头的”研究对象，逐步地走向合作和融合，趋向整体互动和有机统一。

华莱坞是指华人、华语、华事、华史、华地之复合性电影，即它以华人为电影生产的主体，以华语为基本的电影语言，以华事为主要的电影题材，以华史为重要的电影资源，以华地为电影的生产空间和生成环境。这种命名和界定，既可以“华”之前缀突破过去华语电影研究的语言束缚，打破以往中国电影研究的地域局限，在中华五千年历史文化和世界华语电影的基础上开辟更加广阔的未来，也符合“新世界主义”的基本理念，能够以“莱坞”作为物质层面的具象接轨世界电影，采用国际通行的叙事技巧与传播策略传播和弘扬中华文化，从而实现“民族性莱坞”与“世界性莱坞”的互动互助、共进共演。

华莱坞学习并试图追赶和超越好莱坞，并不是一定要取代它的位置以称霸电影世界，而是要与世界各国电影界共同努力不断丰富世界电影艺术，着力建设一个电影多极化、文化多样化的世界。华莱坞不应该也不可能以一种解放了的被压迫的状态，再度复制一个它曾经深受其害的单极独大的单向度的电影世界。在整体全球化时代。在构建人类命运共同体的道路上，作为长期遭受好莱坞电影霸权文化的掠夺、挤压的华莱坞，其文化觉醒后的电影蓝图应该是在积极吸纳和借鉴好莱坞的先进理念、管理智慧和经营谋略，在合理传承中华优秀传统文化的基础上，探寻华莱坞同世界接轨的共通价值、理念和独有模型、特色。华莱坞以电影的形式促进世界文化的多极化和世界电影的繁荣与发展，使其成为与其母体的空间结构、文化传统、综合实力、文化理想相适应的世界电影舞台上闪亮的明珠、世界多元文化的重要一极。

因此，不论是国际政治、国际关系研究，还是传播学研究、华莱坞电影研究，都需要新世界主义的理念、担当和思维。

【整理者简介】王军伟，博士，浙大宁波理工学院传媒与法学院教授、硕士生导师、副院长，主要研究方向为华莱坞电影、中国新闻史、文化传播。

【文献来源】邵培仁、王军伟：《传播学研究需要新世界主义的理念和思维》，《教育传媒研究》2018年第2期，第29—32页。

我与传媒学院的那些年

蒋欣彤　毛诗倩　屠夏锋

蒋欣彤：您2001年刚到浙大宁波理工学院（下文简称“宁理”）工作时，您眼中的宁理是怎么样的？

邵培仁：我第一次来宁理的时候，宁理才刚刚建起来。我看到的是一片稻田。第二次来是阴天，刚下过毛毛雨，建筑工地是一片热火朝天的繁忙景象。我们都戴着安全帽，跟在张浚生书记、潘云鹤校长后面看校园建筑情况。大家站在楼顶鸟瞰四周，远方的脚手架清晰可见。当时的宁波市委副书记介绍了周围其他高校规划建筑情况和发展远景，很鼓舞人心。

在2001年担任宁理新闻系系主任之前，我是浙江大学人文学院分管教学的副院长、传播研究所所长、教授、博士生导师、新闻传播学系分管教学副系主任。学院有4个学系、32个本科专业。学校决定在浙大现有资源（人力资源和专业资源）的基础上，结合宁波的实际需求创办和支持宁理，而且所办专业就业率要高。最后挑中的人文学院的新闻学和广告学专业都在新闻学系。学校在开会决定各系系主任时，任命的都是有专业背景的和有系主任工作经历的学院行政领导，目的是确保专业办学方针、方向、计划和措施不出差错，相关办学资源能被有效调动。

我刚担任系主任时，可谓百废待兴。办公场所就两三间房子，只有几位老师。何镇飚是从宁波高校引进的，丁建辉、何静是浙大的毕业生。新闻学和广告学本科专业人才培养计划直接使用浙江大学本部的，任课老师也是我安排人文学院本科生科科长同新闻学系协调指派的，本部承认老师们来宁理上课的工作量。杭州与宁波两地之间交通是校车，我一般是从浙大西溪校区上车，有时人多担心没座位就从起点玉泉站乘车。有些年轻老师会开车来上课，但学校给的课酬在支付来回的汽油费和过路费后就所剩无几。其实我们系主任也没多少报酬（我甚至没什么印象了），但大家都忙得乐呵呵的。开始两三年，我全力以赴抓教学工作，以确保不出问题。在艰苦条件下，人与人之间的关系反而简单了，老师之间、师生之间关系非常融洽、亲密。我每次去办公室，大家都会围拢过来聊天，像一家人似的。

引进优秀人才，特别是拥有博士学位或副教授以上职称的教师，是办学的第一要务，也是我们在办学过程中难以解决的最大问题。办学的前10年，学校只引进了2位博士，而且不是新闻传播学专业的博士。我从2011年担任院长后，首先动员自己培养的博士生、博士后在毕业或出站后来宁理工作；其次就是到处招贤纳士，在我担任院长的8年间，一共引进了5位教授[其中宁波市宣传文化系统“六个一批”人才1人，“9211”特聘教授2人，“三江学者”特聘教授2人、26位博士（博士后）]；再次，开设新闻与艺术传播专业硕士生班，要求和鼓励学院里只有学士学位的十几位老师全部参加学习，学习者只出三分之一学费，这样就迅速解决了部分教师学历低的问题；最后，动员青年教师攻读博士学位，其中有6位老师（何镇飚、丁建辉、郭小春、王蔚、胡晓梅、徐静）被录取为浙江大学传播研究所传播学专业博士生，并顺利毕业。

2011年，浙江大学召开上一年度工作总结会。会后，当时学院金伟良院长和许为民书记在灵峰山庄约我面谈。此时，我是张浚生书记领导下的宁理顾问委员会委员，他邀请我出任法律与传媒学院院长。我当时担任浙江大学人文学部副主任、传播研究所所长和两家省重点研究基地主任、一家省文化创新团队负责人，还主办两本中英学术刊物，特别忙，表示不愿意担任法律与传媒学分院的院长，对做好院长工作没有信心。但是，如果能成立传媒与设计学院，我不但愿意兼任院长，而且可以提交可行性报告和成立方案，并保证在任期间使新闻传播学科实现“宁波第一，浙江前列，全国有影响，全球有声音”的目标。他们同意了，但希望我给他们时间，要求我先接受法律与传媒学分院院长这一工作。许书记甚至同意对我进行目标考核，不要求我坐班。

传媒与设计学院成立后，我们重点做了并且做成了如下六项比较有显著特色和亮点的工作：（1）人才引进力度、规模和成效前所未有；（2）传播学建成浙江省“十二五”重点学科；（3）网络与新媒体本科专业申报成功，并建成浙江省“十三五”优势特色专业、浙江省一流专业、宁波市第四批优势特色专业；（4）网络与新媒体专业发展成为我校浙江省本科第一批次招生的两个本科专业之一；（5）新闻学建成宁波市重点学科和特色专业、校级重点特色专业；（6）“海上丝绸之路文化展示与传播”文化创新研究中心建成宁波市重点创新团队（全市共六家）。

在此期间，设计学科和广告学也取得了许多优异的成绩：设计专业学生自2011年以来7次获德国红点概念奖；学院建设了3个宁波市重点研究基地；科研经费大幅提升；“行走的新闻”大学生创新实践教学项目获得教育部全国高校校园文化建设优秀成果奖，并3次受到省市级领导批示，实践成果被新华社、《光明日报》等重量级媒体报道；学院邀请学术界知名学者（如洪浚浩、李少南、八卷俊雄、林念生、罗文辉、孙旭培、喻国明、黄升民、陈龄慧等）前来参加当地媒体集团合作举办的新闻传播学论坛，极大地提升了我院的社会影响力；我们学院还建设专门的实体展厅，举办“传媒视界”系列活动展览活动，既展示了师生的创作成果，也活跃和丰富了校园的文化氛围。

担任院长期间，每到年底计算教职工的工作业绩、报酬和各项奖励时，我都会监督整个过程，严格执行公开、透明的制度，通常要3次张榜公布，随时随地听取反馈意见，核实事实后及时修改，确保公平、公正。我对自身的要求也很严格的，学校纪委对我进行离职审计，清清白白，没有发现任何财务违纪问题。

我在2012年向学校提出进行华莱坞电影研究和召开华莱坞电影学术研讨会的经费预算报告。得到学校批准后，我牵头于2013年和2014年先后主办了“浙江大学国际传播视野中的华莱坞电影学术研讨会”和“浙江大学媒介生态学视野中的华莱坞电影学术研讨会”。我在两次会上作了“华莱坞电影的想象与期待”和“华莱坞的愿景与策略”的主旨报告。2014年“华莱坞电影研究丛书”正式出版。同年，我和团队以华莱坞电影研究成果为主申报浙江省重点创新团队（文化创新类）并获得批准。2015年，我的华莱坞电影研究系列论文因率先提出“华莱坞电影”学术概念并进行了科学阐述而获“中国传媒经济年度观点奖”。同年，我们注册成立“国际华莱坞学会”，彭增军是理事长，我是创会会长，秘书处设在传媒与设计学院，王军伟是秘书长。国际华莱坞学会，旨在用国际平台讲华夏学术，就像我们要求中国电影界用美国技巧讲中国故事一样，将国外的经验为我所用。既然理事长、会长、秘书长和秘书处都在宁理，加上付永春、何镇飚、邱子桐、郭小春等一批研究骨干力量强大，成果丰硕，于是我们立即成立了国内首家“华莱坞电影研究中心”，由付永春担任主任。研究中心有专门的办公场所、设备和研究资料。研究人员有近20个，若加上老师们指导的博士后、博士生、硕士生，队伍就比较大，甚至有些本科生也强烈要求加入研究队伍。在一次国际学术研讨会上，付老师指导的几名本科生提交的论文就得到了许多专家的好评，有两篇论文还获得了国际华莱坞学会优秀论文奖。

我于2003年荣获“浙江省有突出贡献的中青年专家”称号、2007年荣获教育部宝钢教育奖（优秀教师奖），2018年荣获第六届范敬宜新闻教育奖（良师奖）、2020年荣获“浙江大学教书育人典型”称号。我的教育理念散见于《坚守和追求传播学研究中人文情怀》中，“教师应当追求和坚守人文情怀，要有一种高尚的情趣、境界、博爱和胸怀”，“应该要像爱自己的孩子一样爱自己的学生，要像管朋友的孩子一样管自己的学生”，“大学教育特别是人文学科的教育不是教学生如何发大财、做大官，而是教学生如何做大事，做一个优秀的有理想、有抱负的人”。

【文献来源】蒋欣彤、毛诗倩、屠夏锋：《我与传媒学院的那些年》，《最美记忆》编写组编《最美记忆：浙大宁波理工学院建校二十周年口述校史访谈录》，宁波出版社，2021，第207—202页。

邵培仁：在西子湖畔打出传播学的一面旗帜

何扬鸣

何扬鸣（以下简称“何”）： 邵老师，请您介绍一下你调来我们新闻系之前的一些情况。

邵培仁（以下简称“邵”）： 我是 1994 年 3 月作为人才被引进原杭州大学的，当时我们系叫新闻系。我在传播学研究领域出道算是比较早的，影响也比较大。在 1993 年之前，我已经主撰出版了几本书，它们是《传播学原理与运用》《经济传播学》《政治传播学》《艺术传播学》《教育传播学》等。我来之前，《光明日报》《新华日报》等报纸都有报道，有的还做了人物专访，如《邵培仁，传播学领域里的一匹“黑马”》《著书立业苦作乐——访传播学者邵培仁》等。《徐州师范学院学报》等学刊还先后刊载了《整体互动论：独树一帜的传播模式——略论邵培仁的传播学研究》《筚路蓝缕　以启山林——略论邵培仁同志的传播学研究实绩》等论文。于是就有好多学校闻风而动，主动跟我联系，希望将我作为人才引进，其中有南京大学、江苏省社科院，还有东南大学、南京师范大学。因为这些文章一出来，好多人就知道了。但是，我最后没选择去江苏，而是来这里。

何： 那么您为什么选择这里？

邵： 我觉得这边引进人才的力度比较大，领导对人也很热心、真诚，开始主要是新闻系系主任张大芝老师同我沟通和联系，待我正式报到的时候，系主任是李寿福老师，党总支书记是张梦新老师。我很感激他们。

当时，如果我去南京大学，他们只能让我住筒子楼，当时高校都这样。再比如江苏省社科院社会学研究所，如果我要去的话，只能先住在什么礼堂里改造成的一个房子里。而这边呢，答应我的条件是三室一厅。

何： 当时三室一厅是很了不起的。

邵： 是啊！我只是副教授。当时想，出省就“狮子大开口”吧，要三室一厅。真答应了，是有点不敢相信的。这是来杭州的第一个原因。第二个是老婆的工作安排。像江苏那些地方，除了东南大学同意安排我老婆工作，但是让她在后勤处做行政工作，其他的单位都不同意安排。不安排我肯定不会走的。那么，这边把她安排在宣传部做校报编辑部主任工作，我老婆是比较满意的。她觉得搞文字工作能接受，还不错。第三，这边也同意帮助解决孩子上学的问题。

何：孩子是到浙大附中读书的吧？

邵：嗯，是的。所以，房子、妻子、孩子的事都安排得比较满意。竺可桢老校长说，不要当大官，要干大事。对知识分子来说，钱也不是越多越好。所以，我对这些看得比较淡。就在我决定要来杭大的时候，接到南京师范大学一位副校长的电话说："凡是杭大答应的条件，我们南师大不仅全部答应，而且您还可以提新的条件。"我说，我已经答应杭大了，答应了就不能变了。这都是因为杭大的热心和真诚感动了我。

何：这个过渡房是在西溪校区河南还是在哪里？

邵：在曙光新村，浙大求是新村边上。当时那里有杭大的几处房子，我不知道哪些是，不是整个都是学校的。我住在那里，每天早上可以到西湖边、曲院风荷、植物园走一走，到浙大校园散散步，到玉皇山爬爬山，有时在山上吼几声，这是锻炼身体的好地方。在这里住的两三年时光是美好的，而后呢，我就搬到庆丰新村的三室一厅了。

何：哦，对，我去过您家呢。

邵：对，您到我家去过。我刚住进去的时候，就发现我当时给杭大提的三室一厅这个条件有点过分了。为什么呢？当时只有老系主任，特别是那些白头发的教授才住三室一厅。你说，我一个满头黑发的副教授竟然也住了三室一厅，周围的那些人看了很不服气呀。

何：是啊，当时你很年轻呢。

邵：嗯，不仅年轻，还是副教授，又是外地人，却住三室一厅。当时学校开会的时候，有位系主任也是教授，就讲我们都才住两室一厅，为什么刚来的这位副教授住了三室一厅。比如，张大芝、李寿福都是两室一厅。我凭什么呢？是不是有什么特殊关系呢？我真的没有任何关系的。听说当时沈善洪校长在会上讲，我们给邵培仁三室一厅是值得的，他的传播学研究是很强的，他来了会把这个学科给带动起来的，如果我们没有这个价码，他为什么要到浙江来？他为什么不留在江苏？大家觉得是这样一个道理。也许沈校长知道，当时江苏一些高校也都希望引进我。

当时杭大人事处副处长窦香勤是东北人，待人特别热情、客气，人非常好。我来学校的时候，她亲自帮我去跑各种人才引进手续。她还帮我去杭州市人才办要指标。当时杭城要进一个人，需要达到一定标准，杭州市人才办才能让你进杭城，否则不让进的。像这些手续，她全部帮我跑好了。

窦老师有一次跟沈校长讲：我们学校引进邵培仁，好像是引进了一个人才，实际上学校是引进了两个人才，他的太太彭凤仪也是非常优秀的，安排在校报编辑部工作实际上有点委屈她了。

还有到杭州搬家的那一天傍晚，是张梦新老师带着几个学生帮我往楼上搬东西。我记得很清楚，那时候大约是春节过后，三四月份，天也有点热了。我住的是二楼203室，学生帮我把家具往房间里抬，不一会儿就搬完了。党总支书记做思想政治工作真是细致入微，让人感动啊。

家从江苏搬到浙江，我用一辆轻型卡车，但还没装满。好多年后，儿子跟我说："想当初，老爸你从江苏搬家到浙江，一辆轻型卡车都没装满，现在不是什么都有了吗？"我说："你小子，是不是感觉你老爸当年像逃难一样啊？"他的意思我明白，老爸敢闯荡江湖，能活出人样，我为什么就不能呢！现在他的条件比我当年好，应该干得比我好。他真是这样说的哦。我说："你有这个自信当然很好。"其实，当时搬家时丢下了好多东西，只挑了很少的家具，书倒是搬了不少。

来了以后呢，大约有半年时间，清华大学要办新闻系了。当时的系主任是刘建明，他找他们校长，说要引进人才。他们校长说："给你200万元，你引进10个人才。你引进谁，我不管，但我要给你一个进人标准。凡是博士毕业的，要有一本书；没博士学位的副教授，要有4本书。"后来，刘建明老师就拿着这个标准去对照，他说在副教授里面超过4本书的，全国就是我了。当时是1994年底，钱还是很值钱的。刘建明老师跟我讲，如果我去的话，工资翻一番，送一台电脑。那时候，电脑还不普遍，他还答应给我电脑什么的，条件是很引诱人的。我真的感激他看中我。我跟他讲："清华是非常好的大学，但我觉得杭大待我不薄了，我不能刚到这儿就走，对不对呀？"后来的托词是："我倒是想去您那里，我老婆说北京风沙大，气候不适应，不愿意去。"差不多有一个月的时间，刘老师老是给我打BP机。那时候，电话也没有普及，我刚到这儿，家里还没有安装固定电话，当时装个电话不仅贵，过程还很长，我只有别在腰上的BP机，接到他的传呼，我就去找电话打给他。

最后，刘老师说："我等你一年。"他认为，等我一年，我肯定会同意去清华大学的。他底气十足的样子。我喜欢清华大学，但刘老师没有等到我，我在这里坚持下来了。

何：您是从一而终！

邵：嗯，我是从一而终。后来还有一些机会，我也没有动心。比如原来浙江广播电视专科学校的校长，是原杭州大学中文系写作教研室主任陈为良，后来他年龄到了，要退下来了，也有人推荐我去当校长，认为我毕竟是搞新闻传播学研究的，专业对口，各方面条件不错。当时这个学校是国家广电总局管的，总局人事司来人说要考察我，我婉言谢绝了。我觉得我这一步走得也是对的。后来是彭少健去当了校长，他原来是杭州师范学院中文系的老师，教文艺理论。

四校合并以后，还有两件事，也算是小插曲吧！复旦大学新闻学院浙江校友会召开会议，当时复旦大学新闻学院党总支书记燕爽前来参加。在同桌吃饭的时候，他跟我讲："我们新闻学院准备引进的5个人名单里面，有你邵老师的，我们随时恭候你。"我同复旦大学党委书记秦绍德也很熟，他与我在家乡的一位好朋友是同学，我在复旦读书时他是学校宣传部部长，我常到他家去喝茶聊天。他一直希望我去复旦。在复旦的一次会议上，他见到我又提及此事，我说："秦书记，如果有一天我揭不开锅了，我一定来投靠你。"有一次，上海大学影视学院常务副院长金冠军带着两个人来杭州，在西湖边设宴专门请我去，主题就是受领导指示，请我加盟上大，去接替他的位置，他可能另有重用吧。当时各家正在申报博士点，我是学科带头人，关键时刻怎么能掉链子呢！

何：那么邵老师，刚才您讲了来杭以及坚持下来的原因。那么您来之前对我们新闻系了解多不多？

邵：当时，应该说我对新闻系的了解不多的。最先我就知道德高望重的张大芝，而且是通过他的非常有影响的学术专著《新闻理论基本问题》。此书观点鲜明，语言精练，行文流畅，论述严谨，没有半句废话，对我的影响很大。其实，我也不知道原杭州大学是省属地方高校，不是部属高校。我当时没有部属高校和省属高校这些概念。

大约是1985年五六月份，在去复旦大学读书前，我有机会去黄山、庐山等地调研，一路玩过来，晚上住在原杭州大学旁边的酒店。白天在西湖苏堤漫步，就像进入如梦如幻的山水画中。初夏阳光不像现在这么热，那时的游客也没现在这么多，一对对情侣嬉笑着从身边走过，而且旁边会有一些美妙的声音阵阵飘过，让人陶醉！我觉得这个城市太好了。于是我心里就想，如果有一天我有机会来杭州工作，我不会放弃。当时我确实是这样想的。

何：是什么美妙的声音阵阵飘过？

邵：哈哈，我真循声找过去看了，就是坐在亭子里吹笛子、拉二胡、弹琴、唱歌的一些人，都有些文艺爱好或特长，边唱边跳，如诗如画。

1993年5月，我去厦门大学参加第三次全国传播学研讨会，会后同原中国青年政治学院李彬一起来到杭州，两人住一个房间，聊到深夜两三点钟，他劝我要换一个地方，也认为杭州这地方不错。李彬现在见到我，还经常强调这次夜谈在他人生中的重要意义呢。

何：邵老师，您讲得挺好的。那么您来之后，觉得学校给您提供的研究平台怎么样？好不好？

邵：您可能听出来了，我当时带有一种理想化的非理性的色彩，但过来了就过来了，事在人为。我觉得不论是此前的杭大还是现在的浙大，都待我不薄，我是十分感激的，我何德何能。平时我就是两点一线，家—教室，教室—家，我不怎么去学校、学院领导办公室，上完课就回家看书。那些所谓的官我是不要当的。后来学院做工作让我做新闻研究室主任，说基本没事干，那我接受了，其他我是不要干的。1996年底，我评上了教授。校长郑小明找我谈话了："你现在还想要什么？你原来不当领导是想要评上教授，对不对？现在你还想要什么呢？应该出来做点贡献了。"呵呵，突然觉得以前好像有点自私似的，那就干吧。于是就让我当了新闻系副系主任，分管教学工作。

分管教学工作后，我就搞了教学改革。这个你记得的。我把海内外30余所大学新闻学系的教学计划下载下来进行研究，参照这些高校的教学计划重新制定自己的本科教学计划。基本思路就是压缩传统新闻学课程，大幅增加传播学和电脑、网络课程。新闻学系开的好多新课，要求年轻老师必须上一门传统课程，再开一门新的课程，我自己除了上新闻写作课，也带头开了"传播学概论"和"媒介经营管理"，我还依据后面两门课程主编出版了两本著作，《传播学》是国家"面向21世纪课程教材"，《媒介管理学概论》是"十一五"国家重点教材建设项目。一大批年轻老师开始上"组织传播""人际传播""整合营销传播""电脑辅助广告设计""网络传播概论""媒介战略管理""公共关系"等等。一开始年轻老师比较抗拒，不愿意上新课。我们经过研究决定，给上新课的老师一年时间备课，而且备课时间也算上课时间，备一门课有 5000 元，算是奖励。所以新课很快都开起来了。

何： 对，是有这个事情，我记得。

邵： 年轻人本来就喜欢新事物，尽管新课有挑战性，但也容易出成果，对吧？这样，新闻系的教学改革就轰轰烈烈地搞起来了。一个人两门课，一门课两个人。我们教学改革成功之后，国内好多高校新闻系来取经、学习，有的直接想方设法找人复印我们的教学计划。这项改革，我们当时在全国高校新闻传播学系里是领先的。

童兵是从中国人民大学新闻学院跳槽到复旦大学新闻学院的，他对这项改革过程和成效比较清楚。有一次，我在复旦开会的时候，童老师和复旦大学党委书记秦绍德在一起聊天，看到了我们就互相打招呼。童兵老师说："秦书记，我们复旦大学下面要抓紧引进人才。"秦书记说："对呀，当然要抓紧引进人才了。"童兵老师又说："要抓紧引进青年人才，尤其要引进邵老师手下的副教授。"秦书记问为什么。童兵说："浙大有一帮副教授都是搞新兴学科的，发展势头很猛啊。"这就从一个侧面说明，我们的教学改革是成功的，是得到外界公认的。

何： 也请您说说其他平台情况。

邵： 我简单点说。1998 年 10 月，四校合并组建新的浙江大学。1999 年 7 月，四校的文史哲和新闻、艺术等学系合并成立了人文学院，我被任命为副院长，依然分管教学工作。2006 年，新闻系和国际文化系共同争取从人文学院独立出来，成立了传媒与国际文化学院，我担任了学院首任党委书记，兼任学校对外宣传领导小组副组长。2009 年，学校成立了 7 个学部，我又到人文学部做了副主任。

传播研究所所长从杭大批准的 1994 年一直做到现在。在此期间，我们研究所不断发展壮大，先后建成了省传播学重点学科，省哲学社会科学重点研究基地——传播与文化产业研究中心，省文化产业重点研究基地——娱乐与创意产业研究中心，省重点创新团队——国际影视产业发展研究中心，负责人都是我。我们办了两本学术刊物——《中国传媒报告》和《中国传媒研究》，我和赵晶晶分别是两本刊物的主编。我们还出版了中国传媒报告蓝皮书《中国娱乐与创意产业发展报告》，我和李杰是主编。李杰还联络新华社成立了浙江大学海洋文化研究中心，兼任中心主任。可见，平台也需要自己积极、主动地去创建，从无到有，由小到大。

何： 那么邵老师，你来到我们新闻系之后，根据你当时对其他学校新闻系的了解，你觉得我们新闻系最大的特点是什么？

邵：如果要和其他高校新闻系比，特点是会在比较当中呈现出来的。比如，同北方一些高校新闻系比，我们不太左；而同南方一些高校新闻系比，我们又不太右。我们基本上是居于两者之间，不左不右，不偏不倚，不土不洋，公正守中。我们处在中间的一个恰到好处的位置。这点我们做得应该是比较好的。对不对？

何：对，应该是比较好的。

邵：有的学校或研究机构的新闻学教授动不动就利用手中那点权力整人，给人穿小鞋，或者向上打小报告，将人弄进黑名单；有的学校的新闻学教授又往往是大嘴巴，乱讲话，迎合西方媒体。我觉得我们的尺度把握得比较好，恰到好处，是吧？这是一种什么姿态？这就是一种真正做学问的、客观的、理性的、冷静的、中立的学者们应有的学术姿态。我们做到了。你同不同意我这个观点？

何：嗯，同意。

邵：我们就是这种样子，我本人也是这样子。我们整个新闻传播学科就是这样子。我们没有那种太风风火火的人，也没有那种咋咋呼呼的人，我们找不到这样的人。这是我们新闻传播学科的第一个特点。

第二个特点就是我们比较扎实，我们不嚣张，也不放肆。我们就是秉承浙大求是创新的精神，老老实实、踏踏实实做学问、做事情。这也是我们的特点，是吧？但是，我们在竞争比较激烈的环境中把事情做出来了，做得还比较漂亮。学校有人说，浙大传播学科搞传播研究的，最不重视传播了。呵呵，这真是一语中的，但它从一个方面说明我们就是要少说多做。表面上我们是不重视宣传，其实我们是不张扬、不嚣张，做事低调。求真务实也是同我们浙大传统一致的，就是实事求是，做实事，求实效。

第三个特点就是我们基本上是团结的，抱团，有集体荣誉感。同事之间开开玩笑，在一起说说笑笑，营造一种宽松和谐友好的环境，我觉得工作起来很舒服，是不是呀？同时，大家都积极主动地到外面去挖掘和拓展资源，蛋糕越做越大，一个个都过得很潇洒快活！第四个是创新。我们的教学科研一直在走创新之路。我们的学术成果，很少有炒冷饭的，很少是重复生产的。基本上都是从不同层面、角度和维度研究和创造出来的新的东西，特别是在本土化研究、交叉化研究、国际化研究方面，我们是走在前面的。比如，在本土化研究方面，你做得就蛮好，改写了世界报业诞生的时间，浙江新闻史做得也不错。我们的华夏传播研究发表了很多C刊论文，赵晶晶也编译了一本书，我也会有一本。交叉化研究积累的成果比较多，除了我自己，吴飞、李岩、李杰、胡晓云、李东晓、邱戈、章宏、卢小雁等都是这个方向的主力军，都有不俗的表现和成果。这些年引进了不少海归博士，韦路、李红涛、章宏、高芳芳、黄桑若等老师在SSCI等国际英文刊物上发表了许多联系中国实际、紧追国际前沿的学术论文，加上研究所主办的两本中英文刊物有较大的海外发行量和传播面，我们基本上把国际化研究这一块做上去了。浙大新闻传播学科在国际上的知名度和美誉度越来越大。

有好长时间，我们的影视传播研究影响不太大。在我做人文学院副院长时，曾从教学角度联合计算机学院申报成功国家广电总局的国家动漫教学基地，但这个平台并没有很好地用起来。最近几年，我们的影视动漫研究突然发力了，有不少亮点。在海宁成立了浙江大学影视发展研究院，罗卫东任院长。除了拥有国际影视产业研究省重点创新团队，我们还注册成立了“国际华莱坞学会”，彭增军任理事长，我是创会会长。中国高校影视学会（国家一级学会）也批准我们成立了“华莱坞创研中心”（二级），我是中心主任。范志忠的电视剧研究、章宏副的电视全球化研究都是很有特色和成效的。中文系盘剑的动漫研究也是独树一帜。

同一般的电影研究不同，我们华莱坞电影研究打破了过去多年来影视传播研究的传统模式和路径，采用立体的、全方位、多维度的研究视角观照和审视大中华地区的电影对象，将社会学、传播学、人类学、政治学、经济学、管理学、生态学和地理学等学科的理论和方法引入电影研究，我们的电影研究还运用大数据对电影片名、情节等进行分析研究，研究成果可用于指导电影生产和营销推广。所以，有的电影研究者说，你们写的东西我怎么看不懂了，感觉断电了。因为我们电影研究思维和路径同他们的根本不一样啊。他们私下说，电影文学艺术研究很难有重大突破了，但研究华莱坞的这些人的套路他们也无法适应，有种危机感。抛弃传统的思路，采用全新的套路，当然会给人耳目一新的感觉，会有许多新的描述和发现，解读出来的东西就和过去不一样了。对不对？当然传统的研究思路也是需要的。但是，我们在研究的时候，就一直试图创新，避免走老路，拾人牙慧。

何：邵老师，您来我们新闻系之前传播学研究已经有成果了，那么来了之后您又继续从事哪些研究？有哪些进展？

邵：在第一本书《传播学原理与应用》出来以后，我就思考要从不同领域和维度去进行传播学研究。我分析马上就会有人际传播学、组织传播学、大众传播学这些书出来，我不能再做这些研究了，要做也做不成国内第一本，因为我不喜欢跟在人家后面，要做就做国内第一本，于是我从政治、经济、艺术、教育、新闻这几个方面切入做传播学。果然，我做的这些全是第一本，如《艺术传播学》《经济传播学》。到杭州之后，在 1994 年、1995 年和 1997 年，我分别出版了《传播社会学》《新闻传播学》和《传播学导论》，2000 年出版了“面向 21 世纪课程教材”《传播学》。所以，在传播学基础理论研究和层级研究方面，我们应该算没有落后，并且取得了比较好的成绩。

在本土化方面的研究，我的《传播学导论》以及后来的《传播学》本土化色彩是很浓厚的。如果是细心的人，就会发现我这书跟国内其他的同类书有着明显的不同。他们基本上都是介绍和阐述西方传播学，而我在书的每一章都会结合中国传统文化、具体国情和媒体实际，弄出一些自己的东西。我不是简单介绍和阐释，而是会有一些创新和发现，有些章节内容甚至在其他书中是看不到的。从中国传统文化和现代学术中总结和提炼华夏传播理论和理念。1994 年，余也鲁先生让我做他资助的课题“中国古代受众信息接受特质研究，其间，我一直在搜集和研究相关材料，有一个很大的数据库，已经先后发表了十六七篇论文了，最近还有两三篇要发出来，全部弄出来大约会有 20 篇，都是关于本土化研究方面的，最后会做一本书。

在交叉研究方面，我出了一本《传播社会学》后，又进行了传播学与地理学、生态学、舆论学的交叉研究，出版了媒介地理学、媒介生态学、媒介舆论学、媒介经营管理、媒介战略管理以及电影管理方面的书。这些都是交叉研究。特别是在媒介管理学研究方面，我们这个研究体系不同于西方。在国内第一本《媒介经营管理学》之前，我对西方媒介管理学进行了较为系统地研究，然后把西方的媒介管理学和传播学、管理学、领导学、市场营销学、消费行为学等整合在一起，形成了一个全新的媒介管理学研究体系。你看，西方的媒介管理学书籍是不讨论媒介领导者、管理者和消费者的，而我书中的要素链条是完整的。我在媒介地理学、媒介生态学研究领域也是开拓性的。《媒介地理学：媒介作为文化图景的研究》获得了浙江省第十六届哲学社会科学优秀成果奖一等奖和第六届高等学校科学研究优秀成果奖（人文社会科学）新闻传播学类三等奖。

何：您那时候研究传播学是开拓性的，现在的话，传播学已经是遍地开花了。那您看看我们浙大现在在国内方面处于什么水平？

邵：有几次参加会议，有朋友开玩笑说，浙大的科研团队已经把前沿性东西都搞了，他们没啥事好干了。这表明，我们的研究团队发表了许多前沿性成果，比如，吴飞在新闻编辑学方面很厉害，在传播经济学、传播法学、国际传播研究、新闻专业主义研究和传播民族志研究等方面都有很好的成果。李岩的媒介文化、媒介批评，李思屈的广告符号学、文化产业、数字娱乐产业和海洋文化研究，韦路的新媒体研究、政治传播和媒介社会研究，卫军英的广告学和整合营销传播研究，赵晶晶的国际跨文化传播、亚洲传播研究，胡晓云的农业品牌传播做得也有声有色，包括你在内，大家做得都蛮好的。赵晶晶作为联合国秘书长科菲·安南（Kofi Annan）的新闻发言人弗雷德里克·埃克哈德（Fred Eckhard）先生在浙江大学的合作教授，帮助他整理、翻译出版了两本较有影响的专著《为联合国发言》《冷战后的联合国》。我们有几套丛书做得也比较好，产生了较大的社会影响，如“21世纪媒介理论丛书”“当代传播学丛书”“新经济时代广告学丛书”“数字未来与媒介社会丛书”“求是书系·传播学”等，内容都比较新，加在一起规模很可观。

浙大新闻传播学科要想抢占制高点、处于领先位置，必须先“知己知彼”。“知己知彼”第一招就是以一种以诚实、谦逊的态度对自己也对别人做出专业的、理性的、客观的和定量的分析和认识，既充分认识到自己的不足和局限，也客观分析别人的优势和特长，详细了解两者之间的相同和不同、差距和特点。然后确定自己的发展道路。我曾经让我的博士生和硕士生每人负责阅读和跟踪五本新闻传播学类SSCI国际顶尖刊物，共40本，并对其中的12本刊物进行了系统的量化分析研究，收录在我主编的《媒介理论前沿》《媒介理论前瞻》《媒介理论前线》3本书中。通过这种研究，我们试图提供一种具有国际前瞻性、前沿性的眼光和视界。分析研究这些刊物论文的选取标准是什么，它们是怎么组织策划选题的，有哪些好的论文，我们可不可以跟进。我觉得这个对我们学科建设是有好处的。“知己知彼”的第二招是看西方新闻传播类图书。浙大外文图书采购部门，每一两个月会将一期新闻传播类英文图书目录发送给我们来挑选。通过最新的英文图书目录和其他渠道的图书信息，我们可以大致了解国际传播学的最新形势。第三招就是通过数字图书馆数据库了解美英澳加等英语国家博士论文情况，探知学术进展。我是让参加博士学位论文开题的学生分别负责把美国、英国、澳大利亚、加拿大的新闻传播类的博士论文能下载的下载，不能下载的将目录和提要复制下来，然后进行分析研究。一般是带大家到外面茶馆，包下一个相对安静的房间，在那里待一天，论文一篇一篇地过。这个过程彻底改变了博士论文写作传统的选题思维方式。第四是要鼓励老师和博士生积极参加国内外的重要学术会议，了解学术动态。第五是要通过学院网页、知名教授博客等了解学科发展的现状和动向。

这是讲如何“知彼”，前面已经讲了不少“知己”。综合起来看，浙大新闻传播学科应该在国内第一方阵。这是我的基本判断。

何：这都是我们一步一步前进的过程。那么，您觉得我们新闻传播学科怎么样才能更上一个台阶？

邵：中国传播学的主要问题是西方化，传播学学科建设的着力点是本土化，突破点是交叉化，目标是国际化，但最佳的学术生态是自主、多元与平衡。我们走到今天是不容易的，是全院师生共同努力的结果。

但是，我们在学术研究上还有潜力可挖，有些老师在科研上用力不足，甚至有的人根本不用力，有的人几年没有一篇论文。那么，这些人在干什么呢？精力都用在教学上了？都用在赚钱上了？都用在家务上了？天知道啊！我们学院同其他学院一样，存在“二八定律”，即20%的人完成了80%的科研业绩，而80%的人只做了20%的业绩。所以，我们新闻传播学科要想再上一个台阶，只要有一半的人像20%的人那样干活就可以了。谁能弄出一个机制出来，谁就是学科发展的最大功臣。

今年我们新闻传播学作为一级学科又参加教育部的评估了。上一次我们排在全国新闻传播学科第十，我感觉上一次评估从学校到学院都有点大意了，没怎么重视，没把它当回事，谁知教育部部长特别重视上次的评估结果，大会小会讲，排名好的也到处讲。浙大吃亏了。这次学校特别重视，书记、校长亲自督战。对我们学科的要求是：进入前五名。

何：新闻传播学一级学科进入全国前五名，那您觉得有没有这个可能？

邵：我先说我们如何进入前五名吧。这次评估时段是五年，从2010年1月到2015年12月。可是5年来，我们很多年轻老师一篇论文都没有，一年里啥都没有，这些人占到一半或者三分之一。学科建设就靠几个人怎么行呢？像我这把年纪了还在干呢，年轻人是不是太早休笔了？这次评估本来是要用B刊论文参评的，遭到强烈反对后才改成C刊论文参评。因此，C刊论文越多越好。但我们肯定没法同有C刊的学院比，加上我们有不少没有学术生产力的人。学科要发展繁荣，必须靠大家努力。要抓紧制定教学和科研工作最低标准，比如，教授、副教授、讲师每年聘岗应该有一个最低的论文发表的级别、数量标准，达不到标准就低聘或不聘。因为按现在这样下去，我们前十都不一定进得去。人家都在努力，我们没有理由懈怠的。所以，我们要设置一个最低的学术生产量。这是第一。

第二，要有一个激励制度。浙大只奖励权威刊物和SSCI上论文，评职称也只认这些论文，导致许多人不重视发表低级别论文，这种做法是不对的。我们不是部校共建吗？拿那么多钱干吗？为什么不拿来奖励呢？发一篇C刊，奖励两三千元。这样有可能把学术生产量搞上去。

第三，要注意做一些基础性的能够积淀下来的研究，学术研究不要赶时髦。时髦的研究当时很热闹，但很快就没人理会了，在学术史上很少留下印迹。所以，大家不要一窝蜂地都搞流行的、热门的、时髦的东西，有一些人做就可以了。总是跟风研究，学科的特色也显示不出来。我觉得我们应该好好梳理一下：我们现有的研究成果已经形成了哪些优势和特色，哪些优势和特色应该继续发扬光大，如何动员和组织相关资源来做？经过若干年的努力，外界一提到浙大新闻传播学科就会说，他们在哪些方面很有优势和特色。这就成功了。不搞跟风研究，也是为了学术生态的平衡。现在学术生态失衡了，现在我们学院谁在搞新闻学和新闻业务研究？新闻研究所同传播研究所有啥区别？当然，这也不是我们一家的问题，可能带有一点普遍性。虽然说新闻学与传播学并重，但现在高校新闻传播学院已经很少有人谈论新闻学了，大家都在谈传播学，新闻学好像是一朵不祥的乌云。我认为这是很可怕的事情，学术生态失衡了。李良荣有一次在我们学院的座谈会上说，复旦大学新闻学院连续留下九位博士都要求研究传播学，当准备留第十位博士时就先同他讲，想留下来必须搞新闻学，他答应了，可真正让他去做新闻学时，他反悔了，死活不研究新闻学，坚决要去研究传播学。这是不是一个问题？

第四，要争取在教学上做出一些成绩，搞出点特色。现在全国新闻传播学院培养的本科生都差不多，大同小异，没有特色。如果我们根据自己的力量、优势和特长，大力培育和发展特色专业，闯出一条独特的人才培养之路，就会产生全国性甚至全球性影响，就像国外的一些名校一样，提到这个学校就会立即想到它最好的本科专业。如果人家一说到某个专业就马上想到浙大传媒学院，我们就牛啦。我们现在没有这样的专业，但是我们不能先行一步吗？不能预先来做吗？比如清华大学李希光曾经做过“大篷车新闻”，带着学生去新疆、西藏采访，然后一路向媒体发稿。他现在不做了，去了医学院，如果他继续做下去就厉害了。我们需要这种人和做法，而且要以制度的形式固定下来，不要受某个人去留的影响。比如说新闻学专业，我们侧重培养某一方面，让别人一想到就向我们学院要人。不仅本科生专业，而且研究生层面的专业硕士培养也要考虑做出特色专业。如果我们在未来几十年坚持这样做，一定会产生巨大的影响。

何： 邵老师，我们是哪一年招博士生的，是在什么情况下招的？

邵： 我们传播学是2007年秋开始招收博士的，但我在2002年春季就在中国现当代文学影视传播方向招收了开门弟子樊葵，她现在于杭州师范大学教书。其实在当博导之前，我是一直想读博士的，可是领导不让我到外校去读，只准报考本校的，担心我读完走人吧。我理解领导的苦心。但是，当时杭大文史只有古代研究的博士点，而且队伍排得很长。后来，四校合并了，我要申请博导资格了。学校就要我先承诺：如果评上浙大博导，我承诺放弃读博。学校意思我明白，如果浙大博导跑到其他高校去读博士，而且这个学校若还是二流学校，浙大面子往哪搁啊。为了能评上博导，我签了字。

我为什么可以在中国现当代文学申报博导呢？因为2000年在申报中国现当代文学博士点时，当时中文系陈坚、吴秀明邀请我参加一起申报，他们发现我有不少材料是好用的，比如我有《艺术传播学》及相关论文，有省级社科基金项目，有省市和教育部的科研奖项等。最后博士点批下来之后，他们也告诉我可以一起申请博导资格。当时申请博导审查也是很严格的。在2007年之前，影视传播方向就我一个博导。这个专业博导也就3个人。按照浙大的规定，博导招生名额是根据论文、专著、项目、奖励、学科带头人等数据折算成分数计算的。我是达到学校要求的最高档次的，即可以一次招3个，春秋两季招生，每次可以招3个。我不是每次都把名额用完的，虽然每次会有30多人报考我的方向，但学生还是要精挑细选的，当博导很累的。你上网看这些年影视传播方向博士学位论文的题目就知道了，它实际上就是传播学和媒介管理方向啊！说到这里，我得衷心感谢陈坚老师和吴秀明老师，感谢学院学位委员会全体成员。不然会累坏我的。

何： 当时博士点是挂靠在中文系的？他们对你很客气？

邵： 是的，挂靠在中文系，大家都是好朋友。当时，我是人文学院副院长，也是学位委员会成员。开始，在开题报告、论文答辩的时候，我请陈坚和吴秀明来做评审专家。可是，他们来了一次以后就坚决不来了。认为我做得比较认真、规范，但隔行如隔山，字都认识就是内容听不懂，于是让我放手做。所以，在中国现当代文学博士点和中国语言文学、历史学博士后流动站里，我培养了好多传播学博士和博士后。那么，在新闻传播学界呢？这种挂靠有很多，论文送出去评审和论文答辩大家都是认可的，不会用文学的标准来要求。2007 年秋季，传播学博士点正式招生，但申报和批准时间好像是 2005 年。这个感觉就很不一样了。

何：我们传播学硕士点是什么时候招生的？新闻传播学一级学科博士点又是什么时候批准的？

邵：学校在 1996 年获得传播学硕士点，1997 年在此基础上成立传播研究所，并正式招收硕士研究生。我的印象中，当时教育部批文上的传播学硕士点是原杭州大学和兰州大学，但复旦大学和中国人民大学也在这一年开始招收传播学硕士研究生。又过了一两年，我们又有了新闻学硕士点，后来我们又拿到了传播学博士点。这些点的申报过程不细谈了，特别是申报传播学博士点，我、吴飞、卫军英三人出了很大的力。2010 年，浙江大学在传播学博士点的基础上审核增列新闻为新闻学一级学科博士点，这是国务院学位办和教育部进行的一次改革。先送申报材料给校外专家评审，再请专家来浙大评审和现场答辩。现场答辩就是我和吴飞老师两个人去参加的。当时我们想在一级学科下面设三个博士点。那些专家提问题时非常尖锐，一针见血，比如有人问："我不问你别的，我就问你，你们新闻传播学科在全国能排在第几名？"也有人问我："表格上，你既在传播学专业，又在文化创意产业专业，你认为你最适合在哪个专业？"再后来，我们第三次申报新闻传播学博士后流动站成功。从 2002 年到 2014 年，我都是在中国语言文学博士后流动站传播学专业招收合作博士后。前两次申报书不是我写的，第三次我着急了，自己动手填写申报书，院人事科鲍毅玲配合我到校档案馆找到了不少材料。2014 年，在北京评审现场投票刚结束，就有专家打来电话说："在所有申报材料中，你们新闻传播学科是最强的，通过了。"所以，填写申报书情况熟悉很重要，愿意花力气和时间通过渠道找到佐证材料更重要啊。

何：当时博导没有现在那么多？

邵：没有！现在是副教授有博士学位的就可以当博导了。过去的话，你就是教授也不一定能当上，你得有论文、专著、课题、奖项等，还要送到校外评审，如果送审回来有一个是否定意见就完了。而且也不是一评上教授就可以申请博导资格的，通常还要你再等一两年，沉淀一下，有新的业绩才能申报。现在这种做法，对工科来说有其合理性，对文科来说一直有不同意见。

博导多了，而招收名额并未增加，僧多粥少是普遍现象。

何：邵老师，我们再回过头来，您再讲讲您到新闻系之前是在哪里工作的？是做什么的？

邵：我来杭州之前是在淮阴师范学院中文系任教，先后任中文系党总支副书记、校高教研究室副主任，上过“写作概论”“公共关系”“新闻写作”和“电影文学与艺术”等专业课和选修课。1987年，我从复旦大学新闻学院学习回去之后，就一直有单位找我，要将我作为人才引进，当时我正在忙着写几本书根本顾不上，直到1993年底才考虑这事。其实学校领导对我挺好，校长陈发松还是我母校老师。深谈之后，他理解我的选择。

何：邵老师，您是在什么情况下开始对传播学感兴趣，并进行研究的？

邵：我在去复旦读书前，好像是1983年，中国社科院新闻研究所编的《传播学简介》一书由新华出版社出版了。我在书店看到立即买了，看了两三遍。我对这里面的新概念、新观点和新思想很着迷。当时复旦大学办了助教进修班，这是教育部下文搞的。当时新闻学科教师队伍人才质量急需提升。但是，这个助教进修班和其他进修班不一样，它是要考试的，同今天的研究生考试一样，有考试科目和参考书目，上课很规范、严格，本校的几位老师都通过答辩获得了新闻学硕士学位。当时，丁淦林讲新闻史，李良荣讲新闻学概论，居延安讲大众传播理论，祝建华讲传播研究方法，周胜林讲新闻写作，师资队伍很强大。名师出高徒。这个班23个人，后来大多是新闻传播学界的教授级甚至博导级人物，如戴元光、刘海贵、程士安、尹德刚、芮必峰、龚炜等。

1986年，《中国大百科全书·新闻学卷》主要编委在复旦开会，就是讨论居延安撰写的“传播学”条目。我在会议现场，很羡慕能在百科全书里面撰写一个条目。当时想，如果我哪天能在大百科全书里面撰写一个条目就好了。谁能想到，我在多年前已在英文中国大百科全书里面撰写过“期刊”条目，现在在《中国大百科全书·传播学卷》中担任跨文化传播分卷的主编。这从一个方面反映出传播学科发展太快了，由过去的一个“传播学”条目，发展成“传播学卷”。人世沧桑，学术之树常青。

1986年，我们在复旦读书时开始撰写《传播学原理与应用》书稿，彼时还有人对传播学有不同态度。之后的一段时间，一些在搞传播学的人有的去了国外，有的放弃不搞了，而我居然能在江苏这个地方出版《政治传播学》《经济传播学》《艺术传播学》和《教育传播学》等书。想想真不容易啊！我要衷心感谢江苏人民出版社和南京大学出版社领导和编辑的眼光和胆识。所以，我后来有两本书还在江苏出版。有的地方经济发达，思想却不怎么发达。

何：邵老师，您今天的成就同你的家庭背景有无关系？

邵：俗话说，家庭是社会的基本细胞，是人生的第一所学校。我的家庭党员多。我父亲是老革命，参加过抗日战争、解放战争，好几次都是死里逃生，他命很大的。父亲是独子，也是孝子。当年如果按照组织安排，他是随大军南下去上海工作的。妈妈听说了就闹着不让他走，做了爷爷奶奶工作，也不让我父亲走。当时奶奶体弱多病，我父亲就向组织打报告要求留在当地了。因为这事，父亲好像还被降了一级。大约是 1955 年，党组织送父亲去扬州师范学院读书，就像张大芝、张允若两位老师一样，是调干生。我收藏有一张父亲戴着校徽的照片。他在大学中文系读书期间写的文章、读书笔记，毕业后放在家里，我会拿来看。特别是爸爸在文章中写他参与几次战斗的内容对我影响很大。父亲的毛笔字写得很好，在父亲身边读高中时，他要求我每天写一张大字，给我打分，我不听话，没有坚持，现在每每想到这事就后悔、懊恼。父亲爱读书，家中有藏书，也有《新华文摘》《群众》杂志等。这些图书和报刊对我是有影响的。

何：邵老师，您是不是从小就对人文学科感兴趣？

邵：我从小就喜欢语文，语文成绩不错。小学四年级写的一篇作文——《我与爸爸比童年》，拿到全校去展览，老师说六年级学生都写不出来这篇作文。上初中、高中了，我都是办黑板报和文艺专栏的积极分子。上大学了，我就在学校团委办小报。整个年级到新沂军营学军，校政工组老师带着我一个人办了一张《学军快报》，老师就负责写社论，其他的采写编、插图、刻印、发行等我一人全包。我喜欢舞文弄墨，四年级时就有诗歌上了黑板报，大学学军结束时即兴写了一首长诗《离别抒怀》，晚会上由同学登台朗诵，台下军人和同学一个个泪流满面。我不仅写诗，还梦想写小说和剧本。后来发现自己不是搞文学创作的料。写诗自娱自乐还可以，而写小说和文学剧本不行，打腹稿还很激动，很生动很精彩似的，但是一写出来好像就不怎么生动精彩了。我感觉自己的形象思维能力没有逻辑思维能力强，然后慢慢地就不搞了，不过年轻时候玩玩文艺未尝不可。我曾在暑期作为县委新闻报道组成员跟随县委书记在淮安县顺河公社农村蹲点搞调查、写报道，跟老同志学到不少东西。毕业工作之后，我在高校当班主任曾资助同学办了一张小报，影响很大。后来，我也主编过学报增刊《高教研究》，到了杭州又分别办了中英文两本学术刊物。

何：作为导师，您指导研究生有什么招数？

邵：首先，我让自己指导的研究生一接到录取通知书，就立即进入学术研究的状态。一般情况下，不是在决定录取的时候就定导师吗？所以，当我得知录取通知书已经正式发出后，我就会给自己的研究生一个短信或电话："你从现在开始不要玩了，请立即着手开始写两篇论文，开学带着论文来报到注册。"通常，推荐免试的和参加考试的学生，在得知自己录取的信息之后，第一选择就是玩，跟疯了似的玩，从五月一直玩到九月开学，有的推免生甚至从上一年十一月份就开始玩。我用这一招是让跟着我的学生甭想玩了，因为他们开学要交两篇论文来报到注册。你说，没题目，我给你题目；你说，没材料，我给你找材料。总之，你必须提前写两篇论文。当然，也有学生被吓跑的。一般情况下，好多博士生和硕士生在开学前就把论文发给我了，我再提些修改意见，开学后就可以投稿了。这样，入学时间不长就发表两篇论文，会大大激发其科研活力和斗志。

其次，传播研究所硕士论文答辩的标准是发表两篇论文。讨论时有导师说，有的研究所已经不提这要求了，我们为什么还要求发表两篇论文？我说，我的研究生发表四篇论文，这样行吧？大家都同意了。我要求学生发表四篇，他们通常要准备七八篇去攻，结果都会发表出来。博士生的论文数，我也会在学校标准的基础上再加码。我们所这一招还是有效的，逼出了一些科研人才。

再次，我鼓励研究生以研究带动阅读，以写作推动阅读。就是不停地写，不停地看。这同一些导师的指导方法不一样。有的导师主张研究生多阅读，慎动笔。要求先大量阅读，到写学位论文时再动笔。结果到答辩时，因为没有完成发表论文的指标，而没有资格参加学位论文答辩。现在优秀的学术刊物论文审稿时间和编辑时间都比较长，有的要一年甚至更长时间，不是你有论文就能马上发表的。这对没有在规定时间内完成论文发表指标的博士生和硕士生来说，是巨大的心理压力。

最后，因材施教，给不同的研究生描绘不同的人生蓝图。我原来培养博士生，总喜欢留在浙江，留在身边；总希望他们传承衣钵，在学术研究方面做出成绩。现在我的想法改变了。他们能到外地去发展的就让去外地，特别是有条件能到"985""211"高校的，我也想方设法帮助他们。不要都待在身边，否则在好多问题上就是自己的学生相互竞争了。老师当评委也难做人！

再说，为什么不根据每个学生的兴趣、爱好和特长让他们自己发展呢？学生都挤在学术圈和媒体圈有啥好的。过去，我的研究生在这两个圈子里的蛮多的。后来，我早早改变主意了。八仙过海，各显神通。政产学研，媒文金军，到处都有自己的弟子。桃李满天下即将成为现实。

【整理者简介】 何扬鸣，浙江大学传媒与国际文化学院教授、博士生导师，主要研究方向为中国新闻传播思想史、浙江新闻史。

【文献来源】 何扬鸣：《邵培仁：在西子湖畔打出传播学的一面旗帜》，载何扬鸣《浙江大学新闻传播学科发展口述史》，浙江大学出版社，2017，第 252—270 页。

师门佳话：弟子眼中的邵培仁教授

王　昀

邵培仁是国内传播学领域最前沿的开拓者之一，长期致力于传播理论、媒介管理与文化产业研究，其在媒介经营管理、媒介地理学、媒介生态学、华莱坞电影理论等方面提出的一系列观点，在国内外均产生了相当反响。通过撷取邵老师一部分弟子的感言，我们在此剪影这些隽永深刻的师生情谊，呈现他们之间的缘分，以及他们的学术生涯如何相互共鸣。所谓“经师易遇，人师难遭”，透过记忆缝隙满溢出来的素描，可以看到，邵老师与他的弟子，不仅相互激励着学问造诣成长，更在彼此生命旅程留下印记。诚然，在知识界闪闪发光的星空中，一个“师门”所能承载的光轮或许太过有限。但是，正是他们所传递的情感经验，他们所树立的文化风格，悄然融入时光，使得这个学科背后充满具有温度与张力的故事。

一、我与导师是这样相遇的

记得初次迈进邵培仁老师的办公室时，他热情善良的态度、文静博学的身姿和令人鼓舞的言语，仍然历历在目。说起与导师相识之缘，那是2011年硕士毕业的时候，我决定继续留在中国学习和深造，攻读博士学位。有一天，我从学校图书馆借到了邵老师的一本专著《传播学》。翻阅这本书的时候，我发现邵老师以十分清晰、简洁的语言描绘和阐述了世界传播学的前沿成果和最新信息，同时也反映和展示了中国传播思想的传统特色和现代活力。因此，我给邵老师写了一封信，表示希望能成为他的学生，还没等到他回信，我就迫不及待地来到他的办公室拜访他了。邵老师热情善良、和蔼可敬的形象令我更加希望跟随他学习。如今，我深深地体会到做这样一位教授的学生是多么幸运的一件事。

——和丹（Hodan Osman Abdi），2011级博士留学生，浙江师范大学[1]

① 个人简介中的学校为本文编写时该人所任职的学校，下同。——编者注。

2007年的夏天，我第一次来到浙大，走进邵老师的办公室。本来，在许多地方工作过的我，应该是信心满满、胸有成竹的，但是在浙大神圣的学术殿堂之前，我丝毫找不到这种感觉。坐下没聊几句，邵老师就直奔主题，问我为何要报考他的博士生。我说自己已经在澳洲获得了市场营销和企业管理方面的两个硕士学位，也已经工作过一段时间，现在非常想学习比较先进的媒介管理理论。因为自己已经拜读了邵老师出版的《媒介经营管理学》，不仅论述精彩，而且体系新颖。大作以传播学的过程模式作为主线，以媒介管理学为主体，合理吸收了领导学、市场营销理论、消费者研究等成果，创造了一种独特的符合国情和媒体实际的理论体系。邵老师听后称赞我是火眼金睛，是第一个看出此书奥秘的人。鼓励我回去好好复习，迎接考试。现在想来，如果当时邵导稍微辞严色厉，即便自诩是老江湖的我，恐怕也会信心动摇，打退堂鼓了。

所幸，邵导治学严谨，对学生要求严格，但是总是循循善诱，是他的耐心与宽容鼓励我一路走了下来，终于跌跌撞撞地获得了博士学位，完成了一生的重要梦想。没有邵导这位梦幻导师，我想这是难以实现的。尽管我同他的期待仍有很大距离，且学术之路漫长而遥远，但我会继续努力拼搏。

——王思齐，2007级博士，浙江工业大学

时至今日，我对第一次见到邵老师记忆犹新。2007年3月初，武汉的天气乍暖还寒，我在武汉大学枫园博士宿舍楼的斗室中裹着羽绒服，一面在为博士学位论文的完工而奋战，一面在网上搜寻一些高校师资招聘信息。此前，我与求是园少有交集，直到有一天，我点开了浙江大学传媒与国际文化学院的主页。在这之前，我曾拜读过浙江大学新闻传播学科一些老师的著作，对邵老师的《传播学原理与应用》《媒介管理学》等著作印象深刻，但对浙江大学的了解并不多。抱着试试看的想法，我向传媒与国际文化学院发送了自己的求职信和个人简历。2007年3月中旬的一天，我第一次来到浙江大学，这也是我与邵老师的第一次见面。温和少言、儒雅博学，除了这些我对知名学者本有的期待之外，邵老师还多了几分难得的平易近人和宽厚慈爱。很荣幸得到邵老师抬爱，面试完后，我成为邵老师指导的师资博士后，进入传媒与国际文化学院学习、工作。

从2007年至今，我在邵老师身边生活、学习、工作已届九年。作为导师，邵老师虽不把自己的生活琐事挂在嘴边，但学生的生活他常挂心上。记

得刚来浙大时，邵老师像慈父一般专门关照师兄邱戈在生活上多多给予我帮助，解决了我在生活上的不少难题。学术研究上，我比其他邵门弟子幸运的是，能更方便地近距离感受邵老师的关怀和教诲，而且每逢邵老师有新著出版，我也总能很早就得到他惠赠的大作。作为我国传播学领域的著名学者，邵老师敏锐独到的学术眼光和勇于创新的气魄，令学生钦佩，邵老师在学术上的勤奋，时常让晚辈汗颜。在我做博士后期间，邵老师对我宽严相济。当时浙大对师资博士后的考核要求比较高，刚进入浙大后的一段时间，我压力很大。有一天我在学院见到邵老师，邵老师见我脸色差，没等我说话，就对我说："不要压力太大，压力太大会把自己压垮的，欲速则不达。学问要放宽心去做，你会做好的！"短短几句话，让我非常感动。由于学术惯性和学术发表的压力，我在进入浙大后较长一段时间内的学术成果依然以出版研究为主，邵老师一方面对我给予理解，另一方面也鼓励我拓展自己的学术视野和研究领域，支持我申报各类科研课题。恩师多年的关怀、指导和激励，总像学术道路前方的一盏明灯，指引方向、催我奋发。

——吴赟，2007级博士后，浙江大学

2007年7月，我从中国人民大学美学专业博士毕业后到杭州一所高校的艺术与传播学院工作，在经历一段时间的彷徨之后决定寻求突破。2009年6月，我斗胆给邵老师写了封邮件，表达了想追随先生从事博士后学习的愿望，有幸得到了邵老师的同意。从此我与邵老师及师门结缘，开始揭开生活新的一页。此后，我经常去浙大听课、参加各种学术交流，在那里也结交了好多良师益友。正所谓"当上帝为你关了一扇门时，就会为你打开一扇窗"。

——宁海林，2009级博士后，宁波大学

如果说在林林总总的凡生杂事中，人人需要有信条，才不致随波逐流，无所适从。回想自己的成长之路，从中受益的信条有两个，一条来自父亲对我儿时的教诲，一条来自我的博导邵培仁。

自小，父亲就对我说："千淘万漉虽辛苦，吹尽狂沙始到金。"他总说，人什么阶段思虑什么事，一旦选择了某个阶段性目标，便执念于此，相信总有实现的一天。而拜邵培仁为师，进入邵门读博，便是我2005年研究生毕业调入南京政治学院任教后的一个执念。老师以"传播学三剑客"之一之名而为我辈所传晓，跨界建域，推陈出新，更有热心扶助学术后辈的口碑。对于我这个从英语跨专业步入这片学术领地的初学者而言，老师既是高山仰止的前辈，也是我甘于效学的典范，若能师从于门下，无异于淘金成功。果然，三年后入邵门四载，在导师的悉心指导、因材施教和率先垂范下，我的学术淘金之旅得以真正开启。

——金苗，2008级博士，南京大学

师从邵老师非常偶然。2011年之前，我们夫妇二人都在山东大学威海分校任教，虽然也会在新闻系那边偶尔带一下课程，但重心还都在中文系。在一起教书的姚晓雷师兄后来调任浙江大学中文系，有一天他找来了邵老师的邮箱，让我夫人徐艳蕊去申请邵老师的博士后——其实晓雷师兄和我们一样，并不认识邵老师。在面谈后，邵老师同意我夫人进入浙大传播研究所从事博士后研究。之后，因为工作调动，邵老师也希望我能转换观念，从事传播学研究，并也同意我随他从事博士后工作。初时我的内心还有一些担心，因为夫人已在老师门下，我再跟随老师，会不会引起不必要的议论，但是邵老师并不认为这是问题，指出只要学生能够用心读书就行。邵老师虽善决断，但内心仁慈更多，总不忍心对我有所批评。记得有一次他来宁波，让我去见他，第一句就说："本想给你打电话的，怕吓到你。"之后他才和我谈了很多读书的事情，多有鼓励。邵老师身上的明朗之气，总让身边的人充满了动力。

——王军伟，2011级博士后，浙大宁波理工学院

第一次求见师父的时候，我还只是一名从新疆过来到杭州做毕业论文调研的研究生。我手里只有一个电话号码，对邵老师的学问了解也仅限于教科书上的介绍。我冒昧地电话求教，邵老师竟就痛快地答应见我，还请我吃饭。席间，邵师对我的谆谆教诲至今记忆犹新。硕士毕业后我经历了一段长达两年的低迷期，最终痛下决心考博。感谢师父在我人生最低潮的时候收留了我，帮我重拾对生活的信心。读博经历彻底改造了我，让我脱胎换骨，从外在气质到内在学养都得到了极大的提升。师父曾在信中勉励我："学术养心，自信养颜。"此言诚不虚也。2013年博士论文答辩时，看着师父温和鼓励的目光，宽厚大度的评语，我忍不住泪洒当场，满腔感激。都说"经师易得，人师难求"。我何其幸运，得遇恩师良师，教以学问，授以德行；高山仰止，常沐师恩。此生愿追随师父脚步，探索学问，求真悟道，体会治学之乐。

——范红霞，2009级博士，浙大城市学院

乙未玄月敬师恩

浙里西溪水，载我邵师恩。
谆谆怜爱语，句句情怀真。
学养博海深，桃李天下闻。
纵越千万稔，难忘报师尊。

我一直相信，有一种缘分，是早有安排，引我到浙大，带我入邵门。从攻读硕士学位的第一天起，我就下定决心要考入博班，但那时，邵培仁几个字在我心里，是神话一般的存在。我只能默默努力，希望有一天能够拜师门下。

初次见到导师是在博士入学考试复试时，他神采奕奕、严而不苛，也许是因为早已反复关注过邵老师的种种，我觉得他很亲切，像亲人，像严父。这是一个美好的开始，是梦开始的时刻。

再回望三年博士生涯，不禁感慨，那是一段苦心修炼的历程、一趟求取真经的探索、一页刻骨铭心的记忆。我可以毫不夸张地说，没有邵培仁老师，就没有今天的我！每一次课内课外的指导、每一个悉心关照的瞬间、每一处用心良苦的提携，每每想起，我都无法平静。

——张梦晗，2012 级博士，苏州大学

一日为师，终身为父。对我来说，邵老师既是恩师，更是慈父。回想当初，记得第一次见师父时脑袋里反复出现："这不是我们教材上的'大牛'吗？"手心冒汗，紧张无比，却又异常兴奋。读博是师父给予我的难能可贵的机会，也成为当时茫然无助的我人生最为重要的转折。拜师邵门下，跟随师父读书，学的不仅是学问，更是做人。师父的敏锐、渊博，高瞻远瞩与孜孜不倦，让我敬仰！师父的耐心教诲与鞭策，让始终忐忑不安的我，找到自信，有了不断努力的方向。记得在毕业前那些煎熬的日子里，只要给师父打电话，他总是放下手中繁忙的工作，听我激动万分地"胡言乱语"。没有半句指责，总是耐心地引导我，并慈父般地叮嘱我要注意身体，劳逸结合。师父的仁爱与宽厚，对学术永恒不变的激情与执着，是我一生学习的榜样！

——王冰雪，2012 级博士，浙江传媒学院

感谢我的导师邵培仁。邵老师对我的改变可以用八个字来表示：洗心革面，脱胎换骨。邵老师不仅指引着我的学术之路，还形塑着我的生活之路。记得考上博士后第一次见导师，他对我说了三句话：第一，不要回原单位了；

第二，没有钱，我资助你；第三，你以后会成为教授！这三句话铿锵有力，套用凯瑞的说法，既是我现实的表征，又为我将来的现实提供了表征。正是这三句话给了我三样东西——兴趣，信心和希望。

在导师的资助下，读博四年，我没有为生计发过愁，甚至在找工作的问题上，邵老师把能够想到的出路全都为我考虑了一遍！人生有此好导师足矣！他是名副其实的“中国好导师”！在邵老师的“护佑”下，我安心看书、写作、参加各种学术研讨会和研修班，发表了一系列各个级别的论文，拿到了大大小小的诸多奖项，浙大宣传部甚至因此对我产生了极大兴趣，以为发现了一个宣传“典型”——因为我从高中到硕士，几乎没拿过什么奖，现在上演“学渣逆袭记”，不仅“故事性”十足，而且非常“正能量”！

吴飞老师说，邵老师能够“化腐朽为神奇”。如果用在我身上，或许是让一个“朽木不可雕”之人变成了“孺子可教”之人。汪国真的《感恩》最能表达我的心情：“让我怎样感谢你？当我走向你的时候，我原想收获一缕春风，你却给了我整个春天。”

——姚锦云，2012 级博士，暨南大学

二、治学之境

我在访学期间，邵老师多次告诉我要与国外的学术界多交流。我经过努力，和美国的一个出版社建立了联系，这为我日后获得国家社科基金中华学术外译项目奠定了基础。我认为导师的指导，不仅体现在对具体论文的指导上，更展现在那种宏大学术视野的熏陶与对重要事情决断的指导上，尤其是他关键时刻点拨一下、拉一把，可能就能起到“给点阳光就灿烂”的效果。邵老师对学生的谦和、对世事的豁达与淡定的大师风范，都令我景仰并深受教育。正如一位同门说的那样：“能做邵老师的学生是一生的幸事。”而如今，邵老师又把我领进“三门”中，这里有更广阔的天地，融入这个大家庭中，使我有了归属感、幸福感、自豪感！

——宁海林，2009 级博士后，宁波大学

在师从导师的四年里，我获取了一个治学信条——“好马不鞭自奋蹄”。这是导师最常和我提的一句话，他不仅在我面前说，还时时在其他同门面前这样评价我。我心里明白，这就是导师的“鞭子”，在殷切的期望中要求我这个学生学着自觉“奋蹄”，以担起“好马”这个名。在这“鞭子”的一次次策励

下，导师的每一句研究选题的点拨，每一次思想观点的交流，每一个学术任务的授予，我都尽力全身心准备，高标准回应。毕业时回想起来，这正是导师智慧的育人之道，先予以学生自信和力量，再期求学生之勤奋和成功。如今，这句话已成为我的治学信条，一刻不敢松懈，才不枉导师授之以渔的良苦用心。

——金苗，2008级博士，南京大学

作为邵导的弟子，我对他给予我的教诲和学术滋养感恩不尽，至今依然受用，得益无穷。我是2007级传播学的博士生，2010年6月毕业，一晃六年矣！每每与导师在各种场合相会，邵导依然在学术、人生的道路上给我以新的启发和助益！我记得在攻博期间，与导师日常“腻”在一起的时间非常充分，非常能享受到那种师徒交流的快乐与幸福！

邵导犹如慈父，对我非常厚爱，给我的鼓励和褒奖非常多，在研究课题方面，我受到了他的很多指导。他给我创造了非常多的提升空间和开阔视野的机遇。比如，在入邵门不久之后，我正梳理和考察新闻传播学三十年间的学术论争历史，邵导见证了传播学发展的历史变迁，故而常常对我笑谈一些掌故，启发我深入研究。对于我而言，他犹如为我打开了一道道问题之门、学术之门。

我感觉邵导给予弟子们的总是一种持续的“培”养，总是在做加法、做乘法，激发学生的内在能量。我记得当年他在讲述自己新的学术研究构想和长远战略之时，总是具有一种幸福感，这种感受能非常强烈地感染我，让我也能分享他发自内心的快乐，非常真诚真纯，是一种真正的学者品质和学人风范，比如，他给我多次讲到“21世纪媒介理论丛书”，他希望把弟子们的博士学位论文打造成各自学术生涯中的一座座高峰。我很受这种具有邵门基因的使命感和成就感的鼓舞，也从中得到非常大的感悟，必须下功夫，完成好博士学位论文，在面对困难时，我依然能积聚信心和能量。博士论文完成后，邵导还特别为此给我发了一条长长的短信，给我肯定，给我鼓舞。整个博士期间，我感觉非常充实而快乐，师父就是我们的楷模！师父在培育学生的同时，也在铸就一座座学术的高峰，至今依然乐此不疲！

总之，我很喜欢邵导的风格，也希望能学习传承邵门衣钵，传其精髓，播其风貌。我爱邵门！这里有爱，有仁厚之德；有亲，有交流之洽；有乐，有学问之美。

——廖卫民，2007级博士，东北财经大学

在媒介经营管理、媒介生态学、媒介地理学领域筚路蓝缕的邵培仁老师，近年又提出了“华莱坞”电影理论。这需要智慧、勇气和毅力。和所有邵老师创立或发扬光大的理论一样，华莱坞理论的发展也经历了一个从无人知晓到炙手可热的学术过程。邵培仁老师始终坚持中国传播学的发展方向，关注传媒现实，提升理论高度，不断发展自己的学说，创造一批成果，带出一支团队。因此，2016年的元旦，在美国明尼苏达，华莱坞的研究者们无不热情投入，在学问中求索，都是源于邵培仁教授的以身作则和精神感召。我作为华莱坞团队的一分子，在庆幸时，也时常感觉惭愧，但每当面对邵培仁教授笑容可掬的脸庞和精益求精的责备，顿时又感受到了学术的力量和高山仰止的人格魅力。我相信，不论前路有着怎样的艰辛，坚持学术理想和信仰，就一定会到达真理的彼岸。

——何镇飚，2007级博士，浙大宁波理工学院

与老师的宽容同样令我们深受影响的，是他的开放、前沿的意识。每年他都会专门让学生去整理、翻译欧美大学的传播学、社会学的博士论文和相关学术著作，借此让学生能有问题意识，能辨清学术的最新问题都有哪些，这恐怕也是同门诸位师兄、师姐、师弟、师妹论文各自出彩的重要原因。

作为国内传播学的领军人物之一，邵老师总有宽阔的国际视野。个人内心非常喜欢老师2014年出版的那本著作《传媒的魅力》。此作谈传播的想象与期待，谈传播学的愿景，谈传播学所面临的挑战与抉择。只是不知道有多少人能看到，本土化一词的背后，满满的都是邵老师的经世致用之心？因为说到底，邵老师骨子里，还是一个深具家国情怀的传统知识分子吧。理解了这一点，才能理解为何老师会提出“华莱坞”的概念，并一直对此念念不忘。

——王军伟，2011级博士后，浙大宁波理工学院；
徐艳蕊；2010级博士后，浙大宁波理工学院

身为“女博士”——传说中的第三类人，我难免会遭遇被标签化或被给予刻板印象的问题，所以继续做“博士后”并非我的本意。但是，当我成为邵老师的博士后时，却一万次地暗自庆幸自己的选择。邵老师给我的最大印象是：他仿佛自带“能量棒”，永远充满热情，生活上如此，学术上更是如此，即使已到了享受天伦之乐的年岁，却仍然笔耕不辍，学术创新不止。所以，作为学生的我们，也必须时刻准备着开动“小马达”，接受老师随时抛来的各

种新奇而重要的学术点子和学术理论。

也正是因为这样，我的博士后生涯并没有想象中那么“无聊”。两年时间，我的研究领域得以拓展，学术视野也变得更加开阔。现如今我已出站，幸运的是由于在杭州工作，我仍然可以常常去蹭老师的课，蹭老师组织的各种学术会议，可以无限期接受导师的教诲！在此，再次庆幸并感谢在博后阶段能够遇见这样一位好导师！

——戴哲，2013 级博士后，浙江传媒学院

师从邵老先生，学到的不只是科学高效的研究方法、前沿尖端的传播理论，更多的是对学术理想坚持不懈的态度和对人世浮华泰然处之的豁达。他对待学生不存半点私心，能帮就帮，培养了一批又一批优秀的学生，我很幸运，能够位列其中。邵老师常说“要快乐学术”，他对困难、得失一笑置之的态度，对理想、抱负热情满满的状态，常常令我感动，这种感动一直激励着我。

人生能够遇见这样一位导师，是福报，是善缘。还记得在我们博士论文的冲刺阶段，大家难免有些焦虑。导师没有过多的安慰，而是带我们几个来到“钱塘第一福地——永福寺”静心。那里，千年古刹、松风竹色、梵音过耳、心同清泉，一切的不安与焦躁都被拂去。如此高明独特的培养方式，像冬日里的一眼温泉，汩汩而过，饱含着导师的良苦用心和殷殷期望。

而今，我已迈入工作岗位、成家立业。师父在传播学理论本土化、媒介经营管理、媒介生态学、媒介地理学、华莱坞电影学等方面的成就继续滋养着我，激励我踏实前行、勿忘初心。“学术研究要有自信、要有大格局、要有拼劲儿”，导师总能在看似平常的话语中，传递出无限的启发和力量，我想，这就是大家风范见于无形吧。

古人有云：“迷时师度，悟了自度。”我的导师正是这样一位能够在必要时指点迷津的师者。他用他的大智慧，用他自身的行动，告诉我们如何对待学习、工作和生活。邵培仁先生对学术理想坚持不懈的态度，对人世浮华泰然处之的豁达，让我敬仰，令我追随。

——张梦晗，2012 级博士，苏州大学

邵老师提倡“快乐学术，快乐生活”。邵老师积极乐观的治学和生活态度，让我深刻领会了孔子的那句“知之者不如好之者，好之者不如乐之者”

中所传达的乐观主义学习精神。老师总是能在追赶国际学术前沿之中注意联系实际进行创新，在继承优秀传统文化之中注意批判、剔除其糟粕，对学生能因材施教，让每个人都能根据自身实际和兴趣找到最适合自己的研究方向和选题。老师不仅耐心细致地指导我们的学习和学术研究，他和师母也常同父母一般关照我们的个人生活、身心状态及未来打算。师父和师母的真诚关照让在异国他乡的我有了归属感和安全感。未来不管我到了世界的哪一个角落，师父和师母在我生命中将永远是我最敬爱的父母！

——和丹（Hodan Osman Abdi），2011 级博士留学生，浙江师范大学

我特别珍视邵老师在“茶余饭后”传递给我的“智慧”：“要有学术的敏感性”，催促我必须做一个勤奋的人，需要随时思考什么问题有价值、什么问题可以成为学术问题。“思路很重要”，随着阅读的深入，我已经越来越理解理论框架的重要性，没有最好的理论，只有更好的理论！“赏文看文眼”，这使得我经常审视自己，一篇论文有没有新意。“心中要有一个假想的论敌”，这让我不敢随便“自说自话”，首先得自己“鸡蛋里挑骨头”。“跟不上，不如不跟”，这让我彻底明白自己的局限性，不是什么东西都能做的。“不要急，也不要停”，这一方面意味着，我目前的水平，只能写出这样的论文，“眼高手低”很正常，一开始甚至可以写“放胆文”；另一方面也意味着，学术研究不可能一蹴而就，而是一个渐进的过程，更是一个长期乃至终身的过程。

——姚锦云，2012 级博士，暨南大学

五年前，到浙大的第一天，我带着博士后进站申请表和怀揣着进入浙大的希望，敲开了邵培仁教授的办公室。那是我第一次近距离见到先生，而记住先生的名字，则要往前再溯十年。那是我进入大学本科的第一天，拿到的传播学教材上就印着‘主编　邵培仁’的字样。此后，无论我力图朝向这门学科的哪个领域寻求突破，都能在学科发展史上看到先生的名字：华夏传播学、传媒经济与管理、文化创意产业、媒介地理学、媒介生态学……乃至晚近以来的华莱坞电影、新世界主义等，先生不但声名卓著，建树极丰，更以其儒雅博大的胸襟，形塑着中国传播学派，乃至重构着世界传媒研究的学术版图。

——节选自林玮在 2018 年度浙江大学教职工荣休典礼上的发言

三、日常那些事儿

时间总是过得很快，转眼博士毕业已经近十年。至今还记得2003年初见邵老师时的情形。在那之前，邵老师于我，是出现在传播学教科书上的名字，遥不可及。所以那种混杂了欣喜和忐忑的心情到现在记忆犹新。那时我对自己是否要走学术之路犹豫不定，但邵老师用他温和的鼓励让我坚定了信心，也让我对未来有了清晰的认识。读博的三年，是值得我珍惜一生的好时光。进入邵门，则是我一生的幸运。

邵老师善用启发和激励式的指导，让课堂充满了智慧的碰撞。他那带有浓浓淮安口音的普通话，最让人觉得亲切。而在课堂之外，哪怕是一次喝茶、爬山，都是大家进行学术探讨的机会。邵老师一直都说，我们要快乐地做学术。学术之路虽然辛苦，但要从中发现快乐，让自己保持敏感和活力，才能有激情和创造力。还在博客时代时，在一次充满学术乐趣的樱桃之旅之后，邵老师嘱我写一篇小文。接着，卫军英师兄又写了一篇《女博士与红樱桃》博客。不少人在网上看到了这两篇文章，看到了我们这个充满欢乐的学术团队后，更加坚定了加入邵门的决心。邵老师就是这样，在日常生活中培养我们的研究兴趣，给予学术营养。当然，伴随这些欢乐画面的，还有邵老师对我的严格要求，他让我戒掉浮躁，沉心于研究。一遍又一遍让我整理文献和思路，反复修改我自己已经很满意的论文。很多次的学术灵感和对传播学问题的深入思考，都是从和邵老师的讨论中收获的。对媒介空间和城市的研究，就是在读博期间和导师的一次次交流讨论中确定的方向。很喜欢邵老师在西溪校区开创的“学术午餐会”，这一活动惠及诸多热爱新闻传播的学子。正是由于他的坚持，让更多的人能够接触国内外学者的研究成果，并创造了面对面的学术探讨机会。

最近整理书橱，又看到当年邵老师赠予的他精心留存的《人间福报》，慈父般的导师，总是会用这些智慧的方式来关爱弟子。虽然已经毕业多年，但还时常能见到邵老师，还能和他畅谈学术，还能在有懈怠之意时被他激励，实在是一种幸福。

——方玲玲，2002级博士，浙大城市学院

在邵门大家庭，我们都称邵导为“邵爸”，师母为“彭妈”，因为他们真的把我们这些学生当成亲生子女来疼爱。除了在学术研究上的一路引领，在

生活上也是无微不至。他们会时刻关注我的学习成绩和兴趣爱好，帮助我做长远的职业规划。节假日，邵爸彭妈还会邀请我们这些外地的学生去家中过节，给我们做一大桌好菜。我毕业择业时，邵爸彭妈热心为我指引方向。工作后，两位老师也会一直关注我的作品，时时提点。两位恩师教给我们做人之道，带给我们师门的温暖，也影响了我们这些学子的一生。

——陈曼姣，2017级硕士，浙江工业大学

著名教育学家陶行知先生说过一句话：待学生如亲子弟。十二年前，若不是邵导遍寻我电话号码，及时通知递送报到材料，我差点就错失入学浙大的机会。2004年到2007年在浙大读博，一晃是十年前的事了，仍记得很多暖人心的细节。邵导常带我们一众弟子爬山、喝茶，有时还去探寻难得的新出美食。不记得喝过多少次茶，然而很多写文章的思路、想法与观点正是在喝茶、爬山、探寻美食的途中聊出来、听进去的。犹记得毕业后邵导赠书，扉页写着“著书是幸，读书是福”，当时接过邵导新著，就想起当年往事，感动良久。

2007年毕业后，有回在书店买书时偶遇邵导，我当时觉得好开心，把刚选好的一套书随手放桌台，就来与老师聊天，浑然不觉邵导一边与我谈着话，一边不声不响替我付了全部书款。

十二年来跟随邵导研习传播学，我的体会是：学问亦修行，用心越专，得缘越深，是为福分。在求学路上能遇到邵老师，是人生的大幸福事，就以汪国真的诗总结：让我怎样感谢你/当我走向你的时候/我原想捧起一簇浪花/你却给了我整个海洋//让我怎样感谢你/当我走向你的时候/我原想撷取一枚红叶/你却给了我整个枫林……

——袁靖华，2003级博士，浙江工业大学

邵培仁老师是国内著名的传播学学者，开创本土化传播学研究的先驱之一，也是多个传播学研究方向的开创者之一，更是我可亲可敬可爱的导师。说到心目中的导师，我觉得不如用“金牌压力锅”来形容更合适。

刚进师门，邵老师就语重心长地和我说，女孩子读博士很累，需要付出很多，既然决定在科研的道路上前行，就一定要耐得住寂寞。同时列举了师门里的优秀前辈，哪位师兄发表了高质量论文，哪位师姐又出了专著，听得我心理压力陡增。此后，这种和风细雨中夹带着鞭策的邵氏教导伴随了我的

整个读博生涯。

以至于只要一想到要和导师见面，就先给自己鼓气，增加点“免疫力”，以免回来又是好几天的惴惴不安。但不得不承认，这种邵氏压力威力巨大，师兄弟姐妹之间比学问、比论文，比对科研的投入，相互之间你追我赶，不甘落后，形成了求真务实、勤勉刻苦的学风，每个邵氏弟子从中获益良多。我想这种学风作风无论是做学问还是从事其他行业的工作，都会使人一生受益！

邵老师在传播学研究领域内的敏锐性和前瞻性，是国内学者中很少见的。继创新国内艺术传播学研究体系后，他又开创了媒介管理学、媒介生态学、媒介地理学的新领域。新近结合中国电影业迅猛发展的现状，他又推出了“华莱坞”概念，在学界和业界引起强烈反响，引领了中国电影研究的新风尚。

说了这些，可千万别以为邵老师是位学究，其实，他是位很可爱的导师。他的手机铃声经常变。有一次我打他的手机，响起的音乐居然是“酸酸甜甜就是我”。青春甜美的歌声之后一个浑厚低沉的嗓音响起：“喂，哪位？我在开会，稍后给你回电话。”一位治学严谨的导师居然用的手机铃声是活泼的流行乐，对比反差之大，让我一时回不过神来。细想之下才明白这恰好反映了邵老师的“潮”，他的“潮”不仅表现在学术研究上，也体现在生活心态中。文武之道，一张一弛，做学问也是一样。从这个角度说，邵老师很好地实践了他经常和子弟们说的一句话：既要会做学问，也要会生活。

身在邵门，时时有收获，处处有惊喜，真是件幸福而快乐的事！也祝愿创造这种感觉的导师、师母和师门的兄弟姐妹诸事顺遂！

——刘阳，2003年博士，浙江工业大学

我的开题报告被老师们批得体无完肤，邵老师看到我垂头丧气，就讲他到农村搞调研的故事。“那天晚上下着很大的雨，天很黑，看不清路，我撑着伞抱着资料，从调研的农村对着远处灯光往乡镇小旅馆走，浑身是汗，外面都是泥水。突然看到前边路上趴着一只‘大狗’，吓得不敢往前走，但也不敢逃跑，就用惊恐的声音吓唬它，没动静，走近一看是一块石头。”讲到这我们一起大笑。啊，博士论文其实不可怕。

邵老师还讲过，他为了搜集传播学研究资料，找关系从某高校新闻系资料室借出港台图书在外面复印，那个年头复印很贵，复印店老板做了两天害怕了，打电话报案，说有人在这里大量复印资料，最后当然是虚惊一场。邵老师说，“做学问也是有风险的！”说到这，邵老师开心地笑了，笑得如此纯真。我似乎也受到了教育。

那是2012年，也许因为发不了文章，也许因为经济压力，我处于一种尴尬而失望的窘境。现在回头想想，邵老师非常理解我的状况，但不直说，只告诉我当年他的状态，更告诉我一种心态。心字头上一把刀，忍一忍，闯过去前面是个天!

第二天，邵老师把我叫到办公室，给我一个大包，对我说：“这个茶不错，每天喝一杯，能滋养心情。还有几瓶保健品，这些天坚持吃，很好的！”接着他又从口袋里摸出两个核桃：“没事拿在手心转一转，有利于锻炼大脑思维！”我只听说学生给老师送礼物，反过来的真的罕见，我命好摊上了。接着，邵老师又带我到学校门口吃饭，他先吃完就回去了，我一个人坐着，低着头告诫自己：“周围这么多人，你一个大老爷们别在这现眼啊！”不过还是觉得碗里的饭越吃越咸……

现在，茶和保健品都已经下肚了，那两个核桃还在家里，我没事就拿出来转转。

事情已经过去了四年，当年的困窘早已云淡风轻，而今天写到这个地方，竟然还是忍不住泪流满面!

——周岩，2011级博士，国防大学

跟着导师的四年，是我的心智不断成熟的过程。学术要站在巨人的肩膀上，但最近的巨人其实就是自己导师，他是走向其他巨人的枢纽。我听了邵老师三年半的课，也算“创纪录”了。尽管是同一门课，他每年讲的内容似乎都不太一样，即使是一样的内容，第二次听、第三次听时所受的启发也不一样。当然我也发现，在一起吃饭时或饭后散步时，邵老师经常妙语连珠，甚至比正襟危坐在教室上课时更能发人深省。因此，只要是邵老师的“饭局”，四年来我几乎没有落下过。当然也因为这些饭局往往在下课后，不过每次都是邵老师自掏腰包。

最值得一提的是邵老师的读书法：“边读边写，带着问题去写作，以写作带动阅读。”我承认自己以前不会读书，往往是从头开始读，读了前面忘后面，读了后面忘前面。而邵老师主张“边读边写”，我一开始不太理解，一则觉得不可能，二则觉得太“功利”。后来才慢慢体会到，这是导师创立的高效读书法，可以称之为“以问题为核心的读写合一法”。此法意味着，读书必须有问题意识——想解决什么问题？前人是怎么回答的？回答得怎么样？我能回答什么？能不能作出新的回答？或者提出新的问题？因为学术研究的重要目的就是提供一种对人和世界的解释，语言、思想和理论皆如此——它们都是被“建构”的，目的是理解。

当然，光读不写也不行，读书必须“知行合一”，即“以写作带动阅读”。因为“读”与“写”虽然关系密切，实则是两个不同的过程。“读”时的思维可以天南海北、天马行空，但“写”的思维却必须讲求逻辑，前后一致地将知识串联起来。简单地说，“读”的内容属于“别人”，“写”的内容才属于“自己”。

邵老师教育我们“边读边写”，其实就是要我们“知行合一”。“读”不就是“知”，“写”不就是“行”吗？不“行”就不能真“知”，不“写”也同样不是真“读”。

——姚锦云，2012 级博士，暨南大学

邵老师的博学令我尊敬，其实让我更加尊敬的是他对待生活的方式。邵老师和师母伉俪情深、浪漫温馨，为我们树立了很多的典范。将“生活工作化，工作艺术化，艺术情趣化”。邵老师经常组织我们参加各种学术活动，弟子们常以邵老师为中心，大家围坐在一起，他和弟子们聊天时轻松幽默，既有家长般的亲切，又有邻家大叔般的可爱。在这家庭般温暖的氛围里，一边享受美味可口的午餐，一边畅所欲言地发表各自不同的见解。各种小菜，每人都有自己的钟爱。邵老师是质朴无华的人，他不喜欢太多的溢美之词。我所能做的，就是将邵老师对待学术及对待生活的方式化为行动，让我的学生也从中受益。我想，邵老师应该会赞同吧！

——袁爱清，2011 级博士，江西师范大学

【整理者简介】 王昀，博士，华中科技大学新闻与信息传播学院副教授、硕士生导师，主要研究方向为社交媒体与政治传播。

【文献来源】 《师门佳话：弟子眼中的邵培仁教授》，2017 年 10 月 8 日，https://mp.weixin.qq.com/s/p2zGCcCsRQ6pf3N0fXMUrg，访问日期：2018 年 5 月 7 日。

附　录

邵培仁教授学术简介

邵培仁，江苏淮安人，浙江大学传播研究所教授，博士生导师，曾先后任浙江大学传播研究所所长，浙江大学人文学部副主任，浙江大学人文学院副院长，浙江大学传媒与国际文化学院党委书记，浙江大学学术委员会委员，浙江大学对外宣传领导小组副组长等，兼任浙江省重点创新团队——浙江省国际影视产业研究中心主任，浙江省哲学社会科学重点研究基地——浙江省传播与文化产业研究中心主任，浙江省文化产业重点研究基地——浙江省娱乐与创意产业研究中心主任，浙江省传播学重点学科学术带头人，《中国传媒报告》出品人，《中国娱乐与创意产业蓝皮书》主编，国际华莱坞学会终身荣誉会长，美国中国传媒研究会主席，美国世界文化联盟副主席，中国新闻史学会中国传播学会副会长，中国传媒经济与管理学会副会长，浙江省传播学会创会会长和终身荣誉会长，浙江省会展学会创会会长和终身荣誉理事长，《中国传播学报》（*Chinese Journal of Communication*）和《中国传媒研究》（*China Media Research*）等中外多种新闻与传播学刊副主编或编委，致力于传播学、媒介管理学、华莱坞电影理论、新世界主义媒介理论研究。

邵培仁先后发表论文380余篇，已撰写或主编出版的传播学、媒介管理学和华莱坞电影研究著作36种。著作有《传播学原理与应用》（兰州大学出版社，1988年）、《经济传播学》（江苏人民出版社，1990年）、《政治传播学》（江苏人民出版社，1991年）、《教育传播学》（南京大学出版社，1992年）、《艺术传播学》（南京大学出版社，1992年）、《传播社会学》（南京大学出版社，1994年）、《新闻传播学》（江苏人民出版社，1995年）、《传播学导论》（浙江大学出版社，1997年）、《媒介经营管理学》（浙江大学出版社，1998年）、《知识经济与大众传媒》（浙江大学出版社，1999年）、《媒介管理学》（高等教育出版社，2002年）、《20世纪新闻学与传播学·宣传学和舆论学卷》（复旦大学出版社，2002年）、《媒介战略管理》（复旦大学出版社，2003年）、《媒介管理学经典案例》（高等教育出版社，2003年）、《大众传媒通论》（浙江大学出版社，2005年）、《电影经营管理》（浙江大学出版社，2005年）、《文化产业经营通论》（四川大学出版社，2007年）、《媒介生态学：媒介作为绿色生态的研究》（中国传媒大学出版社，2008年）、《媒介舆论学：通向和谐社会的舆论传播研究》（中国传媒大学出版社，2009年）、《媒介管理学概论》（高等教育出版社，2010年）、《媒介地理学：媒介作为文化图景的研究》（中国传媒大学出版社，2010年）、《会展管理》（上海人民出版社，2011年）、《大众媒介概论》（高等教育出版社，2012年）、《媒介理论前瞻》（浙江大学出版社，2012年）、《传媒的魅力——邵培仁谈传播的未来》（首都经济贸易大学出版社，2014年）、《华莱坞电影理论——多学科的立体研究视维》（浙江大学出版社，2014年）、《媒介理论前线》（浙江大学出版社，2015年）、《亚洲传播理论——国际传播研究中的亚洲主张》（浙江大学出版社，2017年）、《华莱坞电影概论》（浙江大学出版社，2017年）、《媒介地理视阈下的华莱坞》（首都经济贸易大学出版社，2018年）、《走向绿色：华莱坞电影生态研究》（首都经贸大学出版社，2019年）、《华夏传播理论》（浙江大学出版社，2020年）、《媒介地理学新论》（浙江大学出版社，2021年）、《全球传播愿景：新世界主义媒介理论研究》（浙江大学出版社，2021年）、《媒介生态学新论》（浙江大学出版社，2022年），以及*New Perspectives on Geography of Media*（Springer Nature，2023）。

有多部著作获得省级以上奖励，如《媒介地理学：媒介作为文化图景的研究》获得第六届高等学校科学研究优秀成果奖（人文社会科学）新闻传播学类三等奖和浙江省第十六届哲学社会科学优秀成果奖一等奖；《传播学导论》获浙江省优秀教学成果奖（教材）一等奖；《华夏传播理论》获得第九届高等学校科学研究优秀成果奖（人文社会科学）新闻传播学类二等奖和浙江省哲学社会科学优秀成果奖二等奖；《媒介管理学》与《媒介管理学经典案例》获浙江省优秀教学成果奖（教材）二等奖。

个人于2004年荣获“浙江省有突出贡献中青年专家”称号，2007年荣获教育部宝钢教育奖（优秀教师奖），2008年荣获“改革开放30年中国传媒思想人物奖”，2018年荣获第六届范敬宜新闻教育奖（良师奖）。

近几年先后完成国家社科和省、部社科科研课题18项，主要的有：国家社会科学基金项目“华夏传播理念”；国家社会科学基金项目“文化产业集团的成长机制与政策取向研究：以传媒集团为例”；浙江省社会科学基金重大项目和招标项目“通向和谐社会的舆论传播研究”“长江三角洲区域文化市场和文化产业现状调查”；浙江省社会科学基金重点项目“媒介地理与媒介生态研究”“媒介地理学”“华夏传播理论研究”“会展传播与管理研究”等。

邵培仁传播学术理论研究参考文献

整理者：邵鹏

（按时间倒序排列）

一、综合研究类

邵鹏：《邵培仁在当代中国传播学研究中的学术地位》，《东南传播》2023年第6期。

袁靖华：《中国特色传播学的先行人——邵培仁》，载王靖岱、徐洁《我心中的求是大先生》，浙江大学出版社，2022，第185—194页。

袁靖华：《邵培仁：躬耕中国传播学的先行者》，《中国社会科学报》2022年5月11日第12版。

刘秀梅、刘思聪：《世界电影格局视野中邵培仁华莱坞电影理论的创新体系建构研究》，《东南传播》2022年第8期。

陈江柳、谢梦桐：《充实内涵　拓展外延——邵培仁新闻传播理论的探索与创新研究》，《浙江理工大学学报（社会科学版）》2022年第2期。

袁胜、何源：《演进、价值与展望——邵培仁媒介管理学研究成果综述》，《浙江海洋大学学报（人文科学版）》2022年第2期。

陈江柳：《立足本土　走向整体　走向世界——略论邵培仁及其传播学研究的中国化探索》，《东南传播》2021年第4期。

闫欢：《邵培仁教育传播理论与实践探析》，《湖州师范学院学报》2021年第11期。

李思敏：《邵培仁：书写传播学的中国底色》，《海河传媒》2021年第8期。

林凯：《中国传播学领域的先行者和开拓者——邵培仁传播学研究成果述评》，《东南传播》2020年第3期。

周颖：《邵培仁学术理念国际化进路及传播思想》，《山东理工大学学报（社会科学版）》2018年第5期。

Guo, Xiaochun. “A Pathfinder in Communication Studies in China: A Glimpse of Professor Shao Peiren’s Academic Achievement.” *China Media Research* 11.1 (2015): 55-67.

廖卫民:《冲锋在前线:一个传播学学派的崛起之道——解读邵培仁主著之媒介理论三部曲》,《山东理工大学学报(社会科学版)》2015 年第 6 期。

陈兵:《邵培仁与中国当代传播学》,《徐州师范大学学报》2004 年第 6 期。

杜骏飞:《筚路蓝缕　以启山林——略论邵培仁同志的传播学研究实绩》,《淮阴师专学报(哲学社会科学)》1992 年第 1 期。

肖容:《整体互动论:独树一帜的传播模式——略论邵培仁的传播学研究》,《徐州师范学院学报(哲学社会科学版)》1992 年第 3 期。

二、学术访谈类

王学敏:《邵培仁学术基因溯源及传播学思想成育的旅程——同邵培仁教授交流与对话实录》,《中国传媒海外报告》2023 年第 3 期。

蒋亦丰:《邵培仁:擦亮传播学的中国底色》,《中国教育报》2022 年 5 月 20 日第 7 版。

张梦晗、邵培仁:《政通人和:中国政治传播研究从何处来、向何处去——邵培仁教授访谈》,《中国政治传播研究(第 5 辑)》,中国传媒大学出版社,2022。

王学敏:《在历史与全球视野中开拓传播研究的本土路径——邵培仁的学术历程访谈录》,《传媒论坛》2022 年第 18 期。

赵允芳:《“新文科背景下,新闻传播学应回归‘人’的本质维度!”——访著名传播学家邵培仁教授》,《传媒观察》2021 年第 9 期。

黄子涵、赵睿晗:《拓荒不止、初心不变,邵培仁教授点燃中国传播学火把:采访退休党员邵培仁教授》,《不忘初心　牢记使命》,浙江大学关心下一代工作委员会编印,2021。

蒋欣彤:《我与传媒学院的那些年》,载《最美记忆》编写组《最美记忆:浙大宁波理工学院建校二十周年口述校史访谈录》,浙江大学出版社,2021。

钟莹:《以仁引路　传播学术的灯塔——传媒与国际文化学院邵培仁》,载《浙江大学教书育人典型案例选编》,浙江大学党委教师工作部编印,2020。

林凯:《滴水现阳:中国传播学研究的个人记忆——访浙江大学邵培仁教授》,载谢清果《华夏传播研究(第 5 辑)》,九州出版社,2020。

王馨、吴灵鑫：年会嘉宾专访|《邵培仁：华夏传播研究是一座“城市”，我们要安营扎寨》，2020 年 11 月 18 日，https://mp.weixin.qq.com/s/H73ZrTO5LLWhxlCItHjbyw。

俞吉吉：《学术无顶——访浙江大学传媒与国际文化学院邵培仁教授》，浙江大学传媒与国际文化学院网络媒体和新浪博客，2019 年 2 月 13 日。

金云云：《爱生如子、爱校如家、视学术如命——记浙江大学传媒与国际文化学院邵培仁教授》，《浙江大学报》2019 年 1 月 25 日第 2 版。

刘佳静：《坚守中国文化自信心与学术主体意识，建构中国礼文化传播的理论体系——访浙江大学传媒与国际文化学院邵培仁教授》，《中华文化与传播研究》2019 年第 2 期。

邵培仁、王军伟：《传播学研究需要新世界主义的理念和思维》，《教育传媒研究》2018 年第 2 期。

何扬鸣：《邵培仁：在西子湖畔打出传播学的一面旗帜》，载何扬鸣《浙江大学新闻传播学科发展口述史》，浙江大学出版社，2017。

《师门佳话：弟子眼中的邵培仁教授》，2017 年 10 月 8 日，https://mp.weixin.qq.com/s/p2zGCcCsRQ6pf3N0fXMUrg。

徐峰：《邵培仁：本土化交叉化国际化是建设世界一流传播学科的三个维度》，《新闻评论》2016 年第 4 期。

杲如：《让有价值的历史记忆同行——访中国传媒经济与管理学会副会长邵培仁教授》，《世界经理人》2011 年第 11 期。

杲如：《整体互动论：媒介管理学研究的新视界》，《世界经理人》2011 年第 11 期。

《经济转型升级时期的中国媒体发展走向——邵培仁教授访谈》，《传媒评论》2011 年 8 月 14 日。

《邵培仁：筚路蓝缕，以启山林》，载王怡红、胡翼青《中国传播学 30 年（1978—2008）》，中国大百科全书出版社，2010。

王汉斌、郑恩：《敬畏知识、求是创新、敢于挑战：邵培仁教授谈如何写好本科毕业论文》，《浙江大学报》2009 年 3 月 27 日第 3 版。

陈卓：《语言是桥也是墙——访浙江大学传媒与国际文化学院邵培仁教授》，《浙江法治报》2007 年 3 月 28 日。

吴筱颖：《喜欢做前人没做过的事——访浙江省有突出贡献的中青年专家邵培仁教授》，《浙江大学报》2004 年 6 月 4 日。

葛婷婷：《报料人：新闻热线的生命线——访浙江大学人文学院副院长邵培仁》，《杭州日报》2004 年 5 月 31 日第17 版。

章东轶：《邵培仁：学术呼唤良知》，载王永亮、成思行《倾听传媒论语》，中央编译出版社，2004。

陈怡群、朱贤勇：《邵培仁：传播学应进行本土化建设》，《光明日报·教育周刊》2003 年 5 月 29 日。

陈怡群、朱贤勇：《筚路蓝缕　以启山林——访人文学院副院长、共产党员邵培仁教授》，《人文》2003 年 3 月 26 日。

韩运荣：《放宽传播学研究的视野——访浙江大学新闻与传播学院副院长邵培仁》，载袁军等《传播学在中国——传播学者访谈》，北京广播学院出版社，1999。

金伟忻：《著书立业苦作乐——访传播学者邵培仁》，《新华日报》1993 年 12 月 3 日第 7 版。

杨恒忠：《邵培仁，传播学领域里的一匹“黑马”》，《淮阴日报》1993 年 5 月 26 日第 3 版。

童国嘉：《邵培仁：独领风骚传播学》，《江苏教育报》1992 年 9 月 30 日第 3 版。

三、书评类

Qu, Yingzi, and Guofeng Wang. “Peiren Shao, *New Perspectives on Geography of Media* (G. Wang, trans.).” *International Journal of Comunication* 18 (2024): 8-11.

Yuan, Jinghua, and Yuhui Chen. “*New Perspectives on Geography of Media,* by Peiren Shao, (G. Wang, trans.).” *Critical Arts* (2024): 1-3, DOI: 10.1080/02560046.2024.2330703.

Shen, Jun, and Jianrui Guo. “*New Perspectives on Geography of Media,* by Shao, Peiren.” *Asian Journal of Communication* 33. 6(2023): 631-634, DOI: 10.1080/01292986.2023.2251146.

崔保国：《“另一个可能的世界”：新世界主义与全球传播秩序再想象——评〈全球传播愿景〉》，《传媒观察》2023 年第 9 期。

王国凤、刘艺林：《叩响 2020 年代的大门，敢问国际传播的路在何方——〈全球传播愿景——新世界主义媒介理论研究〉评介》，《中国传媒海外报告》2023 年第 1 期。

李蓉：《国际媒介理论研究的新视野、新思维与新进路——评〈全球传播愿景：新世界主义媒介理论研究〉》，《浙江工业大学学报（社会科学版）》2022 年第 3 期。

赵晓营：《迈向关系范式的媒介地理学——评邵培仁〈媒介地理学新论〉》，《东南传播》2022 年第 5 期。

王学敏：《华夏传播研究的解释范式和中国智慧——评邵培仁、姚锦云的〈华夏传播理论〉》，《中国传媒报告》2022 年第 3 期。

杜恺健：《探寻华夏意义之网，烛照本土理论建构之路——评〈华夏传播理论〉》，《浙江社会科学》2021 年第 6 期。

吴秀峰：《传播学本土化的名与实——评〈华夏传播理论〉》，《东南传播》2021 年第 1 期。

宋艳辉、吴丽娟：《以书为媒 共享中国本土传播智慧》，《中国出版》2021 年第 5 期。

邵鹏、董佳琦：《华夏传播的在地经验与理论创新——评邵培仁、姚锦云〈华夏传播理论〉》，《全球传媒学刊》2021 年第 1 期。

刘秀梅、刘思聪：《引领华莱坞电影研究的开山之作：〈媒介地理视阈下的华莱坞〉电影理论价值研究》，《中国传媒报告》2021 年第 4 期。

Mei, Zhaoyang. "*Huaxia Communication Theory.*" *European Journal of Communication* 35.4 (2020): 417-419.

范红霞：《探微知著　烛照未来——评邵培仁教授学术散文集〈传媒的魅力〉》，《东南传播》2020 年第 5 期。

谢清果、潘祥辉：《华夏传播理论的创新性研究与创造性转化——〈华夏传播理论〉评介》，《中国传媒报告》2020 年第 3 期。

Mei, Zhaoyang. "An Asian paradigm of communication studies." *Asian Journal of Communication* 29.2 (2019): 201-203.

袁靖华：《传播的智慧与智者的传播——评邵培仁先生学术随笔集〈传媒的魅力〉》，《中国传媒报告》2019 年第 3 期。

邱子桐：《中国电影研究中的第三股力量——评邵培仁主编的〈华莱坞电影概论〉》，《中国传媒报告》2018 年第 1 期。

黄清：《亚洲传播研究：连接地方经验与全球视野的桥梁——评邵培仁教授等人的新作〈亚洲传播理论〉》，《中国传媒报告》2017 年第 3 期。

胡文财:《传播学的真容与想象—读邵培仁教授著〈传播学〉(第三版)有感》,《中国传媒报告》2016年第3期。

王昀:《华莱坞电影研究的新坐标——评〈华莱坞电影理论:多学科的立体研究视维〉》,《中国传媒报告》2015年第2期。

魏旭:《人文地理学的一种媒介视角——读〈媒介地理学:媒介作为文化图景的研究〉》,《芳菲园》(东北农业大学)2014年春季刊。

王昀:《传播的未来为何?——读〈传媒的魅力——邵培仁谈传播的未来〉》,《中国传媒报告》2014年第4期。

王国凤:《耕耘在媒介与地理的融合地带——读〈媒介地理学:媒介作为文化图景的研究〉》,《山东理工大学学报》,2013年第4期,第92—96页。

Wang, Guofeng, and Chenbo Luo. "Shao, Peiren and Yang, Liping. *Geography of Media: Mass Media as Cultural Landscape*." *China Media Research* 9.3 (2013): 96-98.

范志忠:《转向地理:当代传播学研究的新视域——评邵培仁专著〈媒介地理学〉》,《当代传播》2011年第2期。

展宁:《关于传播学交叉研究的路径思考——兼评邵培仁教授〈媒介地理学〉》,《山东理工大学学报(哲学社会科学版)》2011年第2期。

黄清:《从"人—地"视角开拓媒介研究的新领域——评邵培仁教授〈媒介地理学〉》,《中国传媒海外报告》2011年第2期。

蔡姬煌:《搭建媒介大厦的脚手架——读〈媒介管理学概论〉》,《中国传媒报告》2011年第1期。

周琼:《耕耘在媒介与地理的融合地带——兼评邵培仁教授〈媒介地理学〉》,《中国传媒报告》2011年第2期。

黄清:《媒介研究的新视野——评〈媒介理论前沿〉》,《中国传媒报告》2010年第1期。

Huang, Qing. "A New Perspective of Media Research——Book Review of Peiren Shao's *Advanced Research of Media Theory*." *China Media Research* 6.3(2010): 46-47.

部书锴:《中国特色的媒介生态学理论——邵培仁教授媒介生态学最新研究述略》,《东南传播》2009年第10期。

郑虹:《媒介的生命乐章与绿色之旅——读邵培仁教授的〈媒介生态学〉》,《全球传媒观察》,2009年1月21日第4版。

支庭荣：《从隐喻到思辩：一个学术种群成长的样本——读邵培仁教授新著〈媒介生态学〉》，《中国传媒报告》2008 年第 2 期。
彭珝：《在文化软实力竞争中的中国选择》，《东南传播》2008 年第 4 期。
廖卫民：《融·通·功——评〈文化产业经营通论〉》，《中国传媒报告》2008 年第 1 期。
彭珝：《在文化软实力竞争中的中国选择》，《山东理工大学学报（哲学社会科学版）》2008 年第 6 期。
凡青：《重塑经典，逼近前沿——评邵培仁〈传播学〉》（修订版），《中国传媒报告》2007 年第 3 期。
刘秀梅：《勾勒和展示中国乃至世界电影产业管理“地形图”——读〈电影经营管理〉》，《视听纵横》2006 年第 2 期。
张怡：《认识传媒：人类进入信息社会的基本素养——评〈大众传媒通论〉》，《中国传媒报告》2005 年第 2 期。
李华：《拯救电影：重新思索中国电影的经营之道》——评〈电影经营管理〉》，《中国传媒报告》2005 年第 2 期。
侯杰：《大众传媒的立体画卷与全新溯源——评〈大众传媒通论〉》，《中国传媒报告》2005 年第 4 期。
刘强：《经典案例鞭辟入里，尽显媒介管理诡谲风云——评邵培仁教授的〈媒介管理学经典案例〉》，《中国传媒报告》2004 年第 2 期。
袁舟：《一部媒介管理学的扛鼎之作——评邵培仁新著〈媒介战略管理〉》，《新闻实践》2003 年第 10 期。
邱芳烈：《立足本土　突破创新——评邵培仁的〈传播学〉》，《今日科技》2003 年第 5 期。
韩光智：《博采中外　兼容并蓄　道媒介管理规律——读邵培仁教授〈媒介管理学〉》，《中国保险报》2003 年 10 月 31 日。
金成学：《加入WTO后的中国媒介管理宝典——评邵培仁主编的〈媒介管理学〉》，《新闻实践》2002 年第 2 期。
金成学：《评〈媒介经营管理学〉》，《淮阴师范学院学报（哲学社会科学版）》2001 年第 4 期。
傅百荣：《前瞻性与现实性相统一的佳作——评〈知识经济与大众传媒〉》，《浙江学刊》2000 年第 5 期。

孙简:《媒介经营管理的理论范本:读邵培仁、刘强的〈媒介经营管理学〉》,《新闻实践》1999年第10期。
支庭荣:《传媒管理与经营关系刍议——兼评〈媒介经营管理学〉》,《新闻大学》1999年第4期。
傅百荣:《系统·科学·新颖——评邵培仁、刘强的〈媒介经营管理学〉》,《浙江大学学报(人文社会科学版)》1999年第3期。
傅百荣:《媒介经营管理学》,《新闻记者》1999年第7期。
童兵:《知识量和理论性俱佳的传播学新作——〈传播学导论〉小序》,《新闻知识》1997年第11期。
秦正长:《大陆第一部〈新闻传播学〉面世》,《公共关系报》1995年10月26日第3版。
张允若:《〈新闻传播学〉出版》,《新闻知识》1995年第11期。
肖朝红:《融汇整合,开拓创新——评〈新闻传播学〉》,《黔南民族师专学报(哲社版)》1995年第3期。
裴显生:《创学科意识的体系性著作——〈艺术传播学〉序》,《淮阴师专学报》1993年第2期。
于文杰:《体大精思　万象尽吞——〈艺术传播学〉与邵氏传播模式述评》,《淮阴师专学报》1993年第3期。
杜萍:《〈教育传播学〉:可贵的开拓,成功的架设》,《淮阴师专学报(高教研究专辑)》1993年第2期。
周军:《传播学之苑的一朵新葩——〈教育传播学〉评介》,《淮阴师专学报(高教研究专辑)》1993年第1期。
季修平:《我国教育传播学的开山之著:读邵培仁主编的〈教育传播学〉》,《淮阴师专学报(高教研究专辑)》1993年第1期。
陆金:《交叉·融汇·新创——评〈艺术传播学〉》,《淮阴师专学报(高教研究专辑)》1993年第2期。
周军:《传播学之苑的一朵新葩——评邵培仁的〈教育传播学〉》,《淮阴师专学报(高教研究专辑)》1992年第4期。
晓文:《传播学研究的最新成果——评〈政治传播学〉》,《淮阴师专学报》1992年第2期。
邱桂、张超:《评邵培仁的〈经济传播学〉》,《光明日报》1991年10月25日。

朱进东：《植根于中国学术园地中的一朵新葩——读〈经济传播学〉》，《淮阴师专学报》1991 年第 1 期。
夏文蓉：《评〈经济传播学〉》，《淮阴日报》，1990 年 4 月 16 日。
杨长：《〈经济传播学〉：传播学研究的新突破》，《淮阴师专学报》1990 年第 3 期。

四、相关类

袁爱清、杨钰琦：《认知地图·热点研判·趋势分析：中国华莱坞电影研究景观及趋势——基于 2003 年—2023 年间的文献计量分析》，《数字传播学刊》2024 年第 2 期。
陈莉娟、袁晓露：《中国大陆传播学核心研究者及其论著的结构与特点：一项实证分析》，《传播与社会学刊》，2024 年第 68 期。
王学敏、潘祥辉：《深入本土：近 10 年华夏传播研究的知识图谱及学术走向》，《传媒观察》2023 年第 1 期。
刘秀梅、刘思聪：《博弈·创新·共生：华莱坞电影研究的回顾与展望》，《中国传媒海外报告》2023 年第 1 期。
周颖、邵培仁：《寻找亚洲：2010—2020 年亚洲电影研究图谱——知识脉络、前沿热点与研究趋势》，《浙江大学学报（人文社会科学版）》2022 年第 5 期。
袁靖华、邓洁：《“华莱坞电影”的理论旅行——本土学术概念国际传播的知识社会学考察》，《浙江大学学报（人文社会科学版）》2022 年第 6 期。
文娟：《承继·融合·重塑——论作为中国电影研究新范式的华莱坞电影》，《中国传媒海外报告》2022 年第 1 期。
刘秀梅、刘思聪：《全球电影场域重构中的中国电影：“华莱坞”研究的回顾与展望》，《文化艺术研究》2022 年第 4 期。
吴锋、郭荣春：《热点回应与现实观照：新闻传播学专著出版特征、问题及趋势》，《中国出版》2022 第 6 期。
彭新良：《当代中国新闻传播学史研究参考文献》，《中国传媒海外报告》2022 年第 1 期。
周岩：《基于知识图谱的中国传播学发展研究》，首都经贸大学出版社，2021。
《著名学者邵培仁简介》，《传媒观察》2021 年第 9 期。

张健康：《中国媒介生态研究历程回顾及其发展趋势》，《华夏传播研究》2020年地2期。

邵静：《当代媒介研究中的“新世界主义”：意义、角色与方向》，《中国传媒报告》2020年第2期。

羊晚成：《我国华莱坞研究领域知识图谱分析——基于CNKI文献计量》，《中国传媒报告》2020年第2期。

周岩、沈默：《论中国传播学40年的教材出版——基于文献计量的视角》，《中国传媒报告》2020年第1期。

张馨元：《新世界主义媒介理论研究的现状与趋势》，《中国传媒报告》2019年第3期。

周颖：《华莱坞电影研究的现状与发展趋势》，《东南传播》2019年第8期。

《学人风采·邵培仁教授》，《今传媒》2019年第7期。

《学者风采·浙江大学邵培仁教授》，2019年7月5日，https://mp.weixin.qq.com/s/pE3eURb1KuAZbxEeD1-OHA。

《范敬宜新闻教育良师奖获得者邵培仁在第六届颁奖仪式上的发言》，2019年1月10日，https://qxcm.tsjc.tsinghua.edu.cn/pc/folder124/folder140/2019-01-10/1125.html。

金云云：《知否知否？浙大首次！“邵爸”拿了个令人尊敬的奖》，2019年1月23日，https://www.sohu.com/a/291191508_329003。

邵培仁以论文被引13724次位居“中国知网”“文学与文化理论界”第11名，篇均被引21.14次。详见《“万引学者”是谁？》，2019年3月25日，https://mp.weixin.qq.com/s/2eWHu-4U5fkkfD0X3yfl2g。

周岩：《中国传播学40年高被引论文1000篇研究》，《中国传媒报告》2019年第1期。

文娟：《一个理论生命体的进路——论“华莱坞电影”的生成与播撒》，《文艺研究》2019年第2期。

韦路、左蒙：《新世界主义的理论正当性及其实践路径》，《浙江大学学报（哲学社会科学版）》2019年第3期。

袁爱清、孙强：《基于CNKI新闻学与传播学研究领域核心作者群分析》，《中国传媒报告》2019年第1期。

谢清果等：《光荣与梦想：传播学中国化研究四十年（1978—2018）》，九州出版社，2018。

杨瑞明：《开放与跨越：中国传播学跨学科研究30年历程与意义探寻》，载中国社会科学院新闻与传播研究所：《知往鉴来：中国社会科学院新闻与传播研究所建所四十周年论文集》，社会科学文献出版社，2018。

张丹：《三十而立：中国传播学研究群体的发展历程和时代特征》，载中国社会科学院新闻与传播研究所：《知往鉴来：中国社会科学院新闻与传播研究所建所四十周年论文集》，社会科学文献出版社，2018。

万宁宁：《第六届范敬宜新闻教育奖在人民日报社颁奖》，2018年12月23日，http://politics.people.com.cn/n1/2018/1223/c1001-30482359.html。

《邵培仁：做学生前行道路上的铺路石和引路灯》，2018年12月24日，https://mp.weixin.qq.com/s/IpQuW23ozbk-tT4apgtS7A。

邵培仁在2009—2018年的国内新闻传播学科h指数（17）和学术迹（根据发文量、引用率和篇均引用率等计算）在浙江大学排名第一（自2008年在浙大文科发展报告中采用这一指标以来，一直保持排名第一）。见《2018浙江大学文科发展报告》，浙江大学社会科学研究院，2018，第52—53页。

袁爱清、孙强：《知识图谱：中国新闻传播学研究景观及趋势——以1978年—2018年新闻传播学核心作者为例进行分析》，《中国传媒报告》2018年第4期。

廖卫民：《论传播学中国学派生成的条件、路径与机遇》，《新疆师范大学学报（汉文哲学社会科学版）》2017年第4期。

《学人风采：邵培仁》，《暨南学报（哲学社会科学版）》2016年第10期。

《邵培仁》，载中国新闻史学会新闻传播教育史研究委员会《中国新闻传播教育年鉴2016》，武汉大学出版社，2016，第545—546页。

邵培仁、廖卫民：《中国新闻与传播研究学术论争的历史考察：1978—2015》，《中国新闻传播学年鉴2016》，中国社会科学出版社，2016。

Zhang, Jiankang, and Jun Zhou. "A Quantitative and Qualitative Overview of Media Ecology in China." *China Medeia Report Overseas* 11.3(2015): 13-20.

《邵培仁》，载中国社会科学院新闻与传播研究所《中国新闻传播学年鉴2015》，中国社会科学出版社，2015，第710—711页。

张健康：《中国媒介生态学研究的量化考察、焦点回顾与质化分析》，《江苏师范大学学报（哲学社会科学版）》2015年第2期。

徐钱立：《中国媒介生态学研究的知识结构与学术视野》，《湖州师范学院学报（哲学社会科学版）》2014年第5期。

邵培仁在2014年度国内新闻传播学科h指数和学术迹在浙江大学排名第一。见《2014浙江大学文科发展报告》，浙江大学社会科学研究院，2014，第93页。

梁颐：《北美Media Ecology和我国“媒介生态学”、“媒介环境学”关系辨析——基于一种传播学研究乱象的反思》，《东南传播》2013年12期。

张健康：《中国媒介理论研究的总结与展望》，《浙江传媒学院学报》2013年第5期。

邵培仁在2013年度国内新闻传播学科h指数和学术迹在浙江大学排名第一。见《2013浙江大学文科发展报告》，浙江大学社会科学研究院，2013，第91页。

邵培仁在2001—2012年与国内新闻传播学科h指数和学术迹排名第一的学者平均级差为2，第一名为10，邵培仁为8，在浙江大学排名第一。见《2012浙江大学文科发展报告》，浙江大学社会科学研究院，2012，第107页。

邵培仁在2014年度国内新闻传播学科h指数和学术迹在浙江大学排名第一，与国内第一名（10）相差2个点，邵培仁为8。见《2014浙江大学文科发展报告》，浙江大学社会科学研究院，2011，第102页。

张健康：《中国大陆传播学本土化研究的进展与走向——基于中国知识资源总库（CNKI）相关论文的研究》，《中国传媒报告》2010年第3期。

周岩：《中国大陆传播学交叉研究的回顾与前瞻》，《中国传媒报告》2010年第2期。

邵培仁在2010年与国内新闻传播学科h指数和学术迹排名第一的学者级差为2，第一名为10，邵培仁为8，在浙江大学排名第一。见《2010浙江大学文科发展报告》，浙江大学社会科学研究院，2010，第32页。

袁靖华：《生态范式：走出中国传播学自主性危机的一条路径》，《徐州师范大学学报（哲学社会科学版）》2010年第3期。

肖燕雄、彭凌燕：《中国新闻传播学被其他学科引证状况及其分析——基于CNKI数据库的20年（1989—2008）分析》，《现代传播》2010年第7期。

郁建兴、何子英：《政治交往：一种政治沟通的新分析路径》，《社会科学辑刊》2009年第4期。

周岩：《中国大陆传播学交叉学科研究的回顾与前瞻》，《东南传播》2009年第7期。
周婧：《"十四大"以来我国新闻媒介营销观念的变迁——以〈新闻传播〉为例》，西北大学硕士论文，2009。
葛德义：《关于传播学本土化研究若干问题的思考——起源、概念、内涵及路径》，安徽大学硕士论文，2009。
邵培仁于2009年度浙江大学新闻传播学科h指数和学术迹排名中排名第一，为7。见《2009浙江大学文科发展报告》，浙江大学社会科学研究院，2009，第36页。
郑虹：《论中国媒介生态学研究的历史轨迹与发展趋势（1978—2008）》，浙江大学硕士学位论文，2008。
邵培仁于2008年度浙江大学新闻学与传播学h指数和学术迹排名中排名第一，为7。见《2008浙江大学文科发展报告》，浙江大学社会科学研究院，2008，第36页。
徐培汀：《中国新闻传播学说史1949—2005》，重庆出版集团，2006。
许欣：《传播学著作研究与分析（1981—2002）》，《淮阴师范学院学报（哲学社会科学版）》2005年第5期。
李欣人：《从文献计量学看我国传播学》，《当代传播》2005年第1期。
张健康：《论中国传播学本土化与跨学科研究的现状及对策》，《浙江社会科学》2004年第3期。
张健康：《论中国大陆传播学的引进、发展与创新》，《徐州师范大学学报》2003年第2期。
许欣：《我国传播学论文的时空分布与核心著者》，《新闻记者》2002年第10期，第16—19页。
许欣：《论中国大陆传播学研究论文的时空分布与核心著者（1991—2000年）》，《中国传媒报告》2002年第1期。
邵培仁：《论中国的当代传播学研究》，《杭州师范学院学报》1996年第2期。
邵培仁：《论传播学研究的中国特色》，《徐州师范学院学报》1995年第3期。
《〈当代传播学丛书〉简介》，《淮阴师专学报（高教研究专辑）》1993年第2期。
邵培仁：《我是怎样走上传播学之路的》，《淮阴师专学报（哲学社会科学版）》1992年第1期。

《邵培仁及其传播学著作》,《淮阴师专学报（哲学社会科学版）》1992年第1期。

【整理者简介】邵鹏，上海交通大学媒体与传播学院教授，主要研究方向为全球传播、媒介记忆、媒介融合、网络与新媒体。